분단시대의 역사인식

강만길 저작집

02

분단시대의 역사인식

창비

저작집 간행에 부쳐

그럴 만한 조건이 되는가 하는 생각을 버리지 못하면서도 제자들의 준비와 출판사의 호의로 저작집이란 것을 간행하게 되었다. 잘했건 못했건 평생을 바친 학문생활의 결과를 한데 모아두는 것도 나름대로 의미가 있을 것 같기도 하고…… 한 인간의 평생 삶의 방향이 언제 정해지는가는 물론 사람에 따라 다르겠지만, 지금에 와서 뒤돌아보면 나의 경우는 아마도 세는 나이로 다섯 살 때 천자문을 제법 의욕적으로 배우기 시작하면서부터 어쩌면 학문의 길이 정해져버린 게 아닌가 생각해보기도 한다. 그리고 요즈음 이름으로 초등학교 6학년 때 겪은 민족해방과 6년제 중학교 5학년 때 겪은 6·25전쟁이 역사 공부, 그것도 우리 근현대사 공부의 길로 들어서게 한 것 같다고 말하기도 한다.

대학 3학년 때 과제물로 제출한 글이 활자화됨으로써 학문생활에 대한 의욕이 더 강해진 것 같은데, 이후 학사·석사·박사 논문은 모두 조선왕조시대의 상공업사 연구였으며, 특히 박사논문은 조선왕조 후기 자본주의 맹아론 연구였다. 문호개방 이전 조선사회가 여전히 고대사회와 같은 상태에 머물러 있었다고 주장한 일본인 연구자들의 연구에 대항한 것이었다고 하겠다. 역사학계 일부로부터 박정희정권하의 자본주의 성장을 뒷받침하는 연구라는 모함을 받기도 했지만……

자본주의 맹아론 연구 이후에는 학문적 관심이 분단문제로 옮겨지게 되었다. 대학 강의 과목이 주로 중세후기사와 근현대사였기 때문에 학문적 관심이 근현대사에 집중되었고 식민지시대와 분단시대를 연구하고 강의하게 된 것이다. 『분단시대의 역사인식』을 통해 '분단시대'라는 용어가 정착되어가기도 했지만, '분단시대'의 극복을 위해 통일문제에 관심을 두게 되면서 연구논문보다 논설문을 많이 쓰게 되었다. 그래서 저작집도 논문집보다 시대사류와 논설문집이 더 많게 되어버렸다.

그런 상황에서도 일제시대의 민족해방운동사가 남녘은 우익 중심 운동사로, 북녘은 좌익 중심 운동사로 된 것을 극복하고 늦게나마 좌우합작 민족해방운동사였음을 밝힌 연구서를 생산할 수 있었다는 것을 자 윗거리로 삼을 수 있지 않을까 한다. 사실 민족해방운동에는 좌익전선도 있고 우익전선도 있었지만, 해방과 함께 분단시대가 되리라고는 꿈에도 생각하지 않았기 때문에 민족해방운동의 좌우익전선은 해방이 전망되면 될수록 합작하게 된 것이다.

『고쳐 쓴 한국현대사』는 '한국'의 현대사니까 비록 부족하지만 남녘의 현대사만을 다루었다 해도 『20세기 우리 역사』에서도 남녘 역사만을 쓰게 되었는데, 해제 필자가 그 점을 날카롭게 지적했음을 봤다. 아무 거리낌 없이 공정하게 남북의 역사를 모두 포함한 '20세기 우리 역사'를 쓸 수 있는 때가 빨리 오길 바란다.

2018년 11월 강만길

일러두기

1. 이 저작집은 '내일을 여는 역사재단'의 기획으로, 강만길의 저서 19권과 미출간 원고를 모아 전18권으로 구성하였다.

2. 제15권『우리 통일, 어떻게 할까요/역사는 변하고 만다』는 같은 해에 발간된 두 권의 단행본을 한 권으로 묶었다.

3. 제17권『내 인생의 역사 공부/되돌아보는 역사인식』은 단행본『강만길의 내 인생의 역사공부』와 미출간 원고들을 '되돌아보는 역사인식'으로 모아 한 권으로 묶었다.

4. 저작집 18권은 초판 발간연도 순서로 배열하되, 자서전임을 감안해『역사가의 시간』을 마지막 권으로 하였다.

5. 각 저작의 사학사적 의미를 짚는 해제를 새로이 집필하여 각권 말미에 수록하였다.

6. 문장은 가급적 원본대로 유지하는 것을 원칙으로 하였고, 명백한 오탈자와 그밖의 오류는 인용사료, 통계자료, 참고문헌 등을 재확인하여 바로잡았으며, 주석의 서지사항 등을 보완하였다.

7. 역사용어는 출간 당시 저자의 문제의식을 살리기 위해 그대로 따랐다.

8. 원저 간의 일부 중복 수록된 글도 출간 당시의 의도를 감안하여 원래 구성을 유지하였다.

9. 본서의 원저는『分斷時代의 歷史認識』(창작과비평사 1978)이다.

책머리에

역사학은 특히 주(註)가 붙지 않는 글을 꺼려한다. 역사학 전공자는 원자료(原資料) 속에서 특정 문제에 관한 기사를 뽑고 그것으로 꼬박꼬박 주를 달면서 입론(立論)하는 일을 글 쓰는 최상의 방법으로 삼아온 것이다.

그러나 역사학 전공자도 때로는 주에서 해방된 글을 쓰고 싶은 때가 있고 또 쓰지 않을 수 없는 때가 있기 마련이다. 특히 어떤 기존의 역사인식에서 벗어나서 새로운 시각을 가지려 할 때나 아직 자료적인 뒷받침은 안 되었다 하여도 어떤 사실에 대한 새로운 가설(假說) 같은 것을 세우고 싶을 때는 주에 구속받지 않는 글을 미리 쓰고 싶은 생각이 간절해지는 것이다.

주가 붙지 않는 역사논문을 쓰게 되는 또다른 경우는 흔히 말하는 역사학의 대중화 문제에 생각이 미친 때이다. 원자료에 철저히 얽매이기 마련인 전문 논문은 전공자를 대상으로 쓰는 것이기 때문에 그대로 일반 지식대중에게 전달되기에는 상당한 부담이 따르게 된다. 지식대중의 역사의식과 제 나라 역사에 관한 관심이 높아짐에 따라 전문적인 논문이 한 단계 풀이되어 그들에게 전달될 필요가 절실하지만 우리의 사정으로는 아직은 역사학 전공자가 그 일을 담당해야 할 것 같다.

근년에 와서 이왕의 역사인식 방법에서 벗어나고 싶은 의욕에서, 몇몇의 특정 사실에 대한 새로운 각도에서의 가설 같은 것을 세워보고 싶은 욕심에서, 그리고 지식대중의 역사의식을 더욱 높이는 데 조금이라도 보탬이 되고 싶은 마음에서 자발적으로 혹은 청탁에 못 이겨서 주를 전혀 달지 않았거나 달았다 하여도 대단히 가벼운 몇 편의 글을 썼었다.

혹시 사론(史論)이라고 부를 수 있을지도 모를 이런 글들을 쓰면서 늘 생각한 것은 역사학의 현재성 문제였다. 1960년대 이후 국사학계가 일제의 식민사학에 의하여 왜곡된 우리 역사를 바로잡는 데 눈을 돌리게 되었을 때 필자 역시 소위 정체후진성론을 극복하는 데 보탬이 되고자 조선후기 상공업의 발전상을 밝히는 일에 나름대로 심혈을 기울였었다.

그러나 한편 해방 후의 국사학이 식민사론을 극복하는 일만으로 당면한 학문적 책임을 다할 수 있을 것인가, 민족사상 최대 비극인 분단문제를 전혀 관심 밖의 일로 두어도 괜찮은가 하는 문제에 생각이 미치게 되었다.

대단히 소박한 생각일지 모르지만, 일제시대의 '민족사학'을 예로 들면 그것은 식민지 아래서의 민족사회의 현재적 요구와 한 치의 여유도 두지 않고 밀착된, 그리고 어떤 경우에는 목숨을 건 절박한 학문태도였다고 할 수 있다. 해방 후의 국사학은 그것을 이제 아무 위험부담 없이 마치 제가 한 것인 양 때맞지 않게 우려먹고는 있을지언정, 이 시기 민족사회의 절실한 요구인 분단체제의 극복을 위해서는 아무런 도움도 희생도 다하지 못하고 있는 것이 아닌가 하는 생각을 가지게 된 것이다.

또 너무 지나친 생각일지 모르지만, 오늘날의 국사학이 분단현실을 바닥에 깔지 않은 과거의 사실에만 집착하거나 계속 식민사학론을 극복하는 문제에만 매달려 있다면, 일제시대의 일부 국사학이 식민지 아래서의 민족적 현실과는 전혀 동떨어진 과거 사실의 추적에만 몰두하였거나 조선시대의 당쟁문제나 과장하면서 민족사회의 관심을 지난날로만 돌아가게 한 일과 그다지 다를 것이 없지 않느냐는 생각도 가질 수 있었던 것이다.

오늘날의 국사학이 제구실을 다하기 위해서는 이제 분단체제 극복을 위한 사론을 세워나가야 하며 거기에서 국사학의 현재성을 찾아야 한다는 생각이 절실하다. 그러나 적어도 우리의 생각으로는, 지금의 국사학은 분단현실을 완전히 외면한 국사학과 더욱 나쁘게도 분단체제를 긍정하고 그것을 정착 지속시키는 데 이바지함으로써 오히려 빗나간 현재성을 찾는 국사학만이 있는 것이 아닌가 하는 우려가 있다.

분단현실을 외면하는 국사학은 스스로 학문적 객관성을 유지하는 길이라 할지 모르지만, 우리의 생각으로는 학문적 객관성과 학문의 현실 기피성이 혼동된 것이며, 분단체제를 긍정하고 지속하는 데 이바지하는 국사학은 학문의 현재성을 가진 것이 아니라 분단현실에 매몰되어 버린 학문이 아닌가 한다.

분단체제는 분명히 민족사 위의 부정적인 체제이며 극복되어야 할 체제이다. 국사학이 분단체제를 극복하는 데 이바지하는 길은, 첫째 분단체제를 외면할 것이 아니라 현실로 직면하고 대결하여야 하며, 둘째 그것에 매몰될 것이 아니라 철저히 객관하고 비판할 수 있어야 할 것이며, 셋째 이와 같은 두 가지 자세를 바탕으로 하여 분단체제 극복을 위한 사론을 수립하는 데 있다고 생각된다.

이 책에 실린 14편의 글이 모두 이와 같은 분단체제 극복에 이바지할 수 있는 글이라고는 생각하지 않는다. 그만한 자신이 있었다면 책 이름이 '분단시대 극복사론'이 되었을 것이다. 그러나 이 책은 우선 우리가 사는 시대를 분단시대로 인식하면서 쓴 글들을 모았다는 의미에서 '분단시대의 역사인식'이란 이름을 붙였다.

제1편 '분단시대 사학의 반성'은 우선 1945년 이후의 시대를 '해방 후의 시대'로만 인식하지 말고 분단시대임을 철저히 인식하고 그 사론도 식민사학 극복론에서 분단체제 극복론으로 옮겨가야 한다는 생각에서 분단시대의 의미를 분명히 하고 분단시대의 국사학이 가진 제약성을 나름대로 지적하려 한 글들을 모았다. 분단시대 국사학의 문제점이 민족사학론이나 현재성, 주체성, 국정교과서 문제에 한정된 것은 아니며 다만 지금까지 쓴 글이 그것에 한정되었을 뿐이다.

「국정 국사교과서의 문제점」은 이 글을 쓴 이후 교과서가 가진 구체적인 결함이 많이 수정되었고 또 근래에는 전면적으로 다시 편찬한다는 말도 있어서 이 글의 효력이 없어진 것 같은 느낌도 있다. 그러나 구체적인 내용이 수정된다 하여도 국사교과서의 국정화 자체가 가진 문제점은 여전히 남아 있다고 생각되어 그대로 실었다.

제2편 '역사와 현실'에 실린 글들은 근대 이후의 역사적 사실 속에 들어 있는, 오늘의 시점에서 현재성을 추구한 글들, 바꾸어 말하면 분단현실과 그 극복 문제를 염두에 두고 몇 가지 지난날의 역사적 사실을 다시 조명해본 글들을 모은 것이다. 여기에 실린 네 편의 글 가운데 특히 「독립운동의 역사적 성격」은 비교적 주(註)가 충실한 어느정도 본격적인 논문이라 할 수 있다. 이 글은 오늘날을 분단시대라고 강조하는 역사인식을 바탕으로, 바람직한 국사논문을 쓰려면 어떤 것을 써야 하겠는가 하는 스스로의 물음에 답하는 입장에서 쓴 글이다. 물론 분단시대를 의식하는 국사논문이 반드시 이런 종류에 한정되어야 한다는 뜻은 결

코 아니다.

제3편 '역사와 민중'은 주로 근대 이전의 역사 속에서 민중세계의 역할을 밝히려 한 글들을 모은 부분이다. 쓴 지가 너무 오래된 글이 있고 특히 「이조후기 상업구조의 변화」는 이미 풀어 쓴 글이 발표된 일이 있어서 여기에 다시 싣기는 좀 진부한 느낌이 있지만 편집진의 권유도 있고 하여 그대로 실었다. 같은 내용의 글을 너무 여러 번 우려먹는 것 같아서 꺼림칙한 마음이 있다.

쓴 지가 오래된 글은 물론, 최근에 쓴 글도 이번에 책으로 만들면서 모두 다시 손질하였다. 이 책에 실린 글들에 대한 책임은 이전에 잡지들에 발표했던 내용보다 다시 손질한 이 책을 통해서 지고 싶다.

이 책에 담은 글의 절반 가까운 분량이 『창작과비평』에 실렸던 것이지만 '창비신서'로 책을 내게 됨을 새삼 기쁘게 생각하며 출간을 권유한 백낙청·염무웅 교수와 편집·교정을 맡아준 정해렴 선생께 깊이 감사한다. 또한 여기저기 발표되었던 글을 일일이 찾아서 다시 옮겨 쓰는 일을 맡아준 최덕수군과 김영양의 노고에 감사한다.

질과 양이 모두 보잘것없는 책이 되어버렸지만, 특히 민족의 장래를 걱정하는 젊은 지식인들의 역사를 보는 눈을 만의 일이라도 밝고 새롭게 할 수 있다면 더 바랄 것이 없다.

1978년 7월 18일
강만길

차례

Ⅲ   역사와 민중

한글 창제의 역사적 의미

16세기사의 변화

이조후기 상업구조의 변화

I
분단시대 사학의 반성

분단시대 사학의 성격

1. 분단시대의 의미

민족의 긴 역사시대를 두고 어느 한 기간을 따로 떼어 그 역사적·시대적 성격을 가장 적절하게 나타낼 만한 이름을 붙인다는 일은 한마디로 어려운 일이다. 특정한 시기의 역사적 이름을 붙인다는 일은 비록 전체 역사시대를 대상으로 하는 것이 아니라 하더라도 결국 하나의 시대구분을 시도하는 일이다. 역사연구에서 시대구분이 가장 높은 차원의 연구작업임을 우리는 잘 알고 있으며, 역사연구의 모든 노력이 결국 시대구분에 귀착된다는 말도 전혀 부정할 수 없다.

우리 근대사는 본격적으로 연구되기 시작한 시일이 너무 짧고 또 최근까지도 근대사 연구열이 그다지 높지 못하였기 때문에 근대사의 시기구분 문제는 그만두고라도 사실(史實) 자체를 옳게 밝히는 연구작업마저도 부진한 실정이다. 그러나 구체적 사실의 연구가 부진한 상태라 하여 그 시기구분이 아예 불가능한 것은 아니라 생각된다.

우리 역사가 본격적으로 근대사회로 접어들기 시작한 이래 대체로 1세기를 넘어섰지만 이 1세기는 일반적으로 19세기 후반기 대한제국시기와 20세기 전반기 일제시대, 그리고 20세기 후반기 해방 후 시대로 3분하고 있다. 이 3시기의 역사는 보기에 따라서는 갑신정변·동학혁명·독립협회 활동·의병항쟁 등의 근대화운동과 주권수호운동이 활발히 추진되었던 제1기와, 3·1운동·임시정부 활동·무장독립운동·6·10만세운동 등 줄기찬 민족해방운동이 계속되었던 제2기, 그리고 민족분단과 동족상잔의 시련을 겪고도 근대화·공업화에 성공해가고 있는 제 3기로 이루어졌다고 할 수 있으며, 이런 경우 우리 근대사는 온갖 시련을 겪고도 결국 선진 자본주의의 수준에 접근해가고 있는 성공한 역사로 보일수도 있다.

그러나 같은 1세기지만 보는 눈을 달리하면 그 제1기는 국민혁명을 통한 국민주권체제를 이루지 못함으로써 자율적인 근대화와 국민국가 수립에 실패하고 그것이 원인이 되어 식민지로 전락해간 시기이며, 제2기는 독립운동전선에서의 수많은 희생에도 불구하고 결국 스스로의 힘으로 해방되지 못하였을 뿐만 아니라 오히려 독립운동 과정에서 빚어진 방법론적 대립과 사상적 분열 때문에 해방 후의 통일민족국가를 수립하기 위한 기반조차 만들지 못하였던 시기이며, 제3기는 민족 분열이 본격화하여 동족상잔을 겪고도 사상·군사·외교 등 모든 분야에서 지구상의 어디에서도 볼 수 없는 극한적인 대립을 나타내어 통일민족국가의 수립은 요원하고 반대로 분단체제가 굳어져만 가는 시기이기도 하다. 이 경우 우리 근대사는 19세기 후반기에 시작된 실패의 역사가 1세기를 넘어선 지금까지도 계속되고 있는 것이다.

해방 후 분단시대 국사학은 대체로 소위 식민사관에 반대하고 주체사관을 내세우면서 우리 역사 전체를, 특히 근대사 부분을 밝고 긍정적인 눈으로 보려는 노력을 거듭해왔다고 말할 수 있다. 식민지에서 해방된 민족이 앞으로의 밝은 역사를 전망하면서 그것을 위한 원동력을 지난날의 밝고 긍정적인 역사를 강조하는 데서 얻으려 한 것이다. 그러나 한편 역사를 밝게 보려 한 지금까지의 노력이 오히려 민족사의 오늘을 정확히 보지 못할 뿐만 아니라 더 나아가서 그 앞날을 잘못 이끌어갈 위험에 직면하고 있다는 두려움이 있음을 부인할 수 없다.

20세기 전반기의 시대를 '일제시대' '식민지시대'로 이름지은 역사인식은 그 시대를 우리 역사상 전에 없던 불행한 시대로 단정하고 그것을 극복하려는 역사의식을 바탕으로 한 것이다. 이 시기를 '독립운동시대'로 이름짓는 역사인식도 얼핏 보기에는 독립운동 과정에서의 영웅적인 투쟁을 강조하려는 생각이 바탕을 이룬다고 할 수도 있겠지만 그보다 더 깊은 곳에는 식민지시대를 오히려 더 철저히 극복하려는 의지가 깔려 있다고 볼 수 있다.

20세기 후반기의 시대를 일반적으로 '해방 후 시대'로 부르지만 그것은 이 시기 민족사의 절실한 과제가 담겨 있지 못한 일견 평범한 역사의식의 소산이라 생각된다. 20세기 전반기 민족사가 식민지통치에서 벗어나는 일을 그 최고 차원의 목적으로 삼은 시대라면, 20세기 후반기 즉 해방 후의 시대는 민족분단의 역사를 청산하고 통일민족국가의 수립을 민족사의 일차적 과제로 삼는 시대로 보지 않을 수 없으며, 이와 같은 역사의식을 바탕으로 하는 경우 이 시기는 '분단시대' '통일운동시대'로 이름하지 않을 수 없는 것이다.

20세기 전반기 식민지시대의 경우를 뒤돌아보면 식민지로 전락해가던 과정과 3·1운동을 전후한 때까지도 극소수의 친일분자를 제외한 민족구성원 전체가 식민지시대에 살고 있음을 철저히 인식하고 민족적 예지를 식민지 통치에서 완전히 벗어나는 길을 찾는 데로 모았었다. 그러나 이후 식민지 기간이 길어지고 식민지 지배기구의 민족분열정책과 동화정책이 강화됨에 따라, 특히 국내의 일부 '민족진영'은 식민지시대에 살고 있다는 생각 자체가 흐려져서 점차 식민지 지배체제를 인정하고 그것에 타협해가는 경우가 있었는가 하면, 더 나아가서 식민지 지배체제와 밀착함으로써 절대독립을 부인하고 반민족적 반역사적 역할을 다하는 경우가 있었음을 우리는 알고 있다.

이와 꼭 같은 현상이 20세기 후반기 분단시대에도 있을 수 있음을 생각하지 않을 수 없다. 분단 초기의 들끓었던 민족사적 사명감은 동족상잔을 겪으면서 급격히 식어갔고 이후에는 분단체제 자체에 무관심하거나 혹은 분단체제를 철저한 현실적 조건으로 받아들이고 오히려 그것에 편승하여 이 불행한 역사를 연장하는 데 이바지하는 경우가 없을 수 없는 것이다.

20세기 후반기를 '해방 후 시대'로 부르는 데 반대하고 '분단시대' '통일운동시대'로 부르는 역사의식은 분단체제를 기정사실화하여 그 속에 안주하는 일을 경계하고, 그것이 청산되어야 할 시대임을 철저히 인식하면서 청산의 방향을 모색하려는 데 그 본질적인 목적이 있는 것이다.

한 시대 한 민족의 역사학은 그 민족사회의 시대적 요청에 절실히 부응할 수 있는 사론(史論)을 수립해나갈 수 있을 때 비로소 학문적 사명을 다할 수 있으며, 그것은 또 역사학이 민족사회의 역사적 현실과 올바르게 밀착되었을 때만 가능한 일일 것이다. 해방 후 민족이 분단된 때부터 앞으로 통일민족국가가 이루어질 때까지 우리 역사가 분단시대 이외의 다른 개념으로는 이름지어지기 어렵다는 생각은 통일을 지향하는 이 시기 전체 민족구성원의 의지와, 분단시대가 반드시 청산되어야 할 시대임을 분명히 하는 역사의식이 바탕이 된 것이라 말할 수 있을 것이다.

2. 분단시대 사학의 현실유리

해방과 함께 국토와 민족이 분단되었고 분단의 가장 중요한 원인의 하나가 사상적 대립에 있었으므로 분단체제가 학문 일반에 주는 영향은 지대한 것이었다. 역사학도 전혀 예외일 수 없었다. 분단체제가 굳어져가는 과정에서도 학문의 세계, 특히 역사학의 체제에 얽매이지 않고 그것을 넘어선 차원에서의 현실적 객관성을 유지할 수 있는 조건이 절실히 요청되었지만 분단체제의 현실은 그것을 용납할 만한 여유를 가지지 않았었다.

역사학 연구자도 역사적 현실의 물결이 비록 탁류(濁流)일지라도 그 속에서 한 발짝도 벗어날 수는 없다. 그러나 탁류 속에 같이 흐르면서도 그 물줄기의 행방과 수질(水質)의 청탁(淸濁)을 객관(略觀)할 수 있는 또 하나의 눈을 높은 언덕 위에 둘 수 있는 내적 혹은 외적 조건이 반드시 요청되는 것이지만, 분단체제는 민족구성원 개개인을 어느 한쪽에 분명히 서기를 강요하였고 역사학 연구자 누구도 적어도 현실적으로는 이 요구를 거부할 수 없었다.

역사학 연구자가 역사적 현실에서 객관적인 위치를 보장받을 수 없을 때 그들은 대개 학문적 안식처를 현재와 동떨어진 과거의 세계에서만 찾기 마련이며, 이 경우 역사학은 자연히 현실에서 유리되기 마련이다. 현실 속에서 객관적 위치를 보장받지 못하고 현재 이전의 세계, 현실과 유리된 세계로 학문의 장(場)을 옮기는 역사학 연구자들은 몇 가지 나름의 변명을 가지게 된다. 첫째는 역사학의 현재성을 가지는 것은 학문의 객관성을 잃는 것이며, 따라서 그들의 학문이 현재성을 완전히 배제하였을 때 비로소 객관성을 가지는 것이라 강조하는 것이다.

예를 들면 일제시대의 민족사학과 같이 식민지 치하에 놓인 민족적 현실과 그것에서 벗어나려는 민족적 의지가 적용된 역사학은 '객관성'과 '과학성'이 결여된 역사학으로 보이고 이와 같은 민족적 현실 내지 의지와는 전혀 관계 없는, 따라서 식민지 지배체제의 적극적인 통제 대상이 되지 않는 문헌고증학적 역사학 내지 역사지리학적 역사학이 가장 '과학적'이고 '객관성' 있는 학문 방법이라 주장하게 되는 것이다.

학문세계를 현실과 유리된 세계로 옮겨가는 역사학 연구자가 가지는 또다른 변명은 그들이 살고 있는 현재의 시대는 역사학의 대상이 될 수 없으며, 만약 대상으로 삼는 경우 그 학문은 또 '객관성'을 잃게 된다는 주장이다. 또다시 일제시대의 경우를 예로 들면 이 시기의 민족사학자들에게는 바로 그들이 사는 시대의 독립운동이나 식민지 지배체제의 정책 자체가 연구대상이 될 수 있었지만, 실증적 '과학적' 방법론을 주장하는 현실유리적 역사학에서는 그들의 시대가 전혀 학문의 대상이 될 수 없었던 것이다.

분단시대의 국사학이 일제시대 국사학의 계승과 반성을 바탕으로 하여 출발하였지만 이와 같은 역사학의 현재성 적용문제를 두고 생각해보면 그 계승과 반성의 의미가 잘 드러나는 것이라 생각된다. 분단시대의 국사학이 어느정도 제자리를 잡아가면서부터 역사학 연구방법론에 '현재적 요구'가 적용되기 시작하였다. 일제시대의 국사학 가운데 민족의 '현재적 요구'가 깊이 적용되었던 민족사학과 사회경제사학의 학문적 유산을 물려받았고, 따라서 식민사학론을 극복하는 방향에서 분단시대의 국사학이 그 현재성을 일단 찾기 시작한 것이다. 식민지지배에서 해방된 민족의 역사학으로서 올바른 방향을 잡았던 것이라 할 수 있다.

분단시대의 국사학이 일제시대 실증사학의 수준을 넘어선 가장 두드러진 성과가 바로 식민사학론을 극복하는 것으로 나타난 것은 실로 다행한 일이고, 그것은 또 이 시기의 국사학이 민족사회의 현재적 요구를 외면하지 않은 좋은 증거이기도 하였다. 그러나 분단시대의 국사학이 식민사학론을 극복하는 것만으로 그 현재성을 모두 찾는 것은 아니었다. 식민지에서 해방된 민족의 역사학으로서의 현재성 이외에 분단된 민족의 역사학으로서의 현재성도 아울러 적용하지 않을 수 없었던 것이다.

그러나 분단시대 국사학이 식민지지배에서 해방된 민족의 국사학으로서 식민사학론을 극복하는 책무는 어느정도 이룩했으나 분단된 민족의 역사학으로서 사명을 다하는 일에는 전혀 외면하다시피 하였다. 식민사학론을 극복하는 데서 학문의 마당을 찾는 일이 역사적 현실과 유리된 것이라고는 할 수 없지만 그러나 민족분단의 현실이 분단시대 역사학의 좀더 절실한 현장(現場)이었음을 강조하지 않을 수 없는 것이다.

분단시대의 국사학이 식민사학론을 극복하는 마당에서는 어느정도 객관적 위치를 보장받을 수 있었지만, 민족분단 문제를 학문적 대상으로 삼을 때는 그것을 보장받을 수 없었기 때문에 식민사학론 극복문제에만 치중하였다면, 그것이 민족적 현실문제와 유리된 또 하나의 학문적 안식처가 된 것이 아닌가 생각할 수도 있다. 그리고 이 경우도 일제시대의 실증사학이 내놓았던 역사학의 현재성과 '객관성' 문제가 다시 변명의 근거가 되는 것이 아닌가 하는 생각도 있을 수 있으며, 자기 시대를 연구대상으로 삼기를 기피하였던 속성이 그대로 계승된 것이 아닌가 하는 생각을 가지지 않을 수 없는 것이다.

분단시대의 국사학이 식민사학론의 극복을 최대의 과제로 삼았던 사실은 일제시대의 실증사학이 문헌고증학적·역사지리학적 연구에 주로 탐닉하였던 것과 비교하면 일단의 방법론적 진전이 있었다고 할 수 있으나, 그들이 처했던 역사의 현장문제를 외면함으로써 민족사회의 현실문제와 유리된 역사학이 되었다는 점에서는 같은 평가를 받을 것이 아닌가 생각되는 것이다.

다시 말하면 일제시대의 실증사학이 식민지 치하에서의 민족적 질곡을 외면한 채 주로 사실고증·지명고증에만 학문적 정열을 바쳤던 사실과, 분단시대의 국사학이 분단체제 아래서의 민족적 고통에는 별 관심 없이 주로 일제 관학자의 학문적 죄악상을 폭로하고 시정하는 데만 열중한 사실이 뒷날 우리 사학사(史學史)를 정리하는 연구자들에게 그다지 큰 차이 없는 일로 평가되지 않을까 하는 두려움이 정말 기우에 지나지 않는 것인지 생각해볼 만한 일일 것이다.

분단시대의 국사학이 신채호(申采浩)의 투쟁사관(鬪爭史觀)을 곧 독립운동의 일환이라 이해하고 박은식(朴殷植)의 독립운동사 연구와 서술을 일제시대 민족사학의 가장 큰 업적으로 정의하는 한편, 일제시대 실증사학의 현실 기피성을 비판하였다. 그러나 분단시대의 국사학 스스로는 분단체제 속에서 객관적 위치를 확보하면서 통일운동의 일환으로서의 성격을 유지하려는 노력을 다하지 못하였고, 분단시대를 연구 대상으로 삼는 일을 완전히 포기하고 있을 뿐만 아니라 오히려 일제시대 실증사학이 식민지시대 현실을 외면하였던 것과 같이 분단시대 현실을 외면하고 있는 것은 아닌지 다시 한번 반성해볼 시기가 된 것이 아닌가 한다.

3. 분단시대 사학의 현실매몰

분단시대의 국사학이 분단체제 속에서 스스로의 객관적 위치를 확보하지 못함으로써 분단현실 이외의 영역, 주로 식민사학론을 비판하는 영역에서 하나의 안식처를 구하고 있은 것이라 말하였지만, 이 시기 국사학의 일부는 안식처를 구하는 일에서 한걸음 더 나아가서 분단체제 속에 자체를 매몰시켜버리는 경우도 있었다. 현실유리의 역사학이 자체 옹호를 위하여 흔히 내놓는 가장 설득력 높은 논리가 바로 역사학이 현재성을 강조하는 경우 대부분 그 현실과 타협하고 매몰되어버림으로써 객관적 위치를 잃기 쉽다는 데 있는데, 사실 한 시대의 역사학이 그 현재성의 방향을 잘못 찾는 경우 그 결과는 흔히 현실에의 매몰현상으로 나타났다.

분단시대의 국사학이 그 현재성의 방향을 우선 식민사학론을 극복하는 데서 찾아 출발하였지만, 식민사학 극복론은 자연히 주체적 민족사관의 수립문제와 연결되었고, 더 나아가서 분단시대의 정치현실·문화 현실과 연결되면서 분단체제적 현실에 매몰되어갔음을 지적하지 않을 수 없다. 분단시대 국사학의 현실 매몰현상은 무엇보다도 먼저 분단시대가 가지는 전체 민족사적 위치를 올바르게 인식하지 못한 데서 시작된 것이라 생각된다.

20세기 후반기 분단시대는 20세기 전반기 식민지시대와 같이 역사적으로 반드시 극복되어야 할 시기이며 그 자체로서는 어떤 역사적 당위성도 가지기 어려운 시대임을 분단시대 국사학이 얼마만큼 철저히 인식하였는지 의심스러운 점이 있다. 역사적 당위성이란 곧 역사발전의 바른 노선을 말한다. 식민지체제가 민족사 위에서 전혀 그 당위성을 인정받을 수 없었던 것과 같이 분단체제 역시 역사적 당위성을 벗어난 체제임을 이 시기의 국사학이 철저히 인식할 필요가 있었던 것이다.

분단시대가 민족사적 당위성을 상실한 시대임을 이 시기의 국사학이 철저히 인식하였다면 식민지시대의 국사학이 그것을 청산하는 데 봉사하는 일을 그 최대의 과제로 삼았던 것과 같이 분단시대의 국사학은 분단체제를 청산하는 데 봉사하는 일을 그 최대의 과제로 삼을 수 있었을 것이다. 따라서 분단시대의 국사학이 분단체제 속에 매몰되어서 그것을 유지 연장하는 데 이바지하는 어리석음을 범하지 않을 수 있었을 것이다.

분단시대 국사학의 현실 매몰현상은 또 민족문제의 이해에 있어서 분단체제적 차원을 넘어서지 못한 데서 오는 것이라 생각된다. 분단체제를 가져온 근본적인 원인의 하나가 사상적 분열에 있었고, 그것을 해소하고 민족통일을 지향하는 지도원리는 올바른 민족주의 이론을 수립하는 데 있다고 생각해보면 민족통일의 지도원리로 정립되어야 할 민족주의 이론은 분단체제 안에서의 민족론을 넘어서는 통일지향의 민족론으로 승화되어야 할 것이며, 이 시기의 국사학도 여기에 봉사할 수 있어야 할 것이다.

분단시대의 민족론이 분단체제 아래서의 국가주의적 민족론의 단계에 머물렀고 이 시기의 국사학이 그것에 얽매여서 좀더 높은 차원의, 진정한 의미에서의 민족주의 이론 정립에 선도적인 역할을 다하지 못한다면 이 역시 분단체제의 연장을 이론적으로 뒷받침하는 결과가 되지 않을 수 없을 것이다. 분단시대의 국사학이 분단시대를 청산하는 데 이바지할 수 있는 가장 높은 단계의 작업은 분단국가체제를 지탱하는 데 동원되었던 민족주의론이 가진 비민족적·반역사적 속성을 정확하게 또 철저히 극복하고 통일민족국가 수립을 지향하는 민족주의론을 수립하는 데 있음을 더 분명하게 확인할 필요가 있는 것이다.

분단시대 국사학의 현실 매몰현상은 또 역사의 발전법칙에 대한 올바른 인식이 철저하지 못한 데서 오는 것이라 생각되기도 한다. 분단체제에 구애되고 더 나아가서 그것을 뒷받침하는 역사학은 대체로 복고주의적 사론(史論)에 흐르기 쉬웠음을 지적하지 않을 수 없다. 이 복고주의적 경향의 사론은 대체로 민족주체사론과 연결되는 경우가 많았지만 옳은 의미의 주체사관은 민족사의 과거 속에서 찾아지는 것이 아니라 민족사의 현재와 미래에서 구해지는 것임을 한층 더 분명히 인식할 필요가 있는 것이다.

한편 역사의 발전법칙에 대한 올바른 이해문제는 또 역사 담당주체의 확대과정이 역사발전의 옳은 과정임을 철저히 이해하는 문제와도 연결된다. 분단시대의 역사학이 영웅주의적 역사관과 같이 역사 담당주체를 오히려 축소시키고 민중세계의 역사의식 성장을 저해하는 사론을 편다면 역사학이 가진 시대적 책무에 역행하는 결과가 되지 않을 수 없는 것이다.

전체 민족사에서 분단시대가 반드시 청산되어야 할 시대임을 철저히 자각하지 못한 역사학은 분단시대 현실에 매몰된 역사학이 될 수밖에 없을 것이다. 그것은 역사의 흐름을 객관할 수 있는 언덕 위의 눈을 가지지 못하였을 뿐만 아니라 역사의 탁류 속에서 시력을 잃어버린 역사학이 될 수밖에 없을 것이다.

4. 분단시대 사학의 극복

분단시대를 극복하는 데 이바지할 수 있는 국사학의 방법론은 크게 두 가지 방향에서 찾아질 수 있을 것이라 생각된다. 첫번째는 우리가 지적한 분단시대 국사학이 가진 두 가지 제약성을 적극적으로 극복하는 방법이다. 분단시대 국사학이 일반적으로 가졌던 현실 유리와 현실 매몰적 성격을 극복하고 분단시대적 현실을 객관하고 비판하는 데서 국사학의 방법론을 수립할 수 있어야 할 것이다.

그것을 위한 구체적인 국사학 연구작업은 또 두 가지 방법이 있을 수 있다. 그 하나는 어떤 측면으로라도 민족사회의 현실적 요구가 투영되는 방법론이 적극적으로 개발되는 것이 바람직하다. 민족적 현실을 바탕으로 하지 못한 공중에 뜬 국사학은, 극복되어야 할 시대로서의 분단시대 국사학의 한계를 넘어설 수 없을 것이다. 그러나 민족적 현실을 바탕으로 하는 국사학이라고 하여 반드시 분단시대만이 연구대상이 되어야 한다는 것은 아니다. 일제시대 민족사학자들, 예를 들면 신채호의 연구작업이 반드시 식민지정책이나 독립운동사를 대상으로 하지 않았어도 일제시대 민족사학으로서의 성격을 가장 강하게 가지고 있는 것은, 고대사를 연구대상으로 하였을 때 그의 역사인식이 식민지시대, 독립운동시대의 민족적 현실을 바탕으로 하여 이루어졌기 때문이다.

분단시대 국사학이 가진 제약성을 극복하기 위한 구체적 연구작업의 또 하나의 방법론은 현실 매몰성을 적극적으로 비판하는 방향에서 찾아져야 할 것이다. 일제시대 민족사학, 특히 신채호의 사학이 올바른 방향을 잡을 수 있었던 이유는 민족의 현실적 요구를 바탕으로 하여 식민지시대를 반드시 극복되어야 할 시대로 철저히 인식하였던 데도 있지만, 거기서 더 발전하여 봉건사학 및 식민사학을 엄격히 비판할 수 있었던 데도 요인이 있었다. 분단시대 국사학이 현실에 매몰됨으로써 가지게 된 전(前)시대적 복고주의·영웅주의 사론을 철저히 비판하는 작업을 통하여 그것이 가진 제약성을 극복할 수 있어야 할 것이다.

분단시대를 극복하는 데 이바지할 수 있는 국사학의 두번째 방법론은 분단시대 국사학이 가진 제약성을 극복하는 단계를 한걸음 더 넘어서서 첫째 통일민족국가의 수립에 공헌할 수 있는 사실(史實)을 연구개발하고, 둘째 좀더 높은 차원에서의 통일지향적 민족주의론을 정립하는 데 있다고 생각된다.

분단시대 민족사회의 현실적 요구를 바탕으로 하고 그것이 투영될 수 있는 방향에서의 연구작업이면 어떤 시대의 어떤 사실을 대상으로 하여도 분단시대 극복에 공헌할 수 있는 국사학이 될 수 있겠지만 한걸음 더 나아가서 좀더 구체적인 사실의 적극적인 발굴이 요청된다. 전체 분단시대를 통하여 민족분단을 극복하고 통일에 이바지할 수 있는 사실을 개발하여야 한다는 역사인식을 바탕으로 하여 쓰여진 연구논문은 흔치 않다. 그런 가운데서도 이우성(李佑成) 교수가 1975년에 『창작과 비평』 10권 4호에 발표한 「남북국시대(南北國時代)와 최치원(崔致遠)」이란 논문을 하나의 예로 들 수 있다.

이 교수의 논문은 통일시대 신라와 발해, 그리고 당나라와의 관계를 두고 쓴 것인데, 그것에 의하면 발해가 우리 민족이 세운 국가임이 틀림없으며 따라서 통일신라시대는 곧 남북국시대로 이해하여야 한다는 것이다. 또한 이 남북국은 당나라의 동방정책(東方政策) 즉 등거리외교(等距離外交) 정책에 의하여 조종됨으로써 끝까지 서로 대립관계로 일관하였다고 지적하면서 다음과 같이 말하였다.

이리하여 남북 양쪽은 서로가 망할 때까지 한 번도 화합할 수 없었다. 그것은 남북 등거리외교로 일관된 당나라의 동방정책에 시종 조종되면서 서로 깨닫지 못했던 때문이었다. 신라가 당에의 일변도로 당나라의 힘을 빌어 발해를 누르려고 했던 것이나, 발해가 저자세를 무릅쓰고 멀리 일본에 조빙(朝聘)을 다녔던 것은 다같이 후세의 역사적 비판을 받아 마땅한 것이다.

그리고 이 논문은 소년시절에 당나라에 유학하여 그곳에서 최고의 교육을 받았고 신라가 낳은 동방의 제일명인(第一名人)이었던 최치원이 당나라에 보내는 공적 사적 문서에서 한결같이 발해를 헐뜯었던 사실도 지적하고 있다. 이 논문이 지적한 남북국시대와 오늘의 분단시대 사이에는 1천 년의 시간적 차이가 있지만, 두 시대를 보는 역사인식은 시간적 차이를 넘어 일치할 수 있는 것이다. 이후의 우리 역사, 특히 식민지시대, 독립운동시대의 역사 속에서도 역사인식과 방법론에 따라서는 통일민족국가 수립에 이바지할 수 있는 역사적 사실은 쉽게 발견할 수 있을 것이다.

한편 20세기 후반기 우리 역사의 지상과제인 통일민족국가 수립을 위한 민족주의 이론의 정립문제도 분단시대 극복을 지향하는 국사학이 반드시 이루어놓아야 할 값 높은 과제이다. 민족주의의 개념이 역사적으로 변화하고 있지만 3·1운동에서 일단 하나의 단계를 지은 민족주의는 이후의 독립운동 과정과 통일민족국가 수립과정을 통하여 얻어진 역사경험을 바탕으로 하여 많은 성격변화를 거듭해왔다. 그러나 아직도 통일지향 민족주의로서의 확실한 이론정립의 단계에 들어서지 못한 것이라 생각된다. 이 이론정립 작업에는 분단현실에서 객관적인 위치를 확보한 국사학의 참여가 불가결할 것이며, 따라서 이 시기의 국사학은 그것에 대비할 수 있는 자세가 갖추어져야 할 것이다.

그리고 분단시대 극복을 위한 국사학의 가장 중요한 과제로의 통일지향 민족주의론의 정립방향은 어디까지나 역사발전의 바른 노정 위에서 세워져야 할 것이다. 그것은 또 민족구성원 전체의 역사적 역할이 보장되고, 특히 민중세계의 역사주체성이 확립되는 방향에서 수립되어야 함을 강조하지 않을 수 없는 것이다.

(1978)

민족사학론의 반성
광복 30년 국사학의 반성과 방향

1. 머리말

생각하기에 따라서는 어느 시기의 학문적 성과에 대한 반성과 전망은 언제든지 할 수 있는 일이기도 하다. 그러나 해방 후 30년간의 국사학의 경우 그것에 대한 적절하고 효과적인 반성과 전망을 하기에는 아직 적당한 시기가 아니라 생각된다.

해방과 함께 민족과 학문이 모두 분단(分斷)되었고 그것은 아직 계속되고 있다. 분단이 이루어진 때부터 민족의 통일이 달성될 앞으로 어느 시기까지의 역사학은 '분단시대 사학(分斷時代史學)'으로서의 일정한 제약성을 벗어나지 못할 것이다. 그리고 우리가 아직 그 속에 살고 있는 이상 이 시대의 국사학에 대한 객관적이고도 적절한 반성과 전망을 하기는 대단히 어려운 일이라 하겠다.

그러나 반면 역사학 연구자는 스스로 시험관 속에 들어 있으면서도 그 실험의 과정과 결과를 객관(客觀)할 수 있는 안목이 요청되며, 한편 그것을 위한 일종의 학문적 특권 같은 것도 누릴 수 있어야 한다고 생각된다. 따라서 우리는 분단시대 속에 살면서 그것을 객관하고 그 이후를 전망하는 하나의 시각을 가지고자 하는 것이다.

해방 후 30년간의 국사학의 업적은 관점에 따라 여러가지 측면에서 파악될 수 있겠으나 그것을 실증적(實證的) 측면과 사론적(史論的) 측면으로 대별하여 이해할 수도 있겠다. 그 가운데 특히 실증적인 면의 업적은 양적으로나 질적으로 상당한 수준에 올랐다고 할 수 있다.

지난 30년 동안 학문내적인 혹은 학문외적인 어려움이 거듭되었음에도 불구하고 국사학 연구는 다른 어떤 연구분야의 추종을 불허할 만큼 그야말로 장족의 발전을 한 것이라 하겠다. 그러나 그것을 한정된 시간에 한 사람이 일일이 들어서 논평할 수는 없으며 또 사실 그렇게 할 필요도 없을 것이다. 『역사학보(歷史學報)』가 최근 몇 년 동안 착실히 계속하고 있는 회고와 전망 특집이 그것을 대신해줄 수도 있겠다.

다만 우리가 개괄적인 눈으로 잠깐 살펴봐도 특히 구석기시대의 발견과 청동기시대의 확정, 실학(實學)의 발굴과 개항전(開港前) 조선후기 사회에 대한 재인식, 그리고 시대구분론에 대한 관심 등이 두드러진 업적이라 생각된다.

실증적인 면의 업적에 비하여 사론면(史論面)의 업적은 그다지 높지 못한 것 같다. 일반적으로 사론적인 업적이 실증적인 그것을 바탕으로 하여 이루어지기 때문에 부득이하다고 말할 수도 있겠다. 그러나 여기에는 또다른 원인, 즉 학문외적인 원인도 작용하였다고 생각되며 그것이 곧 '분단시대 사학'이 가지는 제약성의 하나라 할 수도 있겠다. 어떻든 사론 면의 성과가 높지 못한 사실이 해방 후 30년간의 국사학이 가지는 취약점의 하나라 할 것이다. 이와 같은 문제와 관련하여 우리의 반성과 전망도 사론적인 면에 초점을 맞춰보고자 한다.

전공하는 시대에 따라 관점을 달리할 수도 있겠지만, 우리의 생각으로는 지난 30년간 국사학계가 사론적인 면에서 당면하였던 가장 중요한 문제는 근대화론을 포함한 민족주의 문제가 아니었던가 생각한다. 우리가 가정한 '분단시대 사학'이 근대화론과 민족주의론을 어떻게 이해하였는가 하는 문제가 곧 그것이 우리 근대사학사(近代史學史)에서 점유하는 위치를 평가하는 중요한 기준이 될 것이라 생각된다.

　지난 30년간의 국사학이 민족주의 문제를 어떻게 다루어왔는가를 이해하기 위해서는 지금의 시점에서 소위 '민족사학(民族史學)'이 이 시기에 어떻게 수용되어왔는가 하는 문제를 되돌아보는 것이 우리가 할 수 있는 효과적인 방법의 하나라 생각된다.

2. '민족사학'론의 수용

　해방 전에 이루어진 우리 근대사학사의 유산으로서 흔히 '민족사학'과 '실증사학' '사회경제사학' 세 가지를 든다. '민족사학'은 식민지화 과정과 이후의 식민지시대에 있어서 독립운동의 지도이론으로서 '민족정신' '낭가사상(郎家思想)' '얼' '조선혼(朝鮮魂)' 등을 우리 역사 속에서 찾아내고 체계화하려는 투철한 역사의식을 바탕으로 하여 이루어진 학풍이었다.

　'사회경제사학'은 우리 역사를 유물사관적(唯物史觀的) 법칙성에 맞추어 체계화함으로써 그것을 세계사적 발전과정의 일환으로 이해하려 하였다. '민족사학'이나 '사회경제사학'이 모두 뚜렷한 사관(史觀)을 전제로 한 방법론이었던 데 반하여 '실증사학'은 흔히 '사관부재(史觀不在)'의 학풍이었다고 평해진다. 식민지 지배체제의 굴레 안에서 유지된 이 학풍은 '민족사학'이나 '사회경제사학'과 같은 투철한 사관을 가지기를 거부하고 사실(史實)의 고증에만 치중한 것이다.

해방 후의 국사학이 이들 세 계통의 유산을 모두 물려받고 그 이점을 종합하여 새로운 시대사조에 맞는 연구방법론을 수립하는 것이 바람직하였지만 실제로는 그러지 못하였다.

'실증사학'적 연구방법론이 해방 직후의 국사학계를 독차지하다시피하였고 지금까지도 그것을 고수하고 있는 연구자가 없는 것은 아니다. 그러나 그것은 이제 하나의 학풍을 이룬다기보다 역사학 연구의 기초조건으로서 그 본래의 기능에 한정되어가고 있다. 실증의 과정을 겪지 않는 역사연구가 있을 수 없지만 실증만으로 끝나는 연구도 있을 수 없는 것이다. 한편 '사회경제사학'도 해방 후의 국사학계에서 응분의 위치를 차지하지 못하였다. '사회경제사학'이란 말을 단순한 사회사적 문제의 연구와 경제사적 문제의 연구라는 의미로만 이해한다면 해방 후의 국사학계에서도 다른 분야에 못지않은 연구업적이 이루어졌다. 그러나 그것을 사관적인 면에서 생각해보면 전혀 연결되지 못하고 오히려 배척되었던 것이다.

이렇게 생각해보면 해방 후의 국사학계를 사관적인 면에서 주도해온 것은 역시 '민족사학'이었다고 볼 수밖에 없다. 해방 직후에는 '식민사학'의 여독(餘毒)과 '실증사학'의 영향 때문에 '민족사학'적 방법론 내지 사관이 국사학의 표면에 나서지 못하였다. 그러나 국사학계가 자리를 잡아감에 따라 '식민사학'의 독소를 제거하는 문제, 우리 역사를 주체적으로 이해하려는 문제 등이 중요한 과제로 등장하였고, 이와 같은 국사학계의 새로운 경향과 관련하여 '민족사학'론이 점점 표면에 떠오르게 된 것이다.

이 시기에 활약한 국사학자들 특히 사학사적 관심이 높은 학자들은 스스로 해방 전 '민족사학'자들과 학문적 계보상으로 직접 혹은 간접으로 연결된다고 생각하거나, 적어도 사관이나 방법론적인 면에서 '민족사학'을 계승하였다고 생각하는 경우가 많아졌다. 그리고 이들의 국사학계 안에서의 영향력뿐만 아니라 학계 밖에서의 영향권도 점점 넓어져갔다.

해방 후의 국사학계가 '실증사학'풍에서 탈피하는 일, '식민사학'을 극복해가는 일, '사회경제사학'을 사관 면에서 배격하는 일을 과제로 삼았다고 본다면 '민족사학'론적 업적이 강조되고 그 사관이 계승된 것은 조금도 이상한 일이 아니다. 그러나 해방 후의 국사학계가 '민족사학'을 이어받는 데 연구방법론은 물론 그 사학사적 성격과 시대적인 한계성에 대한 충분한 분석과 반성이 앞서야 했다고 생각된다.

'민족사학'론에 대한 비판은 해방 전의 국사학계에서도 있었다. '실증사학' 쪽에서는 그 연구방법론에 실증성이 약하다는 이유를 내세워 비과학적인 학풍이라 비판하였고, '사회경제사학'은 '민족사학'론이 가지고 있는 신비주의적인 민족관을 배격하고 또 그 사관의 국수주의적인 성격을 공박하였다.

해방 후의 국사학계에서도 '민족사학'을 비판적인 입장에서 보는 경우가 없었던 것은 아니다. 지나치게 관념적인 역사인식, 지나친 고유성의 강조와 역사발전 문제에 대한 인식 부족 등이 지적되었다.

그러나 대체로 해방 후의 국사학계는 '민족사학'론에 대한 비판적이고 반성적인 자세보다 그것을 긍정적으로 수용하려는 경향이 높아갔다. 그것은 독립운동의 일환으로의 국사학, 식민지 지배 아래서 민족정신을 드높인 국사학, '식민사학'의 영향을 거부한 주체적 국사학으로만 평가되었던 것이다. 이와 같은 평가가 모두 부당한 것은 물론 아니다. 그러나 '민족사학'론을 하나의 학문적 유산으로 계승하기 위해서는 한층 더 심층적인 분석이 필요하였던 것이라 생각된다.

식민지 치하에서 독립운동의 일환으로서 더 나아가서 그 지도이론의 한 갈래로서 이루어진 사론(史論)을 '민족사학'이라 이름지은 것은 다소 막연히 민족주의적 입장에 선 국사학이란 의미에서인 것 같다. 그러나 주지하다시피 민족이란 말은 시대에 따라 그 의미가 변하여왔다. 따라서 민족주의도 여러가지 단계와 유형이 있으며 같은 시대의 민족주의도 그 대내적 기능과 대외적 기능이 서로 다르다. '민족사학'이란 용어 자체가 그다지 적당하지 않으며, 더구나 그 의미는 한층 더 면밀한 분석이 필요할 것이다.

그동안 국사학계에서도 '민족사학'에 대한 심층적인 분석이 시도되지 않았던 것은 아니다. 그러나 일반적으로 그것은 아직도 '독립운동의 일환으로서의 국사학' '주체적 사관에 입각한 국사학'으로 이해하는 수준에서 그다지 벗어나지 못하고 있다. 이와 같은 피상적인 '민족사학'론 때문에 그것이 전혀 빗나간 각도에서 이용되는 경우도 있고, 이 때문에 '민족사학' 부정론이 나오기도 하였다. 그리고 국사학의 나아갈 길이 벽에 부딪친 느낌이 있으며, 또 민족사의 진로에까지 영향을 주는 것이라 생각되는 것이다.

3. '민족사학'론의 분석

민족이나 민족주의란 대단히 복합적인 의미를 가지고 있어서 어떤 경우라도 섣불리 정의하기 어려움을 우리는 잘 알고 있다. 민족주의란 말은 본래 서양사회의 소산물인 근대 내셔널리즘에서 나온 것이지만 또 이 근대 내셔널리즘을 우리는 대개 국가주의·국민주의·민족주의 세 가지 개념을 모두 포함하고 있는 것이라 이해하고 있다.

근대 내셔널리즘이 가진 이 세 가지 개념을 이해하는 데도 여러가지 다른 견해가 있음을 우리는 알고 있다. 국가주의와 국민주의는 대체로 근대국가 발달의 과정으로 이해되고 있지만 여기에도 관점의 차이가 있다.

근대국가의 발달 과정에서 절대주의 국가에서 보는 것과 같이 국가주의적 내셔널리즘이 먼저 나타났다가 시민혁명의 과정을 통하여 국민주의적 내셔널리즘으로 변화하는 것이라 이해하는 경우도 있고, 반대로 근대국가의 형성 초기에 국민주의적 내셔널리즘이 발달하였다가 제국주의의 발달을 계기로 하여 국가주의적 내셔널리즘이 나타나는 것이라 주장하는 이론도 있다.

이 문제의 전문가가 아닌 우리로서는 섣불리 어느 쪽에 좌단(左袒)할 수 없다. 다만 근대 내셔널리즘을 역사적으로 담당한 주체세력을 부각시켜 생각할 때 국민국가가 발달하기 이전, 즉 근대 초기에 절대군주와 일부 귀족세력이 주체를 이루었던 국가주의적 내셔널리즘이 먼저 발달하였다가 국민국가가 발달하고 시민계급이 주체를 이루는 국민주의적 내셔널리즘 시대로 옮겨가는 것으로 이해한다.

한편 민족주의적 내셔널리즘은 근대국가의 발달과정에서보다 오히려 외국의 침략을 받은 민족사회에 있어서의 저항운동 과정에서 형성된 내셔널리즘으로 이해되어왔다. 따라서 우리 역사에서는 국민주의적 내셔널리즘과 국가주의적 내셔널리즘의 단계에 관해서 깊이 연구되지 않았고 다만 민족주의적 단계의 내셔널리즘만이 독립운동과 연결되어 강조되어왔던 것이다.

내셔널리즘 문제에 관한 연구가 계속 활발히 전개됨에 따라 많은 이론이 나오고 있지만, 그 가운데는 국가주의적 내셔널리즘과 국민주의적 내셔널리즘뿐만 아니라 민족주의적 내셔널리즘까지도 포함하여 근대국가 발달의 세 단계로 이해하려는 이론도 있다. 즉 근대국가의 발달 초기에는 절대군주를 둘러싼 귀족층이 그 주체를 이루는 국가주의적 내셔널리즘이 형성되었다가 다시 시민혁명을 계기로 하여 시민계급이 주체를 이루는 국민주의적 내셔널리즘으로 전환되고, 역사의 진전에 따라 시민계급적 범주 밖에 있는 광범위한 사회계층까지도 그 주체세력 속에 포함되는 민족주의적 내셔널리즘이 발달하는 것으로 내셔널리즘 이론을 새로운 방향에서 체계화하는 것이다.

서양사회의 원산물인 근대 내셔널리즘의 발달과정을 우리 역사에 적용시키는 것이 본래 서투른 일이겠지만 지금 우리의 논의의 대상인 '민족사학'에 대한 이해를 한층 더 깊이하기 위하여 위에서 말한 근대 내셔널리즘 발달의 세 가지 단계를 우리 역사에 적용하여 하나의 가설을 세워볼 수 있을 것 같다. 결론을 앞세우면, 우리 역사상 19세기 후반기 즉 구한말을 국가주의적 내셔널리즘 시대로, 20세기 전반기 독립운동 시기를 국민주의적 내셔널리즘의 시대로, 그리고 20세기 후반기 해방 후 시대를 민족주의적 내셔널리즘을 지향하는 시대로 볼 수 있지 않을까 생각하는 것이다.

근래 국사학 연구의 성과는 우리 역사상 근대 내셔널리즘 의식이 실학에서 이미 싹트고 있는 것으로 논증하고 있다. 그리고 그것은 개항 이후에 와서 개화당과 독립협회운동, 애국계몽운동, 일제시대의 3·1운동 및 그 이후의 국내외 독립운동으로 연결되는 것이라 생각하고 있다.

실학사상에서 보이는 민족적·문화적 자각과 개화당이 기도한 청국에 대한 종속적 위치로부터의 탈피와 근대적 정치개혁안 등은 분명히 근대 내셔널리즘 의식의 발로라 하겠다. 그러나 그것은 아직 국왕의 전제적 지배권을 인정하는 단계에서 벗어나지 못한, 우리가 앞에서 지적한 국가주의적 내셔널리즘에 해당하는 것이라 생각된다. 개화당운동은 물론 실학자들에게서도 중세적 질서에서의 탈피와 청국으로부터의 종속적 관계의 청산은 요구되었지만 국민국가를 수립하려는 데까지는 그들의 의식이 아직 미치지 못하였던 것이다.

독립협회운동에서는 '주권재민'을 바탕으로 하는 국민국가 의식이 상당히 높아져가고 있었던 사실이 밝혀지고 있다. 그러나 한편으로는 국권의 독립을 확고히 하고 그 존엄성을 높이기 위하여 오히려 전제황권(專制皇權)을 주장하는 일면도 있었다. 이 운동에서 국민국가를 지향하는 의식이 성장하고 있었음을 충분히 인정하지만 엄격히 말해서 그것은 아직 제한군주제적 단계에 머물고 있었다고 하는 것이 타당할 것이라 생각된다.

20세기 초기에 발달한 애국계몽운동은 근대 내셔널리즘의 측면에서 보면 몇 가지 독특한 의미를 가지고 있다. 첫째, 그것은 이미 외국의 침략세력과 타협하고 그것에 굴복한 조선왕조의 국가권력에 대한 국민적 실망과 반발을 바탕으로 하여 발달한 것이라 볼 수 있다.

둘째, 대체로 시민계급적 범주에 속하는 사회계층의 주도 아래 정치·경제·문화 등 각 분야에 걸쳐 발달한 이 운동은 통감정치 아래서 일어났으므로 외국의 침략세력에 대한 적극적인 저항운동을 전개하지 못한 제약성은 있지만, 조선의 왕권을 주체로 한 국권수호운동의 차원을 넘어서서 시민계급 주체의 국민국가를 수립하기 위한 기초를 닦는 운동이었다고 이해할 수 있다. 이 운동은 한일합방으로 실패하였지만 그 취의(趣意)는 일제시대의 독립운동으로 연결되어 성격을 한층 더 분명히 하였다. 본격적인 국민주의적 내셔널리즘 운동은 일제시대의 독립운동 과정에서 나타나는 것이라 생각된다. 당초에 시민계급적 성격을 가진 사회계층의 주도 아래 발달한 일제시대의 독립운동은 그 일차적인 목적이 국권을 회복하는 데 있었다. 그러나 그것이 달성된 후 어떤 성격이 국가를 세우려 하였는가 하는 문제까지 생각해보면 그것은 국권을 회복하기 위한 운동인 동시에 국민국가를 수립하려는 운동이었다고 할 수 있을 것이다.

한일합방을 전후하여 많은 뜻있는 사람들이 만주지방으로 망명하여 곳곳에 새로운 교포사회를 이루었다. 그리고 이들 교포사회는 자연히 독립운동의 근거지가 되었고 그것을 중심으로 독립운동기지가 마련되었다. 독립운동기지는 대개 교포사회의 행정적 조직으로서의 민정기관과 독립군 양성을 위한 조직으로서의 군정기관을 가지고 있었다. 이 가운데 민정기관의 조직이 가지고 있는 성격, 그리고 상해임시정부 조직의 성격 등을 두고 생각해보면 이 시기의 독립운동이 가지는 또 하나의 목적이 시민계급적인 사회계층이 주체가 된 국민국가 수립에 있음을 이해할 수 있다. 그러나 3·1운동을 계기로 하여, 그 이후에는 독립운동 담당 주체의 범위가 확대되어 시민계급적 범주 밖에 있는 사회계층도 그 속에 포함될 뿐만 아니라 오히려 더 중요한 역할을 다하게 된다. 따라서 앞에서 우리가 지적한 국민주의적 내셔널리즘 운동에 변화를 가져오는 계기가 되는 것이다.

이와 같은 우리의 가설을 바탕으로 하여 다시 '민족사학'의 문제를 생각해보면 '독립운동의 일환으로서의 국사학'이요 민족정신을 강조한 국사학인 동시에 우리가 지적한 시민계급적 사회계층이 주체가 된 국민주의적 내셔널리즘 국사학이었다고 할 것이다. 그 역사의식 속에는 외국세력의 침략에 대한 저항과 국권의 회복을 위한 일체감으로 뭉쳤다고 생각하는 피상적인 의미에서의 민족 내지 민족정신과 그것을 이끌어나가는 영웅은 있었지만 아직 그 민족 안에서의 문제가 제대로 보이지 않았고, 따라서 시민계급적 사회계층의 범주 밖에 있는 민족구성원의 존재와 그 역사적 위치도 정확히 보이지 않았던 것이다.

'민족사학'자들 중에서 특히 신채호(申采浩)의 경우는 3·1운동 이후 그의 역사적 안목 속에 시민계급적 범주 밖에 있는 민족구성원의 존재가 나타났고 그 역사적 기능도 어느정도 올바르게 파악된 것으로 지적되고 있지만 역사담당 주체의 일부로서 이해되었는지 의문이며, 또 그의 이와 같은 역사의식이 이후의 '민족사학'자들에게 계승되지 못한 것이라 생각된다.

또다른 '민족사학'자인 문일평(文一平)에 와서도 그의 민족관이 어느정도 확대되었으나 그것은 '민족사학' 안에서의 성과라기보다 오히려 밖에서부터의 영향에서 온 것이라 생각된다. 그러나 다음에서 상세히 말하겠지만 국민주의적 내셔널리즘 국사학의 다음 단계로서 민족주의적 내셔널리즘 국사학의 실마리가 이들에게서 이미 잡히기 시작한 것은 사실이다.

국민주의적 내셔널리즘으로서 일제시대의 우리 내셔널리즘은 민족의 독립과 국민국가 수립을 지향하면서 그것이 가진 긍정적인 기능을 어느정도 다했다고 볼 수 있다. 그러나 다시 생각해보면 그 일차적인 목적이 이루어진 후에는 국민주의적 내셔널리즘이 흔히 가지는 반역사적 성격을 드러낼 수 있는 것이기도 하였다. 우리가 지적한 국민주의적 내셔널리즘 국사학으로서 일제시대의 '민족사학'이 철저한 분석과 비판 없이 해방 후의 국사학계에 받아들여져서는 안 될 이유가 여기에도 있는 것이다.

그러면 해방 후, 그리고 앞으로 우리 국사학계가 정립하여야 할 '민족사학'론은 어디에서 추출되어야 할 것인가 하는 문제가 남는다. 우리는 이제 근대 내셔널리즘의 세번째 단계라 지적한 민족주의적 내셔널리즘 국사학이 그것을 해결할 수 있으리라 생각하며, 그것은 또 민족의 통일을 지향하는 20세기 후반기 민족사학론이 될 것이라 전망하는 것이다.

4. '민족사학'론의 전망

19세기 후반기부터 본격적으로 전개된 우리의 근대사는 구한국시대·일제시대·해방 후 시대 3기로 크게 나누어진다. 구한국시대에 우리 역사의 기본과제는 주권의 유지와 근대화문제였다. 이 두 가지의 역사적 과제는 전혀 우열이나 선후를 가릴 수 없는 성질의 것이었고 사실 나누어 생각할 수도 없는 것이었다. 주권을 지키지 못하는 근대화는 식민지로 떨어지는 길을 재촉할 뿐이고 근대화를 외면한 주권수호는 반시대적·반역사적 길을 고집할 뿐이었다. 이 시대를 이끌어간 중심 사조(思潮)는 개화사상이었지만 결국 식민지로 전락하였다.

20세기 전반기, 즉 일제시대 우리 역사의 기본과제는 민족독립·국권회복이었다. 그것을 위하여 제시된 지도원리는 흔히 민족주의로 표현하였지만, 엄격히 말해서 우리가 지적한 국민주의적 내셔널리즘이었다. 그리고 국민주의적 내셔널리즘 국사학으로서 일제시대의 '민족사학'이 지나치게 관념주의·영웅주의적이고, 앞에서 말한 바와 같이 시민계급적 사회계층의 범주 밖에 있는 민족구성원에 대한 이해가 철저하지 못하였던 시대적 제약성을 가지기는 하였지만, 국사학 연구활동을 독립운동의 일환으로 파악하였던 '민족사학'자들은 역사의식에 투철하고 올바른 시대정신 속에서 산 연구자들이었다 할 것이다. 그들은 망명생활의 고난과 식민지 치하에서 박해를 견디며 민족사의 올바른 이론과 방향을 수립하려 노력하였던 것이다.

20세기 후반기, 즉 해방 이후 우리 민족사의 지도이념으로 승화될 기본과제는, 미리 말하기 어렵지만, 우리의 생각으로는 민족의 통일문제라 믿어진다. 19세기 후반기 이후 민족사의 지상과제로 등장하였던 주권의 독립과 근대화문제도 궁극적으로는 통일민족국가의 수립 없이는 달성될 수 없었다. 20세기 전반기의 국권회복을 위한 사론(史論)으로서의 '민족사학', 즉 우리가 지적한 국민주의적 내셔널리즘 국사학은 이제 전시대적 사론이 되었고 민족통일을 역사적 과제로 하는 '민족사학'론은 새로이 구성되어야 할 것이다.

일제시대의 '민족사학'이 독립운동의 일환으로서, 더 나아가서 그것을 위한 지도이념으로서 존립하였고 그 때문에 시대정신에 충실한 국사학으로 평가되었다면, 해방 이후 민족분단시대의 국사학은 궁극적으로 통일운동의 일환 내지 그 지도이념으로서의 역할을 다해야만 할 것이며, 그것을 위한 올바른 사론을 수립하는 것이 그 최고 차원의 목적이라 할 수 있을 것이다. 이와 같은 생각을 바탕으로 해방 후 지금까지의 국사학계의 성과를 되돌아보면 그 한계성을 이해할 수 있다. 그것이 곧 국민주의적 내셔널리즘 국사학의 한계성이라 할 수 있을 것이다.

역사학은 어느 분야의 학문보다 올바른 시대정신을 먼저 포착하고 그 방향을 정립할 수 있을 때 본래의 값어치가 드러나는 것이다. 그리고 역사의 발전이란 각 시대마다의 시대정신에 충실한 역사담당 주체세력의 확대과정이라 말할 수 있다. 이제 우리가 지적한 민족주의적 내셔널리즘이 그 앞 단계로서의 국민주의적 내셔널리즘과 어떻게 다른가 하는 점을 생각해보자.

국민은 정치적·경제적 통일체와 그것에 대한 공속감(共屬感)을 기초로 하여 이루어진 것으로서 민족과 다름은 더 말할 여지가 없다. 정치적·경제적 통일성을 기할 수 있으면 하나의 민족이 둘 이상의 국민을 이룰 수 있고 반대로 둘 이상의 민족이 모여 하나의 국민을 이룰 수도 있다. 이것은 지극히 예사로운 논리이지만 역사적·지리적 조건이 결코 두 개의 국민을 용납할 수 없는 특정 민족의 경우에는 그야말로 민족 존망의 문제와 직결되는 이론이 될 수 있다. 국민주의적 내셔널리즘을 기초로 하여 민족의 문제를 다루는 허점이 여기에도 있는 것이다.

우리가 잘 알다시피 민족은 정치적·경제적 통일체에 그치지 않고 그 밑바닥에 인종이나 국토 등 자연풍토적 조건과 언어 및 문화적 전통 등 사회풍토적 조건을 깔고 형성된 공동체이다.

그것은 국민보다 자연적이고 제1차적인 집단이다. 그러므로 역사적 과정에서 나타난 국민적 차원의 분열을 메꾸고 본래의 일체감을 되살리기 위해서는 민족적 차원에 선 사상과 이론과 행동이 필요한 것이다.

따라서 변칙적으로 분열된 특정 민족의 통일을 위한 이론은 국민주의적 내셔널리즘 단계를 극복하고 민족주의적 내셔널리즘의 차원에서만 찾을 수 있는 것이다. 그리고 여기에 우리가 취택할 근대 내셔널리즘의 국사학적 과제가 있는 것이라 하겠다.

우리 역사상에서 국민주의적 내셔널리즘은 식민지 치하에서의 저항운동의 이론으로서 그 긍정적인 의미만이 강조되어왔다. 그러나 세계사상에서 그것은 우리가 잘 알다시피 민족이나 국민을 가탁(假託)한 특수계층의 전유물이 되어 반역사적 작용을 거듭해왔다. 흔히 지적되는 바와 같이 대외적으로는 침략주의를 합리화하는 이론이 되어왔고 대내적으로는 민족 안의 모순을 얼버무리는 역할을 다해왔던 것이다.

국민주의적 내셔널리즘이 가지는 이와 같은 성격 때문에 그것이 근대 내셔널리즘의 전부라고 보는 관점에서는 내셔널리즘의 긍정적인 기능을 전혀 인정하지 않으려 하며, 따라서 민족사학론의 이론적 가치 자체를 부인하려는 입장을 취하기도 한다. 그러나 다시 생각해보면 오늘날 세계사조에서 아직 내셔널리즘의 작용력은 감퇴하지 않고 있다. 그뿐만 아니라 특히 분단된 민족에게는 민족의 통일을 위한 지도원리로서 다시 구성되어야 할 필요성이 더욱 절실해지고 있는 것이다.

앞에서 역사발전이란 곧 각 시대마다의 역사담당 주체세력의 확대과정이라 말하였지만, 민족의 통일을 위한 지도원리로서 근대 내셔널리즘은 시민계급적 사회계층이 주체가 된 국민주의적 내셔널리즘이 아니라 그 주체세력이 민족구성원 전체로 확대된, 우리가 말한 민족주의적 내셔널리즘이 되어야 할 것이다.

국민주의적 내셔널리즘이 가졌던 민족 안의 모순을 호도하던 기능은 민족구성원 전체의 권익을 옹호하는 기능으로 승화되어야 할 것이며, 외국의 침략에 저항하는 논리로서의 국수성(國粹性)과 배타성(排他性) 같은 것은 진취적이고 개방적인 성격으로 전환되어야 할 것이다. 그리고 근대 내셔널리즘이 가지는 이와 같은 의미의 변화는 민족의 의미에도, 또 민족사학의 의미에도 적용되어 국민주의적 '민족사학'이 아닌 민족주의적 민족사학으로 바뀌어야 할 것이다. 이것이야말로 우리 국사학계가 당면한 가장 중요한 과제요 방향이라 할 것이다. 그리고 그 속에서 민족의 통일을 위한 진정한 지도원리가 추출될 것이다.

(『歷史學報』 68호, 1975)

국사학의 현재성 부재 문제

1. 머리말

모든 역사는 현재의 역사라고 한 크로체의 명제는 너무도 유명하다. 20세기 초엽에 이루어진 이 명제는 역사의 원천이 사료(史料)에 있다고 생각한 19세기 역사가들의 세계에서 벗어나 역사의 원천을 역사가의 인식에서 더 구하려는 20세기 역사가의 생각을 분명히 한 명제이기도 하다.

모든 역사가 현재의 역사라는 말은 역사가가 연구하거나 서술하는 모든 시대의 역사 속에 '현재의 요구와 상황'이 반드시 반영되어야 한다는 뜻이기도 하지만, 그렇기 때문에 현재도 또한 역사학의 가치평가의 대상이 되어야 한다는 뜻을 가진 말이라고 생각된다. 20세기 후반기의 가장 널리 알려진 사론(史論)의 하나도 역사를 '과거와 현재의 대화'라고 요약한 것을 보면 현재에의 투영이나 관련성이 없는 역사학은 20세기 역사학으로서의 구실을 다하지 못하는 것이라 할 수 있을 것이다.

1세기에 가까운 우리나라 근대사학의 역사를 되돌아보고 그것이 가지고 있는 오늘의 위치를 생각해보면 여러가지 문제점이 많겠지만, 특히 그것의 현재성 부재 문제가 가장 큰 취약점으로 지적되고 또 반성되어야 할 것이 아닌가 한다. 한 시대 한 민족의 역사학이 그 민족이 처해 있는 현재적 요구와 그다지 연관성 없는 지난날의 사실만을 연구대상으로 삼고 현재와 가까운 시기에 대한 연구와 평가 비판을 기피한다면 학문으로서의 책임을 다하지 못하는 것이라 하지 않을 수 없을 것이다.

역사학이 현재성 부재를 극복할 수 있는 길은 생각에 따라 여러가지 측면에서 구할 수 있을 것이다. 고대사, 중세사, 근대사의 연구와 서술에 현재의 요구와 상황을 투영하기 위한 노력을 계속하는 방법도 있겠지만, 한편 특히 국사학의 경우 그 연구영역을 현재에 가까운 시기에까지 적극적으로 확대하는 것도 하나의 방법이 될 수 있을 것이며, 역사연구와 역사교육과의 긴밀한 연결을 통해서도 또한 성과를 거둘 수 있을 것이다.

2. 현재성 부재의 반성

일제시대까지의 우리 근대사학사적 유산으로 흔히 민족사학(民族史學)·사회경제사학(社會經濟史學)·실증사학(實證史學) 등을 들지만, 이들 학풍 내지 학문경향이 각각 얼마만큼 그 시기의 현재의 요구와 상황을 반영하였는가에 기준을 두어 평가해보면 그것들이 가지는 사학사적 위치를 한층 더 분명히 부각시킬 수 있을 거라고 생각된다.

민족사학은 구한말 애국계몽운동의 일환으로 성립되어 일제시대 독립운동의 일환으로 발전한 학풍이라 흔히 말한다. 애국계몽운동의 일환으로서 민족사학은 가장 중요한 목적을 근대국민국가를 수립하는 데 두었던 것이라 생각된다. 이 시기 역사학자들의 민족적 자각은 아직 전근대적인 충의관념(忠義觀念)에서 철저히 벗어나지 못하였고 심한 영웅주의적 역사인식 속에 빠져 있었지만, 이들에게 앞선 개화파 사상가들에 비하여 주권재민의식(主權在民意識)이 훨씬 전진하였다.

이 시기의 대표적인 역사가의 한 사람인 현채(玄采) 같은 사람에게 있어서 "나라는 인민의 모임"이었으며 "인민이 자립하지 못하고서 나라가 능히 자립할 수 없으며 또한 인민이 자립하고서도 나라가 자립하지 못하는 자가 없다"고 생각되었다. 비록 통감정치 아래서 전개된 적극적인 국민혁명론을 내놓지 못한 제약된 운동이기는 하였지만 그것은 근대적인 민권운동, 교육운동, 민족산업 육성운동을 골자로 하는 국민국가 수립운동이었고, 따라서 이 시기의 민족사학은 이와 같은 시대적 요구에 충실히 이바지하려 하였던 하나의 실천사학(實踐史學)이었다.

일제시대에 들어오면서 민족사학의 실천사학으로서의 기능은 한층 더 높아갔다. 특히 신채호의 경우를 들어보면 애국계몽운동 시기의 추상적이고 영웅주의적이던 민족개념은 대체로 3·1운동을 계기로 청산되고 민중이 민족의 실체로 나타나기 시작하면서 투쟁사관과 민중혁명사상으로 발전하였던 것이다.

애국계몽운동의 연장선상에서 일어났고 또 그 마지막 단계라고도 할 수 있는 3·1운동을 계기로 민족사학의 성격이 변화하고 있는 사실은 그것이 민족의 현재의 요구와 상황을 가장 충실히 반영해가고 있었던 증거였다. 다만 신채호 이후의 민족사학은, 특히 국내에서의 그것이 오히려 '얼' '조선심(朝鮮心)' 등 추상적인 개념으로 변해갔지만, 어떻든 일제시대의 민족사관은 그 시대의 요구와 상황을 반영하는 데 이바지하였다.

한편 일제시대 사회경제사학의 경우도 그것이 유물사관을 지나치게 공식적으로 도입한 점, 일제의 식민사학이 꾸며놓은 정체후진론(停滯後進論)을 적극적으로 극복하지 못한 점 등 일정한 한계성을 가지고 있지만, 식민사학이 우리 역사 전체를 통하여 세워놓은 일정한 가설(假說)과, 그것을 그대로 받아들이고 있는 일부 국내 학자들의 연구태도를 비판하면서 성립되었다.

세계사적 일원론적 역사법칙을 도입하여 식민사학이 만들어놓은 우리 역사에 있어서의 소위 특수사관(特殊史觀)을 배제하고 그것을 통하여 식민지 치하에서의 민족적인 하나의 활로를 열어놓으려 노력한 점에 일제시대 사회경제사학의 이상이 있었다고 봐도 무방할 것이다.

세계사적 법칙성을 도입한 특수사관 부정론은 당시의 민족사학에도 적용되었지만, 역시 식민사학의 독소를 제거하고 민족사회의 현재의 요구에 부응하려는 데 주된 목적이 있었던 것이며, 민족사회의 실체를 역사적으로 이미 오손(汚損)되었다고 생각한 계층에서보다 다른 새로운 계층에서 구하려 하였음을 간과할 수 없을 것이다.

일제시대의 민족사학과 사회경제사학은 식민지 치하의 민족적 현재의 요구에 한층 더 충실히 봉사하려 노력하였던 역사학이었고, 그렇기 때문에 자연히 식민지 통치당국으로부터 철저한 탄압을 받아 더 발전하지 못하였다. 반면 민족의 현재의 요구에 무관심하였거나 관심이 있다 하여도 그것을 정면으로 드러내기를 기피하였던 일종의 순수사학(純粹史學)으로서 실증사학만 그 연구활동이 보장되었다.

실증사학의 특징은 한마디로 말해서 역사학자가 그 연구과정에서 문제의식을 가지기를 철저히 거부하는 점에 있다. 혹시 현실문제와의 연관성 및 투영성이 있는 연구를 기도하였다 하여도 그것이 표면에 드러나기를 기피하여 이중 삼중으로 엄폐하였다. 우리나라 실증사학의 업적 가운데 일제침략을 간접으로나마 폭로하려 기도한 것으로 이상백

(李相佰)의 조선왕조 건국문제를 다룬 일련의 업적을 드는 경우가 있지만, 그것이 제국주의 침략에 대항하는 민족적 현재의 요구를 나타내기에는 너무 거리가 먼 것이었다.

일제시대 실증사학은 학문을 위한 학문, 연구를 위한 연구를 지향하는 아카데미즘 사학의 본령을 지키는 일에는 성공하였는지 모르지만 그 철저한 실증이 무엇을 위하여 무엇을 증명하려는 것이었는지 분명하지 않았다고 할 수 있다. 그 속에는 역사학의 불가결의 요소인 인간과 의식과 현재가 없었던 것이다. 일제치하의 질곡 속에서 민족의식이나 현재에 대한 요구를 나타낼 수 있는 국사연구가 전혀 불가능하였기 때문에 부득이한 일이었다 하면 그야말로 어쩔 수 없는 일이지만, 어느 시기를 막론하고 역사학 연구는 거기에서 끝나야 한다는 고집이 있다면 큰 잘못일 것이다.

해방 후 국사학계는 당초 실증사학의 영향이 그대로 계속되었으나, 차차 민족사학과 사회경제사학의 성과를 흡수하면서 새로운 단계로 발전하였다. 민족사학의 성과를 흡수 발전시킨 결과는 구체적으로 고대사(古代史)에 대한 새로운 인식과 실학에 대한 적극적인 이해로 나타났고 그것은 해방 후 국사학계의 가장 큰 성과가 되었다. 그러나 민족사학적 방법론의 수용에는 여러가지 문제점이 드러나기도 하였다. 일제시대 민족사학은 그 시대적 역사적 제약성 때문에 관념적이고 신비주의적인, 그리고 아직도 영웅주의적인 성격이 남아 있었고, 해방 후 국사학이 민족사학을 수용하면서 이들 제약성을 충분히 청산하지 못하여 비과학적인 민족의식, 역사의식이 아직 남아 있는 경우가 허다한 것이다.

한편 해방 후 국사학이 사회경제사학의 성과를 흡수하여 이루어놓은 구체적인 업적으로는 개항전(開港前) 조선왕조 후기의 사회경제적 발전상을 부각시켜놓은 것을 들 수 있다. 이 성과는 식민사학이 꾸며놓은 후진정체성(後進停滯性)을 극복하는 데 도움이 되었고 자본주의 맹아론(萌芽論)으로까지 발전하였다. 그러나 최근에는 이 성과에 대한 반성과 비판이 나타나기 시작하였고, 그것은 대체로 다음과 같은 두 가지 시각에서 이루어지고 있는 것으로 보인다.

첫째 시각은 국사를 기성의 세계사적 발전론으로 보면 서구사(西歐史)의 아류로 만들 뿐이며 설령 자본주의 맹아를 찾아냈다 해도 서구사는 물론 아시아지역 다른 나라들의 그것과 비교하여도 후진성을 면할 수 없다는 이론이다. 따라서 이 이론에 따르면 조선왕조 후기사회의 사회경제적 새로운 요인은 역사발전의 소산이 아니라 국민의 희생과 윤리 도덕적 타락 위에서 이루어진 것으로 이해되고 있으며, 오히려 조선왕조 전기가 긍정적인 역사시대로 부각된다. 본고(本稿)에서 이 문제에 관하여 장황하게 논급할 사정이 아니지만, 조선왕조 전기의 안정은 중세적 지배질서의 재편성으로 인한 일시적 안정이며 후기의 '타락'은 그것이 다시 무너져가는 역사적 과정에서 빚어진 '타락'으로 이해되어야 할 것이다.

두번째 시각은 조선왕조 후기의 사회경제적 변화 발전상이 사실(史實)보다 과장되게 인식되었다는 점과, 설령 서구 자본주의 침입 이전의 우리 사회에 내재적 자본주의 발전요인이 있었음을 밝혀낸다 하여도 그것이 소위 정체후진론을 극복할 수 있는 적극적인 방법이 되지 못할 뿐만 아니라 그 요인이 서구 자본주의 침입 이후의 문제와 연결되지 못한다는 생각에 바탕을 두고 있는 것 같다. 왜냐하면 이 이론에서는 우리 역사에 씌워진 소위 정체후진론 자체가 제국주의 침략 이후의 소산물이라는 점을 강조하여 자본주의 침입 이전의 문제 속에서 정체론 극복의 근거를 찾는 것은 소극적인 방법이라 생각하는 것이다.

조선후기의 사회경제적 발전상이 지나치게 과장되었다는 비판은, 그것이 근본적으로 이 시기의 변화 발전을 부인하는 것이 아니라는 점과, 이 시기의 사회경제사적 연구가 출발 당초부터 소위 후진정체론을 극복한다는 일종의 목적의식을 가졌었고, 이 점에 그 주된 사학사적 의미가 있다는 점을 시인한다면 본질적인 차이가 있는 것은 아니라 생각된다. 그러나 개항 이전 사회에서 사회경제적 변화 발전상을 추구하는 일이 후진정체론을 극복하는 적극적인 방법이 아닐 뿐만 아니라 오히려 그것을 더욱 정착화한 일면이 있다는 비판은 확실히 중요한 문제를 제시하고 있다.

민족사학과 사회경제사학의 성과가 흡수되면서 해방 후 국사학계는 그 수준을 한 단계 높인 것이 사실이다. 실증사학이 가지지 못하였던 의식과 인간이 살아난 것이다. 그러나 해방 후 국사학도 현재의 요구를 반영하는 문제, 즉 현재성 부재를 극복하는 문제는 큰 진전이 없었던 것이 아닌가 한다. 해방 후의 국사학이 당면한 최대의 과제는 식민사학의 독소를 제거하는 문제였고 그것은 또 국사학내적(國史學內的) 현재의 요구에 부응하는 길이기도 하였다. 그러나 해방 후 민족사회가 가진 한층 높은 현재적 요구로서 분단시대의 극복과 진정한 의미의 민족국가 수립문제, 인간해방을 위한 새로운 단계로서 올바른 근대화 문제 등은 아직도 국사학외적 문제로 버려져 있었던 것이 아닌가 한다. 국사학이 민족사회의 가장 절실한 현재의 요구를 학문외적인 문제라는 핑계로 외면한다면 그 국사학은 또 한번 가장 중요한 책임을 기피하는 학문이 되지 않을 수 없을 것이다.

3. 현재성 부재와 근대사연구

해방 후 국사학이 아직도 현재의 요구를 충분히 반영하지 못한 원인은 우선 두 가지 면에서 구할 수 있을 것 같다. 모든 연구업적에 현재에의 투영성이 부족하였고 근대사연구가 부진하였던 점이 그것이다. 역사학 연구의 1차적인 성과가 사실의 구명에 있다면 2차적인 성과는 사실의 의미를 추구하는 데 있으며, 의미를 추구하는 과정은 반드시 현재에의 투영성이 요구되는 것이라 생각된다. 따라서 근대 이전을 취급한 연구에서도 그 1차적인 성과만으로 역사학 연구로서의 책임을 다할 수 없고 2차적인 성과까지가 요청되는 것이다. 근대사와 현대사의 연구에 있어서는 더 말할 나위가 없다.

해방 후 국사학계의 연구업적이 대부분 근대 이전에 집중되었으나 그 업적들 속에서 현재에의 투영성을 얼마나 구할 수 있는지 의문스럽다. 혹시 간접적인 투영성을 가진 업적이 있다 하여도 『이조건국(李朝建國)의 연구』가 일제침략을 폭로한 정도의 것이라면 이 시기의 국사학이 현재의 요구를 반영함에 있어서는 일제시대 실증사학의 수준을 넘어서지 못한 것이라 할 수 있을 것이다.

국사학이 민족의 현실적 요구에 부응할 수 있는 또 하나의 길은 현재에 가까운 시대에 대한 연구와 역사적 평가를 적극적으로 진행하는 길이라 생각된다. 오늘날의 국사학이 그 연구영역을 근대 이후 부분에까지 확대하려는 노력이 거의 19세기 후반기 개화시대에 한정되었고 20세기, 즉 일제시대 이후 부분은 3·1운동사 연구가 겨우 그 기초적 단계에 들어가 있을 뿐이다. 식민지시대 이후의 연구가 부진한 사실은 국사학이 현재성 부재를 극복하지 못한 중요한 원인의 하나라 생각된다.

식민지 치하에서 해방된 민족으로서 독립운동사 연구를 전담하는 연구기관 하나도 제대로 가지지 못하였을 뿐만 아니라 독립운동사를 독립된 교과목으로 채택하지 못한 사실과, 식민지 치하에서 반민족적 사실(史實)의 규명이 철저히 이루어지지 못하고 있는 사실이 해방 후 30년이 지난 지금에도 식민지적 잔재를 청산하지 못한 중요한 원인의 하나이며 여기에는 국사학의 책임도 크다 할 것이다.

역사학이 최근 역사에의 접근을 주저하는 이유는 그것에 대한 객관성 있는 역사적 평가가 보장될 만한 조건이 이루어지지 않기 때문이라는 의견도 있다. 그러나 그 조건이 역사학자 개인의 학문관의 문제라면 그 객관성의 이해에 차질이 있는 것이 아닌가 하며, 그것이 학문환경의 문제라면 오히려 그것에 적극적으로 접근하는 일이 환경개선의 첩경이 아닌가 생각된다.

생각에 따라 다를 수 있겠으나, 해방 후 국사학계에서 일제시대 연구가 부진한 원인을 대체로 다음과 같은 몇 가지로 요약할 수 있을 것 같다. 첫째 원인은, 일반적으로 지적되는 일이지만, 이 시대의 연구를 위한 기본자료가 정리되어 있지 않다는 점이다. 철저하고 광범위한 자료의 수집 정리가 시급하지만 연구자들 개인의 작업으로는 거의 불가능한 상태이며 국가기관이나 연구단체의 적극적이고 계획적이며 양심적인 작업이 요청된다. 기본자료의 정리 없이 본격적인 연구가 이루어질 수는 없는 것이 사실이다. 그러나 자료문제가 연구 부진의 본질적인 원인은 아니라 생각된다. 자료는 언제나 그것을 선택하는 눈에 따라 양과 질의 기준이 달라질 수 있기 때문이다.

두번째 원인은 일제시대가 아직도 우리의 의식생활 속에서 객관화되지 못한 점이다. 해방 후 지금까지 사회의 주동적 역할을 담당한 세대가 대부분 일제시대에 살았음은 물론 직접 간접으로 식민지 통치기구와 연관성이 있었으므로 그 시대를 철저히 객관화하고 비판할 수 있는 위치에 있지 못하였으며 이 점에 있어서는 학문에 종사하는 사람의 경우도 결코 예외일 수 없었던 것이다. 그러나 이제 한 세대 30년이 지남으로써 이 시대를 객관할 수 있는 새로운 연구 인구가 확보되어가고 있다.

세번째 원인은 역사학과 사회과학 일반과의 연결이 거의 없었던 점에 있다. 근대 이전의 연구에도 사회과학적 이론의 적용이 필요하지만, 우리 역사의 경우 개화시대와 특히 일제시대의 연구에는 사회과학적 방법론의 적용이 불가결한 것이라 생각된다.

근래, 우리나라 인문사회과학 분야의 연구성과가 가지는 결함을 지적하면서 흔히 국학(國學) 분야의 연구성과에는 현재성이 결여되어 있고 사회과학 분야의 연구에는 역사성이 결여되어 있다고 말한다. 이 결함을 메울 수 있는 가장 가까운 길의 하나가 국학, 특히 국사학과 사회과학이 협동하여 우선 일제시대 연구를 본격적으로 추진하는 데 있을 것이라 생각된다. 그 결과는 국사학이 현재성 부재를 극복하는 길의 하나가 될 것이며, 우리나라 사회과학 일반이 역사적 배경을 가지고 토착화하는 데 도움을 줄 것임은 물론, 나아가서 국학 전반의 수준을 크게 높일 것이다.

그러나 한편 국사학과 사회과학의 연결 협동에는 걱정스러운 점이 있다. 우리의 최근 역사 부문에서 국사학과 사회과학이 연결되는 경우 여기에는 근대화론의 적용이 불가피하겠지만 이 근대화론 속에는 국사학이 수용할 수 없는 측면이 있는 것이라 생각되기 때문이다. 근대화란 말은 여러가지 의미에서 쓰이고 있지만 진정한 역사적 의미로는 본질적으로 인간해방을 위한 또 하나의 전진적 과정이며 따라서 각 지역마다의 역사담당 주체세력의 또 한번의 확대과정이라 이해된다.

소위 후진국의 근대화 문제라 하더라도 정치적 근대화의 성공요인이 정책결정을 포함한 정치적 지도력에서만 구해져서 소위 지도적인 엘리트의 정치적 행정적 역량만이 과도하게 평가된다면 그 결과는 오히려 역사담당 주체를 축소시키게 될 것이며 나아가서 시대착오적인 영웅주의를 재생시키는 이론이 되지 않을까 걱정스러워지는 것이다.

사회학 분야에 있어서도 사정은 같다. 오늘날의 일부 근대화론이 전체 역사발전 과정을 일종의 관통론(貫通論)으로 처리하고 각 시대마다의 사회계층간의 갈등과 이해관계를 얼버무림으로써 소위 무갈등이론으로만 일관한다면 지난날 제국주의 침략을 합리화하고 민족 내부의 모순을 얼버무리는 데 적용되었던 침략주의적 내셔널리즘의 재현을 이론적으로 뒷받침하여 사회과학의 파탄을 초래하지 않을까 걱정스러워지는 것이다.

그뿐만 아니다. 소위 후진국 내지 개발도상국에서의 근대화 문제가 경제발전 단계론만을 앞세워서 그 속에 도사리고 있는 전근대적 정치현상이나 사회관계가 부득이하다거나 잠정적 과도적이라는 핑계로 묵인된다면 그 경제발전의 단계는 높아지면 높아질수록 토착의 기층사회와는 그만큼 멀어져서 심한 경제적 사회적 모순을 유발하게 될 것이며, 나아가서 진정한 근대화를 위한 민족의 내재적 역량을 개발 발전시키는 데 저해적인 요인이 되고 말 것이라는 우려가 있는 것이다.

역사학 연구활동의 최고 차원의 목적은 각 역사시대마다의 시대정신을 구하는 데 있으며 이 시대정신에 어긋나는 역사현상은 반동으로 평가되기 마련이다. 20세기 우리 역사는 전반기 식민지시대와 후반기 분단시대로 구분될 수 있으며 20세기 전반기를 지배한 시대정신은 민족해방의 달성이고 후반기의 그것은 민족통일의 달성이라 믿어진다. 좀더 적극적으로 표현하면 20세기 전반기 우리 역사 속에서 일어난 모든 역사현상 속에서 민족해방운동과 노선을 같이한 경우만 역사적으로 긍정적인 평가를 받을 수 있고 그것에 역행한 경우는 반역사적 반민족적 사실(史實)로 평가될 것이다.

같은 논리를 20세기 후반기 우리 역사에 적용시키면 이 시기에 일어난 정치적 경제적 사회적 문화적 현상이 뒷날 역사적 평가를 받을 때는 그것이 얼마만큼 민족의 통일노선에 구심작용을 하였는가가 기준이 될 것이라 말할 수 있다. 따라서 오늘날 우리나라의 사회과학 일반이 추구하는 정치발전의 방향, 경제성장의 성격, 사회발전의 가치, 문화발전의 의미가 궁극적으로 이 시기 우리 민족의 지도원리로 정립될 민족통일노선에 귀일되는 것일 때 비로소 국사학과의 진정한 연결 내지 협조가 이루어질 수 있을 것이며, 오늘날의 국사학이 그 현재성 부재를 극복하기 위하여 수용하여야 할 사회과학적 이론도 여기에서 구할 수 있을 것이다.

4. 현재성 부재와 국사교육

오늘날의 국사학이 현재의 요구를 충실히 반영하지 못하고 있는 또 하나의 중요한 문제는 국사학계의 국사교육에 대한 무관심 내지 방관이라 생각된다. 어느 학문의 경우도 마찬가지지만 국사학은 그 연구자들만의 전유물이 아니며 그들만으로 국사학이 존립할 수도 없다. 국사학이 올바른 사회적 기능을 다하지 못하여 우리의 지식대중이 투철한 역사의식을 가지지 못하면 국사학자의 양심은 설 땅을 잃게 될 것이다. 국사학의 사회적 기능은 국사교육에서 시작되며 국사학계가 국사교육 문제에 무관심하는 경우 그것은 또 한번 현재의 요구를 외면하는 결과가 되는 것이다.

함부로 말하기 어려운 일이지만, 국사학이 국사교육을 방관하게 된 사정은 혹시 일제시대의 실증사학에서 비롯된 것이 아닌가 생각한다. 일제의 탄압 아래서 학문활동이 허용되려면 사실(史實)을 실증하고 그것들이 모여 저절로 역사 전체의 진실이 드러나기를 바랄 뿐, 의식있는 연구를 진행하여 그 결과가 국사교육에까지 반영되기를 바랄 수는 없었을 것이다.

실증사학의 경우 역사학계는 연구활동에만 종사하고 역사교육은 정책당국에 일임할 수밖에 없었으며 그 길만이 연구활동을 보장받을 수 있는 일이기도 하였던 것이다. 실제로 일제시대의 역사학자 대부분이 역사교육을 담당하지 못하였고 설령 일부 학자가 일정한 기간 역사교육에 참여하였다 하여도 그 교육내용은 그들의 연구결과가 아니라 정책당국이 일방적으로 꾸며놓은 것이었다. 연구와 교육이 그야말로 완전 분리되었던 것이다.

이 때문에 정책당국이 꾸며놓은 수신교육(修身教育)과 일체화된 역사교육이나 어용학자들이 만들어놓은 소위 일선동조론(日鮮同祖論), 만선사관(滿鮮史觀) 따위가 바탕이 된 역사교육이 실시되어도 역사학자들은 방관하지 않을 수 없었던 것이지만, 혹시 실증적인 연구방법을 지키고 있는 이상 비실증적이고 비과학적인 역사관에서 나온 일선동조론이 교육되는 일은 실증사학의 책임 밖에 있는 일이라 생각하였다면 그야말로 학문의 책임을 완전히 회피한 것이라 하지 않을 수 없을 것이다.

역사학이 사실의 실증만으로 그 연구의 책임을 다했다고 생각하여 역사의식이나 현실감각을 배제하고 현재의 요구를 외면하면, 역사교육이 역사학의 연구성과를 바탕으로 하여 이루어지지 않는 경우가 있어도 큰 관심거리가 되지 않을 수 있다. 그뿐만 아니라 한걸음 더 나아가서 통치권력이 스스로의 이익을 위한, 혹은 통치행위 자체를 합리화하기 위한 역사교육을 자행하여도 방관할 수 있게 된다.

통치권력이 양심적이고 과학적인 연구결과와 무관한 일선동조론과 같은 날조된 사실을 가르친다 하여도 연구활동에 대한 직접적인 간섭이 없는 이상 역사학자의 양심과 과학성은 유지될 수 있다는 자위도 있을 수 있다. 그러나 이 경우 양심과 과학성은 곧 설 곳을 잃게 마련이다. 역사학의 연구결과와 관계 없이 지배목적에 따라 역사교육을 자행한 통치권력은 스스로의 이익에 어긋나는 연구활동까지 탄압할 것이며 지배목적에 위배되는 연구결과는 봉쇄할 것이기 때문이다.

역사교육이 통치권력 마음대로 실시됨으로써 받는 역사학의 피해는 여기서 그치지 않았다. 역사학의 치명적인 파탄은 통치권력의 박해에서보다 오히려 지식대중의 오도된 역사의식에서 오기 때문이다. 정체후진론이나 파당적 민족성을 강조하는 역사교육, 신비주의적 영웅주의적 민족의식을 강조하는 역사교육이 계속되고, 이 때문에 지식대중의 역사의식이 오도된 후에는 역사학이 설령 통치권력의 박해를 피하여 역사의 진실성과 과학성을 밝혔다 하여도 지식대중이 그것을 받아들일 자세에 있지 못하게 되며, 역사학이 양심을 지키는 투쟁을 벌인다 하여도 우군(友軍)이 될 수 없는 것이다. 역사학이 스스로의 존립기반을 확보하기 위해서는, 그리고 현재의 요구에 부응하기 위해서는 주체적으로 역사교육을 주도할 수 있어야 할 것이다.

역사학이 스스로 교육을 주도한다 하여도 학계와 교육계가 분리되어 학계가 그 연구성과를 일방적으로 교육계에 주입시키는 것이 아니라 학계와 교육계 사이의 경계가 없어져 연구활동과 교육활동이 기능적으로 합치되어야 할 것이다. 연구성과는 연구계와 교육계가 망라된, 넓은 의미에서의 역사학계 자체의 주체적인 편집에 의하여 교육에 연결되어야 할 것이며 교육현장에서 얻어진 문제의식은 곧바로 연구작업의 소재가 될 수 있어야 할 것이다.

새삼스러운 말이지만, 역사교육의 주된 목적이 애국심의 배양에 있던 시대는 지났다. 설사 애국심을 기르는 목적이 일부 남아 있다 하여도 정책당국에 의하여 획일적으로 실시되어야만 그 목적을 달성할 수 있는 것은 아니다. 오늘날의 역사교육은 과학적으로 역사를 인식할 수 있는 능력을 기르는 데 주된 목적을 두고 있으며, 애국심 교육을 한다 하여도 정치권력이나 기성의 가치관에 의하여 이미 개념화된 애국심을 가르치는 것이 아니다.

오늘날의 진정한 애국심 교육은 무엇을 어떻게 하는 것이 나라와 민족을 사랑하는 일인가를 자주적으로 판단할 수 있는 능력을 기르고, 애국의 내용과 방법이 시대와 지역과 사회계층에 따라 어떻게 달라져왔으며, 또 어떻게 달라질 수 있는가를 판단할 수 있는 능력을 기르는 일이다. 그리고 이 일을 맡을 수 있는 옳은 의미의 책임과 능력은 과학적이고 양심적인, 민족사회가 가진 현재의 요구를 가장 객관적으로 판단할 수 있는 역사학계가 가진다.

(『韓國學報』 5집, 1976)

국사학의 주체성론 문제

1. 머리말

해방 후 우리 학계 각 분야에 걸쳐 주체성론이 비교적 활발하게 일어났지만, 그 선구적인 역할의 하나를 담당한 데가 국사학계가 아닌가 한다. 따라서 주체성론이 가져온 학문적 혹은 학문외적 공과(功過)가 집약적으로 나타난 부문도 국사학 분야라 할 수 있다. 주체성이라는 말의 의미도 학문 분야에 따라 상당한 차이가 있는 것 같지만, 국사학에서 그것은 한마디로 타율성에 대한 자율성과 정체후진성(停滯後進性)에 대한 발전성의 의미로 이해되고 사용되어왔다. 우리 역사가 우리의 능력에 의하여 다른 지역의 역사와 같은 방향의 수준으로 이끌어져왔다고 이해하고 현재 그리고 미래도 그렇다는 생각을 확고히 하려는 뜻에서 쓰여진 것이다.

우리 민족이 우리 역사의 주인이며, 우리 역사가 전체 인류역사 속에서 발전해왔다는 것은 전혀 새삼스러운 사실이 아닌데, 국사학에서는 왜 그것이 중요한 사론(史論)으로 부각되었는가 하는 점을 해명하는 것이 국사학 주체성론의 첫번째 논점이 아닌가 한다. 국사학이 이 문제를 해명하기 위하여 많은 힘을 기울인 데는 충분한 이유가 있으며, 그것은 사학사(史學史), 특히 일제시대 사학사의 성격을 뒤돌아봄으로써 알 수 있을 것이다.

특히 일제시대 국사학의 흐름이 원인이 되어 부각된 주체성론이 해방 후의 국사학계에 실제로 어떻게 작용하였으며 국사학내적 측면에서뿐만 아니라 이 시기의 정치현실·문화현실에 어떻게 영향을 미쳤는가라는 문제를 살펴보는 것이 국사학의 주체성론에 대한 두번째 논점이 될 것이다. 이는 긍정적인 성과와 부정적인 영향을 함께 준 것으로 분석될 수 있으며, 특히 후자의 경우 그 책임의 대부분이 국사학 자체에 있음을 강조하여야 할 것이다. 그리고 이와 같은 책임을 분명히 하기 위하여 이제 국사학의 주체성론은 다시 한번 정리, 반성할 필요가 있는 것이다.

해방 후의 국사학에서 강조되었던 주체성론이 국사학 자체와 정치현실·문화현실에 끼친 부정적인 영향을 불식하는 문제와 관련하여 국사학의 주체성론이 지향하여야 할 방향을 생각해보는 것이 우리의 세번째 관심사가 된다. 그리고 이 문제는 지금까지와 같이 우리 역사의 주체성 문제를 주로 대외적 측면에서만 추구할 것이 아니라 민족사 발전의 대내적 과제와 연관하여 생각해봄으로써 주체성론이 빠지기 쉬운 배타성과 복고성을 청산하고 미래지향적인 방향을 전망할 수 있을 것이다.

2. 주체성론의 배경

국사학의 주체성론이 언제부터 무엇을 근거로 하여 나타났는가 하는 문제를 추구해보면 국사학에 한한 한 그 본래의 성격을 이해할 수 있다.

해방 후의 국사학에서 주체성론이 대두된 것은 무엇보다도 소위 식민사관(植民史觀)의 극복 문제에 근거를 두고 있다. 우리가 이미 아는 것과 같이 우리의 근대사학은 성립 당초부터 침략정책을 뒷받침하는 일제 어용학자들이 세운 식민사관의 침해를 받았다. 흔히 말하는 일선동조론(日鮮同祖論)·만선사관(滿鮮史觀)·정체후진성(停滯後進性)·타율성론(他律性論)이 그들에 의하여 우리 역사 전체에 씌워졌던 것이다.

일제의 식민사학은 한반도가 고대사회에서는 일본이 다스리는 지역이었다가 중세시대에는 중국 측의 지배를 받았으나 근대에 들어와서 한일합방으로 다시 본래의 상태대로 일본의 지배 아래로 되돌아갔다는 이론, 한반도지역과 한민족은 그 자체만으로는 하나의 독립된 역사단위나 민족단위를 이루지 못하고 만주와 합쳐서만 역사단위를 이룰 수 있다는 이론, 그리고 한반도지역의 역사는 다른 지역처럼 일정한 단계적 발전을 거쳐온 것이 아니라 20세기가 열릴 때까지도 고대사회적 역사단계에 머물러 있었다는 이론, 한반도의 역사는 한민족 자체의 활동과 능력에 의하여 움직여온 것이 아니라 소위 그 반도적(半島的) 성격 때문에 중국·만주·일본 등 주변 나라들의 침략적 자극에 의해서만 변화되어왔다는 주장 등을 바탕으로 하여 우리 역사 전체를 엮어놓았었다.

이와 같은 일제 어용사학자들의 식민사관이 모두 '실증적인 방법론'을 밑받침으로 하여 이루어졌고, 같은 시기의 한국인 학자들 중에도 실증사학적인 방법론에 의하여 국사를 연구하는 사람들이 있어서 학회가 조직되기도 했다. 하지만 이들은 일제 어용사학자들의 식민사관에 정면으로 맞서서 이를 비판 수정하지 못하였고, 이 점은 일제시대의 우리 역사학이 가진 취약점의 하나이며, 해방 후의 국사학이 주체성론을 주장하게 된 중요한 원인의 하나이기도 하였다.

일제시대의 국사학이 모두 우리 역사의 주체성을 부인하는 식민사관에 이론적으로 맞서지 못하였던 것은 아니다. '민족사학(民族史學)'을 수립한 신채호(申采浩)는 식민사관의 피해가 있기 이전의 국사학, 특히 실학자들의 사관을 이어받아 국사발전의 주체성을 강조하였다. 그는 고대사회는 우리 역사가 우리 민족의 의지에 의하여 이끌어졌으나 중세 이후부터 사대주의적 사관의 피해를 입게 된 것이라 이해하였다. 따라서 고대사를 적극적으로 개발함으로써 국사의 주체성을 회복할 수 있으며, 그것을 민족독립의 이론으로 삼을 수 있다고 생각하였던 것이다.

신채호의 사학을 이어받은 정인보(鄭寅普)는 주로 일제 식민사관에 대항하여 "일본학자의 조선사에 대한 고증이 저의 총독정책과 얼마나 긴밀한 관계가 있는가를 더욱 깊이 알아 언제든지 깡그리 부숴버리리라"는 생각을 바탕으로 하여 얼, 즉 민족정신을 줄거리로 하는 국사를 엮음으로써 그 주체성을 찾으려 하였다. 역시 민족사학자 문일평(文一平)도 식민사학의 만선사론이나 타율성 사관에 반대하면서 조선문화권을 오히려 만주와 일본에까지 확대하는 사론을 내놓았다.

한편 일제시대의 사회경제사학도 비록 민족문제나 주체성문제를 직접 표면에 내세우지는 않았으나 식민사관의 소위 중세부재론(中世不在論)을 극복하려는 데 초점을 맞추어 출발하였고, 그것을 통하여 식민지 통치 아래서 민족사의 하나의 새로운 방향을 열려고 노력하였다. 일제시대의 사회경제사학이 유물사관을 바탕으로 하여 우리 역사를 세계사적 일원론적 역사발전법칙 위에 올려놓으려 한 데 주된 목적이 있었지만, 한편 그것을 통하여 식민사학에 의하여 훼손된 우리 역사의 주체적 발전상을 체계화하려 하였으며 이 시기의 민족사학과 함께 식민지 통치 아래서 민족사의 현실성에 밀착된 사론(史論)을 폈던 것이다. 다만 민족사학이 우리 역사의 주체성을 계급론 이전의 민족 개념을 중심으로 정립한 것과 달리 사회경제사학은 지배받는 민중세계에 초점을 두고 세워나갔던 것이다.

일제시대의 민족사학과 사회경제사학은 일제 식민정책의 탄압이 심해짐에 따라 연구자의 후속이 어려워지고 반면 식민사학적 사론과 실증사학적 학풍만이 국사학을 지배하게 되었다. 그리고 해방 후에도 상당한 기간 식민사학에 적극적으로 맞서지 못한 실증사학풍이 국사학계를 주도하게 됨으로써 식민사학이 세워놓은 우리 역사의 후진성론·타율성론을 청산하지 못하였다.

그러나 대체로 1960년대에 접어들면서 국사학계는 점차 실증사학풍을 넘어서서 식민사학론을 극복하고 민족적 주체성을 바탕으로 하는 우리 역사의 체계화를 그 중요한 당면과제로 삼기에 이르렀다. 이 시기 이후의 국사학이 식민사관을 청산하고 주체적 민족사관을 세워나가는 데는 대체로 일제시대 이래의 민족사학과 사회경제사학의 이론을 원용하였다.

일제시대의 민족사학과 사회경제사학은 그 역사인식론이 근본적으로 달라서 서로 용납될 수 없었다. 민족사학은 사회경제사학이 "피지배계급을 발견하기에 너무나 열중한 나머지 민족의 발견에 극히 소홀하였다"고 생각하였고, 반면 사회경제사학은 민족사학이 일제 식민사학과 같은 또 하나의 소위 '조선특수사정론(朝鮮特殊事情論)'에 빠져 있으며 신비주의적 국수주의적 역사인식론이라 비판하였던 것이다.

이와 같은 역사인식론상의 차이점이 해방 후에도 충분히 해소되지 않았음에도 불구하고 이 시기 국사학이 당면한 제1차적인 과제가 식민사관의 독소를 제거하고 민족주체적 역사관을 수립하는 데 있었으므로 이 점에서는 함께 공헌하게 된 것이다. 해방 후 우리 학계에서 주체성론이 비교적 일찍 거론된 분야가 바로 국사학이었던 것은 일제시대를 통하여 우리 역사의 주체성이 철저히 훼손된 데 있으며, 또 국사학이 일제시대의 실증사학풍을 벗어나서 그 현재성을 찾게 된 데 원인이 있었다.

3. 주체성론의 성과

해방 후의 국사학이 민족사의 현실문제와 밀착되기를 기피하는 경향이 짙었던 실증사학적 영향에서 벗어나 민족사학이나 사회경제사학적 학풍을 되살림으로써 현대 역사학의 일반적 경향인 현재성을 찾게 된 것은 다행스러운 일이었으나, 그 결과에는 학문내적으로나 학문외적으로 공과(功過)가 함께 있었던 것이 사실이다.

민족사의 현실적 조건을 역사적으로 투시함에 있어서 해방 후의 국사학이 직면한 문제는 두말할 것 없이 식민지시대를 통하여 우리 역사에 씌워진 식민사학의 독소를 제거하는 일이었다. 해방 후 민족분단의 현실 때문에 사회경제사학이 사관(史觀) 면에서는 적극적으로 적용되지는 못하였다. 그러나 국사학 연구에서 사회경제 면의 관심과 연구가 높아지면서 그 효과는 주로 식민사학이 세워놓았던 중세부재론과 정체후진론을 극복하고 우리 역사의 주체적 발전론을 세우는 쪽에서 나타났다.

일제시대의 사회경제사학이 중세부재론을 수정하는 데는 어느정도 성과가 있었으나 정체후진론의 극복, 특히 외국자본주의 세력이 침입하기 이전 조선후기 사회 내부에서 일어난 사회적·경제적·사상적 발전상을 발굴하고 이론화하는 데는 미흡하였던 점에 착안하여 이 분야의 연구에 집중적인 노력이 기울여졌다. 그 결과 우리가 이미 아는 바와 같이 이 시기가 우리 역사상 중세사회의 해체시기임을 논증하였고, 나아가서 그 속에 이미 자본주의적 생산양식의 맹아(萌芽)가 어느정도 나타나고 있었음을 발견하는 데까지 이르렀다. 그뿐만 아니라 사회경제사적 측면의 성과는 또 양반 중심의 조선사회에서 상인, 수공업자, 농민의 사회적 지위와 의식수준이 상대적으로 높아져서 이들이 우리 역사 주체세력의 일부로 성장해가고 있었던 사실과 중국에 대한 사대주의적 지배체제를 유지하려는 양반층보다 오히려 이들에게서 역사적 주체성을 더 찾을 수 있다는 이론을 세우는 데까지 나아갔다.

한편 일제시대의 민족사학이 우리 역사의 주체적 발전론을 강조하기 위하여 가장 심혈을 기울인 부분은 고대사 분야이며, 그것은 구체적으로 만주지방을 우리 역사권(歷史圈) 내에 적극적으로 포함시키는 문제와 한사군(漢四郡)과 같은 중국 식민지 문제에 대한 해석을 달리하는 문제, 그리고 역사발전의 상한선을 올리는 문제 등이었다. 이는 다분히 실학자들의 고대사 인식론을 계승 발전시킨 것으로 발해사(渤海史)에 대한 새로운 인식, 한사군의 압록강 이서설(以西說), 단군 문제와 고조선 문제에 대한 적극적인 해석 등으로 나타났다. 해방 후 국사학계가 모두 받아들인 것은 아니지만, 우리 고대사가 한사군의 설치에서 시작되는 것으로 엮었던 식민사학론을 극복하고 민족사학적인 사학사상(史學思想)을 바탕으로 하여 고대사에 대한 인식과 연구를 발전시켜 나갔던 것이다.

문헌자료 부족과 고고학적 발굴 부진, 보조학문 미발달 등 고대사 연구의 여러가지 제약성 때문에 일제시대의 민족사학이 세워놓은 사론들이 아직 적극적으로 수용 발전되지는 못하고 있지만, 그 주체적 사학사상은 그대로 계승되어 구석기학(舊石器學)의 발달을 보게 되었다. 또한 청동기문화가 실증되고, 고대사회의 한일관계에 대해서도 소위 임나설(任那說)을 분쇄하고 한반도의 정치적·군사적 우위성을 적극적으로 논증하게 되었으며, 발해사가 국사 속에서 차지하는 위치도 높아져가고 있다.

한편 신채호·정인보·안재홍(安在鴻) 등 일제시대 민족사학자들이 실학을 재평가하고 그 업적을 정리한 것을 바탕으로 하여 해방 후 국사학계는 실학연구에 획기적인 성과를 올렸다. 외세가 본격적으로 침입하는 문호개방 이전에 이미 중세 사회체제의 모순성을 정확하게 파악하고 역사발전의 새로운 향방을 스스로 개척하려 하였고, 이 시기의 사회적·경제적 변화 발전상을 바탕으로 하여 성장해가고 있던 민중세계의 역사성을 올바르게 포착하였던 실학의 참모습을 찾아낸 사실은 우리 역사의 주체적 발전과정을 체계화하는 것을 연구활동의 제1차적 당면 과제로 삼았던 국사학계 최대의 성과였던 것이다.

해방과 함께 국토와 민족이 분단되고 따라서 학계도 분열된 조건 속에서 국사학계가 당면한 제1차적 과제를 식민사관의 극복과 주체적 민족사관의 수립에 두고 모든 역량을 집중한 결과, 어느정도 목적을 다할 수 있었던 사실은 우리의 사학사(史學史)에 특기할 일로 남을 것이다. 특히 해방과 동시에 민족이 분단되고 쌍방의 학문적 교류가 완전히 끊어진 상태에도 불구하고 적어도 근대 이전 역사의 연구에서는 식민사학론을 극복하고 주체적 민족사관을 수립하는 데 대체로 같은 방향을 걸어온 것이 아닌가 하며, 이 점에서는 해방 후 국사학계가 사학사상 공동재산을 쌓은 것이라 할 수 있을 것이다.

4. 주체성론의 역기능

해방 후의 국사학계는 어느 학문 분야보다도 비교적 먼저 주체성론에 눈떴고 그 결과 앞에서 든 것과 같이 큰 성과를 남겼다. 그러나 그 주체성론은 주로 식민사학론의 극복문제에 1차적인 목적을 두었고, 또 그것을 위하여 일제시대 국사학, 특히 민족사학 측의 사론에 힘입은 바 컸으므로 그 전(前)시대적 한계성을 그대로 지닌 사실도 간과할 수 없다. 더구나 그것이 학문외적인 정치현실·문화현실과 결부되면서 비학문적인 반역사적인 이론으로 나아가게 되었음을 지적하지 않을 수 없다.

그 하나의 예를 사대주의론(事大主義論)의 극복 문제에서 볼 수 있다. 우리 역사가 전체 시대를 통하여 사대주의적 경향 속에서 발전해왔다고 입론한 것은 두말할 것 없이 식민사관론자들이었고, 이 이론은 우리 국토의 지정학적 위치 문제, 즉 소위 반도적 성격론의 뒷받침으로 상당히 설득력 있는 이론으로 행세하였다. 그러므로 해방 후 국사학이 우리 역사의 주체성을 확립하기 위한 연구작업으로서 무엇보다도 사대주의론을 극복하는 데 주력하지 않을 수 없었다.

해방 후 국사학계의 사대주의 극복론은 대체로 세 가지 단계로 발전한 것이라 보인다. 첫째 단계는 우리 역사상의 소위 사대주의가 다른 민족의 무력적 침략의 소산이 아니라 선진한 문화에 대한 동경심을 바탕으로 하고 있다는 논리이다. 이와 같은 논리에 의하면 사대주의는 문화적인 측면에서만은 선진문화를 섭취한다는 적극적인 면을 내포하고 있는 것이라 이해하여야 하며, 다만 자기 문화의 후진성에 대한 자각증이 지나쳐서 자비심(自卑心)으로까지 발전한 데에 사대주의적 과오를 범할 수 있는 요인이 있다는 것이다.

두번째 단계는 첫번째 단계보다 좀더 적극적인 논리로서 우리 역사에서 사대관계(事大關係)와 사대주의를 분명히 구분하여, 사대관계는 근대 이전의 동양적 국제질서 속에서 적용된 외교적 원리로서의 의미에 국한되어야 하며, 사대주의로 정의될 수는 없다는 이론이다. 한반도에 성립된 역대 정권과 중국의 요(遼)·금(金)·원(元)·청(淸)과의 관계가 대체로 이에 해당되는 것이라 보고, 다만 조선과 명나라와의 관계는 임진왜란 때의 원병(援兵) 등이 원인이 되어 모화사상(慕華思想)으로까지 진전되었고, 마땅히 비판되어야 할 문제이지만 그것 역시 문화수용(文化受容) 태도에 관한 또다른 문제일 뿐 사대관계와 사대주의는 역시 구분되어야 한다는 견해이다.

세번째 단계는 특히 조선후기 존명모화사상(尊明慕華思想)까지도 긍정적인 시각에서 이해하려는 이론으로서, 그것을 흔히 말하는 사대주의적 성격으로 볼 것이 아니라 동양적 전통사상 내지 문화에 대한 긍지와 보존의식으로 보려는 입장이다. 여기에는 조선후기의 시대상이 배경이 되고 있다. 첫째 중국의, 더 나아가서 동양의 전통적 문화 계승자로서의 명나라가 멸망하고 중국이 전통문화권 밖의 만주민족에 의하여 지배되고 있다는 사실과, 둘째 그것마저도 서양의 이질적 문화에 의하여 침해되고 있다는 사실이다.

따라서 조선후기 지배층의 존명모화사상은 사대주의의 결과가 아니라 명나라 멸망 후 유일하게 남은 동양 전통문화 수호자로서의 긍지이며 나아가서 서양문화의 침입 앞에서 동양적 전통문화를 수호 유지하려는 책임감의 발현으로 이해하여야 한다는 논리이다. 이와 같은 논리에 의하여 조선후기의 북벌론(北伐論)과 소위 척사위정론(斥邪衛正論)이 정당화되고 존명모화사상이 합리화되었으며, 또한 우리 역사의 주체성을 회복하는 이론으로 이해된 것이다.

해방 후 국사학이 우리 역사 이해에 있어서 주체성을 회복하는 문제는 시급하고도 중요한 일이었고, 그것을 위해서는 역시 사대주의론에 대한 새로운 관점에서의 연구가 요청되기도 하였다. 그러나 사대주의론에 대한 새로운 이해가 억지스러운 이론을 바탕으로 하거나 역사의 흐름을 거스르는 방향에서 이루어진다면 국사학의 발전을 위하여 오히려 해가 된다는 사실도 간과할 수 없다.

이 점에 관해서는 조선후기 성리학적 지배논리를 바탕으로 하는 집권층과 그것을 비판하는 북학파(北學派) 계통 실학자들의 중국문화관의 차이에서 쉽게 이해할 수 있다. 성리학적 지배논리와 존명모화주의적 세계관을 고수한 조선후기 지배층이 중국에서의 명청 교체(明淸交替) 이후 청나라가 오랑캐들이 다스리는 나라라는 이유로 청나라 문화의 선진성을 부인하고 그것의 수용을 거부한 결과 우리 역사상 거의 유일한 선진문화 수용의 통로가 막혀버렸었다. 그에 따라 조선후기 문화는 후퇴 퇴영하고, 정치·사회체제도 경화되었던 것이다.

이와 같은 사실을 간파한 북학파 등 선진 사상가들은 오랑캐가 지배하고 있는 청나라에도 그 전통문화의 유산과 그것을 바탕으로 새로 수용한 서구문화의 신선성이 함께 있음을 발견하고 그것의 적극적인 수용만이 침체한 국내문화를 향상 발전시키는 길임을 강조하였다. 전자가 기존 지배체제의 옹호와 유지를 위하여 민족문화의 발전적 방향을 막았다면, 후자는 설령 기존 지배체제의 파괴에 적극적인 자세를 취하지는 못하였어도 문화발전의 올바른 노선을 발견하고 실천하려 노력한 사상가들이었음이 분명하다.

전자가 이미 낡아버린 지배체제를 유지하기 위하여 의타적인 명분론(名分論)을 강조하면서 새로운 문화와의 접촉을 봉쇄하고 고립되어간 데 반하여 후자는 서구의 근대과학과 기술문명 수용의 필요성을 강조하면서도 의타적인 명분론에서 탈피하여 오히려 우리의 역사·지리·언어를 되살리고 발전시키려 노력하였다면 진정한 주체성을 어느 편에서 구할 수 있을 것인지 분명하다 할 것이다. 주체성이란 결코 고립된 자존(自存)에 있는 것이 아니라 자율성·역사성·미래지향성 속에서 구할 수 있기 때문이다.

해방 후 국사학계가 우리 역사의 주체성을 확립해나가는 과정에서 나타난 또 하나의 역기능으로 정치현실·문화현실 일반에 무분별한 복고주의적 경향을 불러일으킨 사실을 들 수 있다. 일제 식민사학에 의하여 우리 역사 전체가 부당하게 격하된 사실과 식민지시대에 민족적 현실이 비참의 극에 다다르고 식민지 통치자들에 의하여 민족적 자존심이 철저히 짓밟힌 사실은 해방 후 국사학 연구자들에게도 절실한 문제였다. 따라서 해방 후 국사학계가 부당하게 격하된 역사와 땅에 떨어진 민족적 자존심을 회복하기 위하여 지난날의 영광된 역사적 사실과 황금시대의 문화를 숭상하고 되살리려 하는 경향은 한때 있을 수 있는 일이었다. 그뿐만 아니라 이와 같은 복고주의적 역사연구 내지 서술 속에서 문화창조의 또 하나의 활력을 구할 수 있다.

그러나 크로체가 말한 것과 같이 이 복고주의적 역사연구와 서술이 어느정도 창조적 활력을 가져다준다 하여도 "복귀(復歸)의 현실 또는 가능성을 믿는 신념은 하나의 환상일 뿐이다. 이미 있었던 일의 어느것에도 다시 돌아갈 수는 없는 것이다." 그럼에도 불구하고 아무런 창조적 활력을 구할 수 없는 지난 일들에 대한 무질서하고 무분별하고 무한정한 복고적 향수는 역사학 연구 자체를 위해서는 물론 정치현실·문화현실 내지 그 미래성을 위해서도 시급히 청산되지 않으면 안 될 것이다. 무질서하고 무분별한 복고주의는 마침내 역사학의 과학적 인식태도를 흐리게 할 뿐만 아니라 더 나아가서 정치·사회·문화현실에서 반시대적·반역사적 현상을 초래할 것임은 더 말할 나위가 없다.

우리의 생각으로는 부당하게 격하된 역사와 땅에 떨어진 민족적 자존심을 회복하는 지름길은 무분별한 복고주의에 있는 것이 아니라 바로 식민지 통치에서 벗어나기 위하여 실천한 민족저항운동의 역사, 민족해방운동의 역사를 적극적으로 연구하고 가르치는 데 있으며, 민족사의 영광은 흘러간 역사가 아니라 현재와 미래에서 구하려는 적극적인 자세를 통하여 얻을 수 있다. 그러나 해방 후 국사학은 상당 기간 독립운동사 연구를 거의 외면하다시피 하였고, 따라서 식민지통치에서 해방된 민족이면서도 독립운동사를 하나의 교과목으로 채택하지 못하였을 뿐만 아니라 분단된 민족의 국사학이 짊어져야 할 과제도 미처 깨닫지 못하였다.

해방 후 국사학계가 독립운동사 연구에 주력하지 못한 이유는 일제시대 이래 국사학 방법론 가운데 민족사학이나 사회경제사학과 같이 현재성이 강한 학풍보다 실증사학과 같이 비교적 현재성이 결여된 학풍이 아직 우세하였던 사실, 민족사학과 사회경제사학적 연구맥락이 거의 끊어지다시피 한 이 시기의 사정상 독립운동사 연구의 중요성을 절감하고 당당하게 참여할 수 있는 연구 인구가 거의 없었던 조건, 당시 사회지도층에 대부분 일제시대에 활약하였던 인사들이 그대로 눌러 앉고, 사회체제 일반이 또한 대부분 일제시대의 연장선상에 있어서 시대분위기가 독립운동사를 적극적으로 연구하고 가르칠 조건이 되지 못하였던 점 등을 들 수 있을 것이다.

대체로 1960년대 이후 대두하기 시작한 국사학의 주체성론은 격하된 우리 역사를 본래의 모습으로 회복하고 민족적 자존심을 다시 높이려는 학문적 노력의 일단으로서 나타났고, 앞에서 지적한 것과 같이 어느정도 성과가 있었다. 그러나 한편 우리 역사의 주체성론이 독립투쟁사의 실제를 바탕으로 한 민족사의 현재 문제와 미래지향적 방향에서 이론정립이 되지 못하고 복고적 관념적 방법론으로 구성하려 함으로써 국사학 연구사에 창조적 활력이 결여된 복고시대를 낳게 되고, 나아가서 정치현실과 결부되어 맹목적인 복고주의 현상을 초래하게 된다면 국사학의 주체성론은 학계 자체에서 철저히 비판되지 않을 수 없는 것이다.

국사학이 해방 직후의 조건에서 일단 벗어났음에도 불구하고 주체성론이 복고주의적 경향을 가져오게 된 이유는 여러가지 측면에서 찾아야겠지만, 무엇보다도 먼저 앞에서 지적한 해방 직후의 국사학이 독립운동사를 적극적으로 연구하고 가르칠 수 없었던 원인으로서 몇 가지 조건이 아직 거의 가시지 않았다는 데 가장 핵심적인 이유가 있다 할 수 있을 것이다.

국사학의 주체성론이 가져온 또다른 역기능으로서 우리는 영웅주의의 팽배 현상을 들지 않을 수 없다. 이미 알다시피 역사발전에서 영웅의 역할 문제는 여러 사상가들에 의하여 많은 논의가 있어왔다. 역사흐름 속의 어느 시기에 갑자기 나타난 영웅이 역사의 표면에서 마음껏 행동하면서 모두 민족이나 국가를 위한 것이라 하나 사실은 자신의 명리(名利)를 위하는 데 일차적 목적이 있는바 결국 그는 이기주의자에 지나지 않다. 그러나 영웅의 행동이 주관적으로는 이기주의적이면서도 그 행동에 의하여 역사가 일단 발전하는 경우도 있다 하고, 주관적인 이기주의가 객관적으로 역사발전을 가져올 수 있는 것은 소위 세계정신이 영웅을 조종하기 때문이라 설명한 것은 헤겔이었다.

개인의 주관적 행동이 왜 그리고 어떤 때 세계정신이라는 객관적 필연성과 일치되는가 하는 점에 헤겔 영웅관의 어려운 점이 있다. 한편 역사 창조의 유일한 주체가 인간임에는 틀림없으나 그 인간은 어디까지나 사회적인 인간이며, 역사 창조에 있어서 특정 개인의 개성과 능력이 크게 작용하는 것은 사실이지만 그 작용이 일정한 사회적 조건 아래서 이루어지는 것이라 하고, 따라서 그의 활동에서 사회적 조건을 제거해버리면 그것이 역사적 행위가 될 수 없다고 설명한 것은 쁘레하노프였다. 그의 영웅관이 헤겔의 그것보다 개인의 역할을 사회적 조건으로 일단 제약한 것은 사실이지만, 역사흐름 속의 어느 시기에 영웅이 나타나서 민중을 지도함으로써 역사발전이 이루어진다는 기본적인 생각은 헤겔의 그것과 크게 다를 것이 없지 않은가 한다.

우리가 이미 알다시피 19세기 유럽에서는 민족주의적 역사관이 크게 유행하였다. 여기에서 역사란 국가와 국가 사이의 정치적 외교적 경쟁의 차원에서만 이해되었고 또 그것을 위하여 국민적 자각과 단결을 촉구하는 데 역사학이 동원되었다. 따라서 역사가는 위대한 민족의 유산을 다시 발굴하여 그 속에서 국가와 민족의 운명을 짊어지고 나간 정치적 군사적 영웅을 역사의 주인으로 부각시키는 일에 주로 종사하였고, 국민 일반은 다만 영웅에게 끌려가는 것만으로도 국민적 단결이 이루어지고 민족적 영광이 돌아올 수 있다고 착각한 때가 있었던 것이다.

우리 역사에서 민족주의적 역사관은 대체로 20세기 초엽, 소위 애국계몽주의 시기부터 나타났다. 이 시기는 제국주의 침략을 물리치고 국민혁명을 달성하여 옳은 국민국가를 수립해나가는 일이 민족사의 당면한 과제였다. 그러나 아직 국민주권적 자각이 희박하여 국민혁명이 일어날 만한 역사적 조건에 이르지 못하였고, 따라서 제국주의 침략을 저지할 만한 국민적 애국심도 불러일으키기 어려웠다. 이에 소위 애국계몽사상가들은 애국심을 환기하는 데 전력을 다하였고, 그 방법으로서 역사상 외적의 침략을 물리친 전쟁영웅들을 크게 부각시켰던 것이다.

지나간 역사 속에서 정치적·군사적 영웅을 부각시키는 일은 일제시대 민족사학에도 그대로 이어졌고, 해방 후 국사학이 우리 역사의 주체성을 확립하는 방법으로 일제시대 민족사학적 학풍을 수용함으로써 그 영웅주의사관을 제거하지 못하였을 뿐만 아니라 복고주의적 역사인식과 함께 점점 정치적 현실과 결부되어 주체성론의 역기능의 하나로 심화되어갔던 것이다.

역사가 개인의 의지와는 달리 객관적 법칙에 의하여 움직이고 있다는 생각을 근거로 한다 하여도 개인의 역할을 완전히 배제할 수는 없다. 다만 그 개인은 영웅이 아니라 역사상의 안내자에 지나지 않을 뿐이다. 영웅이 민중 위에 군림하면서 개인숭배를 요구하는 데 반하여 안내자는 민중 속에 함께 위치하면서 역사의 방향을 먼저 알고 그 길을 안내하는 역할을 담당할 뿐이다. 그는 영웅과 같이 하늘이 내놓지도 않았을뿐만 아니라, 반드시 시대적 요구에 의하여 태어나는 것도 아니다. 그는 이미 평범하게 민중 속에 있다가 그들의 지지에 의하여 하나의 안내자로 앞세워질 뿐이어야 한다. 국사학의 주체성론이 지난날이나 오늘과 내일의 안내자가 아닌 군림하고 숭배되는 영웅을 만들어낸다면 시대착오적인 과오를 범하게 될 것임은 더 말할 나위가 없다.

마지막으로, 해방 후 국사학의 주체성론이 빚어낸 역기능의 하나로 국가주의적 풍조를 들 수 있지 않을까 한다. 민족분단시대의 국사학이 주체성 확립의 근거를 민족적인 차원에서보다 오히려 분단체제 아래서의 국가권력에서 더 구하게 되면 주체성론이 분단체제를 객관하는 위치에서 논의되지 못하고 분단되고 대립된 현실조건 속에 매몰되어 분단국가의 정당성과 절대성을 뒷받침하는 데 이바지하는 결과를 가져오는 것이 아닌가 한다.

역사적인 안목에서 볼 때 20세기 후반기의 분단체제는 분명히 민족사의 옳은 노정이 되지 못하여 반드시 지양되어야 할 체제이다. 국사학의 주체성론이 어떤 측면에서이건 분단국가의 필연성과 영구불변성, 그리고 그 통치권위의 최고성을 인정하는 일종의 국가주의를 강화하는 데 이바지한다면 이 역시 중요한 역기능의 하나로 지적되지 않을 수 없을 것이다. 더구나 분단체제 아래서의 국가주의가 그 배타성과 침략성을 분단된 민족 속의 다른 한편의 국가조직을 향하여 발휘하는 경우가 있다면 이와 같은 국가주의의 출현에 기여한 주체성론의 역기능은 더욱 분명해지는 것이다.

분단민족의 국사학은 분단체제를 외면할 수도 없지만 또 그것을 위하여 봉사할 수도 없으며, 다만 분단체제를 철저히 객관하고 청산하는 데 이바지할 뿐일 것이다. 따라서 그 주체성론 역시 분단국가체제의 차원에서가 아닌 전체 민족적 차원에서 구해지고 확립되어야 할 것이다.

5. 주체성론의 방향

해방 후 국사학의 주체성론이 주로 식민사학에 의하여 왜곡된 역사를 바로잡는 것을 목표로 하여 시작되었고 그 결과 상당한 성과도 있었고 또 과오도 있었다. 따라서 국사학 주체성론의 앞으로의 방향은 무엇보다도 먼저 지금까지의 역기능을 바로잡는 데서 찾을 수 있겠지만, 그러나 그것은 소극적인 방법에 지나지 않을 것이다. 좀더 적극적인 방법은 외세에 의하여 침해된 역사를 바로잡는 단계를 넘어서서 민족사 내적인 측면에서의 역사적 제약성을 극복하고 현재와 미래의 민족사를 주체적으로 영위해나가기 위한 올바른 이론을 제시하는 방향이 모색되어야 할 것이다.

예를 들면 19세기 후반기부터 20세기 초엽에 걸친 개화시대에 민족사의 주체성은 일반적으로 외적의 침략을 물리치고 국권의 독립을 유지하는 데서 생겨날 수 있었을 것이라 이해되고 있지만, 이 시기에 역사적 주체성이 확립될 수 있는 제1차적인 방법은 국내의 정치혁명, 즉 국민혁명에 성공하여 근대국민국가를 수립하는 데 있었으며, 그것이 성공하였을 때 비로소 강력한 애국심이 형성될 수 있었고 이 애국심을 바탕으로 하여 외적을 물리치고 주권독립을 유지할 수 있었다고 생각한다.

애국계몽사상가들은 외국의 침략을 물리치고 주권독립을 유지하기 위하여 국민의 애국심을 환기시키는 일이 급선무라 생각하였고 그것을 위하여 역사상에서 외침을 물리치는 데 성공한 전쟁영웅들의 업적을 되살리기 위하여 전력을 다하였지만, 주권수호를 위한 애국심 환기의 지름길이 대내문제, 즉 국민국가의 수립에 있으며 전쟁영웅보다 국민혁명 지도자의 출현이 요청됨을 이해하지 못하였다. 이 점에 그 역사의식의 한계성이 있었다고 할 수 있을 것이다.

민족적 주체성 확립의 제1차적인 방법이 민족사의 대외적인 측면에 있는 것이 아니라 민족사 내적인 면에서의 역사적 과제를 주체적으로 수행해가는 데 있음을 재삼 강조하지 않을 수 없다. 20세기 전반기 식민지시대에 민족적 주체성 확립의 길은 오로지 항일운동의 수행에 있었으며, 그 앞에는 이론과 방법론이 일체 용해될 수밖에 없었으리라고 이해하는 경우가 있다. 그러나 항일운동에 임하는 민족내적인 면에서의 정치적·사회적 갈등과 해방된 후의 민족국가 수립 문제에 대한 민족 내부의 혼선이 항일운동 자체에 큰 차질을 빚었던 것도 사실이다. 이 시기의 민족적 주체성은 항일운동의 측면에서만 구할 것이 아니라, 민족사 내적 과제를 주체적인 역량에 의하여 해결해나가는 데서 더 무겁게 구해져야 할 것이다.

상해임시정부의 수립은 항일운동의 일환인 동시에 19세기 후반기 이후 민족사 내적 과제였던 국민정부 수립이 주체적으로 성공한 일이라 할 수 있다. 따라서 이후 항일운동은 국민국가 정부를 중심으로 전체 민족의 주체적인 역량을 총집결함으로써 더욱 효과적으로 전개될 수 있었다. 그러나 상해임시정부는 그 내부에 나타난 이념적 대립 및 독립운동 방법론상의 대립, 계급적인 대립을 해소하고 전체 독립운동을 지도

할 만한 역량을 갖추지 못하였고, 따라서 유명무실해져갔다.

이후에도 항일운동을 효과적으로 수행하기 위한 전제조건으로서 민족내적 문제를 주체적으로 해결하려는 움직임이 1920년대 후반기의 민족유일당운동(民族唯一黨運動) 등으로 나타났다. 이 운동은 한때 민족외적인 힘의 작용에 의하여 실패하였으나 민족 내부의 문제를 민족 자체의 역량으로 해결하고 항일운동에 연장시키기 위한 또 한번의 노력이 1930년대 중기 이후 민족연합전선(民族聯合戰線)과 같은 형태로 나타났다. 우리의 생각으로는 이와 같은 연합전선이 미처 자리잡히기 전에 주로 외세에 의하여 민족해방이 이루어졌고, 연합군의 분할점령과 같은 객관적 조건이 민족 내부의 일각에서 일어난 분단론과 연결되어 민족연합전선을 깨뜨리고 분단체제를 고정화하였다. 민족주체적 역량에 의한 민족사 내적 과제, 즉 통일민족국가의 수립은 이 때문에 실패하게 된 것이다.

특히 우리 근대사에서 식민지화, 민족분단 등 역사적 실패의 근본적인 원인은 민족사 내적 과제를 수행해나가기 위한 주체적 역량 부족에 있다. 식민지시대의 독립운동을 통하여 통일된 민족국가를 스스로 건설할 만한 조건이 성숙되지 못한 채 해방이 됨으로써 곧 민족분단을 가져왔으며, 해방 후 30년이 지나도 민족 스스로의 역량이 외세의 작용을 배제하고 통일을 이룰 만한 단계에 이르지 못하고 있는 것이다.

민족주체성은 대외문제를 중심으로 이루어지지 않을 뿐만 아니라 역사의 미화나 복고주의에 의하여 성립되지 않음은 더 말할 나위가 없다. 그것은 민족사의 당면과제를 주체적 능력에 의하여 달성해나가는 데서만 확립됨을 새삼 확인할 필요가 있다. 20세기 후반기 우리 역사의 경우, 민족의 주체적인 역량에 의하여 분단체제를 청산하고 통일된 민족국가를 이루어나가는 일이 민족주체성 확립의 최대 과제임을 강조하지 않을 수 없다.

민족분단시대를 통하여 비교적 구체화된 통일협의의 하나였던 7·4 공동성명도 미국과 소련, 미국과 중국 관계의 변화와 남북정부의 통일 의지 중 어느 쪽이 더 강하게 작용하였는지 구체적으로 밝힐 수 없지만, 전자의 비중이 더 무거웠다면 남북관계의 교착상태는 국제정세의 문제에 앞서서 역시 민족적 주체성의 결여에 더 큰 원인이 있음을 분명히 하여야 할 것이다.

국사학의 주체성론이 역사 미화 내지 복고주의를 청산하여야 함은 물론 지난날의 우리 역사가 민족 스스로의 책임과 역량에 의하여 발전해왔음을 이론화하는 단계도 넘어서서 분단시대 민족사의 최대과제인 통일된 민족국가 수립을 주체적으로 수행하는 데 이바지할 수 있는 사실(史實)을 개발 정리하고 또 그 이론을 제시하는 데서 주체성론의 바람직한 방향을 찾을 수 있을 것이다.

(『韓國人의 主體性』, 高大出版部 1976)

국정 국사교과서의 문제점

1. 머리말

1974년은 훗날 우리의 역사교육사(歷史敎育史)와 사학사(史學史)를 연구하는 학자들에게 일제시대 이후 국정(國定) 국사교과서가 다시 사용되기 시작한 해로서 획기적인 의미를 가지게 될 것이며, 더 나아가서 대한민국사를 서술할 학자들에게도 국사교과서의 국정화 문제는 주목의 대상이 될 것이다.

다른 교과서와는 달리 국사교과서가 국정화된다는 사실은 역사적 의미를 가질 수밖에 없으며 또 그럴만한 충분한 이유가 있다. 두말할 것 없이 국사교육은 민족의 장래를 어떤 방향으로 이끌어나갈 것이며 그것을 위하여 필요한 국민을 어떻게 양성할 것인가 하는 문제를 그 직접적인 과제로 삼고 있기 때문이다.

따라서 국사교과서 서술의 책임이 국사학계에 주어졌을 경우 이 막중한 책무는 당연히 국사학계 전체가 지게 되는 것이며, 또 전체 국사학계의 책임 아래 이루어진 교과서는, 그 수의 다소에 관계없이 그 시기 국사학계의 역사인식 일반을 반영하게 되는 것이다.

이 경우 학계 구성원 개개인의 사관(史觀)의 차이에 따라 교과서의 내용과 성격에도 차이가 있겠지만, 이 시기의 시대성격 내지 사조(史潮)에 맞지 않는 교과서는 채택되지 않을 것이요 자연히 도태될 것이다.

반면, 정부 전담으로 유일한 국사교과서가 서술 사용되는 경우 국사교육이 가지는 중책을 완전히 정부가 짊어질 것임은 물론, 한걸음 더 나아가서 이 국정교과서는 당시의 정권이 가지는 역사적 성격 및 그 위치까지를 나타낼 뿐 아니라, 이 교과서만에 의한 국사교육을 통하여 그 정권이 가지는 성격을 강요하는 결과가 될 것이니, 한 권의 교과서가 가지는 영향력이 이렇게 확산되는 이유는 역시 국사교과서이기 때문이다.

이와 같은 생각에서 금년부터 국사교과서가 국정화한 사실을 되새겨보면, 이 해가 후세 학자들의 특별한 관심을 끌 것은 물론, 그들 중의 혹자는 이 국정교과서를 통하여 바로 우리가 살고 있는 이 시기의 시대성격을, 추출하려 할 것이라 생각되어 어떤 두려움마저 느끼게 한다.

금년부터 사용되는 중·고등학교의 국정 국사교과서는 정부가 위촉한 8명의 집필위원이 맡아 집필한 것으로서, 전해들은 바에 의하면 중학교 교과서와 고등학교 교과서를 4명씩 분담하였고, 각 권마다 전체 국사를 ① 원시사회에서 통일신라시대까지 ② 고려시대 ③ 조선시대 ④ 문호개방 이후부터 현재까지 4부분으로 나누어 집필하였다 한다.

교과서 집필과정에서 정부 측의 국사교육 방침과 집필자 개개인의 사관이 어느정도 요구되고 또 지켜졌는지 전혀 알 수 없지만, 이 교과서가 가지는 교육적·학문적 책임은 집필자들에게도 함께 있게 될 것이다.

이번에 정부에서 국사교과서를 국정화하게 된 동기를 우리 나름대로 분석해보면 대체로 다음과 같은 두 가지 문제로 요약될 수 있을 것이다.

첫째, '주체적 민족사관'을 확립하고 그것을 바탕으로 하여 국민의 애국심을 기르며 나아가서 전체 국민의 대동단결을 이루기 위해서는 국사교육을 강화하여야 하며, 강화된 국사교육의 효과를 정부가 의도하는 방향으로 이끌어가기 위해서는 국사교과서를 국정화할 필요가 있다고 결정한 것이라 생각된다.

둘째, 종래 국사학계 일각에서도 흔히 지적되고 있었지만 검인정 교과서는 그 내용과 체제가 각양각색이어서 일선교사나 피교육자에게 많은 불편을 주고 있으며, 특히 상급학교 입학시험 준비에 여러가지 혼선이 일어나고 있으므로 교과서를 국정화하여 그 체제와 구체적 사실(史實)에 대한 서술내용 및 용어 등을 통일하는 것이 바람직하다는 결정을 내린 것이라 생각된다.

그러나 이번에 간행된 중학교 및 고등학교의 국정 국사교과서를 검토해보면 이 두 가지 목적이 이루어졌다고 생각되지 않으며 오히려 검인정 교과서보다 후퇴하였다는 느낌마저 주고 있다.

구체적 내용에 대해서는 각 시대별 평자(評者)에 의하여 분석될 것이므로 본고에서는 정부가 국사교과서를 국정화한 두 가지 목적을 중심으로 그 성과를 따져보고자 한다.

2. '주체적 민족사관'은 세워졌는가

'주체적 민족사관'을 수립한다는 사실은 민족사의 어두운 부분이나 부끄러운 부분을 가리거나 억지로 미화시킴으로써 이루어지는 것은 아니다. 부끄러운 부분이나 자랑스러운 부분임을 막론하고 그것이 분명히 우리 민족 스스로의 의지와 책임에 의하여 이루어진 사실임을 확신하고 그 속에서 민족사의 창조적 발전에 이바지할 원동력을 찾아내어 그 의미를 분명히 하는 자세가 중요한 것이다.

이번의 국정교과서가 조선왕조와 명나라와의 외교관계를 자주적인 것이었다고 유달리 강조하면서도 동학혁명(東學革命)과 갑오경장(甲午更張)의 관계를 서술한 부분에서는 동학혁명의 결과 "일본이 침입하는 구실을 주어 마침내 청일전쟁을 일으키게 하였고 안으로는 강제적 갑오경장의 개혁을 단행하게 하였다"(고등학교 교과서, 178면. 이하 高)고 하여 마치 동학혁명이 우리 근대사에 나쁜 영향을 미쳤고 일본군의 침입과 청일전쟁의 발발이 동학혁명군에게 책임이 있는 것처럼 표현되고 있지만, 그것은 어디까지나 집권층의 외세의존책과 청일의 침략정책이 빚어낸 결과임을 분명히 하여야 할 것이다.

동학혁명이 혁명이라 부를 만큼 위대한 역사적 사실로 다루어진 것은 다행한 일이지만 '강제적 개혁'이라 표현한 갑오경장도 동학혁명 정신이 반영된 근대적 개혁으로서 긍정적 해석이 내려지고 있으며 또 그 해석이 학계의 많은 지지를 받고 있는 사실에 대해서는 외면하고 있다.

근래의 연구성과는 갑오경장이 온건개화파에 의하여 실시되었으므로 그 나름대로의 제약성과 한계성을 가지고 있으며 또 그 때문에 일본세력의 개입을 불가피하게 하였지만, 본질적으로는 멀리 실학사상과 가까이는 갑신정변 및 동학혁명의 개혁정신을 구현한 것이라 해석하고 있는데도 불구하고 이 교과서는 완전히 일본 측의 강요에 의해서만 이루어진 것으로 서술하고 있다.

명나라와의 사대외교(事大外交)를 자주외교(自主外交)라 강조하기에 급급할 뿐, 갑오경장 속에 깃들어 있는 동학혁명군의 개혁정신을 외면한다면 그야말로 '주체적 민족사관'의 수립을 위해서는 실패한 것이라 할 것이다.

국정교과서가 '주체적 민족사관'을 정립하려는 목적에 역행하고 있는 사실은 실학을 이해하는 자세에서도 드러나고 있는 것이라 생각된다. 조선후기의 실학사상을 학계에서는 조선사회 내부의 제반 모순을 타개하고 화이사상(華夷思想)에서 탈피하려는 시대적 요청이 배경이 되어 발달한 것이라 이해하고 있지만, 국정교과서는 종래의 식민사학(植民史學)의 해석을 그대로 답습하여 "왜란 호란의 쓰라림을 겪은데다 새로운 서양문화에도 눈뜨고 또 청조 학풍의 영향을 받아"(中 149면) 발달한 것으로 서술하여 실학 발달의 내재적 요인을 등한히 하고 오히려 외부로부터의 자극과 영향만을 강조하고 있는 것이다.

실학연구는 해방 후 우리 국사학계가 가장 힘을 기울인 부분이며 그만큼 성과도 높아서 교양인 일반의 실학사상에 대한 이해도 큰 진전을 보았다. 그럼에도 불구하고 국정교과서가 아직도 종래적인 서술수준에서 벗어나지 못하고 있는 것은 유감스러운 일이다.

이 밖에도 '주체적 민족사관 정립'이라는 국정교과서의 대명제에 어긋난다고 생각되는 부분이 허다하지만 두어 가지만 더 지적해두고 다음 문제로 옮기기로 하자.

고등학교 교과서의 근대사회 '단원개관' 부분에 다음과 같은 문장이 있다.

일본이 이 두 전쟁(청일·러일)에서 승리하자 그들 세력이 조선을 뒤흔들었으며 마침내 1910년에는 강제로 합방조약을 맺고 나라를 빼앗아 버렸다. 일본은 1910년부터 1919년까지 무단 정치를 감행하여 한국의 지배망을 완성하였고 1920년부터 1930년까지는 본격적인 경제적 착취에 나섰다. 그리고 1931년 만주를 점령하면서부터는 대륙 침략을 획책하여 마침내 태평양 전쟁을 일으켰고 이 무렵부터 1945년에 패전하기까지 그들은 우리 민족을 말살하려는 악랄한 정책을 썼다. (高 168면)

이 글은 한국사의 한 단원을 소개한 글이라기보다 오히려 일본을 주체로 하여 그 한국침략사를 서술한 문장이라 할 수 있을 것이다. 한국근대사의 단원을 소개하는 문장은 어디까지나 한국인의 역사적 활동이 중심이 되어 이루어져야 할 것이다.

사대외교가 자주외교였다고 강조한다거나 독립운동사에 대한 구체적인 사실을 좀더 많이 넣는다고 해서 '주체적 민족사관'이 세워지는 것은 아니다. 교과서 저자가 가지는 우리 역사 전반에 걸친 일관된, 그야말로 주체적인 사관이 서 있어서야 그 목적이 이루어질 수 있는 것이다.

한 가지만 더 예를 들어보자. 중학교 교과서의 3·1운동의 의의를 설명한 부분에서 "3·1운동은 침략자인 일본이 양심적으로 반성할 것과 열강이 우리에게 호의를 베풀어주기를 바랐으나 일본의 야만적인 탄압으로 뜻을 이룰 수는 없었지만 그 의의는 컸다."(中 228면)고 하였는데 이것 역시 3·1운동의 의미를 잘못 파악하고 있으며, 더구나 '주체적 민족사관'의 정립을 목적으로 한 교과서의 내용으로서는 부적당한 표현이다. 3·1운동은 일부 지도자들의 소극적이고 미온적인 태도가 있기는 하였으나 이 운동에 참가한 모든 민중들은 목숨을 걸고 독립을 쟁취하려 하였으며 이들이야말로 3·1운동의 진정한 주동세력이었다. 이들은 교과서가 표현한 바와 같이 일본의 반성이나 국제세력의 동정을 기대하여 이 운동에 참가한 것은 아니며, 그러므로 국내에서의 투쟁이 불가능하게 되자 해외로 망명하여 계속 항쟁하였던 것이다.

누구나 다 알다시피 3·1운동은 일제에 항거한 최대 규모의 민족투쟁으로 정의되고 있는데, 그것을 고작 일본의 반성이나 외국의 호의를 기대하여 일어난 것이라 가르치는 것이 '주체적 민족사관'을 세우는 길인지 알 수 없다.

3. '민족적 유대의식'은 강화되었는가

국사교육을 통하여 '주체적 민족사관'을 세우고 또 가르치는 것은 민족적 유대의식(紐帶意識)을 강화하고 그것을 통하여 애국심을 기르자는 데 목적이 있을 것이다. 그리고 우리의 생각으로는 민족적 유대의식을 강화하고 애국심을 함양하는 길은, 국사 속에서 민족구성원 전체의 권익이 옹호되고 그 능력이 개발 존중된 사실들을 드러냄으로써 민족구성원 전체가 새로운 민족사의 창조·발전에 이바지할 수 있게 하는 소지를 마련하는 데 있는 것이라 여겨진다.

그러나 이번의 국정 국사교과서 특히 고등학교 교과서는 지나치게 지배계층의 역사적 역할만을 강조한, 지배계층 중심의 서술을 하고 있는 것이라 생각되어 오히려 민족적 단결을 촉구하는 데 역효과를 나타내고 있는 것으로 평가된다.

고려의 무신란(武臣亂) 이후 각처에서 일어난 소위 천민란(賤民亂)은 고려중기 역사적 변혁기에 일어난 민중사회의 자각을 나타내는 것으로서 지금까지 고려시대사를 통하여 크게 주목된 부분이었다. 그러나 고등학교 국정교과서에는 이를 '사회의 동요'라는 제목으로 불과 열 줄 미만으로 처리하였고 오히려 중학교 교과서에서는 그 성격을 '농민과 천민의 저항'으로 규정하고 1면을 모두 할애하여 상세히 서술하고 있다.

두 교과서의 같은 문제에 대한 이와 같은 서술의 차이는 본질적으로 집필자들의 역사인식의 차이에서 오는 것이라 하겠지만, 같은 국정 교과서가 이와 같은 차질을 빚고 있다는 점도 문제가 있으며 더구나 고등학교 교과서가 중학교 교과서보다 역사의식 문제에 있어서 오히려 후퇴하고 있는 점은 교육상 큰 차질을 가져오게 될 것이다.

국정 국사교과서가 지배계층의 역사적 역할을 옹호하는 입장에서 서술되었다는 생각을 한층 더 짙게 하는 부분은 조선시대의 소위 '민본사상(民本思想)'에 관한 문제이다. 조선을 세운 정도전(鄭道傳)·조준(趙浚)·남은(南誾) 등 유학자와 이성계(李成桂)를 지도자로 하는 무인세력은 "고려 말기의 사회적 혼란과 민족의 시련을 깊이 통찰하고 몸소 체험하면서 민본의식과 애국심을 기르게 되었고 나아가 부국강병을 위한 개혁운동에 나서게 되었다" 하고, 한걸음 더 나아가서 그들의 역성혁명(易姓革命)이 성공을 거두게 된 것은 귀족정치에 신음하던 하층 농민과 노비의 지지 및 협력이 있었기 때문에 가능하였던 것이라 서술하고 있으며(高 105면) 이와 같은 민본정치(民本政治)가 16세기 양반정치 때문에 무너졌다가 18세기 즉 영조·정조시대에 실학사상과 사회개혁 의욕이 어느정도 정치에 반영되어 부흥되는 것이라 하였다.(高 152면)

이 이론은 국정교과서 집필자 중 한 사람이 최근에 발표한 연구업적을 그대로 도입한 것이라 할 수 있는데, 아직 학계의 평가도 제대로 받지 않은 개인의 사론(史論)을 그대로 고등학교의 유일한 국정교과서에 도입한다는 사실도 위험한 일이지만, 이 이론 자체에 대하여 학계의 반론이 많다. 이 문제에 대해서는 조선시대 부분의 평자의 한층 치밀한 비평이 있을 것이라 믿으므로, 여기에서는 그 주장이 지나치게 지배계층의 입장을 옹호하여 민족 내부의 모순을 호도하고 나아가서 오히려 민족적 유대의식을 해치는 결과가 되며 따라서 교육적으로도 역효과를 가져오리라 생각된다는 점만을 밝히고자 한다.

이성계를 지도자로 하는 무인세력과 정도전 등 유학자들이 협력하여 일으킨 역성혁명이 농민층 및 노비층의 지지와 협력을 받고 성공하였다는 구체적인 자료가 있는지 의문이지만, 현재까지의 연구와 자료에 의하면 그것은 분명히 백성을 근본으로 하고 그 이익을 위주로 하는 정권이 아니라 일부 무인세력과 사대부세력의 이익을 근본으로 하여 이루어진 것이었다. 그들이 짜놓은 각종 제도와 통치기구 역시 그들 자신과 그 후손이 지배계층으로서의 위치를 유지하게 하려는 데 일차적인 목적이 있는 것이었으며 결코 백성 위주의 것이었다고 보기는 어렵다.

구체적으로 과전법(科田法)의 경우를 예로 들어봐도 그것은 본래 사대부 계급으로 이루어지는 관료들의 경제적 기반을 보장하기 위한 제도였던바 일반 농민층은 토지지급의 대상에서 완전히 제외되고 있는 것이다. 정도전의 개인기록에는 토지를 모두 실질적인 국가소유로 하여 이를 농민들에게도 분배함으로써 자작(自作)케 하려 하였으나 소위 '구가세족(舊家世族)'의 방해 때문에 실패했다고 말한 부분이 있기는 하지만, 그가 훗날의 실학자들과 같이 권력권 밖에 있었던 사상가였다면 모르지만 권력의 핵에 들어 있고 사전개혁(私田改革)을 주도한 인물이란 점을 생각해보면 구가세족의 방해만을 평계 댈 수는 없는 것이다.

국정교과서의 집필자는 이성계의 역성혁명이 피지배계층에 가져온 일정한 이익에 현혹되어 이를 과대평가하고 있으나, 그것은 어디까지나 새로운 집권세력의 이익을 확보하는 과정에서 나타난 부산물에 지나지 않으며, 그것을 소위 민본정치의 근거로 생각하고 마치 이상정치가 실시된 것처럼 표현한다면 지나치게 지배계층의 입장을 두둔한 이론이 될 것이며, 나아가서 오히려 민족적 유대를 해치는 이론이 될 것이다.

국정교과서는 또 실학사상이 정도전 등 15세기 지배사상의 부활이라 하였지만, 이 점은 그동안 우리 학계가 이루어놓은 실학연구의 업적을 외면하였을 뿐만 아니라 오히려 그것을 모독하는 이론이 되었다.

실학사상은 이씨조선 본래의 통치이념을 극복하려 한 점에 근본정신이 있으며 실학자들이야말로 민중의 편에 선 최초의 지식인들이었다고 할 수 있다. 따라서 이들에 의하여 비로소 '민본'사상이 나타났던 것이다. 이들은 민중 전체에 이익이 돌아가게 하는 정치가 나라를 부강하게 하고 민족적 유대의식을 강하게 하는 것이라 생각한, 장차 민권사상으로 발전할 수 있는 '민본'사상을 처음으로 체득한 사상가들이었으며, 그러므로 그들의 사상을 근대지향적인 것이라 평가하고 있는 것이다. 이들은 농민층에 제도적으로 토지를 지급해야 한다는 주장을 하였고, 노비계층에 인간적인 동정을 베풀면서 그 해방로를 확대할 것과, 나아가 그 제도 자체를 폐지할 것을 주장하였다.

그러나 이들은 대부분 권력 밖에 있었으며 또 그 주장이 모두 지배계층의 이익과 정면으로 대치되는 것이어서 실현될 수 없었다.

고등학교 교과서가 민본정치 부흥이라 주장한 내용을 보면, 탕평책(蕩平策)과 『속대전(續大典)』『대전통편(大典通編)』등 법전의 개편, 균역법(均役法)의 실시, 군사제도의 개편 등을 들고 있다. 그러나 이것은 실상 모두 민본정치와는 거리가 멀거나 오히려 역행하는 것이기도 하였다.

탕평책은 지배계층사회에 만연한 당쟁의 불을 끄자는 정책으로서 민중의 세계와는 본래 거리가 있는 것이었고, 법전의 개편은 『경국대전(經國大典)』이후 3세기 동안에 이완된 지배체제를 다시 강화하려는 데 그 주된 목적이 있었으며, 개편하는 과정에서 개선된 부분이 있다면 그것은 지배계층의 민본정치의 결과라기보다 민중세계의 의식성장의 결과라 보는 것이 타당할 것이다. 군사제도의 개편 문제 역시 우리가 모두 알다시피 강군(强軍)을 양성하기보다 오히려 군포(軍布) 부담을 가중시키는 결과를 가져왔으며, 균역법은 농민층에게 일정한 이익을 가져다 준 것이라 평가되고 있지만, 소위 양반불역론(兩班不役論)을 유지하기 위한 하나의 방편으로 마련된 것이었다.

해방 후 우리 학계는 과거 식민사학의 해독을 제거하는 작업으로서 조선후기 사회의 긍정적인 발전상을 찾아내고 이를 이론적으로 체계화하는 데 많은 성과를 올렸다. 그러나 이와 같은 학문적 성과는 결코 이 시기 지배계층의 만성적인 부패와 반역사적 자세를 합리화하는 데 이용하자는 것이 아니고, 이와 같은 여건 속에서도 한걸음 한걸음 민족사를 전진시켜온 민중세계의 줄기차고 꾸준한 발자취를 드러내어 앞으로의 역사발전에 밑걸음이 되게 하자는 데 목적이 있었으며, 그것을 위하여 연구자들은 모든 악조건을 감수하며 순교자처럼 헌신해왔던 것이다.

아직 학계에 공개 평가되지도 않은 어느 설익은 생각이 교과서에 직수입되어, 이들 민중세계 스스로의 업적이 마치 일부 지배계층의 선정(善政)의 결과인 것처럼 뒤집어지거나 한때의 통치이론이 진정한 민중의 지지를 받고 있었던 것처럼 가장된다면 민족 내부의 모순을 바로잡고 민족의 대동단결을 촉구하려는 국사교육의 목적에 위배되는 결과를 가져올 것이다.

4. 서술체제의 통일은 이루어졌는가

국사교과서를 국정화한 두번째 목적이라 생각되는 교과서의 체제 통일 문제에 있어서도 이번 교과서는 소기의 목적을 이루었다고 볼 수 없다.

사실 교과서를 국정으로 단일화하는 최대 효과는 그 체제를 통일할 수 있다는 점에 있지만 금번의 국정교과서는 단 두 권인 중학교 교과서와 고등학교 교과서 속에서도 체제 통일 면에 있어서는 완전히 실패한 것이라 지적하지 않을 수 없다.

첫째, 단원구분과 시대구분 문제에 있어서 이번 국정교과서는 기왕의 검인정 교과서의 수준을 전혀 넘어서지 못하였다.

중학교 교과서는 모두 15개 단원으로 나누어졌는데, 그 기준을 어디에다 두었는지 전혀 근거가 없으며 더구나 시대구분 문제는 아예 염두에 두지 않은 것 같다. 중학교 교과서에서 장·절 편성이 가장 엉성한 부분은 특히 근대 이후 부분이다. 한 가지 예를 들면 '독립협회와 대한제국'이란 단원은, 제1절 '독립협회의 설립과 그 활동'을 '러·일의 대립과 우리나라' 등 5개 항목으로 나누었으나 제2절 '대한제국'은 하위 항목이 전혀 없고 제3절 '국제적 갈등'은 (1)'러·일전쟁과 우리나라'라는 항목이 있을 뿐 (2) 항목 이하는 없다.

그런가 하면 '일제의 침략과 독립투쟁'이란 단원의 제6절 '국내외 독립투쟁'에서는 1940년대에 활약한 임시정부 산하 광복군 투쟁이 먼저 나오고 다음 1920년대 만주의 봉오동전투(鳳梧洞戰鬪)와 청산리전투(靑山里戰鬪)가 뒤에 나와서 학생들에게 연대적인 혼돈을 줄 우려가 있으며 (이런 예는 허다하다) 만주에서의 이 두 전투를 서술한 문장은 본래 한 제목 밑에 썼던 것을 뒤에 제목만 하나 더 넣은 것같이 되어 어색하다.

교과서의 단원과 절 및 항목은 수업시간의 길이와 맞추어 구분하는 것이 이상적이라 하겠는데 국정교과서는 이 점에 있어서 종래의 어떤 검인정 교과서보다 후퇴하였다고 생각된다.

중학교 교과서가 15개 단원으로 나누어졌는 데 비하여 고등학교 교과서는 불과 5개 단원으로 나누어져 있다. 고등학교 교과서의 5개 단원은 시대구분 문제를 다소 의식하면서 편성한 것 같지만 기왕의 검인정 교과서들이 흔히 사용하던 고대사회·고려사회·조선사회·근대사회·현대사회의 구분을 그대로 답습하고 있다.

이처럼 시대구분 문제에 전혀 진전이 없으면서도 근대화의 기점(起點) 문제는 중학교 교과서와 고등학교 교과서가 서로 엇갈린 서술을 하고 있어서 더욱 당황하게 된다. 즉 중학교 교과서는 실학의 발달에서부터 '근대적 문화의 새 기운'으로 보았는데 고등학교 교과서는 문호개방부터 근대사회로 잡고 있는 것이다. 단 두 권의 국정교과서가 나타내고 있는 15개 단원과 5개 단원의 차이와 근대화 기점 설정에 대한 차이는 체제 통일이란 점에 있어서는 교과서 국정화의 필요성을 완전히 부인하고 있는 것이라 할 것이다.

둘째, 국정교과서이면서도 같은 사실(史實)에 대한 중학교 교과서의 내용과 고등학교 교과서의 내용이 너무 다른 점이 많다. 앞에서 이미 지적된 고려 천민란에 대한 이해와 실학의 발달 원인도 두 교과서가 서로 다르지만, 좀더 구체적인 사실을 살펴보면 일일이 지적하기 어려울 정도이다.

우선 우리 민족이 한반도로 이동해 온 경로를 표시한 지도의 내용이 서로 다르며(中 4면; 高 11면) 고려시대의 강동 6주와 천리장성을 표시한 지도에서도 6주의 이름이 다른 것이 있고 장성의 위치도 다르다.(中 67면; 高 68면) 이 밖에도 고려 태조의 주요 정책으로 고등학교 교과서는 두 가지를 제시하였는데 중학교 교과서는 오히려 세 가지를 들고 있으며, 고려의 지방제도, 보(寶)의 성격, 여진에게 9성을 돌려준 원인, 대동법의 결과 등 두 교과서가 서술을 달리하고 있는 점은 허다하다.

셋째, 중학교 교과서와 고등학교 교과서와의 차이가 분명하지 않다. 고등학교 교과서가 중학교 교과서보다 내용이 좀더 상세하다는 점과 소위 민본정치 등 다소 수준을 높이려고 노력한 점도 있기는 하지만 대체로 두 교과서의 서술 내용이 비슷하며 어떤 부분은 중학교 교과서의 내용이 더 상세하고 정도가 높기도 하고 또 어떤 부분은 두 교과서의 문장이 거의 같은 경우도 있다.

예를 들면 통일신라시대의 해상활동, 삼별초의 항쟁, 고려 무신정권의 지배기구 등을 설명한 부분은 고등학교 교과서보다 중학교 교과서가 훨씬 상세하며 일본의 식민지 경제정책을 설명한 부분에서 "총독부 자체가 하나의 큰 기업체로서 철도·통신·항만 등을 독점 경영하고 인삼·소금 등을 전매하였다"고 한 것은 두 교과서의 문장이 거의 같다.

중학교와 고등학교에서 각각 국사과목이 독립된 이상 학생들에게 교과내용의 중복감을 주지 않고 또 지루한 생각이 들지 않게 하기 위해서도 중학교 교과서에서는 국사상의 정치적 변천을 주로 가르치고 고등학교 교과서에서는 사회·경제 및 사상·문화 부문을 주로 가르치도록 하는 등 교과서 편찬상의 새로운 방법이 모색되어야 할 것이다.

이 밖에도 문장이 전혀 다듬어지지 않은 점이 허다하게 보이는데, 예를 들어 "3국간섭에 굴복하고 랴오뚱 반도를 청에 돌려주었는데 이를 3국간섭이라 한다"(中 191면)고 쓴 문장이나 "대한민국임시정부는 국호를 대한민국이라 하고"(同 230면) 운운한 부분과 같은 곳이 허다하다.

짧은 시일에 편찬된 탓도 있겠지만 미흡한 부분과 오식이 너무 많으며 삽화도 부적당한 것이 허다하다. 또 중국의 지명도 어떤 것은 원음으로, 어떤 것은 한자음으로 표현되어 갈피를 잡을 수 없다. 이런 것은 모두 지엽적인 문제이기는 하지만 집필과정과 제작과정에서의 불성실성을 보는 것 같으며 그것이 모두 국정교과서이기 때문에 더한 것이라 생각되어 마음 불안하다. 검인정의 경우 불성실하게 만들어진 교과서는 채택하지 않으면 그만이지만 국정의 경우에는 이 불성실성으로 인해 교육에 지장을 주는 것은 어떻게 보상할 것인지 두려움을 금할 수 없는 것이다.

5. 반드시 국정화되어야 하는가

지금까지 우리는 서평(書評)의 입장에서 국정 국사교과서의 내용을 살펴보았지만, 이제 국사교육의 본질 문제를 생각해봄으로써 국사교과서의 국정화 문제에 대한 우리의 견해를 정리해보기로 하자.

세계적으로 역사교육의 역사는 그다지 오래되지 않았다. 그런데도 그것이 가지는 목적은 시대의 성격에 따라 혹은 지역적 여건에 따라 많은 변천을 거듭해왔다. 주지하다시피 역사교육은 당초 단순한 도의교육의 일환으로 시작되었으나 곧 그것은 애국심 교육의 핵심과목으로 등장하였고 따라서 그때마다의 정치적 목적을 뒷받침하는 데 중요한 구실을 다해왔었다. 특히 국사교육은 특정민족의 우월성을 내세우고 국가이익의 절대성을 앞세워 타민족을 침략하거나 민족 내부의 모순을 호도하는 데 이용되기도 하였고, 반면 외민족의 침략을 받은 민족에는 민족적 결속을 강화하는 촉진제가 되어 외침에 대항할 수 있는 힘을 양성하는 원동력이 되기도 하였다.

그러나 국사교육의 주목적이 애국심의 함양이나 민족의식의 강화에 두어졌다는 사실은 곧 역사학이 아직 과학으로서의 주체적 위치를 인정받지 못하는 데 기인한 것이라는 반성이 일어났고, 애국심은 하나의 덕(德)이지만 역사는 과학이므로 양자가 혼돈되어서는 안 된다는 주장이 나오기도 하였다. 이와 같은 반성은 두말할 것 없이 애국심 교육을 표방하고 정치적으로 요구된 국사교육이 내적으로 특정 정치세력의 이익을 옹호하는 구실을 하였거나, 외적으로 침략을 합리화하는 데 이용되었기 때문에 나온 것이다. 애국심 교육이란 무거운 짐을 벗어버린 국사교육이라 하더라도 단순한 지적(知的) 훈련을 위한 것으로 그칠 수만은 없으며, 피교육자가 그것을 통하여 '무엇'인가를 이해하고 느끼게 해야 한다는 점에는 별 이론이 없다. 그리고 그 '무엇'이 곧 민족과 향토에 대한 애정일 수 있으며, 사실 오늘날 거의 모든 국가의 국사교육이 여전히 조국애·민족애의 함양과 민족적 유대의식 강화를 중요한 목적으로 삼고 있다.

우리의 국사교육도 20세기 후반기 민족사의 지상과제인 통일을 달성하기 위한 소지를 마련하는 데 이바지할 수 있어야 할 것이며, 따라서 민족교육, 애국심 교육의 짐을 져야 함도 불가피하다 할 것이다. 그러나 그 방법론에 있어서는 몇 가지 유의하고 가려져야 할 점이 있다. 첫째, 국사교육을 통하여 이루어질 애국심이나 민족의식은 어떤 정치적 목적에 의해서나 심지어는 교사에 이해서도 정형(定型)되거나 의도되어서는 안 되며, 학생들 스스로가 민족이 살아온 발자취를 배우는 가운데 자연스럽게 체득할 수 있게 하여야 한다는 점이다. 다시 말하면 국사교육은 피교육자의 애국심을 기를 수 있는 토양을 마련하는 데 그쳐야 하며 거기에서 자라나는 애국심의 싹은 피교육자 스스로 자기 나름의 모양으로 가꿀 수 있게 하여야 할 것이다. 강요된 애국심은 뿌리를 내리지 못할 것이며 남에 의하여 형태 지어진 애국심은 창조력을 수반하지 못할 것이기 때문이다. 애국심을 강요하는 국사교육은 흔히 역사를 미화하기 쉽지만, 영광으로만 가득찬 허위의 역사는 영욕(榮辱)을 같이한 진실한 역사보다 오히려 그것을 배우는 사람들에게 애착과 친근감을 덜 주게 될 것이다.

애국심의 함양이나 민족적 결속을 목적으로 하는 국사교육이 또 하나 유의하여야 할 점은, 앞에서도 지적한 바 있지만 역사적 사실 속에서 특히 민족 내부의 모순이나 갈등을 얼버무리지 말아야 하며 그 속에서의 민중세력의 역할 등을 덮어버리지 않아야 한다는 것이다. 애국심이

나 민족적 유대의식은 바로 민중의 역사참여에서 이루어지며 결코 정책적 효과만으로 나타나는 것은 아니기 때문이다.

따라서 자발적이고 뿌리깊은 진정한 의미의 애국심 교육을 목표로 하는 국사교과서는 국정으로 만들기보다 다소의 부작용이 있더라도 민간, 즉 국사학계 일반에 맡기는 것이 바람직하며 긴 안목으로 보면 더 크고 올바른 효과를 거두는 길이 될 것이다.

(『創作과批評』 32호·1974년 여름호)

II
역사와
현실

개항 100년사의 반성

1. 머리말

개항(開港) 1백주년을 맞아 그동안의 우리 역사를 되돌아보는 글을 쓰라는 청탁을 받고 망설이지 않을 수 없었다. 글 제목이 어렵기도 하지만 몇 년 전 이웃 나라에서 소란을 피운 '명치 백년(明治百年)'이 생각났기 때문이다. '개항 백년'과 '명치 백년'을 구태여 비교할 만큼 흥미는 없지만, 기왕 말이 난 김에 생각을 더 해보면, 둘 사이에는 여러가지 의미에서 큰 차이가 있다. 전자는 한 나라를 식민지로 전락시키고도 또 분단의 비운에 빠지게 하였고, 후자는 그 나름대로의 자율적인 근대화의 길을 걷게 하였는가 하면 침략국 패전국으로 만들기도 하였던 것이다.

명치 백년을 자랑스러워하는 생각은 그것이 가져다준 그 나름대로의 자율적 근대화와 소위 경제적 대국화에만 역사적 초점을 맞추었고, 그것을 부끄러워하는 생각은 미처 날뛴 군국주의의 죄악상과 죄없는 민중세계가 더 심하게 겪은 패전의 참상, 그리고 경제대국 속에 도사리고 있는 치부 등에 백년사(百年史)의 비중을 더 두고 있는 것이다.

명치 백년은 그런 대로 어설픈 자랑거리라도 있었지만 개항 백년에는 그런 것마저 없다. 후회와 부끄러움과 분노와 억울함과 안타까움만이 있는 것을 구태여 떠들어댈 일이 못 된다는 생각이 글쓰기를 망설이게 하였다. 그럼에도 불구하고 이 글을 쓰기로 한 이유가 있다.

개항 백년의 우리 역사는, 생각에 따라 다를 수도 있겠으나, 한마디로 '실패의 역사'라 할 수밖에 없다. 어떤 과정을 밟았건 일단은 근대적인 사회로 옮겨올 수 있었다는 점, 독립운동 과정을 통하여 민족적 역량을 드러낼 수 있었다는 점을 지적하면서 그것을 긍정적으로 이해하려는 생각도 있을 수 있다.

그러나 역사발전의 요인을 자율(自律)이란 점에 두고 생각해보면 개항 백년의 역사는 속된 말로 '남의 장단에 춤을 춘 강요된 역사'였다. 구한말의 역사가 실패로 끝난 가장 큰 원인은 외세의존에 있었으니 일제시대의 역사는 말할 것도 없고 해방이 그러하였고, 분단이 그러하였다.

우리의 생각이 그렇다고 하여 일종의 역사허무주의나 민족패배주의에 빠져 있다는 것은 아니다. 다만 실패를 얼버무리는 일은 또다른 더 큰 실패를 가져오는 원인이 될 것이며, 건망증이 심한 민족이 불행한 역사를 되풀이한 예가 많다는 사실을 절실하게 느끼고 있을 뿐이다. 최근에야 겨우 전집(全集)이 나왔지만 제 민족의 아픈 역사를 쓴 박은식(朴殷植)의 마음은 어느 시대의 역사학도에게나 귀중한 것이다.

2. 개항 전 100년사의 성격

개항 백년의 역사를 반성하면서 그것을 크게 3기, 즉 개항부터 합방까지 34년과 일제시대 36년, 그리고 해방 후 30년으로 나누어 생각해보고자 하지만, 그보다 앞서 개항 전 1백년의 우리 역사에 대한 올바른 이해가 필요하다. 개항이 어떤 역사적 조건에서 이루어졌는가 하는 문제 속에 개항 후의 역사가 어떻게 펼쳐졌는가를 미리 내다볼 수 있는 창이 있을 것이다.

개항 전 1백년의 역사를 다시 나누어 생각해보면 역시 3단계로 볼 수 있다. 제1단계는 정조(正祖)시대 24년간, 제2단계는 안동김씨 세도시대 64년간, 제3단계는 대원군 정권 10년간이다.

개항 백년 전, 즉 1776년은 공교롭게도 정조가 즉위하던 해이다. 이후 그가 왕위에 있었던 24년간은 우리 중세사상 하나의 의미있는 시대였다. 우리의 중세사회 태내에서 일어난 근대지향적인 역사현상이 그 정점에 오른 시대였다고 생각되는 것이다.

이씨조선 본래의 지배체제에 차질이 생기기 시작한 것은 벌써 16세기경부터였지만 그것이 본격화한 것은 왜란과 호란을 겪고 난 17세기 이후부터였다. 특히 17세기 후반기와 18세기 전반기에 걸쳐서 지배층 사회는 고질적인 당쟁의 와중에 빠져 헤어날 줄 몰랐고, 지도이념으로서의 주자학은 돌이킬 수 없는 관념의 세계만을 치닫고 있었다.

반면 당쟁과 거리가 먼 민중사회는 전쟁 상처를 회복하면서, 특히 사회·경제적인 면에서 새로운 사회를 향하여 나아가고 있었다. 정부의 정책적 억압에도 불구하고 외국무역, 국내상업, 수공업, 광업이 발전하였고 유일하게 정부의 배려가 있었던 농업분야도 큰 발달을 보았다. 그리고 이와 같은 조건을 바탕으로 하여 서민사회의 의식수준도 향상되어 갔다.

사회·경제적 발전과 민중사회의 의식성장은 자연히 새로운 사상을 낳게 하였다. 실학의 발달이 그것이다. 그리고 더욱 중요한 것은 사회·경제 면의 진보와 실학 발달의 결과로 귀족층의 방해작용에도 불구하고 실학자를 교량으로 하여 민중세계와 왕권(王權)과의 접근이 어느정도 이루어져갔고, 그것이 이루어진 때가 바로 정조시대라고 생각되는 점이다.

정조가 왕위에 있었던 24년간은 실학자들의 후견인 격인 채제공(蔡濟恭)이 권력의 정점에 있었고 박지원(朴趾源), 박제가(朴齊家), 정약용(丁若鏞) 등의 실학자들이 왕권과 가까운 거리에 있어서 어느정도 영향력을 발휘하던 시기였다. 이 시기에 쌓아진 수원(水原) 성곽은 정조의 의욕과 실학자들의 지혜가 뭉쳐진 것이라 말해지고 있다. 농업정책을 전면적으로 다시 세워 농촌을 진흥시키고 농민들을 보호하기 위한 준비가 이루어지고 있었고 도시 빈민층과 영세상인층을 보호하기 위한 통공정책(通共政策)이 실시되었다.

실학사상 자체가 민중사회의 이익을 옹호하는 데 그 본래의 성격이 있는 것이라 생각되지만, 실학자들의 영향력이 정책 면에서도 어느정도 미쳤다고 생각되는 18세기 이후에는 대동법(大同法)과 균역법(均役法)이 실시되었고, 노비종모법(奴婢從母法)이 획일적으로 적용되었으며 관노비해방안(官奴婢解放案)이 마련되었다. 이것은 모두 실학자들이 요구하던 일이었다. 그뿐만 아니라 이 시기에는 서양 근대문명이나 천주교의 유입에 대해서도 거부작용이 그다지 심하지 않았다고 말할 수 있다. 정조시대에 처음으로 천주교가 들어왔고, 이에 대한 금압정책이 없었던 것은 아니지만, 세도정치시대에 보여준 탄압정책에 비하면 시간이 지남에 따라 일정한 점진적인 수용도 기대할 만한 것이었다고 볼 수 있다.

18세기 후반기의 역사적 추세, 즉 실학자들의 정치적 영향력의 성장, 민중세계의 의식수준의 향상, 서구 근대문명에 대한 일정한 접촉, 그리고 특히 실학자를 매개로 한 왕권과 민중세계와의 접근현상은 일부 집권 귀족층에게 큰 위협을 주는 것이었다.

이와 같은 위협에 반발하면서 귀족층의 반동적 집권체제가 다시 강화된 것이 안동김씨 세도정치체제였다. 1801년에 시작된 안동김씨 세도정치는 정약용 등 실학자들을 철저히 숙청하고 대규모의 천주교 탄압을 벌였다.

18세기를 통하여 사회·경제적 조건이 향상되고 그 때문에 일단 자각도가 높아진 민중세계는 세도정치가 감행한 수탈정치, 소위 삼정문란(三政紊亂)이 절정에 다다른 상태에서 더 참지 않았다. 세도정치가 시작된 지 불과 11년 만에 홍경래란(洪景來亂)을 일으켰던 것이다. 이 반란은 지휘부의 사상적 제약성과 전략적 실책 때문에 실패하였지만, 민중세계의 저항력은 1860년대에 가서 다시 전국적인 민란(民亂)으로 발전하였다. 안동김씨 세도정치는 민란을 극복할 수 없었고, 그 대신 대원군정권이 성립되면서 그것을 진압할 수 있었다. 그러므로 대원군 정책은 민중세계에 대하여 일정한 완화정책을 쓰지 않을 수 없었고, 그것이 호포법(戶布法) 실시, 서원(書院) 철폐 등으로 나타났다.

사람에 따라서는 대원군정책의 긍정적인 일면을 과대평가하여 대원군정권이 마치 민중의 편에 선 진보적인 정권, 더 나아가서 근대적 성격을 가진 정권인 것처럼 오해하기도 하지만, 그 정권에 긍정적인 면이 있다면 그것은 민란의 전리품(戰利品)일 뿐, 안동김씨 세도정치에 이어 두 번째 나타난 반동적 정권이었다.

민란의 전국적 발발과 외국자본주의 세력의 본격적인 침입이란 두 가지 역사적 조건을 배경으로 하여 안동김씨 등 집권귀족에 대신하여 정권을 쥔 대원군은 국내정치에서는 어느정도 완화정책을 썼으나 외교면에서는 철저한 쇄국주의정책을 썼고, 자본주의 침략세력의 앞잡이로 지목한 천주교에 대해서도 전에 없는 가혹한 탄압을 행하였다. 민중세계의 저항에 대한 일정한 타협과 외세침입에 대한 철저한 저항으로 유지된 대원군정권은 10년 만에 무너지고 이를 대신한 민씨정권(閔氏政權)은 결국 문호를 개방하기에 이르렀다.

이렇게 보면 18세기 이래의 역사적 추세가 19세기 전반기의 반동 없이 그대로 발전하면서 실학사상을 바탕으로 한 스스로의 정치개혁이 이루어지고 서구문명에 대한 단계적인 접촉과 면역과 수용이 이루어졌다면, 외세의 강요성이 아닌 미리 준비된 개항이 이루어질 수도 있었을 것이다. 그러나 그러한 개항이 실패한 원인은 역시 18세기적인 발전추세에 위협을 느끼고 이에 반발하면서 성립된 안동김씨 세도정치와 대원군정권의 반동성에 있었던 것이다.

3. 19세기 후반기사의 실패

개항 백년의 우리 역사를 실패의 역사로 만든 가장 중요한 계기는 역시 19세기 후반기에 있었다. 개항 이후부터 식민지로 전락할 때까지 34년간의 우리 역사를 이끌어간 중심적인 사상으로 흔히 개화사상(開化思想), 척사위정사상(斥邪衛正思想), 동학혁명사상(東學革命思想) 세 가지를 든다. 그리고 개항 후 우리 민족이 당면하였던 역사적 과제가 근대화와 주권독립이었다고 흔히 말하고 있다. 우리의 생각도 현재로서는 대체로 여기에 일치하므로 위에서 든 세 가지 사상이 두 가지 역사적 과제 앞에서 어떻게 대응해갔는가 하는 문제를 살펴봄으로써 19세기 후반기 우리 역사를 반성해보고자 한다.

개화사상은 개항 전의 실학사상, 특히 북학(北學)사상과 연결된다고 생각되고 있다. 1876년의 문호개방 당시에도 개화파세력의 의견이 작용하였음이 분명하지만, 개화사상이 본격적으로 정치적 이상을 실현하려 기도한 것은 역시 갑신정변(甲申政變)이었다.

이 정변이 근대적인 정치제도를 수립하려 한 것임에는 틀림없었으나, 일본의 세력에 의지한 사실이 가장 중요한 실패의 원인임을 강조하지 않을 수 없다. 일반적으로는 민중세계가 아직 근대적인 정치의식을 가지지 못하고 정변을 지지하지 않은 것이 실패의 요인이라고 말하지만, 우리 역사상 언제나 정치의식이 높은 민중일수록 외세 특히 일본의 세력을 배경으로 한 정객(政客)을 지지하지 않았던 사실을 상기하지 않을 수 없다.

개화파의 두번째 정치활동은 갑오경장(甲午更張)으로 나타났다. 흔히 개화파의 시조(始祖) 격으로 박규수(朴珪壽)를 들고 그에게서 영향받은 개화파 정객을 김옥균(金玉均), 박영효(朴泳孝), 서광범(徐光範) 등의 급진파와 김윤식(金允植), 어윤중(魚允中), 김홍집(金弘集) 등의 온건파로 양분한다. 갑신정변은 물론 급진파에 의하여 감행되었고, 이보다 10년 후의 갑오경장은 온건파에 의하여 추진되었다.

갑오경장은 청일전쟁을 도발한 일본의 강요에 의하여 이루어진 소위 타율적인 개혁이라 생각되어왔지만, 근래의 연구 경향을 이를 시정해 가고 있다. 갑오경장은 사실 멀리는 실학자들의 개혁이론과 가까이는 갑신정변의 개혁이상, 그리고 좀더 절실하게는 동학혁명군의 적극적인 개혁요구가 구현되었다. 다만 그것을 담당한 정치세력이 온건개화파였으므로 아직 독자적인 힘으로 보수세력의 저해작용을 극복할 수 없었고, 따라서 일본의 힘이 이를 이용하여 개입 작용하였던 것이다.

온건개화파에 의하여 경장(更張)사업이 본격적으로 실시된 때는 아직 전쟁 시초여서 일본이 적극 개입하지 못하였다. 일본군이 청국군을 이겨서 평양까지 갔을 때부터 망명 중이던 급진개화파의 박영효, 서광범 등을 불러들여 본격적으로 간섭하다가 아관파천(俄館播遷)을 당하여 김홍집, 어윤중 등이 살해되었던 것이다.

갑신정변과 갑오경장은 일부 개화정객들이 결국 일본세력을 배경으로 함으로써 실패한 개화운동이지만, 독립협회(獨立協會)운동은 같은 개화운동이면서도 그 성격이 조금 다르다. 그것을 이끌어나간 지도부는 역시 일부 개화정객이지만 그 하부구조는 새로운 지식인층, 학생, 도시 상공업자, 종교인까지 포함되어 있었으며, 이들은 통틀어서 일종의 부르주아적인 계급이라 부를 수 있는 사람들이었다.

이 운동은 외세배척과 근대적 정치개혁을 주장하면서 한때 폭넓은 정치운동을 벌였다. 그러나 그 나름 많은 제약성을 가지고 있었다. 우선 외세배척은 그 대상이 특정한 나라에 치우친 감이 있었고 그 방법에서도 소극성을 면치 못하였다.

독립협회운동이 활발하던 시기는 열강의 한반도 침략이 제국주의적 방법으로 바뀌어가던 때였다. 따라서 여기에 대응하는 개화운동 역시 정치개혁의 단계를 넘어서서 무력항쟁이 요청되던 시기였다. 그러나 독립협회의 외세배척은 정책의 비판과 건의에 그쳤다. 동학혁명군은 그들에게 동비(東匪)로밖에 보이지 않았고 의병(義兵)도 비도(匪徒)로만 보였다.

독립협회의 정치운동에는 한때 공화제(共和制) 운운하는 말이 떠돌기도 하였다. 그러나 시민혁명의 단계에까지 가기에는 우선 사상적으로도 일정한 한계성이 있었다. 이 운동은 아직 국민국가를 수립하려는 데까지 생각이 미치지 못하였고, 오히려 전제황권(專制皇權)의 수립을 강조하는 일면도 있었다.

독립협회 활동이 지배권력과 그것에 이용된 황국협회(皇國協會)의 파괴활동으로 인해 실패하고 난 후, 개화운동은 1900년대의 후반기에 다시 애국계몽운동으로 나타났다. 독립협회운동이 독립자주권의 수호와 인민참정권의 실현을 목표로 한 데 반하여, 애국계몽운동은 국민적 실력을 배양하기 위하여 애국심을 개발하고 근대적 교육과 산업을 발전시키는 데 일반적인 목적이 있었다. 많은 애국단체와 학회 및 학교가 설립되고, 독립협회 이래의 부르주아적 운동이 그 폭을 훨씬 넓힌 것이었다.

개화운동의 마지막 단계로서 애국계몽운동이 전개한 문화운동, 교육운동, 민족산업 육성운동은 바로 부르주아 국민국가의 수립을 위한 기초를 닦는 운동이었다고 볼 수 있다. 그러나 그것은 을사보호조약이 체결된 이후 통감정치 아래서 소위 합법적으로 일어난 것이어서 어쩔 수 없는 한계가 있었다.

애국계몽운동단체들 중에는 친일단체인지 반일단체인지 분명치 않은 것도 있었다. 또 이 시기는 의병전쟁이 절정에 다다른 때였는데, 애국계몽운동은 의병을 비도(匪徒)로 보지는 않았으나 끝내 그 투쟁방법에 동조하지 못하였다. 따라서 일본의 식민지로 전락하면서도 애국계몽운동은 그 자체로 끝났을 뿐 무장저항운동화하지 못하였던 것이다.

흔히 구한말의 개화운동은 외세침략에 대한 저항력에는 취약성이 있었지만, 근대화문제에서는 그 나름대로의 일정한 책무를 다했다고 평가한다. 그러나 근대화과정과 민족국가의 수립과정은 구분하여 이해할 수 없다. 민족국가의 수립과 유지에 실패하였다면 그들의 근대화의 노력은 모두 헛된 것이 될 수밖에 없는 것이다.

척사위정사상은 개화사상과는 반대의 위치에 있었다. 그것은 본래 조선사회의 지배논리로서 주자학의 정통성을 고수하고 다른 교리로부터 주자학을 보호하려는 사상이었다. 그러나 역사적 환경이 바뀔 때마다 옹호하여야 할 '정(正)'과 물리쳐야 할 '사(邪)'가 달라졌다.

조선초기, 불교적 지도원리를 물리치고 주자학적 지도원리를 세워가는 과정에서 정(正)은 주자학으로, 사(邪)는 불교로 고정시킬 수 있었다. 그러나 왕조 후기에 이르러서 천주교와 자본주의 세력이 침입하였을 때는 사(邪)의 대상이 그만큼 확대되었다. 또 정(正)도 주자학의 정통성 이외에 동양의 전통문화라는 의미와 반침략운동의 의미를 함께 가지게 되며, 대원군시대에는 그 쇄국주의를 뒷받침하는 사상이 되었다. 그리고 운양호(雲揚號)사건 이후에는 왜양일체론(倭洋一體論)에 의하여 일본이 사의 대상에 포함되는 동시에 정은 점점 반일애국사상으로 바뀌어 의병운동을 이끄는 사상이 되었다.

척사위정론은 대원군정권과 의병항쟁에서 나타난 것과 같이 반침략성이 강하여 그 점에 있어서는 개화사상과 큰 차이가 있다. 그러나 그것은 본질적으로 중세적 질서를 유지하기 위한 이론으로서 근대화 과정에서 극복되어야 할 사상이었다. 다만 우리의 근대화 과정이 외국 침략과 병행되었기 때문에 반(反)침략이란 명분으로 그 나름대로의 명맥이 유지되었던 것이다.

반시대적 척사위정론은 대원군정권으로 하여금 폐쇄적이고 반동적인 정권이 되게 하였고 의병항쟁 과정에서도 사상적 제약성을 드러내어 항쟁을 국민적 독립전쟁으로 승화시키지 못하였다. 의병항쟁을 주도한 척사위정사상은 의병운동 내부에서는 중세적 계급질서를 탈피하지 못하여 유생(儒生) 출신의 의병장과 평민 출신의 의병 사이에 계급적 모순을 드러내었고 저항운동의 결정적인 순간에서 전투력을 약화시키거나 그 대열에서 이탈하게 했다.

척사위정론은 국가체제의 근대적인 개혁문제에 관해서는 합리적인 방법을 제시하지 못하였다. 민권신장이나 교육운동, 언론운동에 대한 이해와 실천력이 약했다. 그 목적이 국권의 수호에 한정되었을 뿐, 이 시기 우리 역사가 지향하고 있던 국민국가 건설을 위한 방안을 제시하기에는 거리가 너무 멀었다.

후세의 평자들 중에는 척사위정사상이 우리의 근대사상으로 전환, 발전할 수 있었던 것처럼 주장하거나 그것이 민족주의적 성격을 가졌다고 이해하기도 한다. 하지만 근대 초기의 민족주의는 어디까지나 부르주아적 개념이며 척사위정론은 부르주아 이전의 사상임을 분명히해야 할 것이다.

동학혁명사상은 지금까지 많은 주목을 받아왔으나 아직도 동학종교사상과 동학혁명사상을 같은 것으로 이해해야 할 것인가, 혹은 차이점이 있는 것으로 봐야 할 것인가 하는 문제도 가려지지 않고 있다.

동학혁명 지도층의 사상을 충분히 들여다볼 만한 자료가 남아 있지 않아 조심스럽기는 하지만, 동학혁명사상은 대체로 반봉건성과 반침략성을 함께 가진, 다시 말하면 19세기 후반기 우리 역사의 진로를 올바르게 파악한 사상이었다고 생각되고 있다.

동학혁명사상의 반봉건성은 개화사상보다 전진한 일면이 있다. 실학사상가들이나 갑신정변 때의 개화정객들이 가졌던 정치개혁, 경제개혁, 사회개혁사상을 모두 포괄하여 이를 혁명적으로 실현하려 한 것이 동학혁명사상이었다. 동학혁명사상이 갑오경장에서 일부 구현되었다고 앞에서 말하였지만, 동학혁명이 성공하고 그 주도세력에 의하여 혁명적으로 개혁이 단행되었다고 가상하면 갑오경장이 가진 제약성은 명백해진다 할 것이다. 토지개혁론의 경우를 예로 들면, 실학자들이 모두 여러가지 방법으로 그것을 주장하였던 데 반하여, 갑신정변의 개혁안에서는 이를 찾아볼 수 없다. 한편 동학혁명군의 요구조건 속에는 그것이 들어 있었지만 갑오경장에서는 토지문제가 전혀 다루어지지 않았고, 이후 일제시대에 들어가서 오히려 지주제(地主制)가 강화되었다가 해방 후에야 불완전한 대로 실현되었던 것이다.

동학혁명사상의 자본주의 침략에 대한 저항성도 척사위정사상의 그것과 성격이 다르다. 의병운동이 일어난 계기가 민비(閔妃)의 죽음에 있었고, 초기 의병운동이 근왕병적(勤王兵的)인 성격이 강하였던 데 비하면 동학혁명군의 지도부는 자본주의 침략이 주는 정치적·경제적·사회적 피해를 절실히 파악하고 있었다.

동학혁명군의 잔여세력이 초기 의병운동에 가담하였다가, 그 지휘부인 유생층이 아관파천 후 친일정권이 무너지자 이에 만족하고 해산한 후에도 그대로 하부조직을 이끌고 활빈당(活貧黨)과 같은 것을 만들어 외상금지(外商禁止)·사전혁파(私田革罷)를 주장하면서 반침략·반봉건 투쟁을 계속한 사실은 주목해야 할 것이다.

앞에서도 말한 바와 같이, 동학혁명군 지도부의 사상을 체계적으로 구명할 만한 자료가 없어서 그들이 부르주아혁명을 분명히 의식하였고 또 그만한 사상적 토대를 이루고 있었는지 밝히기 어렵다. 그러나 그것이 반봉건·반침략의 양면성을 아울러 파악하고 있었음이 분명하며, 따라서 그 노선이 19세기 후반기 우리 역사의 올바른 방향을 제시하고 있었음에는 이론이 없는 것 같다.

동학혁명사상이 가진 반봉건·반침략성 때문에 그것은 안팎으로 적을 가지지 않을 수 없었다. 안으로는 봉건적 지배세력으로부터 탄압을 받았고, 밖으로는 외국세력과 싸워야 했다. 조선정부는 어느 정변이나 반란보다 요구가 과격하였던 동학혁명을 제 힘으로 진압할 수 없다고 보고 기만적인 술책으로 휴전하였다가 외세를 불러들여 진압하여 그들에게 침략의 기회를 열어주고 혁명을 실패하게 하였다.

동학혁명의 실패는 혁명 지도부의 사상적 제약성이나 전술적 과오에도 원인이 있었다고 봐야겠지만, 어떻든 그것이 곧 19세기 후반기 우리 역사 전체의 실패와 직결되는 것이라 하지 않을 수 없다. 의병운동의 저항성과 개화운동의 근대의식이 결합되지 못한 사실이 19세기 우리 역사가 실패한 주요인이라 말하는 경우도 있으나, 여기에는 의견을 같이 할 수 없다.

앞에서도 말한 바와 같이 의병운동을 주도한 척사위정사상은 근대화 과정에서 혁명적으로 극복되어야 할 사상이지, 결코 근대사상으로 연결될 수 없는 것이었다. 근대사회는 언제나 중세적 질서에 대한 철저한 극복과정을 통해서 그 올바른 길을 찾아왔던 것이다.

4. 20세기 전반기사의 공백

일제시대 우리 역사를 어떻게 성격지을 것인가 하는 문제는 국사학계의 쟁점으로 등장하고 있다. 해방 후 30년간 일제시대 연구가 거의 이루어지지 않았으나 이제부터는 그것이 본격화해야 할 단계에 들어선 것 같다.

일제시대를 산 사람은 어떤 의미로건 일본의 식민지 지배체제와 연관되어 있었으므로 그것을 연구대상으로 삼기는 어려웠던 것 같다. 그러나 이제 한 세대가 지나가고 있으므로 일제시대를 객관화할 수 있는 연구자가 나올 것이며, 따라서 활발한 연구활동이 이루어질 수 있을 것이다.

이 글에서 일제시대를 역사적 공백기라 규정한 것을 두고 먼저 반발심을 느낄지 모른다. 앞에서도 말한 바와 같이 역사발전의 기틀을 자율이란 측면에 두고 생각해보면 그것은 공백기였다고 말할 수밖에 없다. 사실 식민지로 전락할 당시 우리 역사가 안고 있던 과제로서의 근대화와 주권독립의 문제는 해방이 될 당시에도 해결된 것이 없었을 뿐만 아니라, 36년간 민족사를 자율(自律)하지 못한 업보인 것처럼 분단의 문제가 더 부과되었었다.

일제시대사를 공백기로 하지 않기 위하여 그것을 조선총독부의 통치과정 중심으로 엮지 않고 독립운동사 중심으로 엮어보려는 노력도 일어나고 있다. 그러나 독립운동이 식민통치에서 벗어나는 주된 원인이 되지 못하였을 뿐만 아니라, 그것에서 벗어난 후를 위한 준비마저 제대로 갖추지 못하였던 것이 사실이다.

일제시대의 독립운동과정을 우리 역사의 내적 연장선상에서 보면 국민국가의 수립과정이었다고 일단 규정할 수 있다. 그리고 그것을 합방 이전의 민족운동과 연결시켜보면 몇 가지 갈래를 찾을 수 있다. 3·1운동과 임시정부운동은 합방 전 애국계몽운동의 연장이라 볼 수 있으며, 만주를 주무대로 한 무장독립운동은 그 지휘부는 대부분 애국계몽운동 계열의 사람이고, 하부구조는 의병항쟁 출신들이 많다.

3·1운동은 역시 국내에서의 부르주아적 민족운동의 정점이다. 이 운동에 참여한 사람의 사회적 성분을 따져보면 수적으로는 농민이 제일 많다. 그러나 이들은 농민계급으로서 이 운동에 참여한 것이라기보다 부르주아적 민족운동의 동조자로서 참가한 것이며, 그러므로 3·1운동에는 농민운동적인 성격이 전혀 없다 하여도 무방하다.

3·1운동이 항일독립운동으로서 얼마만큼의 효과가 있었는가 하는 문제는 논란이 많지만, 한편 국민국가 수립운동의 측면에서 보면 높은 의미를 가진다고 봐야 할 것이다. 3·1운동의 결과 임시정부가 성립된 점이 그것을 말하는 것이다. 그러나 한편 3·1운동을 고비로 하여 부르주아적 민족주의운동 자체에 혼란이 일어난 사실도 간과할 수 없다. 민족주의운동 대열의 일부에서 독립운동 노선 대신 자치론(自治論)이나 위임통치론(委任統治論)이 나오게 된 것이다.

3·1운동 후의 소위 자치론은 신채호(申采浩)가 그의 「조선혁명선언(朝鮮革命宣言)」에서,

　　내정독립(內政獨立)이나 참정권(參政權)이나 자치(自治)를 운동하는 자가 누구이냐. 너희들이 '동양평화' '한국독립보전' 등을 담보한 맹약(盟約)이 먹(墨)도 마르지 아니하여 삼천리 강토를 집어먹던 역사를 잊었느냐. '조선인민 생명 재산 자유보호' '조선인민 행복증진' 등을 신명(申明)한 선언이 땅에 떨어지지 아니하여 2천만의 생명이 지옥에 빠지던 실제를 못 보느냐. 3·1운동 이후에 일본이 또 우리의 독립운동을 완화시키려고 송병준(宋秉畯) 민원식(閔元植) 등 1, 2 매국노를 시키어 이 따위 광론(狂論)을 부름이니 이에 부화(附和)하는 자는 맹인이 아니면 어찌 간적(奸賊)이 아니냐.

하고 분개한 것처럼 소위 '문화정치'의 기만책에 부르주아적 민족주의자의 일부가 현혹되어가고 있었던 것이다.
　　실질적으로 3·1운동 이후 국내 민족운동의 지도세력의 일부는 점차 친일화하였거나 그렇지 않다 하더라도 이제 민족독립운동을 지도할 만한 능력을 잃어갔다. 그들은 총독정치의 보호 아래 지주(地主)의 위치를 보존하는 데 만족하거나 나아가서 면협의회원(面協議會員), 도평의회원(道評議會員)이 되어 부역하는 데 급급하였고, 그 후예들은 일제의 고등교육을 받고 총독부의 하급관리가 되는 데 만족하였다. 신간회(新幹會)는 이와 같은 추세를 예측하고 타협주의 배격을 표방하며 설립된 것이었으나 곧 해산되었다.
　　부역(附逆)하지 않은 국내의 민족주의 세력이 없었던 것은 아니었다. 그러나 누구도 정치훈련을 받을 기회를 가질 수 없었고, 1930년대 이후에는 국내에서의 조직적인 저항운동이 불가능하였으므로 어느 누구도

전체 민족적 여망을 업을 만한 지도자로 성장할 수 없었다. 조선총독부의 식민지 통치와 친일정상배만이 있을 뿐, 국내에서의 민족적 정치역량이 자라날 소지가 없었던 것이다.

정치적 역량뿐만 아니라 경제적인 측면에서도 조건은 마찬가지였다. 한일합방 당시 민족자본의 성장도는 거의 보잘것없었다. 그것이 식민지로 전락하게 된 중요한 원인의 하나이기도 하였지만, 전체 일제시대를 통하여 민족자본의 성장은 전혀 기대할 수 없는 것이었다.

대한제국시기에 이미 일본인들의 주도 아래 단행된 소위 화폐정리(貨幣整理)사업을 비롯하여 그 이후의 회사령(會社令) 공포, 일본 독점자본의 침입 등으로 민족자본이 설 땅은 철저히 박탈되었다.

물론 일제시대에도 산업시설을 가진 조선사람도 있었고, 그 가운데는 비교적 규모가 큰 것도 있었다. 그러나 일제시대 민족자본의 개념 규정에는 엄격한 제한이 있어야 할 것이다. 일제시대의 민족자본이란 무엇인가 하는 질문에는 다음과 같은 몇 가지 답이 있을 수 있다. 첫째 조선사람이 가진 자본이면 민족자본이다, 둘째 조선사람이 가진 자본 가운데 조선사람의 이익을 위해서 쓰는 자본만이 민족자본이다, 셋째 식민지 치하인 일제시대의 민족자본은 독립운동과 연결된 자본만이 민족자본이다.

이 세 가지 가운데 세번째 답에만 한정한다면 일제시대의 민족자본은 없었다는 말이 사실에 가까울 것이며, 두번째까지로 확대한다 하여도 그것이 해방 후의 정치와 경제를 이끌어갈 요체가 되지 못하였음은 명백하다. 첫번째 답에까지 확대하면 민족자본이 의미가 달라져야 할 것이다.

국외의 독립운동은 상해임시정부 활동과 만주의 무장독립운동이 일원화하지 못한 점에 실패의 가장 큰 원인이 있었다. 상해임시정부는 그 이전에 성립된 한성(漢城)임시정부와 해삼위(海蔘威)의 대한국민회의(大韓國民會議)를 통합하는 형식으로 이루어졌고, 상해의 국제도시적 성격을 감안하여 자리잡은 것이었다.

그러나 임시정부가 처음부터 독립군부대의 기지가 집결되어 있는 만주지방에 위치하지 않았다는 사실은 임시정부의 독립운동 방법에 이미 한계성이 있음을 드러내는 것이었다. 만주의 독립군부대들은 교포사회를 근거로 하여 민정(民政) 조직과 군정(軍政) 조직을 함께 갖추어 무장독립군을 양성하고 있었다. 그러나 그것들은 각각 분산된 상태로 있었고 끝까지 무장항쟁력의 통합을 보지 못하였다. 그 일차적인 책임은 독립군 지도층에게 있었지만, 좀더 근원적인 원인은 임시정부의 군부가 독립군 군사력을 통솔할 만한 역량을 가지지 못한 데 있었다.

망명교포의 본거지와 독립군부대의 집결지인 만주가 아닌 상해에 위치한 임시정부는 어떤 면에서는 하나의 망명정객 단체에 지나지 않았다. 그것이 독립운동을 총지휘할 만한 능력을 잃었기 때문에 독립운동 노선은 분열되었다. 독립운동과정에서의 사상적 대립도 어디까지나 임시정부 테두리 안에서의 정책대립의 한계를 넘어서지 않아야 하였지만, 그것을 실현할 만한 능력을 임시정부는 가지지 못하였던 것이다.

임시정부 활동의 성격을 흔히 무력항쟁보다 외교활동에 더 큰 비중이 있는 것이라 생각하는 경우도 있다. 그러나 임시정부가 존속하였던 약 30년 동안 중국의 국민당정권을 제외하고는 어떤 나라의 공식승인도 받지 못한 것이 사실이다. 해방 후 임시정부가 새 국가를 수립하기 위한 과도정부의 역할을 맡지 못하였음은 물론, 그 자격마저 박탈당한 사실은 결코 임정 자체의 비극에만 그친 것이 아니었다. 독립운동과정에서 나타난 사상적 분열을 장차 민족적 분열로까지 확대하지 않기 위한 최소한의 조처도 할 수 없었다는 점에 임시정부의 또 하나의 취약성이 있었던 것이며, 이 점은 모두 독립운동과정 전체가 져야 할 책임이기도 하였다.

5. 20세기 후반기사의 과제

일제시대를 민족사의 공백기라 말하였지만 식민지 통치에서 풀려났을 때 우리 역사는 합방 전 구한말의 상황에서 조금도 전진하지 못하였을 뿐만 아니라, 오히려 식민지적 독소만을 더했을 뿐이었다.

외세의 관여도도 구한말보다 더 절실하였고 정치적 혼란도 그때보다 더 심했지만, 그것을 수습할 만한 역량이 없기는 마찬가지였으며 오히려 민족분열의 위험성만이 날로 더해가고 있었다. 경제적으로도 진정한 민족자본의 성장도는 구한말보다 나을 것이 없었고 오히려 식민지 경제가 휩쓸고 간 폐허와 같은 여건 속에서 자본주의를 새로 시작하지 않을 수 없었다.

외세의 작용과 정치적 역량 및 민족자본의 부재상태 속에서 민족분열의 위험성을 안고, 군국주의의 횡포 아래 정신적 기아증에 걸린 지식인과 전직 총독부 관리들로 새로운 나라를 만들게 된 것이다. 한 시기의 역사를 자율(自律)하지 못한 결과가 어떻게 나타났는가를 생각해보면 역사의 정직성을 다시 한번 절감하지 않을 수 없다.

역사의 정직성을 두고 생각해보면, 해방 후 우리 역사가 그 속에서 친일적인 요인을 철저히 제거하지 못한 점이 가장 큰 실패의 하나라 할 것이다. 훈련된 지식인 대부분이 식민지 교육을 받고 어떤 면으로이건 식민지 통치에 협력한 사람들이었으며, 행정적 훈련을 받은 사람, 특히 경찰행정의 실무자가 모두 총독부의 경찰관리일 수밖에 없었다는 조건을 감안하여도 그들 대부분이 해방 후 행정실무자로서 그 자리를 유지한 사실, 특히 반민특위(反民特委)가 폭력적으로 해체된 사실은 훗날의 사가(史家)들에게 주목될 것이다. 행정관리뿐만 아니라 현저한 친일행위를 한 문인, 지식인 들이 해방 후 계속해서 영향력 있는 위치에 있을 수 있게 된 사실은 훗날 대한민국사(大韓民國史)를 정리, 평가하는 학자들에게 큰 지탄의 대상이 될 것이다. 이들 대부분이 민족의 분열과정에서 오히려 그것을 촉진하는 역할을 다했다면 마땅히 역사적 책임도 물어야 할 것이다.

그다음, 해방 후 우리 역사의 최대의 실패는 역시 민족과 국토의 분단에 있었다. 우리 역사를 이해함에 있어서 어느 시대, 어떤 경우의 실패도 그 책임을 외세에 전가해서는 안 된다는 생각이지만, 민족분열의 책임도 외국군의 분할점령에만 돌릴 수 없다. 독립운동과정에서 이미 나타난 분열상이 분할점령을 계기로 본격화하고 고정화한 것이라 이해하여야 할 것이다.

해방 후에도 분단(分斷)을 방지하고 통일민족국가를 수립하려는 정치노선을 고집한 정치세력이 없었던 것은 아니다. 그러나 그것이 하나하나 제거되고 결국 두 개의 정부가 섰고 마침내 역사 이래 최대 규모의 동족상잔을 빚어내고 말았다. 특히 주목할 일은 식민지시대의 민족운동을 통하여 대체로 무장항쟁노선을 반대하고 외교론을 폈던 정치세력과 절대독립노선에서 한걸음 물러나서 자치론을 폈던 정치세력이 다시 분단론을 폈다는 사실이다. 장차 20세기 후반기를 다루는 국사학은 분단과 상잔의 책임을 두고 가장 중요한 논제로 삼겠지만, 이 시기 우리 민족사의 지상 과제는 역시 통일문제라 하지 않을 수 없다. 해방 후 30년간의 정치·외교·경제·사상이 제각기 일정한 방향을 가지고 발전해 왔고 또 앞으로도 그러하겠지만, 그것이 한 시대의 역사로서 종합되고 평가될 때는 이 시기 민족사의 하나의 지도원리로 승화될 통일문제에 얼마만큼 구심력을 두었는가를 기준으로 다루어질 것이다.

개항 백년의 역사가 실패와 공백의 분단으로 엮어진 것이라 말하였으나, 이 백년사의 마무리는 역시 통일을 위한 방법과 이론을 세우는 데서 이루어져야 할 것이다. 민족의 순조로운 재통일만이 진정한 근대화와 주권독립의 귀결점이라 할 수 있을 것이다.

개항 백년사를 지금의 시점에서 다시 한번 뒤돌아보면 일정한 간격을 두고 획기적인 변화를 보이고 있음을 알 수 있다. 개항에서부터 한일합방까지 실패기는 34년간이었고, 합방에서 해방까지는 36년이 걸렸다. 그리고 해방과 함께 분단이 시작된 후 민족의 평화적인 통일을 위하여 남북한 정부가 공동성명을 내기까지 28년이 걸렸다.

개항 백년사, 즉 우리 근대 백년사는 크게 3시기로 구분할 수 있고 따라서 1시기가 각각 대개 30년 안팎으로 이루어져 있다. 역사의 흐름을 숫자로 풀이하자는 것이 아니라, 30년은 곧 1세대를 말한다. 구한말 세대, 일제시대 세대, 분단시대 세대에 이어서 이제 통일을 위한 새로운 세대가 성장하고 있으며, 이들에 의하여 새로운 민족사가 전개될 것이며, 그러기 위해서는 '실패한 역사'를 정직하게 알리는 일이 또한 중요하다.

이제 우리 민족은 전혀 다른 역사관과 생활체제를 가진 민족 내부의 두 정치집단을 평화적이고 합리적인 방법으로 재결합시켜야 할 무거운 과제를 앞에 두고 있다. 세계사상 일찍이 없던 슬기로운 역사를 우리 민족이 창조해가려는 것이다. 여기에는 진정한 민족적 입장에 선 양심과 지혜와 용기가 필요할 따름이다.

(『신동아』1976년 1월호)

유길준의 한반도 중립화론

1. 머리말

19세기 후반기 우리 역사는 실패의 역사였다. 이 시기의 역사가 실패의 역사로 끝나게 된 원인은 여러가지 측면에서 찾을 수 있겠지만, 가장 중요한 원인의 하나가 지배계층의 외세의존(外勢依存)이라고 생각한다.

안으로부터의 조건이 성립되지 못한 채 문호를 개방함으로써 급격히 밀려들어오는 외세 앞에 무릎을 꿇은 지배계층은 항상 가장 강한 외세를 찾아 그것에 의탁함으로써 지배권력을 유지하려 하였고, 그 결과 이 지역을 탐낸 최후의 강자 앞에 모든 것을 내맡길 수밖에 없게 되었던 것이다.

집권층의 비굴하고 독선적인 외세의존으로 인해 19세기 후반기 역사가 실패한 사실을 돌이켜보면, 한반도의 중립화안(中立化案)이 대두되었던 1885년은 어떤 의미에서는 병자수호조약이 체결된 1876년이나 미국과의 통상조약이 체결된 1882년보다 더 중요한 의미를 가지는 해라고 할 수 있다.

1885년에는 조선의 국제정치적 중립화를 구상한 두 개의 안(案)이 나왔다. 하나는 외국인에 의하여 구상되었던 것인데, 당시 주조선(駐朝鮮) 독일부영사(獨逸副領事)인 부들러(H. Budler, 卜德樂)가 조선왕조의 외교 책임자인 독판교섭통상사무(督辦交涉通商事務) 김윤식(金允植)에게 외교문서로 중립화를 권고한 것이고, 또 하나는 내국인의 입안(立案)으로서 미국 유학에서 돌아온 유길준(兪吉濬)이 「중립론(中立論)」이라는 논문을 쓴 것이다.

1885년은 이씨왕조가 문호를 개방한 지 꼭 10년째 되는 해로서, 국내의 정세가 바야흐로 긴박감을 더해가던 시기였다. 이 해는 내적 여건이 성숙하지 못한 채 문호를 개방한 데 대한 반발작용으로서 임오군란(壬午軍亂)이 일어난 지 6년 후이며, 군란(軍亂) 이후 중국 측의 정치적 간섭을 배제하고 근대적인 정치개혁을 감행하려다가 실패한 갑신정변이 일어난 다음 해로서, 정변을 빙자하여 조선에 침입하였던 청·일 양군이 한성조약(漢城條約)과 천진조약(天津條約)을 맺고 겨우 철군하였고, 한편 조로비밀협약(朝露秘密協約)이 맺어진다는 풍문이 떠돌면서 영국의 함대가 거문도를 불법 점령한 해였다.

이와 같이 한반도를 둘러싼 국제분쟁의 열도가 높아지자 이 해 2월(음력)에 부들러가 그곳에서의 중국과 일본의 충돌을 방지하기 위한 방책으로서 중립화정책을 권유하였으나, 조선정부는 "중국이 이유 없이 군대를 증원하거나 새로운 분쟁을 일으키지 않을 것이며, 일본인들도 평화 위주의 정책을 써서 경거망동하지 않을 것이므로 조선을 둘러싼 국제정세의 전망은 밝을 따름이라" 대답하고[1] 중립화 문제에는 관심을

---

1) 『舊韓國外交文書: 德案』, 高宗 22년 2월 2일.
　　中國政府 亦應審大局之勢 豈有無故而添兵 以滋隣國之疑哉 若照常駐防 原非新聞開釁端 日人亦以保和爲主 必不輕動 至論敝邦事勢甚明且晰

보이지 않았다.

그러나 이조정부 측의 중립화 문제에 대한 이와 같은 무관심에도 불구하고 이 해 연말경에 미국 유학에서 돌아온 유길준이 「중립론」이란 논문을 써서 조선 중립화의 필요성과 가능성을 강조하면서 그 방법론을 제시하였던 것은 주목할 만한 일이다.

다 알다시피 유길준은 서양의 근대문물을 가장 일찍 접한 한국인의 하나였다. 그는 문호개방 5년 후에 신사유람단(紳士遊覽團)의 한 사람으로 일본에 파견되었다가 조선 최초의 일본 유학생으로 경응의숙(慶應義塾)에서 1년반 동안 수학하였고 1883년에는 미국 사절단의 한 사람으로 미국에 가서 다시 최초의 미국 유학생으로 남았다가 갑신정변이 일어나자 학업을 중단하고 유럽지역을 돌아 귀국하였던 것이다.

갑신정변이 실패한 후였으므로 개화파에 속한 그는 귀국과 동시에 곧 포도대장 한규설(韓圭卨)의 집에 연금되었고 이후 약 7년간 유폐생활을 하였다. 유폐생활 중에 『서유견문(西遊見聞)』이 저술되었음은 이미 알려진 일이지만, 「중립론」은 『서유견문』보다 먼저 집필되었을 뿐만 아니라 어쩌면 미국 유학에서 돌아와서 쓴 최초의 글이 아닌가 한다.

유길준이 미국 유학을 중단하고 유럽지역을 돌아 인천에 도착한 것은 1885년 12월 16일이며 음력으로는 11월 16일이었다.[2] 그런데 「중립론」의 제목 밑에 '을유(乙酉)'라고 쓰여 있어서 그것이 1885년에 기초된 논문임을 나타내고 있으므로 양력으로 계산하면 귀국한 지 15일 이내에, 음력으로는 한달 반 이내에 쓰여진 것으로 추산된다. 연금 상태에 있던 그가 귀국 후 늦어도 한달 반 이내에 쓴 것이라면 아마 귀국 후 최초의 글이라 생각되고, 또 세계를 일주하고 돌아온 그에게 조선의 중립

2) 李光麟 『韓國開化史研究』, 일조각 1999, 273면.

화 문제가 그만큼 시급하고 중요한 문제로 인식되었던 것이라고 할 수 있겠다.

그가 귀국하기 약 10개월 전에 조선정부에 제출되었던 부들러의 중립화안이 그의 「중립론」 집필에 참고되었는지는 확인할 수 없지만, 어떻든 「중립론」이 그의 귀국 후의 최초의 논문이라 추측되는 일을 같은 해에 부들러의 안이 제출된 사실과 아울러 생각해보면 1885년경의 한반도를 둘러싼 국제정세는 어느 때보다 중립화가 요청되었고 또 그 실현성이 높았던 시기라 할 수 있을 것이다.

2. 유길준 중립론의 배경

유길준이 「중립론」을 집필한 때는 한반도를 둘러싼 극동의 국제정세가 다원화해가고, 따라서 그곳의 지정학적인 위치가 한층 더 부각되어 가던 시기였다.

문호개방 직후 한반도는 주로 청일 양국 세력의 각축장이 되어 있었으나, 약 10년이 지난 이 무렵에는 청일 두 나라 이외에 러시아와 미국·영국 등의 세력이 가세하여 한반도를 둘러싼 국제적 이해관계가 한층 더 복잡해져가고 있던 시기이며, 「중립론」도 이와 같은 여건을 바탕으로 하여 이루어진 것이라고 생각된다.

유길준의 「중립론」이 이루어진 배경을 한층 더 명료하게 하기 위해서는 이 시기 한반도를 중심으로 한 중국·일본·러시아·영국·미국 등 여러 나라의 이해관계와 그것에 대한 유길준 자신의 이해(理解)를 살펴봐야 할 것이다.

일본은 병자수호조약의 체결에 성공함으로써 어느 나라보다 먼저 한

반도 침략의 발판을 마련하고 그곳에서 중국의 영향력을 지우기에 노력하였다. 그러나 임오군란을 계기로 중국의 조선에 대한 정치적 간섭이 강화됨으로써 일본의 조선침략은 한때 위축되지 않을 수 없었으며, 이를 만회하기 위하여 김옥균(金玉均) 등의 정변을 원조하였으나 그것도 실패하였었다.

정변에 실패한 후에도 일본은 오히려 배상을 요구하면서 조선에 군대를 파견하였고 그것을 배경으로 하여 조선 및 중국과 협상을 벌여 한성조약과 천진조약을 맺고 중국과 공동 철병하였다.

일본이 철군에 응한 것은 아직 중국과 전쟁을 할 만한 준비가 부족하여서였지만, 천진조약에서 중국과의 일종의 동시출병권(同時出兵權)을 얻어놓고 기회가 오기만 기다리고 있을 때였다.

이와 같은 일본의 대조선정책에 대하여 유길준은 "일본도 조선을 침략할 뜻이 없는 것은 아니지만 그 힘이 미치지 못하여 스스로를 보전하기에 여념이 없고, 따라서 감히 중국과 항쟁하지 못하는 것이라"하여[3] 일본의 입장을 정확히 파악하고 있다. 갑신정변 때 일본군은 중국군과 실제로 무력충돌을 하였지만, 그것을 타께조에(竹添) 공사(公使)의 독단적 처사로 돌리고 중국과의 전쟁을 회피한 것은 역시 국력의 미급함을 알았기 때문이었다고 봐야 할 것이다.

그러나 유길준이,

일본군이 지금 철수하여도 우리가 기뻐할 것이 아니요 백년 동안 주둔하고 있다 하여도 우리가 더 근심할 일이 못된다. 왜냐하면 그들이 비록 오늘 물러가더라도 내일 또 오고 싶으면 올 수 있을 것이다. 그들이 오고 싶으면 무슨

---

3) 「中立論」, 『兪吉濬全書』4 政治經濟篇, 일조각 1971.

평계를 대지 못하겠는가. 이후부터는 비단 일본만이 그런 것이 아니라 군대를 가진 모든 나라가 이와 같을 것이므로 오늘 잠깐 철병하더라도 다만 눈앞의 군대가 물러갈 뿐이요 이들 나라의 침략의욕이 없어지는 것은 아니다.[4]

라고 한 바와 같이, 천진조약으로 일본군이 물러가기는 하였으나 그들이 다시 침입할 기회는 언제나 있을 수 있었다.

한편 러시아는 1860년대에 연해주(沿海州)를 차지하여 국경을 접하게 되었고, 계속 남하정책을 추진하였으나 큰 진전을 보지 못하다가 1884년에 수완있는 외교관으로 알려진 베베르(Wäber, 韋貝)가 와서 조로통상조약(朝露通商條約)을 맺고 공사(公使)로 주재하면서 조선정부 내에서 깊숙이 영향력을 넓혀갔다.

베베르의 외교활동은 청·일 양국 세력의 한반도 내에서의 대립을 둔화시키려는 조선정부의 외교활동과 부합하여 크게 효과를 나타냈고 마침내 러시아 교관의 조선군 훈련과 영흥만(永興灣)의 조차(租借)를 내용으로 하는 양국간의 비밀협정 체결설이 나돌기에 이르렀고, 당시 세계 도처에서 러시아와 대립하고 있던 영국이 이에 대항하여 불법적으로 거문도를 점령하기에 이르렀으니, 영국의 거문도 점령도 유길준이 「중립론」을 쓰게 된 중요한 동기의 하나가 되었으리라 생각된다.

러시아의 남하정책을 저지하는 것이 조선의 안전을 보장하는 길이라는 이론은 이미 황준헌(黃遵憲)의 『조선책략(朝鮮策略)』에서도 나타났지만, 유길준도 역시 같은 관점을 가지고 있었다. 그는 1883년에 통리교

---

4) 같은 글.
　日本之兵 今日撤去 我不足深喜也 百年留住 我不必加憂也 其故何也, 彼雖今日去 而明日欲復來則可來 彼欲其來 何患無辭 自是以後 非獨日本爲然 天下有兵之國 皆將如是 故雖使今日暫行撤兵 此兵去眼前之兵 而各國意中之鋒未銷

섭통상사무아문(統理交涉通商事務衙門)의 주사(主事)로 재직하면서 국내외 문제 전반에 걸친 시정책을 건의한 일이 있었는데, 이 글에서 "러시아가 조선을 호시탐탐한 지 여러 해가 되었지만 아직 구체적인 침략을 하지 않고 있는 것은 트집을 잡을 만한 특별한 사건이 벌어지지 않았기 때문이다"[5]라고 하여 러시아를 경계하였고 「중립론」에서도 다음과 같이 말하고 있다.

러시아는 거칠고 추운 땅에 위치하고 있으면서 백만명의 정병(精兵)으로 그 영토를 확장하기에 여념이 없다. 중동아시아 지역의 작은 나라들을 꾀어서 혹은 보호국으로 만들기도 하고 혹은 그 독립권을 인정하기도 하였지만, 그 조약문이 마르기도 전에 그 땅을 병합하고 그 인민을 노예화하였다. 강한 나라가 약한 나라를, 큰 나라가 작은 나라를 삼키기를 앞을 다투는 세상이지만, 러시아는 그 가운데서도 특별히 무도(無道)하기 때문에 천하가 탐욕스럽고 포악한 나라로 지목하고 있다.[6]

유길준의 러시아를 보는 이와 같은 눈은 일본과 미국에 유학하였고 또 유럽지역을 돌아온 직후였으므로 영국과 미국, 일본 등이 가지고 있었던 러시아관(觀)에 직접 영향을 받은 것이라 생각되지만, 어떻든 부들러의 중립론이 청일의 충돌을 무마하려는 데 주안점이 있었던 것과는 달리 유길준의 그것은 "우리나라가 아시아의 중립국이 되면 실제로

---

5) 「言事疏」, 같은 책.
6) 「中立論」, 같은 책.
　夫俄之爲國 跨有萬餘里荒寒之土 精兵百萬 日務拓疆 誘中亞諸小國 而或置保護之下 或謂擔認其獨立之權 盟血未乾 遂皆郡縣其土地 奴隷其人民 强者之欲並弱 大者之欲吞小 固人世之技癢 然而俄特無道之甚 故天下目之 以貪暴也

러시아를 방어하는 큰 기틀이 될 것이니 또한 아시아의 큰 나라들이 서로 보전하는 정략이 될 것이다"[7]라고 한 바와 같이 러시아의 남하정책을 저지하고 아시아 여러 나라의 세력균형을 이룸으로써 조선의 안전을 얻으려는 데 목적이 있었던 것이다.

한반도를 통한 러시아의 남하정책을 저지하기 위하여 조선이 미국과 연관을 맺어야 한다는 이론은 『조선책략』에서 이미 제기되었고, 또 조선에서의 일본의 지나친 세력확장을 막기 위하여 미국의 영향력을 그곳에 미치게 하려는 중국의 소위 이이제이책(以夷制夷策)이 작용하여 1882년에 조미수호조약(朝美修好條約)이 체결되었다. 그리고 이후 조선정부는 또 미국에 추파를 던져 그 선교사의 입국을 허가하고 육영공원(育英公院)의 교사와 군사교관을 초빙하는 교섭을 벌이고 있었다.

그러나 최초의 미국 유학생으로서 그곳에 약 1년반 동안 머물다가 돌아온 유길준은 장차 조선이 어느 강대국의 침략을 받거나 국제간의 분쟁터가 되는 경우 미국과의 관계가 긴밀하다 하여 조금이라도 도움이 되리라고는 생각하지 않았으며, 이와 같은 생각이 「중립론」을 쓰는 데 작용하였으리라 생각된다. 다시 말하면 조선의 안전보장책은 특정한 강대국과의 관계를 긴밀히 하는 데 있는 것이 아니라 강대국들의 보장 아래 중립화하는 데 있는 것이라 생각하였던 것이다.

그는 조선과 미국과의 관계를 전망하면서,

혹 말하기를 미국은 우리나라와 우의가 두터워서 원조를 기대할 수 있다 하지만 그렇지 않다. 미국은 대양(大洋)을 사이에 두고 멀리 있으며 별로 깊은 관계도 있지 않다. 더구나 몬로주의 이후에는 유럽이나 아시아의 일에 간섭

---

7) 같은 글.

할 수 없게 되어 혹 우리나라가 위급해지더라도 그들이 말로는 도움을 줄 수 있을지언정 병력을 써서 구원해줄 수는 없다. 천마디 말이 탄환 하나와 같지 못하며, 그러므로 미국은 통상(通商)의 상대로 친할 수 있을 뿐 군사적인 우방으로 기대할 바가 못된다.[8]

라고 하여 그 한계성을 분명히 밝히고 있다.

흔히 말하는 바와 같이 당시 조선의 위정자들은 조미수호통상조약문(朝美修好通商條約文) 중에 "만약 다른 나라가 어떤 불공하게 경멸하는 일이 있으면 이를 알리어 반드시 서로 돕고 주선하여 선처함으로써 우의를 보인다(若他國有何不公輕蔑之事 一經照知, 必須相助 從中善爲調處 以示友誼關切)"라는 구절을 넣음으로써 미국에 대하여 외교적 후원이나 더 나아가서 군사적 원조까지도 기대하는 경우가 있었지만, 유길준은 미국을 '통상의 상대로 친할 수 있는(可親以爲通商)' 이상으로 생각하지 않았고 '미국과 연합하는(聯美國)' 정책이 결코 러시아나 일본의 침략을 저지하는 방책이 되지 못할 것이라 생각하였던 것이다.

한편 중국은 조선에 대한 오랜 종주국적 위치가 병자수호조약 이후 흔들리게 되자 일본을 견제하기 위하여 미국과 유럽 제국 세력을 조선에 끌어들이는 한편, 임오군란을 당한 민비 일파가 원조를 요청한 것을 기화로 군대를 주둔시키면서 적극적인 정치간섭을 폈다. 그러나 중국 자신이 자본주의 열강의 끊임없는 침략을 받았고, 이 무렵에는 안남(安南)문제로 프랑스와 전쟁상태에 있었으므로 조선문제가 큰 부담이 되

---

8) 같은 글.

或曰 合衆國 與我甚厚 可倚而爲援 曰否 合衆國 遠在重溟之外 與我別無深重關係 而且蔓老約後 不能干涉於歐亞之事 如我有急 則彼或以言詞相助 不敢用干戈相救 語云千言 不如一丸 是故合衆國 則可親以爲通商國 不可恃以爲緩急之友

지 않을 수 없었다.

그러나 중국은 조선이 일본이나 러시아의 세력권 안에 들어가는 경우, 하나의 종속국을 잃어버리는 일에 그치지 않고 스스로의 안전에 큰 위협을 받게 되는 것이므로 부담이 되기는 하지만 한반도를 포기할 수 없는 처지에 놓여 있었다. 그러므로 일본군을 조선에서 철수시키기 위하여 공동철병에 동의하고 일본의 공동파병권을 인정하는 천진조약을 체결하지 않을 수 없었으며, 그러면서도 철병 후에 원세개(遠世凱)를 그대로 서울에 주재시켜 조선정부를 감시하게 하였던 것이다.

유길준은 이와 같은 조선에 대한 중국 측의 이해관계를 충분히 파악하고「중립론」을 집필하였다고 생각된다. 다음 절에서 상세히 논급되겠지만, 그의 조선 중립안은 중국이 주동이 되어 관계국의 보장을 받음으로써 이루어질 수 있다고 생각한 것이었는데, 중국이 조선의 중립화를 지지하고 또 그것을 실현시키기 위하여 주동적 역할을 하지 않을 수 없는 이유로서 유길준은 다음과 같은 세 가지를 지적하고 있다.

첫째, 중국은 조선과 4천 년의 오랜 관계를 맺고 있는 나라이며, 그동안 작은 규모의 내란이 일어나도 서로 도와왔으므로 흥망과 관계되는 외우(外憂)를 당하여 가만히 보고만 있지 않을 것이라는 점이다.[9] 조선의 흥망과 관계되는 외우, 즉 어느 강대국의 침략을 받는 것을 미리 방지하기 위해서 중국은 그 중립화를 적극 지지할 것이라 생각하였던 것이다.

둘째, 러시아와 같은 강대국이 조선을 침략하는 경우 중국은 스스로의 안전을 위해서도 이를 저지해야 하는데, 침략이 시작되고 난 후에 원

---

9) 같은 글.
　　中國之於我邦⋯⋯況有四千年關係 而數百年 服事者乎 內亂之小 而猶且相救 況外憂存亡之機乎

군(援軍)을 파견하면 때가 이미 늦을 것이요, 그렇다고 조선의 국경지대에 미리 군대를 주둔시키면 오히려 러시아에 침략의 구실을 주게 될 뿐만 아니라 일본의 망동(妄動)을 유발할 우려가 있다는 점이다.10) 다시 말하면 어떤 경우에도 중국이 단독적인 군사력으로 강대국의 조선 침략을 저지할 수 없을 것이며, 그러므로 조선이 중립화를 지지하고 그것을 실현시키기 위한 주동적 역할을 담당하지 않을 수 없다고 생각하였던 것이다.

셋째, 버마나 안남이 영국과 프랑스의 침략을 받은 것은 중국의 위신을 떨어뜨리는 결과를 가져왔을 뿐이지만, 조선이 만약 러시아의 침략을 받게 되면 중국의 위신문제에 그치지 않고 그 국가의 안보상 치망순위(齒亡唇危)의 위기를 당하게 된다는 점이다.11) 결국 중국은 스스로의 군사력만으로는 조선침략을 저지할 수 없음에도 불구하고 조선이 침략을 받는 경우 자기 나라의 안전이 위협을 받게 되므로 조선을 중립화시켜 열강의 침략권 밖에 둠으로써 스스로의 안전을 보장할 수밖에 없다고 생각하였던 것이다.

요컨대 유길준의 조선 중립안은 한반도에 대한 러시아와 일본, 특히 러시아의 침략을 예상하고 그것에 대한 중국의 군사적 능력과 미국의 관여도(關與度)가 가지는 한계성을 충분히 인식하고 구상된 것이라 할 것이다.

---

10) 같은 글.
　　若候俄人之動 而出兵遠救 則先後之制已分 勝敗未可知 而設或駈俄出境 勞師費餉 羅弊滋甚 究非良策也 如欲預派重兵 鎭我北邊而備之 則適足以藉俄人之口實 而日本之妄動

11) 같은 글.
　　夫緬甸·安南之屬 其有無不甚重輕於中國 然而英·法跋扈之擧 猶損中國之聲威 今俄之於我邦 亦欲英於緬而法於安 使我邦失守 則中國之患 如齒亡唇危且甚矣 奚暇論聲威哉

3. 부들러 중립론과의 비교

유길준 중립론과 부들러 중립론은 같은 시기에 제기된 것으로서 유사점도 있지만 또 차이점도 많다. 그리고 특히 그 차이점은 그 입안자의 한 사람이 외국인이고 또 한 사람은 내국인이란 사실에만 있는 것이 아니라 그 이상의 이유가 배경이 되어 있기도 하다.

우선 이 두 중립론은 모두 한반도의 지정학적 위치 문제에 근거를 두고 그 영세중립화(永世中立化)를 구상하고 있는 점에서 유사점이 있다. 부들러의 중립론은 "조선은 중국의 뒤뜰과 같은 위치에 있으면서 또 러시아나 일본과 국경이 닿아 있어서 그 형세가 어쩔 수 없이 분쟁을 일으키게 되어 있다" 하고, 그것을 미연에 방지하기 위해서는 서양의 예를 따라 중국과 러시아와 일본이 상호조약을 맺고 조선을 영원히 보호하되 후일 이들 나라 사이에 전쟁이 일어나도 그 군대가 조선을 지나는 일이 없게 할 것이며, 조선은 스스로 약간의 군대를 보유하여 국경수비와 국내치안을 유지하고 밖으로 여러 나라들과 영원히 평화적인 통상관계를 맺음으로써 자주적 발전을 이룰 수 있을 것이라 하였다.[12]

한편 유길준도 중립화의 방법으로서의 전시중립(戰時中立)과 영세중립을 이해하고,[13] 그 가운데 영세중립은 "어느 한 나라가 강대국의 이

---

12) 『舊韓國外交文書: 德案』, 高宗 22년 2월 2일.
　　朝鮮爲淸國之後庭 亦與俄日之邊界毘連 勢不相不知必至爭讓 … 照泰西成法 淸俄日互相立約 永遠保護朝鮮 設或異日 他國攻伐 不得借道于朝鮮 而朝鮮日派數千兵 沿境防備 巡査國中 永與和約各國通商 玆於朝鮮永護厚益
13) 유길준은 「중립론」의 서두에서 "凡國之中立有二道 一曰戰時中立 二曰恒久中立也 中立者 立於萬國之中 不與於諸國戰爭之謂也"라 하였고 이 가운데 전시중립(戰時中立)을 설명하면서 "甲乙二國 有事相結 至於干戈相接 則其隣近諸邦 出中立之令 嚴兵守備 不許甲乙

해관계가 상충하는 요충지대에 위치하여 스스로 자주권을 지키지 못하고 특정한 강대국의 수중에 들어감으로써 국제정세에 큰 영향을 미치고 이웃나라에 화를 미칠 우려가 있을 때 여러 나라들이 합의하여 그 나라를 중립국으로 만들고 평화시나 전쟁시를 막론하고 다른 나라의 군대가 그 국경을 넘지 못하게 하는 조약을 맺으며, 만약 이 조약을 어기는 나라가 있으면 여러 조약국이 공동으로 이를 공격하는 것이라"[14] 하고, "우리나라는 지리적으로 아시아의 인후에 위치하고 있다(今我邦以地則處亞洲之咽喉)"라고 한 것으로 봐서 그의 조선 중립론도 영세중립을 뜻하는 것이라 생각된다.

부들러와 유길준이 모두 조선의 영세중립을 전망하였고 또 각각 그 방법론을 제시하고 있지만, 그들이 예로서 제시한 기성(旣成) 중립국은 서로 다르다. 그리고 이들이 선례로서 제시한 중립국이 서로 다른 점이 곧 이 두 사람이 이해하고 있는 당시 조선의 내외정세의 차이를 나타내고 있는 것이라 생각되기도 한다.

부들러는 조선 중립화의 모형을 스위스(蕊斯國)에서 구하고 있는 데 비하여 유길준은 그것을 벨지움(比利時)과 불가리아(發佳利亞)에서 구하고 있다.

나뽈레옹의 실각으로 프랑스의 보호국적 위치에서 벗어난 스위스가 영세국외(永世局外) 중립화한 것은 1815년이었다. 이후 그 중립은 계속

國過境 而任自爲戰 互決勝負也 故若有一國弱小 不能自守中立之柵 則隣國亦或協議替行 以爲自保之策 此乃出於不得已之勢 公法之所許也"라고 하여 전시중립국이 가지는 '방지의무(防止義務)'나 '회피의무(回避義務)' 등도 이해하고 있었다고 생각된다.

14) 「중립론」.
此有一國 地據各國要衝而富强 後人不敷自守 爲勢所迫折 而入於强國之手 則擾時局之大權 貽隣國之禍機 故諸國協議立約 以其國爲中立 而毋論平時戰時 不許他國兵之入其境 若有犯約者 則諸國共攻之 以聲其罪

지켜져서 1870년의 보불전쟁(普佛戰爭) 때도 전화(戰禍)를 피할 수 있었으므로 부들러는 보불전쟁 때의 스위스의 중립정책의 성공과 그것이 가져다준 국가적 이익을 예로 들면서[15] 조선의 중립화를 권고하였던 것이다.

한편 벨지움은 유럽 강대국들 세력이 상충하는 지점에 위치하여 스페인·오스트리아·프랑스·네덜란드 등에 번갈아 병합되었다가 1839년에 영국과 프랑스·프로이센·오스트리아·러시아 등의 공동보장 아래 영세국외중립국이 되었다.

불가리아는 발칸반도의 요충지대에 위치하여 일찍이 비잔틴제국과 오스만제국에게 병합 또는 예속되었고 근대 이후에는 러시아의 남하정책으로 인하여 러시아와 터키 사이의 분쟁의 요인이 되었으며, 러터전쟁의 결과 1878년에는 터키 주권 밑의 자치공국(自治公國)이 되어 독자적인 헌법을 제정하였고 그 통치자도 선거하였다.

그러나 이 시기의 불가리아는 발칸반도에서의 러시아의 남하정책을 저지하려는 영국·프랑스 등의 외교정책에 의하여 일종의 완충지역적 역할을 다하고 있었으며, 이 때문에 터키와의 종속적 관계에도 불구하고 터키군의 불가리아 주둔이 금지되어 있었으니, 이와 같은 불가리아의 국제정치상의 위치가 유길준에게 주목되었던 것이라 생각된다.

그는 벨지움과 불가리아의 국제정치상의 위치를 조선과 비교하면서 조선이 지리적으로 아시아의 인후(咽喉)에 위치하고 있는 것은 유럽에

---

15) 부들러(卜德樂)는 독판교섭통상사무(督辦交涉通商事務) 김윤식(金允植)에게 외교문서로 제출한 중립화권고안에서 "旣如德·法一千八百七十年之戰 而法軍八萬 敗入法邊界之蕊斯國夫蕊斯一小國也 隨卽備交 接約理處 且各國互約中 載明倘他國有戰事 不得借用土地 是以德軍之攻法也 如假道於畢力斯國 較爲近便 乃必遠遠前進者 不能違背各國互立之約也 小國之爲大國 互相約以保護 有益無損 卽此明白可證矣"라 하여 스위스의 중립이 강대국 앞에서 지켜졌고 또 그것이 스위스에 이익을 가져다주었던 사실을 지적하고 있다.

서의 벨지움의 경우와 같고 그 국제적 지위가 중국의 공방(貢邦)인 점은 불가리아와 터키와의 관계와 같다 하고, 그러나 조선은 세계각국과 '동등지례(同等之禮)'로 조약을 맺고 있지만 불가리아는 그렇지 못하며, 또다른 나라의 책봉(冊封)을 받는 점에서는 벨지움과 같지 못하므로 결국 조선의 국제정치적 위치는 벨지움과 불가리아 두 나라의 경우를 겸하고 있는 것이라 하고,[16] "불가리아의 중립화는 유럽 강대국들의 러시아 남하정책 저지책에서 나왔고 벨지움의 중립화는 유럽 강대국들 상호간의 자기 안보책에서 나온 것이다. 이와 같은 이론으로 설명하면 우리나라가 아시아의 중립국이 되는 것은 러시아의 남하정책을 저지하는 큰 계기가 될 것이며, 또 아시아 강대국들의 안전을 보장하는 정략이 될 것이라"[17] 하여 조선의 중립화가 가져오는 국제정치적 효과 역시 벨지움과 불가리아의 경우를 종합한 것과 같을 것이라 내다보았다.

부들러 중립론과 유길준 중립론 사이의 큰 차이점의 하나는 전자가 주로 조선에서의 중국과 일본의 대립 내지 분쟁을 예상하고 그것을 미연에 방지할 목적으로 구상된 데 반하여, 후자는 러시아의 남하정책을 저지하려는 데 그 주된 목적이 있었다.

부들러의 중립론은 "만약에 청일 양국이 전쟁을 일으킨다면(若淸日兩國開戰)" "그것은 청일이 싸울 일이 있기 때문이며, 조선은 역시 파병할 필요가 없다(所以此次淸日如有戰事 朝鮮亦不用派兵)"[18] 등으로 표현

---

16)「중립론」.
　　今我邦 以地則處亞洲之咽喉 若比利時之於歐羅巴 以位則爲中國之貢邦 如發佳利亞之於土耳基 然用同等之禮 結約各國之權 發佳利亞之所無而我邦有之 在貢邦之列 受冊他邦之事 比利時之所無 而我邦有之 是故我邦之體勢 實兼比發兩國之典例也

17) 같은 글.
　　發佳利亞之約爲中立者 歐洲諸大國 相爲自保之策也 由是論之 我邦爲亞洲中立國 則實防俄之大機 而亦亞洲諸大國相保之政略也

된 것과 같이 청일전쟁 9년 전에 이미 두 나라의 조선에서의 충돌을 가정하고 구상된 것이었다. 러시아가 조선과 국경을 접하고 있는 사실이 지적되기도 하였고 조선의 중립을 보장하기 위한 국제조약의 참가국 속에 러시아가 포함되어 있기는 하지만, 아직 러시아의 남하정책이 이 중립론의 주요 대상은 아니었던 것 같다.

그러나 앞에서도 지적한 바와 같이 유길준 중립론의 경우는 그 첫째 목적이 조선에서의 러시아 세력의 확대를 저지하려는 데 있었으니, 이 두 중립론의 이와 같은 차이점은 부들러의 중립론이 영국의 거문도 불법점령 이전에 이루어졌고 유길준의 그것은 그 이후에 집필된 데서 기인한다 하겠지만, 나아가서 당시의 조선을 중심으로 한 국제정세에 대한 두 사람의 견해의 차이에도 이유가 있다 하겠다.

부들러는 조선의 중립화를 실현하기 위하여 조선정부 스스로 그것을 선언한 후 중국과 일본, 러시아 등 3국이 그것을 보장하는 조약을 맺으면 된다고 생각하였던 것 같다. 중립화안을 조선정부에 권고하는 한편 당시의 주한 일본공사관 서기관 콘도오(近藤眞鋤)에게 보여 "대단히 좋은 안이다. 조선이 무사하여 3국이 다투는 일이 없기를 우리 일본도 또한 원하는 바이다"[19]라는 답을 얻었고, 갑신정변 후 전권대사로 조선에 온 일본의 외상(外相) 이노우에(井上馨)에게 보여 "이 법은 매우 묘해서 의심 많은 사람은 다만 먼저 그 말을 실행한 후라야 그에 따르려고 할 것이다(以爲此法甚妙 杞人但願先行其言 而後從之者也)"[20]라고 하는 정도의 반응을 확인하였던 점 등으로 미루어봐서 부들러 자신이 조선 중립화의 실현을 위하여 관계국 외교관들과 접촉한 흔적은 있으나, 독일정

---

18) 『舊韓國外交文書: 德案』, 高宗 22년 2월 22일.

19) 같은 글.

20) 같은 글.

부가 이 문제를 위하여 주동적인 역할을 할 만한 처지에 있었던 것은 아니라고 생각된다.

부들러의 중립론이 그것을 주도할 특정한 나라를 지적하지 않았는데 반하여 유길준의 그것은 중국의 주도 아래 조선의 중립화가 이루어져야 한다고 생각하였던 점이 다르다. 그는 중립화가 조선의 안전을 보장하기 위한 것이므로 조선이 스스로 제기할 수 없다고 하고 중국에 청하여 이를 실현하되 "중국이 맹주(盟主)가 되어 영국·프랑스·일본·러시아 등 아시아지역과 관계 있는 나라들을 모으고 여기에 조선도 참가하여 중립화를 위한 조약을 맺어야 할 것이다. 조선의 중립화는 조선만을 위하는 것이 아니라 중국의 이익을 도모하는 것이며 또 관계제국의 안전보장책이 되는 것이라"[21] 하였다.

그리고 그는 자신이 이 「중립론」을 집필한 시기가 조선의 중립화를 현실화하기 위한 가장 적절한 시기라 믿고 있었던 듯 「중립론」의 결론부분에서 "지난날에는 그 기회가 없었으나 지금에는 적당한 시기라 할 수 있다. 우리나라가 이 기회를 놓치지 않고 중국에 청하면 가히 이루어질 수 있을 것이다"[22]라고 하여 그 가능성을 전망하고 있다.

그러나 당시의 국내정치적 여건은 반대로 갑신정변이 실패한 후 보수적 정치세력이 집권하고 있었고 유길준 자신이 연금상태에 있었으므로 이 「중립론」은 햇빛을 보지 못하고 말았고, 「중립론」이 집필된 지 꼭 10년 만에 청일전쟁이 발발함으로써 중립화의 기회도 상실되었던 것이다.

정확한 시기를 밝힐 수 없지만 유길준은 훗날 자신의 「중립론」 원고에 "이 논의는 큰 계획이라 할 수 있다. 그러나 크게 꺼리는 바 있어 잠

---

21) 「중립론」.
22) 같은 글.
　　　向之時 固未有其機耳 今則可謂時利機會 自我邦及今之時 乘此之機 請之中國 則事可諧矣

시 지워버리는 것이 좋다. 집에 둔다면 삭제할 필요가 없다(此篇議論 可謂石劃 而大有碍眼 姑刪之爲好 唯家藏即不必刪)"라고 한 두서(頭書)를 추가하여 그것이 세상에 알려지기를 꺼렸던 흔적을 남기고 있다. 그러나 이 두서로 미루어봐서 그는 후일까지도 중립화 계획이 '석획(石劃)'이라 생각하였지만 국내 정세가 '대유애안(大有碍眼)'하여 그 실현을 보지 못할 것이라 생각하였던 것이며, 따라서 세상에 이 논문이 알려지기를 꺼렸던 것이라 생각된다.

어떻든, 조선왕조는 중립화함으로써 주권을 보전할 수 있는 기회를 잃고 1904년 러시아와 일본 사이에 전운이 짙어졌을 때 당시의 대한제국 정부가 중립을 선언하였으나 일본의 강요에 따라 그것이 지켜지지 않았고 전후에는 그 보호국으로, 나아가서 식민지로 전락하였던 것이다.

4. 맺음말

19세기와 같이 제국주의 세력이 난무하던 시기에 국제분쟁의 요충지대에 위치하면서 군사적으로나 경제적으로 주변국가들을 앞서지 못했던 조선왕조가 국권을 유지하기 위해서도 완충국으로서 강대국의 협약이 보장하는 중립국이 되는 것이 바람직한 정책 중의 하나였다.

그리고 문호개방부터 국권을 상실하기까지 30여 년간의 한국근대사를 두고 생각해보면, 국내 정세가 중립화를 가능하게 할 수 있었다고 보이는 시기도 역시 갑신정변 이후부터 청일전쟁이 일어나기 전까지 10년간이었다고 할 수 있으며, 이 때문에 이 시기에 내국인과 외국인들에 의하여 조선의 중립론이 제기되거나 구상되었던 것이다.

그러나 부들러의 중립론은 조선정부에 의하여 완전히 묵살되었고,

유길준의 중립론은 햇빛을 보지 못한 채 기회를 잃고 말았으니, 당시 조선의 집권층이 그만큼 국제정치문제에 대한 안목이 깊지 못하였기 때문이라 하겠다.

앞에서도 말한 바와 같이, 19세기 후반기 한반도를 둘러싼 강대국 사이의 격돌 앞에서 조선왕조의 집권층은 항상 외세에 의존하여 지배권력을 유지하기에만 급급하였을 뿐, 강대국 사이의 힘의 균형을 이용하여 국권을 유지하고 자율적 발전을 도모하는 정책을 세우지 못하였고, 따라서 중립론은 번번이 묵살되었던 것이다.

(『創作과批評』 30호·1973년 겨울호)

대한제국의 성격

1. 머리말

역사는 항상 새롭게 인식되고 또 쓰여져야 한다는 말이 새삼스러울 것 없지만, 특히 우리 근대사의 인식과 서술 문제를 두고 생각해보면 이 말의 의미가 한층 더 절실해짐을 느낄 수 있다. 지난날 일본 어용사학자들이 본 우리 역사는 고대사회를 방불케 할 만큼 낙후되었던 조선사회가 일본에 의한 문호개방으로 근대사회로 전환하는 계기를 마련하였고, 특히 한일합방으로 본격적인 근대화가 추진된 것으로 인식 서술되었다. 그러나 해방 후 우리 학자들이 본 근대사는 문호개방 자체가 일본의 침략행위로 이해되었음은 물론 이후의 근대사 전체가 외세의 침략으로 연속된 것이라 보였고, 따라서 한때 우리 근대사가 거의 외침(外侵)의 역사로만 엮어졌던 때도 있었다.

이후 국사학이 점점 발달함에 따라 외침 중심의 근대사를 외침과 그것에의 내부로부터의 대응이라는 각도에서 인식하려는 움직임이 일어났고 더 나아가서 외침의 측면보다 오히려 자체적인 근대화운동을 강조하는 방향에서 인식하고 서술하려는 노력도 일어나고 있다. 문호개 방에서도 일본의 강요에 앞선 개화파의 영향을 강조하려 하고 갑신정변의 배경도 명치유신의 영향 이전에 이미 형성된 개화사상에서 더 구하려 하는가 하면 갑오경장의 주체적인 성격을 강조하는 이론도 있다. 동학혁명·독립협회활동 등이 크게 부각됨은 물론 대한제국의 성립도 이와 같은 주체적인 움직임의 결과로 이해하려 하는 한편, 일제시대의 역사도 식민지 통치정책의 추이를 중심으로 엮었던 방법에서 탈피하여 민족독립운동 중심으로 개편하려는 추세이기도 하다.

우리 근대사를 외침 중심의 시각에서 탈피하여 민족의 주체적 역량을 바탕으로 하여 인식하려는 노력은 식민지 통치에서 해방된 민족의 국사학이 가져야 할 당연한 방향이지만 여기에도 또한 경계되고 다시 생각되어야 할 문제점이 있다. 그 가운데 하나가 대한제국의 성격 문제라 생각된다. 우리가 특히 대한제국의 성격 문제를 예로 들어 근대사 이해에 있어서의 문제점을 제시하고 싶은 이유는 다음과 같은 몇가지 생각이 있기 때문이다.

첫째 해방 후 국사학계에서 대한제국을 보는 눈이 비교적 단계적으로 변화해왔고 또 비록 크게 펼쳐지지는 못하였지만 이 시기의 성격 문제를 두고 다소의 논쟁이 있었다는 점이다. 우리 국사학계에 흔치 않은 논쟁이 대한제국시기의 성격 문제를 두고 다소나마 일어났다는 사실은 이 시기가 우리 근대사 전체를 통하여 그 성격 이해에 있어서 그만큼 중요한 문제점을 가지고 있는 시기임을 말해주고 있는 것이라 할 수 있다. 둘째 본격적인 식민지화 단계를 바로 앞둔 대한제국시기는 결국 식민지화의 원인을 집중적으로 안고 있는 시기라고 생각될 수 있으며, 그러므로 이 시기가 가지는 가장 중요한 역사적 성격은 식민지화의 근본적인 원인을 규명하는 각도에서 추구되어야 할 것이지만, 지금까지 이 시기의 역사적 성격규명 문제를 두고 쓴 글이나 논쟁이 이 문제에 본질적으로 접근하지 못하고 있는 것이 아닌가 하는 생각이 있는 게 사실이다.

지금까지의 논쟁의 요점은 대한제국시기에 실제로 이루어진 경제적·사회적·문화적 일련의 개혁을 소위 광무개혁(光武改革)이라 이름붙여 갑오경장이나 을미개혁과 연결되는 근대적 개혁으로 정착시키려는 이론과, 이 일련의 개혁에 대해 역사적 의의를 전혀 인정할 수 없고 다만 독립협회의 개혁사상만이 시민혁명을 지향한 것이었지만 보수반동적인 집권세력에 의하여 탄압됨으로써 이 시기의 개혁이 실패한 것으로 이해하는 이론이 대립하는 것이다.

우리의 생각을 미리 제시하면 소위 광무개혁의 경우 적어도 경제적·사회적·문화적인 면에 있어서의 개혁은 실제로 상당히 이루어졌지만 그 개혁의 본질적인 성격에도 많은 문제점이 있는 한편, 더 나아가서 권력구조 면의 개혁은 전혀 이루어지지 않았을 뿐만 아니라 오히려 절대황권이 성립되는 방향으로 나아갔음을 특히 주목하여야 할 것이다. 그리고 설령 경제적·사회적·문화적 개혁이 어느정도 이루어졌다 하여도 주권이 황제에게 있을 뿐 국민주권이 달성되지 않았다면, 적어도 역사적 의미에서의 근대화가 이루어졌다고 볼 수 없음도 분명히 하여야 할 것이다. 따라서 광무개혁이 가지는 역사적 의의도 이런 관점에서 평가되어야 할 것이다.

한편 독립협회의 사상에 대해서도 그것이 민권(民權)을 강조하고 근대적 개혁을 주장하였음을 충분히 인정할 수 있다 하여도 국민주권을 달성하기 위한 본질적인 문제로서 왕권을 부정하는 사상이 얼마나 철저하였으며 국민의 정권 담당능력을 얼마나 확신하였고, 나아가서 이 시기 우리 역사의 하나의 당위라 할 수 있는 국민혁명의 실현을 얼마만큼 인식하고 있었는가 하는 점에 초점을 맞추어서 그 사상을 분석하여야 할 것이다.

국민혁명을 유도하고 국민주권을 달성하는 데 철저하지 못하였다면 근본적으로 역사발전의 대세에 합치된 사상으로 보기는 어려운 것이다. 대한제국시기에 자율적인 근대화를 달성하지 못하고 식민지로 전락한 역사적 원인은 러일전쟁으로 인한 일본의 침략에 앞서서 광무개혁이 권력구조면의 개혁을 이루지 못하였고 독립협회의 사상이 국민혁명을 유도할 수 있을 만큼 철저하지 못한 데 있었던 것이 아닌가 한다.

근년에 와서 집중적으로 나타난 대한제국시기에 관한 연구성과를 바탕으로 하고 우리의 관심의 초점이 된 역사학의 현재성 문제를 염두에 두면서 대한제국시기의 역사적 성격을 다시 한번 생각해보고자 하는 것이 이 글의 목적이다.

2. 대한제국을 보아온 눈의 변화

앞에서 해방 후 국사학계가 대한제국을 보아온 눈이 비교적 단계적으로 변화해왔다고 말하였지만, 우선 그것을 좀더 구체적으로 살펴볼 필요가 있다. 해방 후 국사학계가 이루어놓은 성과 중에서 근대사 문제를 비교적 체계적으로 다룬 것으로서 진단학회(震檀學會) 편 『한국사(韓國史)』 현대편(現代篇)을 들 수 있다. 여기서는 대한제국의 성립을 논평하면서

　… 그러나 저러한 형식과 체면만을 갖추어놓고 자유독립의 내용과 실천이 그에 따르지 못한다면 그 무슨 소용이냐. 신생 대한제국은 정녕 형식과 명칭만에 그쳤고 내용에 있어서는 의연 제로(帝露)의 간섭과 열강의 농락을 면할

수가 없었다.

고 하여 대한제국의 성립에 전혀 역사적 의미를 인정하지 않았고 외세
침략의 연속선상에서의 그야말로 형식적인 체면 유지책으로만 이해하
였는데, 대한제국을 보는 이와 같은 눈은 상당 기간 계속되었다.

　그러나 1968년에 김용섭(金容燮) 교수가 『아세아연구(亞細亞研究)』
31호에 「광무연간(光武年間)의 양전사업(量田事業)에 관한 일연구(一研
究)」를 발표함으로써 대한제국을 보는 눈에 변화가 나타나기 시작하였
다. 그는 대한제국시기의 농토측량사업이 여러가지 제약성을 가지고
있었지만, 중국의 소위 중체서용(中體西用)적 이론과 같은 '구본신참(舊
本新參)' 즉 전통적인 구법(舊法)과 근대적인 신법(新法)을 절충하는 방
법에 의하여 진행되었고, 특히 측량사업에서 실시된 토지 소유권증서
인 지계(地契)의 발행은 근대적인 소유권을 전제로 하되 외국인의 토지
소유를 막기 위한 것이었다고 논증하고 다음과 같이 '구본신참'의 내용
을 구체적으로 밝혔다.

　　양전(量田)에 있어서의 제규정이 국조구전(國朝舊典)을 그대로 따른 점이
　라든가 지계(地契)의 원칙이 입안(立案)제도와 양안(量案)의 형식에서 이루어
　지고 있음은 구(舊)를 본(本)으로 삼은 것이 될 것이고, 양전(量田)의 정확을
　기하기 위하여 미국인기사(美國人技師)를 고빙(雇聘)함으로써 서구(西歐)의
　측량기술을 이용한 것이라든가, 근대적인 소유권증서(所有權證書)로서의 지
　계제도(地契制度)를 채택함으로써 구래(舊來)의 소유권을 근대사회에 적응할
　수 있는 소유권으로 전환시킨 것은 신(新)을 취한 것이라 하겠다.

우리 근대사를 외국침략 중심으로 보았을 때 미처 보이지 않았던 사

실이지만 근대사의 흐름을 민족사 내적인 측면에 초점을 맞추어서 이해하려는 노력의 결과 이 시기의 농토측량사업이 부각되었고 그 성격을 소위 '구본신참'이란 각도에서 파악하려 한 것이다.

김용섭 교수는 또 『한국사연구』 12호에 실린 신용하(愼鏞廈) 저 『독립협회연구(獨立協會硏究)』의 서평에서는 대한제국시기의 일련의 개혁을 '광무개혁(光武改革)'으로 명명하면서 19세기 후반기의 외침과 사회개혁에 대처하는 자세가 논자에 따라 달라서

혹자(或者)는 민족문제에 민감하나 사회개혁 문제에는 둔하고, 혹자는 반대로 사회개혁 문제에 민감하나 민족문제에는 소홀하였으며, 또 혹자는 민중적 입장에서의 사회개혁과 민족문제를 주장하였으나 혹자는 지배층의 입장에서의 사회개혁과 민족문제를 내세웠다. 19세기의 역사는 이와 같이 내외의 문제가 착종(錯綜)하는 가운데 이를 중심한 개혁운동이 전개되는 과정이었다. 그리고 그러한 개혁운동이 제도적으로 마무리되는 것은 19세기 최말기(最末期)에서 20세기 초에 걸치면서 수행된 지배층 중심의 이른바 광무개혁이었다.

하여 대한제국시기의 일련의 개혁을 문호개방 후 여러가지 성격과 방법에 의하여 수행된 근대적 개혁이 제도적으로 마무리지어지는 개혁이라 보고, 그것은 지배층 중심으로 진행된 것이라 하였다.

한편 김영호(金泳鎬) 교수도 같은 『아세아연구』지에 발표한 「한말(韓末) 서양기술(西洋技術)의 수용(受容)」이란 논문에서 대한제국시기의 외국기술 수용을 '열강의 제국주의적 도전에 대응한 기술수용'으로 보고 이때는 기술수용의 목적이 개항 이후부터 대한제국 성립 이전까지의 부국강병(富國强兵)의 단계를 넘어서서 자강독립(自强獨立)과 보국

안민(保國安民)에 있었다 하고, 기술수용의 주체도 그 이전에는 정부와 개화파 및 특권기업이었지만 대한제국시기에는 정부와 일반기업 및 민중이었으며 그 동기도 역시 부국강병을 넘어서서 근대화와 민족주의에 있다 하였다.

김용섭 교수가 이 시기의 농토측량사업을 정부 측에서 실시한 근대적 사업으로 이해한 것과 궤(軌)를 같이하여 김영호 교수도 이 시기의 기술수용을 정부와 부르주아적 사회계층이 계획하고 실천한 민족주의적 근대화운동의 일환으로 보고 긍정적인 평가를 내리고 있는 것이다.

이와 같은 대한제국을 보는 눈의 변화는 계속되어서 1973년에『아세아연구』50호에「대한제국시기(大韓帝國時期)의 상공업문제(商工業問題)」를 발표한 강만길(姜萬吉)도 개항 이후부터 한일합방까지 34년간의 우리 역사를 개항부터 갑오경장까지의 제1기와 대한제국 성립에서부터 러일전쟁까지의 제2기, 그리고 러일전쟁 이후부터 한일합방까지의 제3기로 나누고

제1기는 내부에서의 충분한 준비 없이 외세와 접촉함으로써 심한 충격과 혼란을 겪지 않을 수 없었으며 이 충격과 혼란 때문에 근대화를 위한 노력도 실패하지 않을 수 없었던 시기였다 … 이와 같은 제1기의 실패가 밑거름이 되어 자율적으로, 그리고 전통체제와의 타협 아래 근대화를 이루려는 노력이 일어나는 시기가 제2기이며 대한제국의 성립은 이와 같은 노력의 구체적인 표현이었다. 그리고 그 시기의 근대화를 위한 작업은 제1기의 그것에 대한 반성을 바탕으로 하고 있는 점, 정부 측의 정책적 노력과 독립협회를 비롯한 여러가지 민간 측의 그것이 아울러 일어나고 있는 점, 또 한반도에 있어서의 일본과 노서아의 세력균형이 이루어졌던 국제정세를 이용한 점, 그리고 자본주의가 제국주의화해가고 있었던 세계정세와 관련하여 민족주의적 기초 아래

이루어지고 있었던 점 등의 특징을 가지고 있는 것이라 하겠다.

하여 대한제국시기의 일련의 개혁을 역시 전통적 체제와의 절충 내지 타협에 의한 근대적 개혁으로, 그리고 민족주의적 성격이 있는 개혁으로 이해하였다.

김용섭 교수의 연구가 토지문제 중심의 것이었고 김영호 교수의 연구는 기술도입의 측면을 다룬 것이었으며 강만길의 논문은 상공업 문제를 중심으로 쓴 것이었지만 대한제국시기를 보는 눈이 거의 비슷한 것이었고, 그것은 모두 대체로 진단학회 편 『한국사』 현대편의 대한제국을 보는 눈에 대한 반성을 바탕으로 한 것이라 볼 수 있다.

이후 대한제국시기의 개혁을 비교적 종합적으로 다룬 논문으로서 1976년에 『사학지(史學誌)』 10호에 발표된 송병기(宋炳基) 교수의 「광무개혁연구(光武改革研究)」가 있다. 이 논문은 '그 성격을 중심으로'라는 부제(副題)가 붙은 것과 같이 광무개혁 자체의 성격규명을 목적으로 쓰여진 것이다. 러일전쟁의 발발로 한반도를 둘러싼 국제간의 세력균형이 깨어짐으로써 8년간에 걸쳐 추진되어온 개혁작업이 중단되었다 하고 다음과 같이 결론을 맺고 있다.

개혁이 중단되어버린 것은 아쉬운 것이지만, 그런 가운데서도 광무개혁의 긍정적 의의를 지적할 수 있을 것이다. 비록 주로 보수파에 의하여 이루어진 것임에도 불구하고 국가의 완전한 자주독립과 근대화를 지향하여, 비교적 외세의 간섭을 받음이 없이 자주적으로 추진되었으며, 왕권의 전제화경향을 제외하고는 갑오(甲午)·을미개혁(乙未改革)에서 추진하던 것을 대체에 있어서 그대로 도습하여 추진하였다고 하는 것이 그것이다. 그리고 광무개혁에서 갑오·을미개혁을 도습하여 추진하였다고 하는 것은, 갑오·을미개

혁을 긍정적으로 평가할 수 있는 논거를 우리에게 제시하여 주는 것이라고
할 것이다.

송병기 교수 이전의 세 논문이 대체로 경제적인 개혁을 대상으로 하
였던 데 비하여 송교수의 논문이 광무개혁의 전반적인 문제를 다루었기
때문에 다른 논문이 미처 보지 못한 왕권강화 문제가 일단 보이기는 하
였지만, 그것을 이 개혁의 본질적인 제약성으로 생각하지는 않았던 것
같고, 따라서 이 개혁을 긍정적인 눈으로 보는 데는 앞의 논문들과 별 차
이가 없는 것 같다. 그러나 다음에서 상세히 논급되겠지만 이 시기의 왕
권강화 문제가 소위 광무개혁의 역사적 성격을 제약하는 가장 중요한
문제이며 따라서 그것을 묵과하고 주로 경제적 사회적 개혁만을 가지고
개혁의 역사성을 인정하려 한 입론은 다시 생각되어야 할 것이다.
　지금까지 소개한 네 편의 논문이 모두 대한제국시기의 개혁을 대체
로 긍정적인 눈으로 본 데 반하여 최근 몇 년 동안 독립협회 문제를 정
력적으로 연구하여 1976년에『독립협회연구』를 내놓은 신용하 교수는
특히『한국사연구』13호에 김용섭 저『한국근대농업사연구(韓國近代農
業史硏究)』서평에서 김교수의『독립협회연구』서평에 반발하면서 독립
협회의 개혁사상이야말로

　국민적 지반(地盤)을 갖지 못하여 운동에 있어서는 왜곡되고 성공할 수 없
었지만 사상에 있어서는 자본주의 열강의 침략을 자주부강(自主富强)한 자본
주의 국민국가를 수립하여 막으려고 한, 역사발전의 대세에 합치하여 문제를
해결할 수 있는 사상의 하나였으며, 바로 직접적으로 개항전(開港前)의 자본
주의(資本主義) 맹아(萌芽)의 계승·발전자이었기 때문이다.

라고 하였다.

앞의 논문들이 대체로 독립협회의 사상과 활동이 광무개혁을 뒷받침하게 되었다고 생각하는 데 반하여 신용하 교수는 독립협회 활동과 대한제국 정부가 완전히 이해관계를 달리한 것으로 보았고, 따라서 정부가 실시한 광무개혁의 역사성을 인정하지 않을 뿐만 아니라 광무개혁의 개혁사실 자체까지도 인정하지 않으려 하면서

광무연간(光武年間)에 집권한 친로수구파(親露守舊派) 지배층은 대한제국의 독립유지를 위해서 개혁파들이 시대의 과제를 해결할 수 있는 포괄적인 개혁안을 누차 제출하였음에도 불구하고 이를 채택하여 개혁다운 개혁정책으로 집행하지 않았을 뿐만 아니라 개혁파들의 구국개혁운동(救國改革運動)을 탄압하였다. … 대한제국의 독립을 재선언한 직후, 꼭 대대적 개혁이 필요한 시기에, 집권한 친로수구파 지배층은 개혁파의 대한제국의 독립의 기초를 공고히 하자는 구국개혁운동은 가혹하게 탄압하고 시대착오적인 수구고식책(守舊姑息策)만 되풀이했으니, 사실(史實)과 대조해 볼 때에는 김교수의 '지배층의 광무개혁'이라는 개념은 성립될 수 없는 허구적인 것이라고 말하지 않을 수 없는 것이다.

라고 반박하였다.

이와 같은 반박을 통하여 앞의 논문들과 신용하 교수의 글 사이에 대한제국시기를 보는 관점에 큰 차이가 있음을 쉽게 알 수 있지만 이 점에 대한 우리의 생각을 보태는 일은 다음으로 미루고, 우선 신용하 교수는 광무개혁의 역사적 의의를 부인함으로써 진단학회의 『한국사』 현대편이 본 대한제국의 성격에 다시 접근한 것 같은 인상을 주는데, 그것은 독립협회의 역할을 강조한 데서 온 것이 아닌가 한다.

신용하 교수의 글과 앞의 논문들이 대한제국시기를 이해하는 차이점이, 이 시기에 실제로 여러가지 개혁이 이루어진 사실을 강조하는 입장과 반대로 실제로 개혁이라고 할 만한 것이 이루어지지 않았다고 보는 점에 더 근거를 두고 있는 것인지, 혹은 쌍방이 모두 일련의 개혁이 있었다는 사실은 인정하지만 역사적 의미부여 문제에는 차이가 있는지 확인할 필요가 있다. 왜냐하면 실제로 개혁이 있었는가 없었는가 하는 문제 자체가 이 시기를 보는 관점의 차이를 낳은 근본적인 근거라면 그것은 역사자료를 통하여 쉽게 옳고 그름을 분별할 수 있으며, 개혁이 있은 사실은 인정하되 그것에 역사적 의미를 줄 수 있는가 그렇지 못한가 하는 점이 바로 관점의 차이를 낳은 근거라면 그것은 또 판단의 차원이 달라지기 때문이다. 신용하 교수가 예의 서평에서

> 이 귀중한 기간에 독립협회·만민공동회는 대대적 개혁을 단행하여 언젠가 국제세력균형이 깨어지더라도 나라의 독립을 지킬 자강(自强)의 실력을 갖추려고 하였으며, 친로수구파 정부(親露守舊派政府)는 오히려 개혁운동을 탄압하고 수구고식책(守舊姑息策)만 집행하면서 구국(救國)에 필요한 개혁을 하지 않아 자강(自强)을 실시하지 못한 채 이 기간을 보내버리고 만 것이었다.

고 한 것을 보면 광무개혁이 역사적 의미 문제에 논쟁의 초점이 있는 것이 아니라 개혁사업 자체가 이루어지지 않았다고 보는 데 그 초점이 있는 것이라 이해된다. 따라서 이 점에 유의하면서 의견을 제시해볼까 한다.

3. 대한제국시기 개혁의 실제

대한제국시기에 두 번이나 우리나라를 다녀간 영국신문『데일리 메일』의 기자 매켄지는 그의 저서『한국의 독립운동』(이광린 역, 일조각 1975)에서 이 시기의 개혁에 대하여 다음과 같이 논술하였다.

1894년에서 1904년에 이르는 이 기간 동안에 이룩한 발전은 80년대 초의 조선을 아는 사람들에겐 실로 놀라운 것이었을지도 모른다. 잘 놓은 현대식 철도가 경인간(京仁間)에 부설 운영되었고, 이 밖에도 다른 철도의 부설을 계획 측량하여 일부 공사가 진행중이었으며, 서울엔 전등 전차 영화가 생기기까지 하였다. 서울 주변에는 훌륭한 도로가 놓이게 되었으며 많은 중세적 낡은 인습이 폐기되었다. 주로 선교사들의 활동으로 학교와 병원이 전국에 보급되었고, 상당수의 사람, 특히 북쪽사람들은 기독교 신자가 되었다. 위생시설이 개선되고 해안에는 등대를 세우기 위한 측량과 항해도 제작 및 건축공사가 시작되었다. 좋은 가문에서는 많은 사람들이 외국유학을 마치고 속속 귀국하였다. 경찰은 신식 복장으로 차리고 신식 훈련을 받았으며 작은 규모나마 근대식 군대가 조직되기도 하였다.

개혁의 질적인 문제나 역사적 성격 문제를 일단 미루어두고 양적인, 혹은 표면적인 면에서만 보면 매켄지가 지적한 것과 같이 이 시기의 근대적 개혁은 괄목할 만한 것이었다. 우선 실제 생활 면에서의 변화를 보면 서울에 한정된 것이기는 하지만, 1899년에는 전차가 개통되었고 1901년에는 전등이 가설되었으며 1896년에 궁중과 행정기관에 설치되었던 전화시설은 곧 서울의 민가에도, 그리고 인천을 비롯한 지방도시에도 확대되어갔다.

철도도 1889년에 먼저 인천과 노량진 사이에 개통되었고 1900년에 한강철교가 준공됨으로써 서울까지 연장되었으며, 1901년에는 경부선이 착공되었다. 전신시설 역시 1885년에 이미 경인선이 개통되었고 이후 서울 의주 사이의 서로전선과 서울 부산 사이의 남로전선이 대한제국 정부 단독의 힘으로 1888년에 완성됨으로써 중국 및 일본의 통신망과 연결되어 국제통신망의 일환을 이루었다.

한편 근대적인 기술을 개발하기 위한 시설 및 교육기관도 이 시기에 집중적으로 설립되었다. 1896년에는 기예학교(技藝學校)가 설립되었고 1895년에 외국어학교(外國語學校), 1899년에 경성의학교(京城醫學校), 1899년에 상공학교(商工學校), 1900년에 잠업시험장(蠶業試驗場)과 광무학교(礦務學校), 1902년에 모범양잠소(模範養蠶所)와 공업전습소(工業傳習所)가 설립되었으며, 매켄지의 말과 같이 근대적인 방직기술·제지기술·인쇄기술·양잠기술 등을 배워오기 위한 유학생이 파견되었고, 외국인 선교사들이 세운 사립학교 이외에도 정부에 의하여 소학교·사범학교 등이 설치되었고 중학교와 대학교의 설립도 계획되었다.

정부 측의 이러한 경제적·기술적 근대화정책에 자극되어 민간에서도 근대적인 생산공장들이 설립되어갔다. 문호개방 이후 급격히 밀려들어온 자본주의 제품이 토착사회의 생산품 대신 생활필수품화해 갔으나 대한제국시기 이전에는 그것을 국내에서 생산하여 대체할 만한 조건이 갖춰지지 못하였었다. 그러나 대한제국시기에 들어와서는 독립협회 등의 사상적 선도에 의하여 근대적 생활필수품을 국내에서 생산 조달하려는 노력이 일어나 정부 측의 소위 식산흥업(殖産興業)정책과 연결되어 일종의 부르주아적 기업활동을 일으키게 되었다.

이 시기에 비교적 활발하게 발달한 민간의 생산공장은 직조공장(織

造工場)들이었다. 문호개방 이후 가장 많이 수입된 것이 자본주의제품 면직물 즉 광목(廣木)이었고 이 때문에 도시민과 농촌의 부유층은 물론 농민층까지도 점차 종래의 수직포목(手織布木) 대신 수입품의 기계직 (機械織) 광목을 의료(衣料)로 택하게 되면서 토착사회의 포목 생산구 조는 무너져갔다. 이와 같은 조건 속에서도 적어도 1890년대 전반기까 지는 국내에서의 광목생산공장은 설립되지 않았으나 1890년대 후반기 부터 1900년대 전반기에 걸쳐서 우선 이 광목을 국내에서 생산 공급하 려는 노력이 일어났다. 그 결과 세워진 생산공장이 우리 역사상 최초로 나타난 근대적 공장이라고 생각해보면 이런 점에서도 대한제국시기의 우리 경제사에서의 위치는 어느정도 주목할 만하다.

더구나 이 시기에 민간기업가들에 의하여 세워진 직조공장들은 시설 이나 경영 면에서 근대적 성격을 갖춘 것이었다. 한성제직회사(漢城製 織會社)의 경우를 예로 들어보면, 1901년 5월 13일자 『황성신보(皇城新 報)』에 실은 직공모집 광고에서

본회사(本會社)에서 남녀직공(男女織工)을 모집하는데 직기(織機)는 편리 한 발동기(發動機)를 이용하여 인력을 비(費)하지 아니하고 직조(織造)하오 며 연숙(鍊熟)한 자는 직기 이삼좌(二三座)를 능히 운전하며 생소한 인이라도 칠팔일만 정밀히 견습하면 일좌(一座)에 매일 오십육척을 능직(能織)하고 수 십일 숙습(熟習)하면 이좌(二座)를 운전하야 매일에 일백오륙십척은 무난히 직조할 거시오니 생소한 인이라도 칠팔일만 정밀히 견습하면 매일 7,8냥 공 전(兩工錢)은 무려(無慮)히 득(得)할 터이오 공장 내에 남녀를 구분하야 혼잡 (渾雜)치 아니하게 할 터이오 유지(有志)한 인은 속히 본회사로 내문(內門)하 압, 단 내왕이 불편한 인은 본회사 내에 유숙도 시키고 여인은 숙소 구분이 유 (有)할 터이압.

이라 하여 이 회사의 실정을 어느정도 짐작하게 해주고 있다. 경영주가 누구였는지 밝힐 수 없어서 유감이지만 동력기와 기숙사까지 갖춘, 그리고 근대적 임금체제가 수립된 비교적 큰 규모의 직조공장이었다고 볼 수 있을 것이다.

이런 정도의 직조공장이 이 시기에는 여러 곳에 설립되었던 것 같다. 1900년에 종로의 백목전도가(白木廛都家)에 설립된 종로직조사(鐘路織造社)나 1897년에 내외자(內外資) 합자(合資) 주식회사로 출발한 대조선저마제사회사(大朝鮮苧麻製絲會社), 그리고 1900년에 설립된 대한제국인공양잠합자회사(大韓帝國人工養蠶合資會社) 등이 자료상에 나타나고 있다. 특히 대한제국인공양잠합자회사가 『황성신보』 1900년 3월 9일자에 실은 다음과 같은 주식모집 광고를 보면 당시의 근대적 생산공장 설립사정을 어느정도 짐작할 수 있다.

아국(我國)에도 양잠가(養蠶家)이 무(無)함은 아니로되 술법(術法)이 정미(精美)치 못함으로 거대한 이익을 부득(不得)한지라, 본국인 김한목(金漢睦)·방한영(方漢永)·한의동(韓宜東) 윤수병(尹壽炳)·강홍대(姜鴻大) 제군이 외국에 유학할 제 인공(人工)으로 1년에 8,9차식 양잠하는 기술을 졸업하고 귀국한 고로 금차(今次)에 회사를 조직하고 지단(地段)과 상앙(桑秧)을 구입하겠기로 자본을 모집하니 잠업상에 유지(有志)한 첨군자(簽君子)는 남촌 창동(南村倉洞) 홍엽정(紅葉亭)에 설립한 향연합자회사(香煙合資會社)로 왕림(枉臨)하야 본회사 사무소를 무르시고 일고금(一股金)은 십원식(十元式)이니 음력 이월 회내(晦內)로 본사에 출부(出付)하야 이익을 공동함을 무망(務望)

대한제국시기는 우리 역사상 최초로 민간자본을 흡수하여 산업자본화함으로써 근대적 생산공장을 만들려는 비교적 폭넓은 운동이 일어난 시기라 볼 수 있다. 1897년에 설립된 대조선저마제사회사의 경우도 이 때 이미 70여 명의 직원이 있었고 주식공모로 들어온 자금이 1만7천여 원이 되었는데 서재필(徐載弼)이 참가한 이 회사의 주식공모를 위하여 『독립신문』은 1897년 6월 12일자 논설을 통하여

> 만일 조선서 삼과 모시를 많이 심어 이 법으로 실을 만들 것 같으면 금광보다도 백배가 리가 있고 이 회사에 자본을 내어 증서를 사두는 것은 상등 논 사는 것에서 삼백갑절이 리가 있는지라 … 이 사회에 한달 안으로 자본금을 보내어 증서를 맡아두거드면 첫째는 이 일이 되어야 조선백성들이 먹고 살 생애가 생길 터이니 다행하고 둘째는 자본금 낸 사람들이 큰 리를 볼 터이니 많이 이 회사로 들어와 일고금을 내면 이십원이요 많이 낼 사람들은 천고금까지라도 얻을 터이라더라.

하고 민간인의 투자를 적극적으로 권유하고 있다. 구체적인 자료를 주로 의료산업(衣料産業) 분야에서만 들었지만, 이 밖에도 철도회사 등 비교적 대규모의 자본이 필요한 부문에서도 이 시기에는 많은 민간회사들이 설립되었다.

대한제국시기에 이와 같은 민간기업 설립운동은 독립협회와 같은 민간 언론기관의 뒷받침만으로 이루어진 것은 아니며 정부의 관료들도 이에 참여하였다. 대한제국인공양잠합자회사의 사장 김가진(金嘉鎭)과 평의장(評議長) 박기양(朴箕陽)은 모두 대신(大臣)을 지낸 사람이었고 종로직조사 사장 민병석(閔丙奭)도 대신을 역임하였으며 독립협회 회장 서재필이 참여하였던 대조선저마제사회사의 사장도 역시 대신을 지낸 안경수(安駉壽)였다. 그뿐만 아니라 이 시기 정치권력의 핵(核)에 들어 있던 이용익(李容翊)도 사기제조소(沙器製造所)를 비롯한 각종 회사

설립에 직접 참여하였다.

정부 측에서는 소위 식산흥업정책을 내세우고 전기·전신·철도사업을 어느정도 적극적으로 추진하는 한편 근대적 기술을 도입하기 위한 태세를 갖추어갔고, 민간 측에서도 자본주의적 생산양식을 갖추어가기 위하여 근대적인 생산공장을 설립하는 기운이 비교적 광범위하게 일어나고 있었던 시기가 대한제국시기였다. 그리고 송병기 교수가 그의 논문에서 지적한 것과 같이 독립협회가 주장한 상공업진흥책과 근대적 기술의 도입 및 근대적 교육정책 등은 정부 중심의 소위 광무개혁에서도 상당히 받아들여졌다. 따라서 철도와 전신·전기시설을 갖추고 서양적 근대기술을 도입하고 신식학교를 세우고 자본주의적 운영방식의 생산공장을 세우는 일만으로도 근대적 개혁이라 할 수 있다면 대한제국시기의 개혁은 문호개방 이후에 가장 적극적으로 그리고 본격적으로, 또 어느정도 자주적으로 추진된 근대적 개혁이라 할 수 있으며, 또 상당한 역사적 의의를 가진다 하여도 이론의 여지가 없을 것이다.

대한제국시기를 통하여 이와 같은 근대적 개혁이 이루어져갔는데도 불구하고 이후 왜 자율적인 근대화에 성공하지 못하고 식민지로 전락하게 되었는가 하는 의문이 제기되면 대체로 다음과 같은 두 가지 대답이 제시될 수 있을 것이다. 첫째 대한제국시기까지의 근대적 개혁이 한반도를 둘러싸고 있는 국제세력 즉 일본이나 제정러시아의 그것보다 뒤지고 있었기 때문이라는 대답과, 둘째 불행하게도 한반도를 둘러싸고 있던 국제세력이 침략욕을 가졌기 때문이라는 대답이 그것이다. 그러나 이 두 가지 대답은 결국 흔히 말하는 우리 역사의 후진성론 문제와 타율성론 문제로 되돌아가는 것이 아닌가 하는 생각이 있다. 우리가 보기에는 이 문제는 후진성론으로만 처리할 수 없는 일이지만, 또 우리 역사가 실패한 이유를 결코 다른 나라의 침략행위에만 돌릴 수 없는 일이라 생각된다.

실패한 원인은 분명히 우리 역사 속에서 찾아져야 하며, 따라서 식민지로 전락한 이유는 바로 대한제국 자체에 있었던 것이다. 대한제국의 성격을 다시 생각해보는 이유도 바로 이 점에 있는 것이라 할 것이며, 무엇보다도 대한제국시기의 일련의 개혁이 경제적·사회적·문화적 개혁에만 그쳤고 정치적인 개혁을 이루지 못한 데 본질적인 제약성이 있고 따라서 소위 광무개혁이 이와 같은 제약성을 가지고 있는 이상 그 역사적 의의는 그만큼 제약되는 것이라 생각된다.

4. 독립협회운동의 역사적 성격

신용하 교수는 앞에서 든 서평에서 대한제국시기의 집권세력인 친로수구파(親露守舊派)가 그들의 집권시기를 통하여 개혁다운 개혁정책을 집행하지 않았을 뿐만 아니라 독립협회 개혁파들의 개혁운동을 탄압하였다고 말하였다. 여기서 개혁다운 개혁이 구체적으로 무엇을 말하는지 분명하지 않지만 대한제국시기의 개혁은 앞에서 말한 것과 같이 주로 경제적인 면과 교육적인 면의 개혁이었고 정치적인 개혁, 즉 권력구조상의 개혁은 오히려 황제권을 강화하는 방향으로 나아갔다.

독립협회의 의회개설안(議會開設案)은 정부에 의하여 중추원(中樞院)을 의회기능으로 개편하는 방향으로 일단 받아들여졌었다. 개편된 중추원은 입법권·정책동의권·정책건의권·민원처리권 등을 가지게 되어 있었고 의관(議官)의 절반인 25명을 민선(民選)으로 하여 그 선출권을 독립협회에 의뢰하였다. 그러나 독립협회가 의관을 선출하기 전에 정부는 갑자기 독립협회를 해산하고 간부를 구속하였다. 이후 정부는 중추원제도를 다시 의관의 임명제로 바꾸고 정부관리 4명, 독립협회 회원 17명, 황국협회(皇國協會) 회원 29명을 의관에 임명하여 보수세력 중심으로 운영되게 하였다. 그리고 정부는 곧 황제가 삼권을 장악하고 무한하고 불가침의 통치권을 행사하는 법제적 뒷받침으로서 대한국제(大韓國制)를 반포하였고, 이 체제가 일본의 보호국으로 전락할 때까지 계속되었다.

결국 대한제국시기를 통하여 경제적·사회적인 부분에서의 근대적 개혁은 어느정도 이루어졌지만 정치적인 면에서는 오히려 일종의 절대군주제적인 체제로 강화되었던 것이다. 그리고 정치체제적인 면에 있어서 절대군주제적 성격이 나타나게 된 이유를 묻는다면 우선 독립협회의 활동과 개혁안이 정부에 의하여 받아들여지지 않고 탄압된 데 있다고 답할 수 있다. 왜냐하면 독립협회의 개혁요구는 경제적·사회적 개혁뿐만 아니라 정치적인 개혁도 포함되어 있었고 그 구체적인 것은 의회개설론을 들 수 있기 때문이다.

그러나 독립협회가 주장한 정치적 개혁안에도 많은 한계점이 있음을 구체적으로 밝혀낼 필요가 있으며 그렇게 하는 것이 또 독립협회운동이 실패하고 더 나아가서 식민지화를 막는 데 실패한 원인을 밝힐 수 있는 길의 하나라 생각된다. 독립협회운동이 실패한 원인을 그 운동 자체에서 찾으려는 노력은 별로 없었고 간혹 이 운동의 지도부가 점진적인 개혁을 추진하려 한 데 반하여 일부 젊은 회원들이 과격한 개혁을 섣불리 주장하였기 때문에 정부의 탄압을 자초하게 된 것으로 이해하는 경우도 있다.

그러나 이 운동이 실패한 가장 핵심적인 원인은 이 운동 자체가 가지고 있는 사상적인 한계성 때문이라 생각된다. 우리 역사상 최초의 근대적 정치운동이라 볼 수 있는 갑신정변을 주도한 정치세력이 구상한 정변후의 정치체제는 소위 군민동치제(君民同治制)였다. 그들도 이미 공화제(共和制)를 알고 있었지만 당시의 우리 실정에 맞는 제도는 군민동치제 즉 입헌군주체제라고 생각하였던 것이다. 그들이 입헌군주제를 구상한 것은 아마 일본의 명치헌정체제를 염두에 둔 것이라 생각된다. 개화파 정치세력이 구상한 정치개혁론으로서의 입헌군주체제는 그대로 독립협회 지도부에 계승되었다.

흔히 독립협회가 국민주권론을 강조하였다 하지만 그들의 국민주권론은 군주권과 전혀 모순관계가 없는, 즉 군주가 다만 상징적인 존재로만 있고 주권이 완전히 국민에게 돌아가는 그런 국민주권론과는 거리가 멀었음을 강조하지 않을 수 없다. 흔히 독립협회 연구에서 『독립신문』의 논설에 자주 보이는 국민이 나라의 주인이란 말이나 관리는 국민의 종이란 말은 중요시하지만, 그런 반면 오히려 군주권의 절대성을 강조하는 논설이나 국민혁명이나 국민의 정권담당 능력을 부인하는 논설을 눈감아버리는 일이 있음을 지적하지 않을 수 없다.

『독립신문』은 1896년 9월 8일자 논설에서

임군께 충신이 되려면 첫째 그 임군을 사랑하여야 하는데 임군 사랑하는 법이 임군께서 들으시기 조흔 말만 아뢰는 것이 사랑하는 근본이 아니라 임군이 정해 놓으신 법률대로만 일을 하거드면 그 사람이 충신이요 조금치라도 임군이 정해 놓으신 법률 외에 일을 하든지 금칙 밖의 일을 행하는 것은 그 임군께 역적이요 전국인민의 원수라 군주국에서는 군권이 있어야 하는 고로 조선도 대군주폐하께서 권세를 모두 잡으셔야 나라이 잘 되어 갈 터이니

하고 왕권의 최고성·전체성을 강조하고 있다. 이 논설이 독립협회 초기의 것이기 때문이라든지 혹은 군주국체제 아래서의 논설이기 때문에

부득이하다는 점 등을 충분히 감안하여도 이와 같은 논설을 쓴 필자나 그것을 실은 신문의 운영자가 본질적으로 국민주권을 실현하기 위하여 그것과 모순관계에 있는 군주권을 부인하거나 타도하는 사상을 가졌다 고는 생각하기 어렵다. 완전한 국민주권은 군주권을 철저히 부인하지 않고는 이루어질 수 없는 것임을 생각해보면 이 논설의 한계성은 더욱 뚜렷하다.

군주권을 부인하고 국민주권을 수립하는 데 독립협회 활동의 근본적 인 목적이 있었다면 설령 군주국체제 아래서 군주권을 철저히 부인하 는 논설을 발표할 수 없다 하여도 적어도 국민의 정권담당 능력만이라 도 강조하는 활동이 필요할 것이다. 그러나 우리는 독립협회 운동자들 이 국민의 정권담당 능력을 인정하고 있었는지 의심하지 않을 수 없다. 완전한 국민주권을 획득하는 방법이 반드시 국민혁명으로만 이루어지 는 것이 아닐 수도 있겠지만 그것이 또 가장 중요한 방법의 하나임은 틀 림없으며, 따라서 국민주권의 실현을 목적으로 하는 정치운동·사회운 동이라면 국민혁명을 전망하는 운동을 펴지 않을 수 없을 것이다. 그러 나 1898년 7월 9일자 『독립신문』은 「민권이 무엇인지」라는 논설에서

　　세상 일을 근심하는 사람들이 말하되 백여년 전에 불란서에 낫던 민변이 대한에 날가 염려라 하니 대황제폐하께옵서 여정도치하시는 세계에 그런 변 혁이 있을 리는 만무하거니와 혹 사세를 자세히 모르는 이가 있을가 하여 대 강 말하노니 법국의 그때 정형과 대한 금일 사세를 비교하면 대단히 다른 것 이 몇가지라.

하여 프랑스혁명과 같은 일이 당시의 대한제국에는 일어날 수 없는 이 유로서, 첫째 대한제국에는 프랑스혁명 때만큼 민권이 발달하지 못한

점, 둘째 프랑스혁명 당시보다 대한제국에는 교육이 발달하지 못한 점, 셋째는 학문발달과 자유에 대한 인식이 프랑스혁명 때와 대한제국시기 사이에 큰 차이가 있는 점, 넷째 군사적인 면에 있어서 프랑스만큼 강대하지 못하여 혁명에 간섭하는 외국군을 물리칠 수 없다는 점, 다섯째 국민이 사사로운 일에만 열중하고 애국심이 없는 점 등을 들고

이 몇가지를 보면 백여년 전 법국 형세가 금일 대한 정세보다 소양지판이라 우리가 이같이 무식하고 잔약하고 애국할 마음이 없이 어찌 법국 사람이 하던 사업을 하리오. 부디 그러한 생각들은 꿈에도 품지 말고 다만 신문과 교육으로 동포애와 문견만 넓이며 우리 분외의 권리는 바라지도 말고 대황제 황폐하께서 허락하는 양법미규나 잘 시행되도록 관민이 일심하면 자연 총명과 교육이 느는 대로 민권이 차차 확장이 되어 황실도 만세에 견고케 하며 국세도 부강하게 될 일을 기약하노라.

하였다. 이 시기에는 일부 젊은 층의 개혁운동가들에게서 국민혁명을 일으켜야 한다는 움직임이 있을 때였고 이 논설은 그것을 견제하기 위하여 쓰여진 것이라 생각되지만, 이 논설은 국민혁명이 시기상조라는 생각에서 나온 것이라기보다 오히려 철저한 국민주권의식이 없는 계몽주의사상만을 바탕으로 하고 있는 것이 아닌가 하는 생각을 가지게 한다.

이와 같은 생각은 같은 해의 7월 27일자 논설 「하의원은 급지 않다」라는 다음과 같은 논설을 읽으면 더 굳어진다.

근일에 국사를 근심하는 사람들이 혹 말하되 국세를 진기하여 부강하려 하면 하의원을 배설하여야 하겠다 하니 조금 덜 생각한 일이라, 하의원이라 하는 것은 백성에게 정권을 주는 것이다. 정권을 가지는 사람은 한 사람이던지

몇만 명이던지 지식과 학문이 있어서 다만 내 권리만 알 뿐 아니라 남의 권리를 손상치 아니하며 사사를 잊어버리고 공무를 먼저 하며 작은 혐의를 보지 않고 큰 의리를 숭상하여야 민족에 유익한 정치를 시행할지니 무식하면 한 사람이 다스리나 여러 사람이 다스리나 국정이 그르기는 마찬가지요 무식한 세계에는 군주국이 도로혀 민주국보다 견고함은 고금 사기와 구미각국 정형을 보아도 알지라.

이 논설은 상원 격인 중추원 의관의 절반을 독립협회가 선출하게 되자 그 반대단체인 황국협회가 하원 개설을 주장한 데 대하여 다시 반대하면서 쓴 것이라고 보이지만, 어떻든 독립협회를 중심으로 하는 일부 개화세력을 제외한 당시의 일반민중이 정권담당 능력을 가지고 있지 못하다는 생각을 바탕으로 하여 쓰여진 것이라 볼 수 있다. 논설이 말한 것과 같이 하원을 개설하면 백성에게 정권을 주는 것이니 그것은 할 수 없는 일이며 군주주권(君主主權)을 인정하고 그 아래에 상원을 두어 관선 의관과 독립협회 선출 의관으로 그 군주권에 자문하면서 어느정도 군주권을 제한하는 역할을 하려는 것이 독립협회 의회개설론의 진의가 아니었던가 한다.

한편 군사적인 면에서도 독립협회의 견해는 많은 문제점이 있음을 지적하지 않을 수 없다. 앞에서 든 국민혁명 불가론에서 군사적인 면에서도 프랑스만큼 강대하지 못하여 혁명이 일어났을 경우 그것에 간섭하는 외국군을 물리칠 수 없다는 점을 제시하였는데, 이는 곧 국민혁명 이후 혁명정부를 외국의 간섭과 절대군주의 용병(傭兵)으로부터 지킬 국민병을 가질 만한 조건이 되지 못한다는 사실을 뜻한다고 볼 수 있다.

그러나 독립협회가 주장한 군사제도가 장차 국민혁명정부를 지킬 수 있는 국민병적인 성격이었는가 하는 점에는 많은 의문점이 있다.『독립

신문』은 1897년 5월 25일자 논설에서

조선은 세계만국이 오늘날 독립국으로 승인하여 주어 조선사람이 어떤 나
라에게 조선을 차지하라고 빌지만 아니하면 차지할 나라이 없을지라 그런고
로 조선서는 해·육군을 많이 길러 외국이 침범하는 것을 막을 까닭도 없고 다
만 국중에 해·육군이 조금 있어 동학이나 의병 같은 토비(土匪)나 진정시킬
만하였으면 넉넉할지라.

라고 하여 독립협회의 군대양성안이 외국군의 침략에 대비하는 데 있
는 것이 아니라 국내 동학혁명군의 잔여세력과 의병을 탄압하는 데 근
본적인 목적이 있었음을 뚜렷이 하고 있다. 그뿐만 아니라 더 나아가서
『독립신문』의 1898년 4월 14일자 논설은

우리도 대한에 외국군사가 하나라도 있는 것을 좋아 아니하나 지금 대한
인민의 학문 없는 것을 생각할진대 외국군사가 있는 것이 도로혀 다행한지
라. 만일 외국군사가 없었더면 동학과 의병이 그동안 벌써 경성에 범하였을
터이요 경성 안에서 무슨 요란한 일이 있었을런지 모를러라.

하여 동학혁명군의 잔여세력과 의병을 탄압하기 위해서는 외국군대가
들어와 있는 것이 오히려 다행이었다는 뜻의 논설을 펴고 있다.
　독립협회의 사상이 국민혁명을 지지하고 완전한 국민주권을 지향하
는 사상이라고 보기에는 역시 많은 제약성이 있음을 알 수 있다. 독립협
회가 양성할 것을 주장한 신식군대는 역시 국민혁명 후에 성립될 국민
주권정부를 외국의 침략으로부터 방비하거나 국민주권정부의 수립을
저해하는 절대군주의 용병적인 병력과 싸우기 위한 군대, 즉 국민군적

인 성격의 군대가 아니라 황제권을 지키기 위하여 동학군이나 의병을 탄압할 목적으로 양성하는 군대, 좀더 적극적으로 비유하면 절대군주의 용병과 같은 역사적 성격을 가진 군대가 아니었는가 한다.

이렇게 보면 독립협회사상 역사적 성격은 어느정도 분명해진다. 그것이 반대한 것은 군주권이 아니라 오히려 중세적인 권력구조에 의하여 군주권을 제약하고 있다고 생각한 중세적 정치세력이었다. 중세적 정치세력에서 모든 권력을 빼앗아 황제에게로 집중하고 독립협회 중심의 근대적 정치세력과 황제권이 결합하여 새로운 권력구조를 형성하려는 데 독립협회 정치사상의 요체가 있는 것이 아닌가 생각할 수도 있다.

이럴 때 민권은 국가의 주권까지도 가질 수 있는 민권이 아니라 이 새로운 권력구조에 주권을 위임하고 그 보호를 받는 민권이 되는 것이 아닌가 생각되며, 이 경우 민권은 중세적 권력구조 아래서의 그것보다 한걸음 더 해방되고 신장된 민권임에는 틀림없으나 철저한 국민주권 아래서의 민권이 아님도 또한 분명하다. 갑신정변 이후 개화파의 정치사상이 군민동치론(君民同治論)으로 표현된 입헌군주제에 한정되어 있었고 그것은 또 대체로 일본의 메이지유신체제에 유의한 것이었다고 할 수 있지만 명치유신체제가 절대군주제적인 성격임을 우리는 이미 알고 있다.

5. 맺음말

대한제국시기의 개혁, 즉 소위 광무개혁이 실제로 괄목할 만하다고 표현할 수 있을 만큼, 그리고 또 그 이전의 개혁보다 주체적라고 말할 수 있는 방향에서 이루어졌음을 확인할 수 있었다. 그러나 이 개혁은 정부 주도적으로 이루어졌거나 혹은 독립협회 등 민간 측의 개혁요구가 반영되어 이루어졌거나를 막론하고 실제로 경제적·사회적·문화적인 측면의 개혁에만 한정되었고 정치적인 면에 있어서는 오히려 황제권을 강화하는 반역사적인 방향으로 나아갔다. 따라서 광무개혁이 가진 소위 주체성은 바로 정치적인 면에서의 이와 같은 반역사성을 바탕으로 한 것이다. 한편 이 시기에 크게 대두된 독립협회의 개혁 요구에는 실제로 경제적·사회적·문화적 개혁 이외에 정치적인 면의 개혁도 분명히 포함되어 있었다. 그러나 그것은 철저한 국민주권체제를 이루기 위한 개혁 요구라기보다는 군주권을 인정하는 한계 안에서의 민권신장론에 불과하였고, 더 적극적으로 표현하면 중세적 정치세력과 왕권과의 결합상태를 청산하고 독립협회를 중심으로 하는 근대적 정치세력과 황제권과의 결합에 의한 절대주의적 권력구조를 형성할 수 있는 개혁사상에 머물렀던 것이라 생각되기도 한다.

독립협회의 정치사상이 국민주권사상이 되기에는 본질적으로 두 가지 한계성을 가지고 있었음을 지적하지 않을 수 없다. 즉 첫째는 철저한 국민주권을 달성하기 위한 왕권 부정성이 너무 약한 점이다. 독립협회의 정치사상은 왕권을 부인하기보다 오히려 그것을 황제권으로 더 강화하려는 성격이 있다. 독립협회가 왕권을 황제권으로 강화하려는 표면상의 이유는 조선의 왕권을 청국의 황제권이나 일본의 천황권과 같은 위치에 둠으로써 조선의 국제적 위치를 높일 수 있다는 것이며, 이는 소위 칭제건원(稱帝建元)을 주장한 이유이기도 하다. 그러나 왕권의 황제권으로의 강화는 반드시 국가의 국제적 지위 향상 효과에만 한정되는 것이 아니다. 그것을 평계로 하여 일부 근대적 정치세력과 결탁하여 강화된 황제권은 곧 민권을 압제하는 역할을 다하고 따라서 진정한 국민주권을 이루기 위한 국민혁명을 맞이하지 않으면 안 되는 과정이 있는 것이다.

독립협회의 정치사상이 가진 두번째 한계성은 민권의 정권담당 능력을 부인한 데 있었다. 그들은 민중을 무시하고 잔약하고 비애국적이라고 보았다. 「민권이 무엇인지」라는 논설에서는 "인민이 다만 자유가 무엇인지 알지도 못할 뿐 아니라 자유권을 맡기더라도 쓸 줄을 몰라 어린 아이에게 칼을 준 것과 같을 것이다" 하였고, 따라서 국민혁명은 가당치 않은 것으로 보았다. 국민이 미개하여 주권을 가질 만한 조건이 성숙하지 못하였다고 강조하였지만, 사실은 국민혁명이 일어나서 진정한 국민주권국가가 되는 것을, 그리하여 황제권이 무너지는 것을 두려워하였는지도 모른다. 그들의 정치적 이해(利害)가 진정한 국민주권보다 오히려 황제주권에 더 가깝지 않았는가 하는 시각에서의 독립협회 연구도 반드시 필요한 것이 아닌가 한다.

역사적인 관점에서의 진정한 근대화는 주권이 완전히 국민의 것이 되었을 때 비로소 달성된다는 생각을 좀더 철저히 할 필요가 있다. 소위 광무개혁을 통하여 경제적·사회적·문화적인 면에서는 근대적이라 할 수 있는 개혁이 어느정도 이루어졌다 하여도, 예를 들면 철도가 개통되고 전기·전화·통신시설이 가설되고, 사회단체·정치단체가 활동하고 국문연구·국사연구가 활발하게 이루어지고 있다 하여도 그 주권이 본질적으로 황제의 것일 뿐 국민의 것이 아닌 이상 역사적으로 근대화를 지향하고 있은 시기라고는 볼 수 없다는 생각이 절실한 것이다.

광무개혁뿐만 아니라 독립협회의 활동도 마찬가지였다. 그들이 사회개혁·경제개혁·문화개혁을 강조하고 민권운동을 전개하였다 하여도 황제권을 철저히 부인하지 못하고 국민의 정권담당 능력을 확신하지 못한 이상 그것은 옳은 의미의 민권운동이 될 수 없었던 것이다. 대한제국시기는 결국 정부 측에서는 주권을 황제의 것으로 둔 채 어느정도 근대적 시설을 갖춤으로써 마치 근대화를 지향하고 있는 것처럼 국민을 속이고 있던 시기이며, 독립협회와 같은 민간운동도 황제주권을 근본적으로 부인하지 못하고 국민이 아직 개화하지 못하였음만 탓하면서 자신들이 발행하는 신문을 통한 국민계몽만이 근대화를 준비하는 길이라 착각하고 있었던 시기가 아닌가 한다.

한반도를 둘러싼 국제세력 간의 세력균형이 어느정도 이루어지고 또 국내에서의 개혁의욕도 상당히 일어나고 있던 이 시기가 이와 같은 속임수와 착각 속에서 그대로 지나가고 러일전쟁이 발발하게 되자 세력균형이 깨어져서 결국 보호국으로 전락하게 되었던 것이다. 보호국체제 아래서 일어난 소위 애국계몽운동은 식민지화를 막고 주권을 지키기 위하여 국민의 애국심을 불러일으키기에 전력을 다했으나 주권은 아직 목숨을 바쳐 지킬 만한 가치있는 것이 되지 못하였다. 이미 침략자와 타협하고 굴복한 황제의 것으로 남아 있었을 뿐이다.

한일합방 직전에 가서야 애국계몽운동자들도 이 점을 깨닫고 비록 국외에서 발간하는 신문을 통해서나마 국민혁명을 암시하는 논설을 펴기 시작하였다. 한 가지만 예를 들면 미국에서 발간된 교포신문 『신한민보(新韓民報)』는 1909년 8월 4일자의 「대호국민(大呼國民)」이란 논설에서

> 저 영국국민이 국왕을 시살한 것은 무도불법한 사적을 후세에 유전코자 함이 아니라 국민의 권리를 세우고자 하여 부득불 행한 일이요 … 우리 한인이 저 만급지옥을 벗어나서 남과 같이 한번 살아보고자 하는 관념이 있거든 국민을 연구하여 권리와 의무를 실행할지로다. 국민의 권리를 실행할 때에 영국국민의 부월을 모방함도 가하고 미국국민의 공화정부를 모방함도 가하고 일본국민의 막부전복을 모방함도 가할 것이요.

라고 하여 상당히 적극적으로 국민혁명을 암시하였다. 국외에서 발간된 신문이지만 국내에 들어와서 적지 않은 영향을 주었으나 때가 이미 너무 늦었던 것이다.

머리말에서 말한 것과 같이 대한제국시기는 우리 근대사가 실패한 원인을 집중적으로 안고 있는 시기이다. 그리고 그 실패의 원인은 여러 가지 측면에서 구해질 수 있겠지만 우리의 생각으로는 국민혁명이 달성되지 못한 사실이 가장 근본적인 원인이라 지적될 수 있으며, 그것은 또 근대화에 대한 이해가 잘못된 데서 비롯된 것이 아닌가 한다. 권력의 근대화가 이루어지지 않았을 때, 권력이 완전히 국민의 것이 아닐 때는 설사 경제적·사회적·문화적인 면에서 근대적인 양상으로 어느정도 바뀌었다 하여도 역사적인 의미의 근대화가 이루어졌다고는 볼 수 없는 것이다. 우리의 안목으로는 옳은 의미의 근대화는 주권이 국민의 것일 때 비로소 달성되는 것이며 주권이 국민의 것이 아닌 채 이루어지는 어떠한 경제적·사회적·문화적 개혁도 역사적인 의미에서 근대적인 것이라 볼 수 없는 것이 아닌가 하며, 대한제국이 멸망하고 우리 역사가 식민지로 전락하게 된 가장 큰 역사적인 원인은 역시 국민주권이 달성되어야 할 역사단계에 그것이 이르지 못한 데 있는 것이 아닌가 한다.

(『創作과批評』 48호·1978년 여름호)

독립운동의 역사적 성격

1. 머리말

우리의 독립운동은 항일운동과 민족운동의 두 가지 성격을 함께 가지고 있다. 그러나 지금까지의 독립운동사 연구동향은 주로 항일운동의 연구에만 치우친 감이 있다. 독립운동사를 항일운동의 측면에서만 다루게 되면 몇 가지 미진한 문제점이 생기게 된다. 첫째, 독립운동과 복벽운동(復辟運動)과의 차이점이 뚜렷하게 부각될 수 없을 것이다. 초기의 항일운동 대열에는 복벽주의자도 있었고 공화주의자(共和主義者)도 있었다. 이들은 항일운동에서는 같은 목적 아래 있었지만 민족운동의 측면에서는 분명히 대립관계에 있었다. 독립운동은 민족운동적 과제도 함께 이루어야 할 역사적 성격을 가지고 있었으며, 복벽주의는 항일운동의 사명은 다할 수 있어도 근대 민족주의적 사명을 다할 수는 없

---

* 이 논문은 1977년 8월 1~2일에 개최된 고려대 아세아문제연구소 창립 20주년 기념 학술회의 '韓國獨立運動의 性格'에서 발표한 것이다.

었다 하겠다.

독립운동사를 항일운동의 측면에서만 이해할 때 생기는 두번째 미진한 점은 독립운동 전체 과정이 통시기적(通時期的)으로만 이해되고 그 내부에서 단계적 성격의 차이가 부각될 수 없을 것이라 생각된다. 독립운동을 민족운동의 측면에서 조감할 때 비로소 각 단계마다의 역사적 성격이 분명히 드러나게 될 것이며, 나아가서 우리 역사 전체 속에서 차지하는 독립운동의 위치가 선명해질 것이다. 독립운동이 가진 항일운동의 측면과 민족운동의 측면 가운데 민족운동 측면이 앞세워지고 항일운동이 그 속에 용해되는 연구방법론과 반대로 항일운동이 중심이 되고 민족운동의 측면이 따라오는 방법론이 있을 수 있는데, 지금까지는 후자적인 방법의 연구가 많았던 것이 아닌가 한다.

민족운동 중심으로 독립운동을 이해하면 독립운동 과정은 근대 민족국가 수립을 위한 전체 역사과정 속의 한 부분으로 볼 수 있다. 우리 역사상 근대 민족국가 수립과정은 한일합방 이전부터 이미 시작되었고 그 완성은, 우리의 생각으로는, 장차 민족통일이 달성될 때 이루어지는 것이라 이해된다. 근대 민족국가 수립을 목표로 하는 긴 역사과정 가운데 20세기 전반기는 민족운동이 독립운동과 병행된 시기이고 후반기는 민족통일운동과 병행되는 시기이다.

민족운동 속에 항일운동을 용해시키는 시각에서 독립운동을 살펴보면 대체로 1925년을 기준으로 하여 전반기와 후반기로 크게 나눌 수 있을 것 같다. 근대화운동이 시작된 때부터 3·1운동의 결과로 임시정부가 수립될 때까지의 민족운동은 군주주권(君主主權)을 부인하고 국민주권(國民主權)국가를 수립하는 과정이다. 임시정부를 수립한 것은 비록 임시 형태이기는 하지만 국민국가의 수립에 일단 성공한 것이라 할 수 있다. 3·1운동은 국민국가 수립을 위한 민족운동의 일부분이었던 것이다.

군주주권체제를 극복하고 국민국가정부로 수립된 상해임시정부에는 항일운동과 민족운동을 아울러 지도할 역량이 기대되었으나, 1925년경 이후 국민대표회의(國民代表會議)의 실패, 조선공산당 성립으로 인한 사상대립의 본격화 등으로 그 역사적 위치를 잃고 하나의 독립운동단체로 떨어져갔다. 상해임시정부가 그 본래의 위치를 잃게 된 가장 중요한 원인은 독립운동 전선에 나타난 사상적 대립을 근대 민족국가 건설의 차원에서 해소하는 데 실패하였기 때문이다.

임시정부가 하나의 독립운동단체로 전락한 후에도 독립운동 전선에는 사상적 대립을 민족적 차원에서 해소하고 항일운동을 근대 민족국가 수립운동으로 이끌어가려는 노력이 계속 일어났다. 이 시기의 독립운동을 항일운동의 측면에서 보면 전 단계의 그것과 큰 차이가 없지만 민족운동의 측면에서 보면 군주주권을 부인하고 국민주권국가의 수립을 목표로 하였던 전단계의 그것과는 차이가 있었다. 독립운동 전선의 사상적 대립을 극복하고 통일된 민족국가를 건설하는 데 목적을 두었던 것이다. 이 글은 이와 같은 생각을 바탕으로 하여 독립운동사 과정 전체를 조감함으로써 독립운동이 우리 역사 전체 속에서 차지하는 위치와 성격을 파악하고 나아가서 근대 민족국가 수립운동의 어제와 오늘, 그리고 내일의 문제를 전망하려 한 것이다. 독립운동의 전체 과정을 국민국가 수립과정과 통일민족국가 수립과정으로 나눈 데 개념상의 문제점이 있음을 알고 있으나, 독립운동의 앞 단계는 군주주권을 극복하고 국민주권국가를 수립하는 과정으로, 그리고 후 단계는 국민주권국가의 수립과정에서 나타난 사상적 분열과 나아가서 분단국가체제를 극복하고 통일된 민족적 차원의 국가를 수립하기 위한 민족운동 단계로 이해하고 사용하였다.

2. 국민국가 수립과정

(1) 군주주권 부정 과정

조선후기 실학사상가들은 자신들이 산 중세사회가 가지고 있는 역사적 모순을 파악하고 행정제도·경제구조·사회구조 등 각 부분에 걸친 개혁안을 제시하였으나 권력구조상의 모순성을 개혁하기 위한 적절한 이론은 세우지 못하였고, 다만 정약용(丁若鏞)에 이르러서 권력구조의 본질적인 변혁을 제기한 것으로 평가되고 있다. 「탕론(蕩論)」을 비롯한 정약용의 일련의 논문들 속에 권력계약론적(權力契約論的)인 이론과 민권사상이 내포되어 있다고 이해되고 있는 것이다.

정약용의 이와 같은 사상이 개항 후의 개화파(開化派) 사상가들에게 어느정도 직접적으로 연결되었는지 의문이지만, 초기의 개화파 사상가들에게서는 민권참정론(民權參政論)이 군민동치론(君民同治論)으로 나타나고 있다. 『한성순보(漢城旬報)』의 논설에서는 삼권분립론을 소개하면서 구미 각국의 소위 '치국지요(治國之要)'에 군민동치와 합중공화(合衆共和) 두 가지가 있는데 그것은 모두 입헌정체(立憲政體)라 하였다.[1] 이 논설은 입헌정체의 실제를 설명하면서 주로 일본 메이지(明治)정부의 예를 들었는데 우리나라에 실시할 입헌정치도 초기 메이지정부의 형태를 도입할 것을 생각하였던 것 같고 군민동치체제도 바로 거기에 기준을 두었던 것 같다.

초기 개화파들의 군주권제한론(君主權制限論)은 「박영효건백서(朴泳

---

1) 「歐米立憲政體」, 『漢城旬報』 10號, 1884년 1월 3일자 논설.

孝建白書)」에서 한층 더 구체적으로 나타나고 있다. 그는 '교민재총문예이치본(敎民才總文藝以治本)'의 항목에서,

    만약 군주권을 무한히 강화하려 하면 인민이 어리석게 하여야 할 것이니, 인민이 어리석으면 그 힘이 잔약해질 것이며 그렇게 하여야 군주의 전권(專權)을 강화할 수 있을 것이다. 그러나 인민이 어리석고 약하면 국가도 따라서 약화할 것이며, 그러므로 천하의 모든 나라가 어리석고 약하게 된 후에라야 국가가 보전되고 군주의 자리가 안정될 수 있을 것이다. 그러나 이것은 헛된 이론이다. 진실로 한 나라의 부강을 이루어서 모든 나라들과 대치하려 하면 군주권을 다소 약화시키고 인민이 응분의 자유를 얻어서 각기 나라에 이바지하고 점차적으로 문명되게 하는 것만 같지 못하며 이렇게 하여야만 인민이 안정되고 나라가 태평하며 국가와 군주의 자리가 영구히 보전될 수 있다.[2]

라고 하여 군주권을 제한하고 민권을 강화하는 일이 곧 국가를 부강하게 하는 길이라 건의하고 지방자치의 실시와 군주 녹봉(祿俸)의 제정을 함께 주장하였다.

  이들 초기 개화파, 흔히 말하는 급진개화파의 다소 적극적인 군주권 제한론과는 달리 갑오경장을 담당하였던 온건개화파의 이론은 역시 점진적이었음을 볼 수 있다. 김홍집(金弘集)·김윤식(金允植) 등과 함께 초기 갑오경장의 주역이었던 유길준(兪吉濬)은 정부의 종류를 군주가 천단(擅斷)하는 정체, 군주가 명령하는 정체(壓制政體), 귀족이 주장하는 정체, 군민이 공치(共治)하는 정체(立憲政體), 국인(國人)이 공화(共和)하는 정체(合衆政體)의 다섯 가지로 나누고,

2)『日本外交文書』제21권 292면, 朝鮮關係雜件「朝鮮國內政에 關한 朴泳孝建白書」.

군민의 공치(共治)하는 자가 최미(最美)한 규모라 하니, 연(然)한즉 하국 (何國)이든지 그 인민의 풍속과 국가의 경황(景況)을 불문하고 즉 그 정체(其 政體)를 감행함이 가(可)할 듯하나, 연하나 결단코 불연(不然)한 자가 유(有) 하니 … 인민의 지식이 부족한 국(國)은 졸연히 그 인민에게 국정참섭(國政參 涉)하는 권(權)을 허함이 불가한 자라. 만약 불학(不學)한 인민이 학문의 선수 (先修)함은 무하고 타방(他邦)의 선미(善美)한 정체를 욕효(欲效)하면 국중(國 中)에 대란의 맹(萌)을 파(播)함인 고로 당로(當路)한 군자는 그 인민을 교육 하여 국정참여하는 지식이 유(有)한 연후에 차정체(此政體)를 의논함이 시가 (始可)하니.[3]

라고 하여 당시의 우리나라 실정으로는 군민동치, 즉 입헌군주제가 시 기상조라고 생각하였던 것으로 보인다. 군민동치제를 시기상조라고 생 각하였다면 국민국가 수립론을 기대하기가 어려움은 말할 것 없고, 특 히 프랑스혁명을 가리키는 것이라 생각되는 부분에서,

그 일례(其一例)를 운(云)하면 근고(近古) 불란서의 소란하던 시(時)에 고 금무비(古今無比)한 폭행을 종자(縱恣)하던 도배는 개불학무뢰충우방탕(皆不 學無賴蚩愚放蕩)하여 양정부하(良政府下)에 속하여도 그 활계(活計)를 영구(營 求)하기 불능한 자라.[4]

하여 전혀 부정적인 관점에 있는 것을 볼 수 있다.

갑오경장에 와서 다시 일단 후퇴한 군주권제한론은 독립협회 활동기

---

3) 兪吉濬『西遊見聞』, 第5篇「政府의 種類」. 현대식 철자법으로 고침. 이하 같음.
4) 같은 책, 第3篇「人民의 教育」.

에 와서 크게 전진한다. 독립협회와 만민공동회(萬民共同會) 운동에서
는 삼권분립론이 강하게 대두되었고 민권의식이 급격히 높아져서 의회
설립론(議會設立論)이 나왔다. "군주권에 근본적 제한을 가하여 군주는
오직 국가의 상징으로 두면서 민권에 기초한 근대 민주주의적 국민국
가를 수립할 수 있다고 보았다. 그들은 공화제를 잘 알고 있었으며 소수
의 급진파는 고종폐위(高宗廢位)도 구상한 것 같으나 다수 회원은 당시
의 사정으로서는 시기상조라고 보고 일단 입헌대의군주제(立憲代議君
主制)를 현실적 개혁방안으로 생각한 것 같다"5)고 이해되고 있는가 하
면 공화제 추진설 혹은 윤치호(尹致昊) 대통령설, 박영효(朴泳孝) 대통
령설 등이 유포된 것도 사실이었다고 한다.6)

　　그러나 이 운동 역시 본질적으로는 제한군주제(制限君主制) 하의 입
헌군주제, 즉 군민동치제의 한계를 크게 못 벗어난 것이라 하겠다. 그
들이 제시한 입헌대의군주제도 군주권과 국민주권 사이에 전혀 모순
이 없는 단계에까지는 가지 못하였다. 독립협회에서 구상한 의회는 처
음부터 하원(下院)을 설립하는 것이 아니라 먼저 독립협회 회원 중심의
상원을 개설한 다음 점차로 하원까지 개설하려는 것이었다.7) 따라서
독립협회가 개설하려 하였던 의회는 제한군주제하의 신분의회(身分議
會)와 같은 것은 아니었다 하여도,

　　의정원이 따로 있어 국중에 그중 학문 있고 지혜 있고 좋은 생각 있는 사람
　　들을 뽑아 그 사람들을 행정하는 권리는 주지 말고 의론하여 작정하는 권리
　　만 주어 좋은 생각과 좋은 의론을 날마다 공평하게 토론하여 이해 손익을 공

5) 愼鏞廈『獨立協會硏究』, 一潮閣 1976, 241면.
6) 柳永烈「獨立協會의 民權運動 展開過程」, 『史叢』17·18合輯.
7) 신용하, 앞의 책 363면.

변되게 토론하여 작정하여 대황제 폐하께 이 여러 사람의 토론하여 작정한 뜻을 품하여 재가를 물은 후에는 그 일을 내각으로 넘겨 내각에서 그 작정한 의사를 가지고 규칙대로 시행만 할 것 같으면 두 가지 일이 전수히 되고 내각 안에 분잡한 일이 없을 터이라.[8]

라고 한 의회설립 주장 논설에서 보이는 것과 같이 군주권과 국민주권 사이에 모순이 없는 입헌대의군주제 단계나 시민혁명을 전망한 단계에 가지 못하였고 앞에서 말한 것과 같이 역시 제한군주제 중의 입헌군주제 단계였음이 분명하다 할 것이다.

『독립신문』의 논설 속에는 전제황권(專制皇權)을 주장한 글들이 있다.[9] 그것은 대한제국 황제의 위치를 대외적으로 청국(淸國)의 황제나 일본의 천왕과 같은 권위를 가지게 하여야 한다는 뜻도 있지만, 한편 대내적으로는 모든 중세적 귀족적 세력을 도태시키고 황제권의 최고성을 주장하여 독립협회와 같은 신흥의 근대적 세력을 황제에게 집결시킴으로써 근대적 국가를 성립시키려 한 절대주의적 성격도 있다고 봐야 할 것이다.

독립협회운동이 실패한 후 1900년대 후반기에 일어나는 애국계몽운동기의 정치사상도 대체로 제한군주제적 입헌군주제, 즉 군민동치론이 우세하였다. 그러나 이 시기에는 일본의 본격적인 침략 앞에서 국민의 정치의식과 민족의식이 높아졌을 뿐만 아니라 소위 을사보호조약이 체결되고 통감부가 설치됨으로써 대한제국 정부가 사실상 괴뢰화하였으므로 외세에 굴복 타협한 왕권에 대한 일부 반발이 일어났다. 이 때문에

---

8)『독립신문』제3권 51호, 1898년 4월 30일자 논설.

9) 예를 들면『독립신문』제2권 제117호, 1897년 10월 2일자 논설 및 10월 5일자 논설.

왕권과 국권을 구분하여 완전한 국민주권국가를 수립함으로써만 외세의 침략을 저지할 수 있다는 생각이 일부 나타났던 것이다.

을사보호조약이 체결된 다음해, 즉 1906년에 『대한자강회월보(大韓自强會月報)』는 『국가 급(及) 황실(皇室)의 분별(分別)』이란 논설에서 다음과 같이 설파하였다.

> 세인이 국가 급 황실의 분별을 부지(不知)함으로 국가로 거(擧)하야 군주일신으로 시(視)하니 차(此)난 전제악풍에 침염하야 그 미상오해(其迷想誤解)를 불파(不破)함이라. 부군주(夫君主)난 국가의 통치자라 위(謂)함은 가하되 국가의 사유자(私有者)라 위함은 불가하니, 비(譬)컨대 지방에 관장(官長)을 치(置)하고 그 지방을 통치함이오 그 지방을 사유함은 아닌 것처럼 국가에 군주를 입(立)함은 국가를 통치함이오 그 국가를 사유함은 아니라. 군주로서 국가라 할진대 인생 자연한 도(道)에 패(悖)하니 천하에 시리(是理)가 기유(豈有)하리오. 인(人)은 생명이 수다(雖多)하여도 팔구십에 불과하고 국가는 그 생명의 장구함이 천만년에 긍하나니 부(夫) 황실의 흥망으로써 국가의 흥망이라 위(謂)함은 국가본의에 불명한 소이라.[10]

이 논설은 군주가 국가를 사유하는 것은 아니라고 분명히 인식하였지만 아직 그 통치권은 인정하고 있다. 그러나 황실과 국가, 왕권과 국권을 구분하려는 의도는 분명히 나타나고 있다. 논설의 필자는 '해외유객(海外遊客)'이라 익명하였다. 사실 전제군주제 아래에서 쓰기 어려운 논설이었으므로 국외에 거주하는 어느 국민의 논설임을 굳이 나타낸 것 같지만, 그것이 『대한자강회월보』에 실렸다는 사실로도 곧 그 회의

---

10) 『大韓自强會月報』 제3호, 1906년 9월 25일자, 55면.

취지가 담긴 것이라 봐도 무방할 것이다.

『서북학회월보(西北學會月報)』도 1907년의 한 논설에서 인민을 수레에 타고 그 행방을 정하는 사람에다 비유하고 군주를 다만 수레를 이끌고 가는 사람으로 비유하여 군권보다 민권이 우위에 있음을 완곡하게 표현하고 있다.

> 군을 비즉어자야(譬則御者也)요 민인을 비즉승차자야(譬則乘車者也)니 기 당향방이발(其當向方而發)이며 당유하로이진(當由何路而進)은 고종승차자 지의(固從乘車者之意)오 어자(御者)난 불과승차자(不過乘車者)의 의(意)를 종(從)하야 공어(控御)의 술을 시할 뿐이라. 고로 군주의 권(權)이란 것은 비기사유야(非其私有也)라 전국 민인의 권을 기신(其身)에 화(華)한 자니 시고(是故)로 군주의 소령자(所令者)난 국인(國人)의 소욕행야(所欲行也)며 군주의 소금자(所禁者)난 국인의 소불욕야(所不欲也)라 군민일체(君民一體)오 상하동정(上下同情)하야 조야공호(朝野共好)하고 공사무별(公私無別)하니 국(國)의 창성(昌盛)하난 소이(所以)가 기부재차여(其不在此歟)아.[11]

이 논설의 마지막 부분이 '군민일체(君民一體) 상하동정(上下同情)' 등으로 표현되어 있는 것과 같이 이미 말로에 다다른 왕권이라도 적어도 국내의 논설로서는 그것을 정면으로 부정하기 어려웠겠지만, 한편 이 시기 해외에 나가 있는 교포사회에서 발행되던 신문들의 논설에서는 군주제를 청산하고 국민국가를 수립해야 할 필요성을 강조하는 논조가 뚜렷하다.

1906년에 미국에서 설립된 애국단체 공립협회(共立協會)가 발행한

---

11) 「自治論」, 『西北學會月報』 제12호, 1907년 11월 1일자 논설.

『공립신보(共立新報)』는 1908년에 「애국성(愛國誠)은 불가탈(不可奪)」
이란 논설에서,

　　갑진 8월에 소위 한일의정서가 되었으니 오늘날 이 일을 당할 줄은 오히려
　　깨닫지 못하고 전국이 수수방관하였으며 을사 11월에 소위 5조약이 성립되니
　　충신 열사는 통곡자문하고 전국인심은 울울하여 분한 줄을 적히 아는 듯하드
　　니 며칠이 되지 못하여 또한 아연하기가 예사 같으며 정미 7월에 소위 7조약
　　이 성립함에 비로소 동하는 기색이 있어 팔로에 창의하는 소리가 시작하되 그
　　주위가 민족을 보존코자 하는 큰 목적이 아니요 다만 존왕양이하는 일시 우론
　　일뿐더러 일인의 잔혹포행을 의겁하여 작일에 몇십명이 귀순이라 하며 금일
　　에 몇백명이 귀순이라 하니 일인의 눈으로 보면 한국은 국민 없는 나라라 하
　　여도 가할지니 무인지경에 행하는 일이 무엇이 거칠 것이 있으리요.[12]

라고 하여 1907년 정미조약과 군대해산 이후에 일어난 의병운동에 관
하여 논평하였다. 이 논설의 특징은 우선 의병운동과 같은 무장저항운
동의 적극화를 강조하고 있어서 같은 시기 국내 애국계몽운동의 태도
보다 더 적극성을 띠고 있는 점에도 있지만, 특히 의병운동이 존왕양이
(尊王攘夷) 운동의 성격을 벗어나서 민족운동의 일환이 되어야 함을 강
조한 점에 더 큰 특징이 있다. 왕실과 민족을 완전히 구분하고 의병운동
이 민족운동으로 전환되어야 함을 지적한 이 논설은 중요한 의미를 가
진다 할 것이다.
　『공립신보』의 황권과 국권 구분론은 한걸음 더 나아가서 황실의 존
재가 국가를 멸망시키는 근거가 된다고 생각하는 데까지 나아가고 있

---

12)『共立新報』제84호, 1908년 5월 27일자 논설.

음을 볼 수 있다. 예를 들면 1909년에는 「황실(皇室) 비멸국지이기(非滅國之利器)」 즉 '황실은 나라를 망하는 이로운 그릇이 아니라'는 논설에는 다음과 같은 내용이 있다.

> 우리 인민의 분간치 못하는 바는 임군과 나라이라 … 무릇 임군은 나라를 위하여 둔 것이요, 나라는 임군을 위하여 세운 것이 아니니 이러므로 임군이란 것은 인민이 자기의 사무를 위탁한 공평된 종뿐이오 인민이란 것은 임군으로 하여금 저의 식업을 진력케 하는 최초의 상전이라. 종 된 임군이 사무와 지력을 다하지 못할지면 상전 된 인민의 책망을 도망키 어려우니 … 우리 인민은 임군과 나라를 하나로 알아 임군으로 하여금 직책을 다하지 아니케 하여 나라를 망케 하는도다. 슬프다 우리 인민이여 … 우리 인민은 이미 나라와 임군을 두 가지로 분별치 못하여 또 주권이 없는 곳에는 임군이 없는 줄을 알지 못하여 나라가 망하여도 임군을 복종할 것만 생각하며 주권이 없더라도 임금이 있는 줄로 생각하는지라. 저 간흉한 일본놈이 우리 인민이 이렇게 어리석음을 아는 고로 생각하되 한국인민은 그 임군만 내가 명령하면 인민은 자연 내가 명령할지며 그 임군만 내게 복종케 하면 인민은 자연 복종할지니 어떠하든지 그 임군 하나만 내가 붙잡고 내가 가두고 내가 부리면 이천만 한국인민은 그 생명을 살륙하며 재산을 탈취하며 부모처자를 노예로 부리더라도 저들은 우리 일본을 복종하리라 작정하고…[13)]

황실과 국가의 구분을 강조하고 왕을 종으로 인민을 상전으로 규정한 이 논설의 요점은 역시 외세에 굴복하고 타협한 왕권을 부인함으로써만 국가적 독립을 유지할 수 있다는 생각이 강조되고 있다.

---

13) 『新韓民報』 제126호, 1909년 3월 31일자 논설.

황권이 외세에 굴복하고 타협한 이상 국가의 주권을 그대로 황제에게 두어서는 국가의 멸망이 눈앞에 보이므로 황권과 국권을 분리하여 국민주권국가를 수립하는 것이 국가의 멸망을 막을 수 있는 길이며, 그것을 위해서도 주권을 황실에게서 빼앗는 국민혁명이 요청되지 않을 수 없었던 것이다. 국내에서 발행되는 신문 잡지에서 직접 국민혁명을 환기한 논설류를 찾기는 어렵지만 역시 국외에서 발행된 논설들에서는 그것을 찾을 수 있다. 『공립신보』의 후신인 『신한민보(新韓民報)』는 1909년의 「대호국민(大呼國民)」이란 논설에서 다음과 같이 국민혁명을 주창하였다.

영웅열사와 의인군자가 다 군민이 아닌 것은 아니로되 몇 시대에 한번 만나기 어려운 인물이요 동서고금에 희한히 혈출하는 용종이라 하리니 사람마다 그와 같이 되기는 어렵고 시대마다 그와 같은 인물이 있기는 믿을 수 없거니와 보통으로 국민이 있다 하노니 국민의 의무를 각근히 지키고 국민의 권리를 확실히 세우는 것이 곧 국민이며 국민의 사업이니라. 저 영국이 국왕을 시살한 것은 무도 불법한 사적을 후세에 유전코자 함이 아니라 국민의 권리를 세우고자 하여 부득불 행한 일이요 … 우리 한인이 저 만급 지옥을 벗어나서 남과 같이 한번 살아보고자 하는 관념이 있거든 국민을 연구하여 권리와 의무를 실행할지로다. 국민의 권리를 실행할 때에 영국 국민의 부월을 모방함도 가하고 미국 국민의 공화정부를 모방함도 가하고 일본 국민의 막부전복을 모방함도 가할 것이라…[14]

구한말 식민지로 전락해가는 과정에서 애국계몽운동 일반이 영웅주

___

14) 『新韓民報』 1909년 8월 4일자 논설.

의에 빠져 있었으나 이 논설은 영웅보다 국민 개개인이 의무를 지키고 권리를 찾음으로써 외세의 침략을 극복할 수 있다는 점을 강조하는 한편 국민이 권리를 찾는 방법으로서 국민혁명을 암시하고 있다. 영국 국민이 왕을 죽인 사실, 미국 국민이 독립을 쟁취한 사실, 일본 국민이 막부(幕府)를 전복한 사실을 예로 들고 있음을 봐도 이 논설은 분명히 국민혁명의 시급성을 암시하고 있는 것이라 봐도 무방할 것이다. 더구나 "영국 국민이 국왕을 시살한 것은 무도불법한 사적을 후세에 유전코자 함이 아니라 국민의 권리를 세우고자 하여 부득불 행한 일"이라 한 이 논설을 프랑스혁명을 폭행이라 규정한 유길준의 경우와 비교해보면 큰 차이가 있음을 알 수 있다.

그러나 소위 한일합방이 이루어질 때까지 이 논설들이 불러일으킨 국민혁명은 일어나지 않았다. 무장항쟁으로 감행된 의병운동도 끝까지 국민혁명적인 성격으로 발전하지 못하였고 시민계급적 사회계층이 주동이 되었던 애국계몽운동은 식민지로 전락하는 마지막 순간까지 계몽운동으로 끝났을 뿐 정치혁명을 일으키지 못하였던 것이다.

한반도가 식민지로 전락한 원인은 대단히 복합적인 것이지만 그 가운데 가장 중요한 원인의 하나가 스스로 대한제국을 무너뜨리고 국민국가를 만들기 위한 혁명을 일으키지 못한 데 있다 할 것이다. 그러나 앞에서 제시한 몇 개의 논설에서 보인 것과 같이 외세의 침략을 극복하고 식민지화를 막는 최선의 길이 혁명을 통한 국민국가의 수립에 있다는 사실이 일부 지식인들에게는 이미 인식되어 있었고 이 때문에 식민지 통치 아래에서 일어난 독립운동은 바로 국민국가 수립운동으로 전개되었다. 3·1운동 이후 상해임시정부가 거의 이의없이 공화정체로 조직된 것은 바로 이와 같은 역사적 경험의 소산이었던 것이다.

(2) 국민국가로서의 임정 수립

일본은 한일합방을 자행한 후 의병운동을 탄압하기 위하여 '남한대토벌작전(南韓大討伐作戰)'을 벌였고 애국계몽운동을 탄압하기 위하여 언론·집회·결사를 철저히 금압하고 소위 총독 암살계획을 날조하여 한일합방 후 국내에 남아 있던 애국계몽운동세력을 뿌리뽑으려 하였다. 이와 같은 식민지 통치당국의 계속적인 탄압 때문에 국내에서 조직적인 민족운동이 일어나기 어려운 실정이었지만 합방 후 불과 10년 안에 3·1운동과 같은 전민족적·전국적 규모의 독립운동이 일어날 수 있었던 것은 역시 대한제국 말기의 의병운동과 애국계몽운동을 통하여 축적되었던 민족운동 역량이 바탕이 되었던 것이다.

3·1운동이 대한제국이 멸망한 지 10년이 안 되어 무단통치체제를 뚫고 일어났지만 복벽운동이 되지 않았다는 점에 중요한 역사적 의미가 있는 것이라 생각된다. 3·1운동은 계획기간이 불과 1개월 정도이었기 때문에[15] 이 운동이 성공한 후 어떤 정부를 만들 것인가 하는 점에 관한 33인의 통일된 의견은 없었던 것 같다. 그러나 그들의 취조서를 통하여 사후에 그들이 구성하려고 하였던 정부의 성격을 어느정도 짐작할 수 있다.

손병희(孫秉熙)의 1919년 7월 4일자 경성지방법원 예심조서에 의하면 "조선이 독립하면 여하한 정체를 세울 생각이었는가" 하는 물음에

---

15) 3·1운동의 실질적인 계획자라 볼 수 있는 최린(崔麟)의 취조서에 의하면 "금년 1월 28일 손병희(孫秉熙)에게 불리워서 권동진(權東鎭)·오세창(吳世昌)과 같이 동인 집에 갔을 때 처음 그 말이 나온 것이다"라고 하였다. 李炳憲 編著 『三·一運動秘史』 時事時報社出版局 1959, 586면.

대하여,

　민주정체로 할 생각이었다. 그 사실은 나뿐만 아니라 일반적으로 그와 같이 생각하고 있는 것이라 여겨진다. 또 나는 구주대전(歐洲大戰)이 한참일 무렵 교도 등과 우이동에 갔을 때 전쟁이 끝났을 때는 상황이 일변하여 세상에 군주라는 것이 없어지게 될 것이라 이야기한 적이 있다.[16]

라고 대답하여 세계사의 조류에 부응하여 민주제 국민국가를 만들어야 한다는 생각이 분명하였음을 나타내고 있다.

　무단통치의 철저한 탄압 아래서 짧은 시일에 계획된 일이었기 때문에 33인 각자가 운동이 성공한 후 수립할 정체에 대하여 구체적으로 생각한 바 없었던 것 같고 따라서 "거기까지는 생각하지 않았다"[17] "그것은 독립된 후의 일인 줄 안다"[18] 등의 답변도 있다. 그러나 한편

　그 일에 대하여서는 전부터 깊이 연구하고 있지 않았으므로 무엇이라고 말할 수 없으나 나의 생각에는 민족대표로서 독립하면 민의에 따를 것이라고 생각한다.[19]

　그것은 독립 후 할 것이므로 거기까지는 말할 수 없으나 현재 20세기에 따라 공화국으로 발전할 것이라고 생각한다.[20]

---

16) 金正明 編『朝鮮獨立運動』1, 東京: 原書房 1967, 802면, 1919년 7월 4일, 京城地方法院豫審調書.
17) 이병헌 편저, 앞의 책 558면, 최린(崔麟) 취조서.
18) 같은 책 410면, 임예환(林禮煥) 취조서.
19) 같은 책 477면, 신홍식(申洪植) 취조서.
20) 같은 책 699면, 강기덕(康基德) 취조서.

등으로 대답하여 다소 막연하지만 복벽운동을 하기 위하여 운동에 참가한 것은 아님을 분명히 알게 해주고 있다.

사실 3·1운동은 우리가 알다시피 고종의 죽음을 계기로 해서 계획된 것은 아니었고 그것과 그다지 상관 없이 계획된 일이 다만 그의 장례식을 이용하여 일어난 것이다. 따라서 동경에서의 2·8선언이나 3·1선언에서도 복벽운동의 성격은 전혀 찾아볼 수 없다. 한일합방 당시 대부분의 국민 여론은 조선왕조의 멸망임과 동시에 국가의 멸망으로 인식하고 애통해하였다. 그러나 앞의 절에서 인용한 논설들에서 보았듯이 구한말에 이미 왕실과 국가를 구분하는 생각이 상당히 높아져 있었고 이와 같은 생각은 3·1운동에 와서 더욱 자리잡혀져가고 있었던 것이라 생각된다.

손병희는 한일합방에 대한 의견을 묻는 판사 질문에 대하여 다음과 같이 대답하였다.

우리들은 일청전쟁 당시 정부를 전복하지 않고는 인민의 행복을 얻을 수 없다는 생각에서 선언을 뜻한 바 있지만 성취하지 못하였다. 한번은 정부가 전복될 시기가 올 것이라 생각하고 있었기 때문에 별로 감상이 없었고 그래서 나는 중립을 지키고 있었던 것이다.[21]

한일합방 당시 적극적인 반대운동을 펴지 않았다가 3·1운동의 주동자가 된 손병희의 태도가 일관성이 없다고 할 수도 있겠으나 조선정부를 전복시키지 않고는 인민의 행복을 얻을 수 없으며 한번은 정부가 전복될 시기가 올 것이라 생각하였다면, 비록 자체 내의 국민혁명에 의한

---

21) 김정명 편, 앞의 책 790면, 1919년 4월 10일, 손병희 경성지방법원 예심조서.

것은 아니지만, 한일합방은 전제군주제 조선왕조가 멸망한 것이라 보고 독립과 국민국가 수립을 위한 3·1운동을 일으킨 것이라 볼 수 있다.

대한제국 말기의 왕권부정론이 정치혁명을 일으키는 단계에까지 가지 못하고 한일합방으로 왕권과 국권이 함께 강탈당하였지만 그것을 구분해야 한다는 생각은 그대로 계속되었다고 볼 수 있다. 최린(崔麟)도 합방에 대한 감상을 다음과 같이 말하였다.

> 반대하는 감정이다. … 본인뿐만 아니라 한일합방이 될 때 조선민족이 다 가만히 있은 것은 망국의 원인을 일본에게만 돌려보내지 아니하고 스스로 망한 것인 줄 알고 대세를 어쩌하지 못하여 그대로 있었으나 합방 후 10년 동안 여지없이 학대를 받았는데 지금은 세계대세에 순응코자 함이다.[22]

한일합방의 원인을 일본의 침략성보다 대세의 흐름에서 구한 점에 반발을 느끼지만, 한편, 대한제국의 멸망에 연연하지 않은 그 나름대로의 생각이 분명히 드러나 있다. 3·1운동 당시에도 망국군주의 죽음을 나라가 또 한번 망한 것으로 느끼고 애통해한 군중이 많았던 것이 사실이다. 그러나 한편 왕의 죽음을 민족의 문제와 철저히 분리하고 냉담하였던 예도 많았다. 우선 33인의 경우도 손병희는 고종의 죽음에 대한 감상을 물은 데 대하여,

> 별로 어떤 감상은 없다. 나이 많으면 죽는 것은 당연한 일이라고 생각한다.[23]

---

22) 이병헌, 앞의 책 785면, 공소공판기(控訴公判記).
23) 같은 책 81면, 손병희 취조서.

하였고 이승훈(李昇薰)도,

　별로 감상이라고는 없고 단지 사람이 사망하였다고 함을 들었을 때 슬픈 마음을 갖는 것은 누구든지 있을 것이라고 생각한다.[24]

하였으며 같은 질문을 받은 권동진(權東鎭)·오세창(吳世昌)·최남선(崔南善) 등이 모두 '아무 감상 없었다'고 대답하였다. 3·1운동과 고종의 죽음 사이에 연관성이 없음을 짐짓 강조하려 한 것이라 볼 수도 있겠지만 "다시 독립운동을 할 것인가" 하는 물음에 대부분 "그렇다" 하고 대답한 이들이 죄를 가볍게 하기 위하여 애써 냉담해한 것 같지는 않다.

　고종의 죽음에 냉담한 반응을 보임으로써 한일합방 후 이왕가(李王家)로 남은 왕실과 민족의 문제를 선명히 구분하는 태도를 보인 것은 3·1운동을 주도한, 민족적 의식이 비교적 높은 사람들에게만 한정된 것이 아니었다. 3·1운동 직후 조선총독부가 그 지방관서를 통하여 실시한 고종의 죽음에 대한 민정조사에 의하면[25] 그의 죽음을 망국과 결부시켜 비통해하고 합방 이전과 같이 국상(國喪)의 예(禮)를 다한 경우가 물론 많다. 그러나 한편으로는 전혀 냉담한 반응을 보일 뿐만 아니라 그에게 오히려 망국의 책임을 물은 경우도 있다. 이제 몇 가지 대표적 사례를 들어보자.

　① 신교육을 받은 청년층

---

24) 같은 책 354면, 이승훈 취조서.
25) 이 민정조사는 전국적으로 실시할 것을 명령한 것 같으나 3·1운동이 급격히 번져감에 따라 곧 '소요사건에 관한 민정보고'로 바뀌어서 전라·강원·황해 3도의 보고밖에 들어오지 않은 것 같다.

보통학교 급(及) 상급학교의 졸업생 등은 거의 이태왕전하(李太王殿下)의 훙거(薨去)에 개의치 않는 사람이 많고 따라서 깊은 감상을 가진 사람이 없다.[26]

전하는 이조에 있어서의 총명(聰明)한 성군(聖君)이었지만 시정(施政)을 잘못하였다. 조선으로 하여금 금일에 이르게 한 비정(非政)은 군주로서 우러러볼 가치가 없다. 복상(服喪)은 물론 국상(國喪)의 필요가 없다.[27]

인민의 부(父)인 군주가 전쟁의 결과 패하여 그 나라를 넘겨주는 것은 어쩔 수 없는 일이라 하겠지만 전쟁 한번 해보지 않고 타국에 병합하는 것과 같은 것은 우리의 군주가 아니다. 상복을 입을 필요가 없다.[28]

② 자산가(資産家), 상공업자

어느 자산가의 경우 지기(知己)로부터 망곡식(望哭式) 참렬(參列)의 통지를 받았으나 바쁜 업무를 쉬고까지 참렬할 것 없다 하고 아무렇지 않게 여겼다. 일반적으로 냉담하다.[29]

철원시장(鐵原市場)에서 이태왕(李太王)은 한국을 일본에 팔아넘긴 매국노이다. 이와 같은 자는 하로라도 빨리 죽는 것이 옳다라고 말하는 사람이 있었다.[30]

---

26) 김정명 편, 앞의 책 364면, 1919. 3. 14, 高警 第6335號「李太王薨去에 關한 全道民情一般 全南」.

27) 같은 책 345면, 1919. 3. 10, 高警 第6334號「李太王薨去에 關한 全道民情一般 江原道」.

28) 같은 곳.

29) 같은 책 365면, 1919. 3. 14, 高警 第6335號「李太王薨去에 關한 全道民情一般 全南」.

30) 같은 책 345면, 1919. 3. 10, 高警 第6334號「李太王薨去에 關한 全道民情一般 江原道」.

연백군 은천면 연동리(延白郡銀川面蓮東里) 염창호(廉昌鎬)는 이태왕 전하는 한국황제 당시는 양반유생 가운데서 문무관을 임용하여 상민은 하등 은전을 입지 못하였으므로 우리들 상민된 자들은 하등의 애도의 뜻을 표할 필요 없다고 말하였다.[31]

해주(海州)지방에는 "우리들은 원래 조선민족이므로 복(服)을 입는 것이 당연하지만, 그러나 이태왕이 구한국시대 집정 당시 일반민은 하등의 은전을 입은 자 한 사람도 없고 오히려 말할 수 없는 악정에 주구(誅求)되었기 때문에 이태왕의 훙거(薨去)에 대해서는 조의(弔意)를 표할 필요가 없다"고 말하는 사람이 있었다.[32]

③ 양반유생의 노년층

양양군(襄陽郡) 거주 양반 정현동(鄭顯東)은 이태왕은 이조 5백 년의 국토를 들어 일본에게 탈취당하고 또 2천 만이 신민(臣民)을 모두 일본의 노예가 되게 한 불초한 임금으로서 우리에게 있어서는 만고불역(萬古不易)의 구적(仇敵)이다. 복상(服喪)의 필요가 없다 하였다.[33]

④ 천도교도 시천교도

연백군 은천면 시천교도는 전하는 교조 최시형(崔時亨)을 강살(强殺)한 자로써 오인(吾人)은 하등 애도의 의(意)를 표할 필요가 없다고 말하였다.[34]

---

31) 같은 책 385면, 1919. 3. 17, 高警 第7098號 「李太王薨去에 關한 全道民情一般 黃海道」.
32) 같은 책 386면, 1919. 3. 17, 高警 第7098號 「李太王薨去에 關한 全道民情一般 黃海道」.
33) 같은 책 345면, 1919. 3. 10, 高警 第6334號 「李太王薨去에 關한 全道民情一般 江原道」.
34) 같은 책 386면, 1919. 3. 17, 高警 第7098號 「李太王薨去에 關한 全道民情一般 黃海道」.

강원도 회양군 하북면 초일리(淮陽郡下北面初一里) 217번지 회양천도교구장 송환순(宋煥淳)은 민중의 행복은 군주정부(君主政府)를 폐하고 공화정치 하에 조선을 독립시켜 동양의 평화를 확립시키는 데 있다. 그리고 공화정치로서 국가를 수립하려면 종교에 의하여 통일하고 지배할 수밖에 없다. 우리 교주 손병희(孫秉熙) 선생 외 33명의 독립선언서에 서명한 자 등은 이 주의하에 분기(奮起)하여 독립운동을 개시한 것이니 조선민족 된 자는 동포를 위하여 동양 영원평화를 위하여 이를 방관할 때가 아니다.[35]

이상과 같은 민정(民情)은 고종의 죽음에 대한 민족적 관심을 냉각시키려는 작의(作意)가 들어 있을 가능성도 있고 총독부 관리의 조사에 본의와 다르게 응답하였을 경우도 있을 수 있다. 그뿐만 아니라 나타난 '민정' 속에도 '인민의 부'로 표현한 것과 같이 아직 전시대적 생각에서 완전히 탈피하지 못한 점도 있다. 그러나 근대적 교육을 받은 청년층의 냉담성과 한일합방 과정에 대한 정확하고도 신랄한 비판, 일부 서민층의 대한제국 체제에 대한 반발과 공화제에 대한 이해 등은 조사관리의 작의성이나 응답자의 허위진술 이상의 역사적 진실성이 담겨 있는 것이라 봐도 무방할 것이다. 노년층의 양반유생에게서 '만고불역의 구적'이란 표현이 나온 것도 일시적 흥분이나 극소수의 이단으로만 볼 수 없을 것이다.

3·1운동 당시에도 그것을 복벽운동의 일환으로 받아들였을 군중이 많았음이 사실이며 33인 등은 그 군중이 국상(國喪)에 운집한 기회를 이용하여 독립을 선언하였다. 그러나 그 주동세력이 가지고 있었던 시

---

35) 姜德相 編『現代史資料』25 朝鮮1, 東京: みすず書房 1977, 562면, 1919년 11월 1일, 高警 第30932號「地方民情報 不穩言動者檢擧」.

대사조에 대한 올바른 인식과, 이세 왕권과 국민주권을 정확히 구분할 수 있게 된 의식있는 서민의 생각이 바탕이 되어 3·1운동이 일어났고 그 결과로 조직된 임시정부가 거의 이의없이 공화체제를 채택하였던 것이다. 이렇게 보면 대한제국 말기에 나타난 왕권과 국권 분리론 내지 국민국가 수립운동이 한일합방, 3·1운동을 통하여 확대되고 임시정부 수립에서 일단 자리잡게 된 것이라 할 수 있다.

3·1운동이 원인이 되어 일어난 임시정부 수립운동은 대체로 세 곳에서 결실하였지만 그것은 모두 공화정부 수립운동으로 나타났다. 이해의 4월 23일 서울에서 국민대회취지서(國民大會趣旨書)를 반포함으로써 표면화된 한성(漢城)임시정부는 국민대회 13도대표자(國民大會十三道代表者)와 조선민족대회(朝鮮民族大會)를 바탕으로 하여 성립되었고 정부 수반인 집정관총재(執政官總裁)에 이승만(李承晩)을 임명하고 평정관(評政官), 빠리강화회의의 파견대표를 선출하였다.[36]

집정관의 선거법을 미처 제정하지는 못하였으나, 선포문(宣布文)에서 "국민대회는 민의에 기(基)하여 임시정부를 조직한다"하였고, 임시정부 선포문이 조선민족대회의 이름으로 발표된 점, 13도 대표자 25명이 국민대회취지서를 발표하고 약법(約法)에서 "국체(國體)는 민주제(民主制)를 채용함" "정체(政體)는 대의제(代議制)를 채용함"이라고 규정한 점[37] 등으로 미뤄봐서 한성임시정부에서 비록 임시정부 형태이기는 하지만 대한제국 멸망 이후, 또 전체 한국사를 통하여 국내에서 최초로 본격적인 공화제 원칙의 국민국가 수립이 계획된 것이었다.

한편 노령에 있어서도 조선후기부터 이 지방에 옮겨 살던 교포사회

---

36) 金正明 編『朝鮮獨立運動』2, 17면, 「大韓民國 臨時政府에 關한 文書發見의 件」.
37) 같은 책 20면.

를 중심으로 권업회(勸業會), 성명회(聲鳴會), 한족중앙총회(韓族中央總會) 등이 차례로 조직되었고 3·1운동 이후에는 해삼위(海蔘威)의 신한촌(新韓村)에서 한족중앙총회를 모체로 임시정부 성격의 대한국민의회(大韓國民議會)를 조직하였다. 노령 지방의 교포사회는 이미 구한말부터 자치제를 이루고 있었다. 독립협회의 『독립신문』도 다음과 같이 그 실정을 전하고 있다.

　영국 부인 하나이 아라사 지경에 사는 조선 사람들을 가서 보고 서울에 와서 외국 사람들에게 연설하는데 거기 있는 조선 사람들은 관원들을 백성들이 투표하여 뽑아 그 중에 지식있고 정직하고 물망있는 사람으로 중임을 맡기는 까닭에 거기 관원들은 백성에게 돈 한푼이라도 무리하게 취할 수가 없고 청도 없고 소록질도 없고 원이 백성 섬기기를 상전같이 섬기고 백성이 원 섬기기를 아비와 같이 하며 관민이 만사를 상의하여 백성에게 편하고 아라사 정부에 편하도록 일을 하며 정부에 바치는 세전이 영락없이 해마다 아라사 정부로 가고 송사 겹처 한 후에 원망도 없는지라.[38]

한일합방 이전부터 자치제를 영위하고 있던 노령의 교포사회가 3·1운동 이후 임시정부를 만들면서 공화제를 채택한 것은 오히려 당연하며 이 때문에 이름도 대한국민의회가 된 것이었다.

상해임시정부 역시 성립 당초부터 공화제를 채택하여 민국정부를 수립하였음은 물론 임시 헌법에 "대한민국의 주권은 대한인민 전체에 재함"이라 규정하였다. 임시 헌법에 "대한민국은 구황실을 우대함"이란 조문을 넣었으나 김가진(金嘉鎭) 등의 계획으로 의친왕 이강(義親王李

---

[38] 『독립신문』 제2권 6호 1897년 1월 16일자 논설.

墹)이 상해로 탈출하려다 실패한 사건이 있었을 때 임시정부는 기관지
『독립신문』을 통하여,

　　의친왕이 상해로 내(來)하려 하였음을 기화(奇貨)로 하여 교활(狡猾)한 적
　　중(敵衆)은 이를 임시정부가 인심 수람(收攬)의 일책으로 의친왕을 그 수령으
　　로 삼으려 함이라고 비난하도다. 거(去) 8월 임시의정원에서 임시헌법을 통
　　과할 시에 헌법 초안 중에 구황실 우대의 일조가 어떻게〔2字缺〕하게〔2字缺〕
　　된 기록을 보면 우리 독립운동의 정신을 알지오. 또 김가진씨가 내호(來滬)한
　　지 1삭(一朔)이 넘되 임시정부에 아무 직임을 대(帶)치 아니함을 보아도 이를
　　알 것이리라. 간(奸)하고 우(愚)한 적이여 임시정부에 이미 대통령이 있고 국
　　무총리 이하 각 부 총장이 있으니 의친왕이나 기타 황족 혹은 귀족을 어디다
　　추대하리오. 여운형(呂運亨)씨가 동경서 성언(聲言)한 바와 같이 황족이나 귀
　　족이 신한정부(新韓政府)의 하에〔1字缺〕함을 환영하노라. 그러나 오직 대한
　　민국의 일공민(一公民)으로 환영할 뿐이라.[39]

하여 구황실과의 관계를 분명히 하고 굳이 공화체제를 강조하였다.
　　상해임시정부는 노령 국민의회 및 한성임시정부와의 소위 법통(法
統) 문제로 말썽이 있었고 특히 노령 국민의회와는 대립적인 상황이 나
타났었다. 그러나 임시정부 수립운동 초기에는 통일된 정부를 만들려
는 전체 민족적 여망이 높았고 이 때문에 노령과 간도지방에 기반을 가
졌던 이동휘(李東輝)가 상해임시정부에 참가함으로써 일단은 통일정부
가 이루어졌었다. 대한제국 말기부터 고조되어오던 국민국가 수립운동

---

39)『독립신문』1920년 1월 8일자, 國史編纂委員會 編『韓國獨立運動史』資料 3 臨政篇 3,
　　1973, 4면.

이 3·1운동을 통하여 크게 확대되었고 상해임시정부 수립에서 일단 이루어진 것이라 말하였지만, 사실 수립 당초의 상해임정은 전체 민족적 염원을 바탕으로 한 독립운동의 총본산으로서 역할을 다할 수 있으리라 기대되었고 민족운동적 측면으로는 임시정부의 형태로나마 국민국가 수립에 성공한 것으로 평가될 수 있다.

상해임정 수립과정에서 가장 어려운 문제의 하나였던 노령 국민의회와의 관계를 해결함에 있어서 상해임정에 참가한 이동휘의 1919년 11월 27일자의 다음과 같은 성명은 통일된 임시정부를 수립하기 위한 개인적 노력의 차원을 넘어서 전체 민족적 염원이 뒷받침되었음을 읽을 수 있으며 또한 수립 당초의 상해임시정부가 독립운동의 역사에서 차지하는 위치를 이해하게 한다.

… 아(我) 이천만(二千萬)의 고충을 찰(察)하고 독립의 전책임을 진 상해임시정부는 이에 가일층 2천만의 소망과 세계만방의 신임을 잠각(暫刻)이라도 홀저(忽諸)히 할 수 없음과 동시에 여(余)는 부재부덕(不才不德)함에도 그 책임을 모피(謀避)할 길이 없음은 현하의 사실이다. 고로 그간 노령 국민의회의 한성정부를 승인해야 한다는 주장과 상해 의정원의 한성정부를 개조해야 한다는 주장의 여하에 구애됨이 없이 여(余)는 국궁(鞠躬)하여 2천만을 위하여 진충하고자 한다. 이에 대하여 동지계(同志界)에 있어서는 혹은 오해하여 말하기를 이동휘가 개조하는 정부에 취임하는 것은 동지계가 주장하는 승인에 대모순(大矛盾)된다고 한다. 그러나 여는 2천만을 피아(彼我)의 구분 없이 생각하는 양심에 의하여 그 양심의 고통을 참고서까지 동지간의 편론(偏論)에 설 수 없다. 왜노(倭奴)는 아등간(我等間)에 흔단(釁端)이 생하는 것을 일대 기화(奇貨)로 삼는다. 금일 여는 군이 노령 주장을 고집하여 상해당국 제군과 정전(政戰)을 열 수는 없다. 오로지 광복만을 목적으로 하고 독립만을 요구함에

있어서도 승인 이외에 성공할 길이 없고 개조만큼 일을 실패하게 하는 길이 없다면 차라리 아동지간(我同志間)의 의견충돌에 양보하는 이동휘가 될지언정 여의 의견을 극단에까지 주장하여 대국(大局)을 파괴하는 이동휘가 되는 일은 더욱 할 수 없는 문제이다. 동지 제군이여 여의 고충을 살피고 여의 성충(誠忠)을 안다면 여를 도와서 여의 책임으로써 전담되는 민국정부를 옹대(擁戴)하라. 여는 2천만의 부활을 위하여 동지들에게 이를 바란다.[40]

상해임시정부 성립 초기에 있어서의 국내의 호응도는 연통제(聯通制) 조직규모로도 가늠할 수 있으며 이 밖에도 서북간도의 거의 대부분의 무장운동단체가 이를 지지하였다. 몇 가지 예를 들면 이 시기 북간도 지방에서 독립운동의 통일기관이던 대한국민회는 회장 구춘선(具春先)의 이름으로 발표한 고유문(告諭文)에서,

무릇 국가는 일정한 토지에 거주하는 일정 인민의 정치상 통일된 단결력에 의하여 성립하는 단체이다. 고로 타국이 일국의 독립을 승인함에는 그 국민의 통일된 단결력의 유무에 있다. 고로 오등(吾等)의 독립운동은 기다(幾多)의 생명 급 재산을 희생에 바쳐도 통일적 운동을 하지 못하면 타국으로부터 한족의 독립을 승인받을 수 없다. 재상해(在上海)의 대한민국임시정부를 조직한 당시는 무능력하여 통일을 결함으로써 오인은 깊이 우려하였으나 다행히 그후 최고기관다운 정부를 조직 통일하였다. 다시 정부는 각 지방 각 단체를 통일하기 위하여 조선 내지에는 각 도에 각 일기관을 설하고 외지교민에 있어서는 미령(米領), 북간도, 서간도, 노령으로 나누어 각 일기관을 설치하였

---

40) 강덕상 편 『현대사자료』27 조선3, 190면, 1920년 1월 14일, 高警 第771號 「國外情報 李 東輝 書信에 關한 件」.

다. 차진운(此進運)에 승(乘)하여 북간도에 있어서도 통일기관이 없을 수 없다. 북간도의 통일기관은 어떤 단체인가, 본회는 금춘(今春) 의사부(議事部)의 명칭 아래 한족 독립운동을 개시하여 용정(龍井)에서 한족독립 축하식을 거행하였지만 그후 조선독립기성회라 개칭하고 임시헌법 반포 이래 회명(會名)이 국호와 저촉되므로 각 지방에 있어서 각 단체의 대표자회의를 열어 협의한 끝에 대한국민회(大韓國民會)로 고치고 정부의 승인을 얻어 군사 급 재정상 제반 독립사무를 집행하기에 이르렀음은 북간도에 있어서의 통일기관이 설치된 것이다.[41]

라고 하여 통일된 임정의 수립을 적극 지지하고 그 임정의 승인을 얻었다는 사실로써 독립운동단체로서의 정통성을 강조하고 있음을 볼 수 있다. 그뿐만 아니라 대한국민회는 1920년 2월에 임시정부가 독립군 모집을 위하여 실시한 군적등록령에 호응하여,

대한국민회장(大韓國民會長) 구춘선(具春先)은 아(我) 임시정부 군적등록령(軍籍登錄令)에 의하여 북간도 재류 동포에게 고한다 ⋯ 동포여,

독립을 원하고 또 자유를 원한다면 독립전쟁의 군인이 될 것이며 군인이 되려면 속히 정부의 군적에 등록할 것이다. ⋯ 임시정부 밖에 서 있는 저들 복벽주의(復辟主義) 단체 등의 군인이 되어 죽으면 아무 가치도 없고 아무 성공도 없다. 가치있고 성공있게 죽으려 하면 공화정부의 군적에 등록하여 공화정부의 군인이 될 것이다. ⋯ 실로 독립을 위해 싸우려면 우리들은 일체 군무총장의 명령에 의하여 군적에 등록하고 총사령장관의 명령에 의하여 전장에 출전하지 않으면 안 될 것이다.[42]

---

41) 같은 책 9면, 「國民會告諭文」第2號.

하고 공화정부로서의 임정 노선과 복벽주의를 분명히 구분하고 전자를 적극 지지하고 있다. 만주지방의 일부 항일단체 중에는 복벽운동단체가 있었다. 복벽운동은 항일운동은 될지언정 옳은 의미의 독립운동 및 민족운동이 될 수 없음을 이들은 분명히 인식하고 공화국 임시정부를 지지하였던 것이다.

3·1운동 직후의 민족운동의 큰 흐름이 통일된 임시정부 수립운동으로 총집중되었고 그 임시정부는 일본에 초청되어 갔던 외교차장 여운형의 연설에서 분명히 밝힌 것과 같이 "민을 위한 국가 즉 민주공화국이며 이것은 대한민족이 절대 요구하는 바일 뿐만 아니라 세계대세의 요구"[43]라고 알고 있었던 것이다. 그리고 임시정부 수립운동의 대세가 복벽운동이 아닌 국민국가로서의 공화국 수립운동으로 귀결된 것은 이 시기의 독립운동이 본질적으로 어떤 성격을 가지는가를 나타내며 성립 당초 임시정부는 적어도 공화주의자들에게는 독립운동 및 민족운동의 구심점 역할을 다할 수 있을 것으로 기대되었던 것이다. 그러나 이후 상해임시정부는 그 자체 내의 여러가지 문제점과 일본의 극심한 탄압 및 분열정책, 그리고 세계사적 사조에 탄력성 있게 적응하지 못한 것이 원인이 되어 이와 같은 기대에 부응하지 못하였고, 따라서 독립운동 및 민족국가 수립운동은 다른 양상으로 변하여갔다. 우선 상해임시정부 자체가 가지고 있었던 한계성을 분석함으로써 이후 민족운동의 흐름을 내다볼 수 있을 것이다.

---

42) 같은 책 18면, 「國民會告諭文」 第3號.
43) 김정명 편 『조선독립운동』 2, 93면, 「呂運亨의 韓國獨立聲明發表의 件」.

(3) 상해임정의 한계성

앞의 절에서 논급한 것과 같이 상해임시정부의 수립은 우리의 근대 민족운동사에 있어서 최초로 공화제 국민정부를 이루는 데 성공한 것이라는 점에 높은 의미를 가진다. 그리고 그것은 적어도 성립 당초에는 전체 민족적 역량이 바탕이 된 것이었다고 할 수 있다. 그러나 한편 상해임시정부가 비록 임시정부라는 조건 아래서나마 국민국가로서의 역할을 계속 발휘해 나가기에는 성립과정에서부터 이미 여러가지 한계성을 가지고 있었다.

상해임시정부에는 우리 역사상 최초로 이루어진 국민국가로서의 성격을 투명하게 유지해 나가야 할 민족운동사 내적 요구도 있었고 한편 식민지 통치체제와의 대결에 있어서도 그 방법의 철저성이 요구되었다. 우선 성립 당초의 임시정부가 당면한 식민지 통치체제와의 투쟁문제에 있어서 가장 중요한 계기를 이루는 것은 그 위치 선정과, 투쟁 방법론에 있어서의 무장항쟁론과 외교활동론의 선택문제였다. 그리고 이두 가지 문제는 또 서로 깊은 연관성을 가지고 있었다.

우리가 이미 아는 것과 같이 임시정부 성립과정에 있어서 상해임시정부와 노령 대한국민의회와의 사이에는 일종의 대립관계가 있었다. 이 대립관계가 통일임시정부를 만들 때는 전체 민족적 여망을 배경으로 하여 합작이 이루어졌다. 상해와 노령에서 설립한 정부들을 일체 해소하고 오직 국내에서 13도 대표가 창설한 한성정부를 계승하여 국내의 13도 대표가 민족 전체의 대표인 것을 인정하며, 정부의 위치는 '아직'은 각지와의 연락이 비교적 편리한 상해에 두되 현재의 상해임정 각원(閣員)은 일제히 퇴직하고 한성정부가 택선한 각원들이 정부를 인계

한다[44])는 조건으로 통합이 이루어졌던 것이다.

상해정부와 노령정부의 통합과정에서 임정의 위치를 '아직'은 상해에 두기로 정하였으나 사실 두 정부의 정통성 문제와는 별도로 그 위치를 선정하는 데 있어서 쌍방의 견해에 차이가 있었고 그것은 또 앞으로의 임시정부 활동방법과도 연결되는 것이었다. 위치를 상해로 주장한 의견은 일반적으로 지적되는 것과 같이 첫째 지리적으로 봐서 독립운동자들이 분포되어 있는 미국·일본·중국·만주·노령 및 국내와의 통신 연락에 가장 무난한 위치라는 점, 둘째 상해의 프랑스 조계만이 일제관헌의 감시나 간섭을 받지 않고 자유롭게 생활하며 행동할 수 있는 유일한 장소라는 점, 셋째 이곳에서 국내 국외의 독립운동자 대부분이 참집하였고 신한청년당(新韓靑年黨)과 같은 기존단체가 있어서 소위 소장 기예한 민족의 엘리트들이 모여 있었다는 점 등을 들고 있다.[45)]

그러나 노령정부의 입장으로서는 우선 위치 문제에도 견해가 다르다. 노령 대한국민의회 의장 문창범(文昌範)은 "왜 상해정부의 교통부장 임명을 사퇴하였는가" 하는 물음을 받고,

> 노령과 같은 접양지지(接壤之地)에 있으면서도 조선 내지와의 연락도 충분히 취할 수가 없으며 또 마음대로 활동할 수 없는데, 상해와 같은 원격지(遠隔地)이며 타국의 영토 내에 있어서는 어떤 일도 할 수 있으리라고 생각되지 않는다. 이와 같은 유명무실한 정부원이 되기보다는 모처럼 2·3년래 성립되어 있는 국민의회를 위하여 진력하는 것이 지당하다고 인정한다.[46)]

---

44) 독립운동사편찬위원회 편 『독립운동사』 제4권 임시정부사, 215면, '상해 노령간의 통합교섭'.

45) 같은 책 61면, '상해에서의 임시정부 수립과정'.

46) 강덕상 편 『현대사자료』 27, 204면, 1919년 6월 30일 「在우라지보스톡 菊池義郎 報告」.

하고 대답하였다. 상해를 '타국 영토 내'라고 말한 것으로 보면 노령은 타국 영토라는 생각이 적었던 것으로 생각할 수 있다. 그것은 이곳에 당시 50만에 달하는 교포사회가 오래 전부터 형성되어 있었고 또 접경된 간도에도 이보다 많은 수의 교포가 있었으며 이 지역이 역사적으로 연고가 깊은 곳이었기 때문이라 볼 수 있다. 이런 점에서 보면 그는 상해정부가 주권만 있고 인민과 국토가 없는 정부이며 노령정부는 주권과 영토까지도 있는 정부라고 생각하였는지 모른다.

당시 일본의 외국주재요원들도 상해임시정부의 위치 문제에 대해서는,

> 동 정부가 노령 또는 간도 기타 조선과 접양(接壤)의 지방으로 이전해 오지 않는 이상 하등 실력을 가질 수 없고 따라서 실제상 위험은 우선 적은 것이라 보여진다.[47]

라고 보고하였다. 이 무렵 이동휘를 중심으로 하는 만주·노령의 무장항쟁운동이 훈춘현 사도자(琿春縣四道子) 부근에 3천 명 이상의 군인과 소련으로부터 사들인 상당한 무기를 갖추고 있다는 정보와[48] 중국령 밀산(密山) 오지(奧地)에 한국무관학교를 세우고 구한국 장교를 교관으로 하여 노령과 중국지방 교포 중 고등소학교 또는 중학 졸업자 1천5백여 명을 모아 전술과 사격술을 가르치고 있으며, 이동휘가 노령과 중국에 사는 비귀화인 교포 중 만 20세까지의 남자에게 소집령을 내리고 6천5백호에 대하여 호당 20원씩을 갹출하고 있다는 정보를 입수하고 있던[49]

---

47) 같은 책 174면, 1919년 5월 5일, 「露領鮮人의 獨立運動에 관한 件」.

48) 같은 책 256면, 1919년 5월 23일, 高第 150號.

49) 김정명 편 『조선독립운동』 3, 57면, 1919년 6월 14일, 第22號 「朝鮮騷擾事件에 關한 情報」.

일본 측으로서는 임시정부가 이 지방에 서지 않고 상해에 섰다는 사실이 일단 다행한 일이었던 것이다.

국내와의 거리가 멀고 이미 무장항쟁이 준비되고 있던 만주 및 노령의 교포사회를 기반으로 하지 못한 상해임시정부가 독립운동, 특히 무장항쟁을 주도하기는 어려운 일이었다. 이 때문에 노령임시정부와의 통합과정에서도 임시정부의 교통부와 외교부만을 상해에 두고 나머지 기관은 모두 노령으로 옮기자는 의논이 있었으며 임시정부의 안전을 위주로 하는 주장이 우세하게 되자 군부만이라도 길림(吉林) 방면으로 옮기자는 의논이 있었다.[50] 통합조건에서도 임시정부를 장차 옮길 수도 있음을 표현하기 위하여 '아직'이란 단서를 붙였던 것 같다.

한편 이와 같은 임시정부의 위치 문제가 국내에서도 관심의 대상이 되었음은 당연하다. 예를 들면 1919년 10월 24일자로 불국조계(佛國租界) 관헌의 명령에 의하여 상해임시정부가 해산되었다는 소문에 대한[51] 국내의 감상을 조사한 자료 속에서 어느 기독교도 청년은,

아(我) 군정부(軍政府)는 노령에 있어서 상해가정부와 멀리 떨어져 있으므로 정부의 통일상 불편함이 적지 않으므로 영구히 이 상태로 둘 수는 없다. 조만 가정부는 노령으로 이전하는 것이 당연하다. 특히 온화수단으로써 도저히 독립의 소지(素志)를 관철할 수 없게 되었다. 무력으로 해결해야 할 때가 도래한 것이다. 고로 가정부의 해산과 같은 것은 오인의 운동에 하등의 장해를 주지 않는다. 종래 가정부의 일부에는 온화파가 있어서 무력운동이 불가하다 하고 가정부의 노령 이전에 반대하는 자 있었지만 이번의 해산명령에 의하여

<hr />

50) 주55 본문 참조.
51) 김정명 편『조선독립운동』2, 61면, 1919년 11월 4일, 高警 第30934號「大韓民國臨時政府의 閉鎖情報」.

온건파도 크게 깨달은 바가 있을 것이므로 노령 이전의 시기를 앞당기고 금후에는 무력적 활동에 의하여 독립의 목적을 달성하게 될 것이다.[52]

하였다. 이와 같은 국내의 여론에서도 이미 나타나 있는 것과 같이 임시정부의 위치 선정 문제는 단순한 지리적 문제가 아니고 바로 임시정부의 항일운동 및 민족운동의 방법론 자체와 연결되는 것이었다.

상해임시정부의 독립운동 방법론은 크게 무장운동과 외교활동의 두 가지를 들 수 있으며 수립 초기에 그것을 구체적으로 계획한 내용을 1920년 5월에 발표한 대한민국임시정부시정방침[53]에서 볼 수 있다. 시정방침의 군사(軍事) 부분에 의하면,

독립운동의 최후 수단인 전쟁을 대대적으로 개시하여 규율적으로 진행(進行)하고 최후 승리를 얻을 때까지 지구(持久)하기 위하여 여좌(如左) 준비 방법을 실행한다.

하고 아령(我領)·중국령(中國領)에서 10만 명 이상의 의용병 지원자 모집, 사관학교의 설립, 비행대 편성 등을 제시하였다.

그러나 이와 같은 군사계획은 임시정부가 노령이나 만주에 있지 않고 상해에 있는 이상 실질적으로 불가능한 일이었으며, 또 군사행동을 독립운동의 최후의 수단으로 간주한 데도 문제가 있다. 이 시기 만주와 노령에서는 이미 무장운동 지도자들에 의하여 많은 무장단체가 조직되어 국내 진격작전을 준비하거나 또 실행하고 있었지만, 이와 같은 무장

---

52) 강덕상 편 『현대사자료』 25 조선1, 569면, 1919년 11월 5일, 高警 第31409號 「地方民情彙報 假政府解散에 대한 感想」.

53) 『조선독립운동』 2, 114면, 1920년 5월 일, 高警 第14529號 「大韓民國臨時政府施政方針」.

독립운동은 대단히 분산적인 것이어서 강력한 구심력이 요구되고 있었다. 상해임시정부가 만주지방의 무장운동단체를 기반으로 하기 위한 노력을 보이지 않은 것은 아니었으며 서로군정서(西路軍政署)와 북로군정서(北路軍政署), 그리고 그밖의 무장운동단체가 임시정부의 산하단체가 되었다. 그러나 이 단체들의 무장독립운동을 임시정부의 군부가 직접 통솔하였거나 작전을 지휘한 것은 아니었고 명분상의 산하단체에 불과하였던 것이다.

상해임시정부 수립 당초에는 3·1운동이 비무장성 때문에 본래의 목적을 달성하지 못한 데 대한 반성이 있어서 무장항쟁에 대한 민족적 열망이 높았고 그것이 바탕이 되어 분산된 상태에서나마 무장항쟁이 활발하게 일어났었다. 이와 같은 무장항쟁 열기를 통합 지휘하여야 할 상해임시정부는 소위 준비론에 빠져 오히려 그 열기를 냉각시키는 역할을 하였다. 만주 및 노령의 무장운동단체가 무장항쟁을 최선의 수단으로 삼은 데 반하여 임시정부는 그것을 최후의 수단으로 생각하였던 데 기본적인 차이가 있었고, 그러기 때문에 임시정부는 1920년에 무장항쟁을 촉구하는 민족적 여망과 그것을 곧 실천하려는 무장운동단체의 계획을 억제하기 위하여 다음과 같은 격고문(檄告文)을 발표하였다.

우리의 운동 개시 이래 기(旣)히 1개년을 경과하였지만 최후 수단인 전쟁의 일성을 발할 수 없는 데 이르렀음은 본직 등이 극히 황공(惶恐)하는 바이다. 그러나 전쟁이란 것은 원만한 준비가 된 후에 착수하지 않을 수 없다. 근일 소식에 접하건대 다소를 불구하고 적성(赤誠)만이라도 표시하고자 하여 해빙(解氷) 전에 출정하려 한다는데 그 성의는 대단히 환영하지만 그 계획은 완전하다고 할 수 없다. 일반동포는 장차의 사업을 양감(諒鑑)하여 지금이라도 완전하면 아 임시정부로부터 동원의 명령을 내릴 것이니 기시에 있어서

완전무결한 계획을 시행하여 우리의 목적을 달성하여야 할 것이다.[54]

　무장운동의 본거지와 진공작전(進攻作戰)의 대상지인 본국과 멀리 떨어진 상해에 위치한 임시정부가 완전한 독립전쟁 준비를 갖추기는 현실적으로 어려운 일이었고 사실 실천되지 않았다.

　한편 1920년 2월 23일에 소집된 임시 의정원 회의에서도 윤기섭(尹琦燮)·왕삼덕(王三德)·이유필(李裕弼)·이진산(李震山)·김홍서(金弘叙) 등 5명의 의원이,

　　① 본년 5월 상순 이내로 적당한 지점에 군사회의를 소집하고 군사계획을 절실히 확립하여 군무 진행의 방침을 주도(周到)히 규정할 일.
　　② 군무부의 육군·군사·군수·군법 4국(四局)과 기타 모든 군사기관을 만주(중국 東三省과 俄領 沿海·黑龍 兩州를 포함)에 이치(移置)할 일.
　　③ 금년 내에 소(少)하여도 만주에서 보병 10개 내지 20개 연대를 편성 훈련할 일.
　　④ 금년 내에 소(少)하여도 사관(士官)과 준사관(準士官) 약 1천인을 양성할 일.
　　⑤ 금년 내에 전투를 개시하되 소(少)하여도 보병 10개 대를 출동하도록 할 일.

등을 내용으로 하는 '군사에 관한 건의안'을 임시정부에 제출하였다.[55] 이 건의안이 토의되던 날의 의정원 회의록은 다음과 같이 기록하고 있다.

---

54) 강덕상 편 『현대사자료』 27 조선3, 18면, 「大韓民國臨時政府閣僚檄告文」.
55) 國會圖書舘 編 『大韓民國臨時議政院文書』 1974, 94~95면.

동안(同案)의 설명을 위하여 등단한 윤기섭씨의 비통한 연설은 만장을 숙연케 하였다. "금년 내로는 반드시 전투를 개시하되 먼저 적에게라도 성명하여 우리는 우리의 가능한 힘으로 나아가니 너희는 너희 힘대로 오너라 하여 사력을 다할 것이오" 함에 이르러서는 성조(聲調)에 이상한 향(響)이 있다. "우리가 비참한 전투를 한 뒤에야 세계가 움직이겠고 우리가 비참한 전투를 당한 후에야 국민의 단합이 완성하리라" 할 때에는 성루(聲淚)가 같이 흐르는가 의(疑)하겠다. 씨는 단을 하(下)하면서 만장일치의 동의를 바란다 한다.[56]

이 건의안은 의정원에서 만장일치로 가결되었으나 "군무차장 김희선(金羲善)씨는 동안의 설명 중에 재원에 관한 말이 일어(一語)도 없고 또 의원 중에도 재원에 관하여 질문하는 이가 일인도 없음을 유감이라 한다" 하고 의정원 회의록은 기록하였다. 그러나 이때 이미 만주와 노령에서는 임시정부와 같은 통일된 구심점이 없는 조건 속에서도 교포 사회의 성금을 바탕으로 수많은 독립군부대가 조직·운영되었고 무관학교도 세워져서 만주에서는 봉오동전투(鳳梧洞戰鬪), 청산리전투(靑山里戰鬪)가 감행되었으며 노령에서도 시베리아에 출병한 일본군과 치열한 전투를 벌이고 있었던 것이다.

군사활동이 배제된 임시정부의 활동은 대체로 외교활동에 치중되었다고 한다. 앞에서 든 임시정부 시정방침의 외교정책에 의하면 외교대상국으로서 중국·소련·몽골·오스트리아·독일·영국·프랑스·이태리 및 기타의 신흥 약소국을 들고 있으며, 구체적인 교섭 방안은 중국의 경우 남북 정부에 대한 임정의 정치활동 및 군사적 준비 협조 교섭, 소련에 대해서는 군기(軍器)와 군수품 공급 및 임정이 일본과 개전하였을 때의

---

56) 같은 곳.

후원 교섭, 미국에 대해서는 미일전쟁 촉진활동 및 군자(軍資) 군기(軍器) 군수품 대여 교섭, 영국·프랑스·이태리·오스트리아·몽골의 경우 한일 개전시의 동정 및 원조 교섭 등을 들고 있으며, 이밖에 국제연맹에 대한 독립 승인과 참가 요구 교섭도 계획하였다. 그리고 이와 같은 외교활동을 펴기 위하여 우리가 이미 알다시피 임시정부는 빠리위원부, 구미위원부 등을 두어서 활동을 벌이는 한편 중국과 소련에 대해서도 비교적 활발히 교섭하였다.

임시정부의 외교목표는 빠리강화회의나 태평양회의, 그리고 국제연맹에서 독립을 보장받는 일, 중국·미국·영국·소련 등 각국으로부터 승인을 받는 일이 최대의 목표였으며, 그것이 가능하면 무장항쟁의 방법을 택하지 않아도 독립을 보장받을 수 있으리라는 전망에서 군사활동보다 외교활동에 치중하였다. 그러나 빠리강화회의에서는 거의 외교적 성과를 거둘 수 없었고, 특히 큰 기대를 걸었던 태평양회의에서도 효과가 없었다. 그뿐만 아니라 임시정부가 조직된 후 해방될 때까지 25년간 중국의 국민당정부를 제외하고는 어느 한 나라의 공식승인도 받지 못하였다. 임시정부의 독립운동이 군사활동보다 외교활동에 치중하였고 그 구체적인 목적이 국제적 회의와 기구에서 독립을 보장받고 특히 세계 열강으로부터 개별적인 승인을 받는 일이었지만 그것이 모두 실패하였던 것이다.

상해임정에의 참여를 거부하고 노령에서의 무장항쟁을 주장하였던 문창범은 빠리평화회의에 대한 희망을 물은 질문에 대하여,

　　오인(吾人)은 당초부터 세계와 일본의 입장과를 감(鑑)하여 파리사절(巴里使節)이라는 것의 결과도 예상했다. 만약 평화회의에 있어서 오인의 지원을 채용하여 일본에 대하여 한국독립 허가를 강요하여도 일본이 이를 수긍하지

않고 간과(干戈)를 채택하여 대항함에 당하여 열국이 과연 병력으로써 일본을 압복(壓服)할 만큼 한국을 위하여 진력하려는 결심이 있겠는가 이것은 물을 필요도 없이 자명한 것이다.[57]

라고 대답하였다. 무력항쟁에 의하지 않고 외교활동에 의한 독립 청원이 불가능함을 분명히 미리 알고 있었던 것이다.

임시정부가 독립전쟁을 최후의 수단이 아닌 최선의 수단으로 하고 그것을 위하여 만주나 노령에 위치하고 그곳 교포사회를 기반으로 무장항쟁을 주도할 수 있을 때 임시정부 자체는 물론 독립운동 전체의 방향은 크게 달라질 수 있는 것이었으며, 이 문제는 나아가서 해방 후 임시정부의 정치적 위치와도 관계되는 일이었을 것이라 볼 수도 있다. 이렇게 보면 수립 당초 임시정부의 위치 선정문제는 그 활동방향과 성격 문제, 나아가서 해방 후의 그 정치적 위치 문제와도 연결되는 것이라 하지 않을 수 없다.

임정의 외교활동이 빠리강화회의와 태평양회의에서 실패하였지만 한편 소련과의 외교에 있어서도 능동적으로 대처하지 못하였고 따라서 세계정세, 혹은 극동지역 정세의 변화에도 탄력성 있는 대응을 하지 못하였음을 지적할 수 있다. 1918년부터 한인사회당(韓人社會黨), 공산당(共産黨) 등이 조직되어 소련과의 관계가 맺어졌고 임시정부 자체도 그 초기부터 소련과의 외교에 관심을 가져 1920년 초에 벌써 모스끄바 외교원을 선정하였으며, 이 해에 다음과 같은 조약을 맺었다.

대한민국임시정부와 노농정부(勞農政府)는 석일(昔日) 아한(俄韓) 양국 수

---

57) 강덕상 편 『현대사자료』 27, 205면, 1919년 6월 30일, 「文昌範에 관한 件」.

교에 기(基)하여 공수동맹(攻守同盟)을 체결하여 상호 좌의 조항을 지킬 것이다.

1. 노농정부가 전세계 인류의 요구하는 공산평등주의를 동양에 선전할 수 있게 대한민국임시정부는 이에 찬동 원조하여 공동동작을 취할 것.

2. 대한민국임시정부가 한족의 자립을 기도하고 또 동양평화를 영원히 확보할 수 있게 노농정부는 이에 찬동 원조하여 공동동작을 취할 것.

3. 노농정부는 중로 서백리(中露西伯利) 지방에 대한민국임시정부의 독립군 주둔 또는 양성을 승인하고 이에 대하여 무기 탄약을 공급할 것.

4. 대한민국임시정부는 중로지방에 주둔하는 독립군으로 하여금 노농정부 지정의 노군(露軍)사령관의 명령을 받아 행동하게 하며, 중로지방 공산주의 선전 및 중로지 침략의 목적을 가지는 적국과 대전을 할 경우에는 임기(臨機) 사용할 수 있을 것을 승인할 것.

5. 전 각항의 목적을 달성하기 위하여 중로연합선전부를 설치한다. 동 선전부는 노농정부 지정위원 및 대한민국임시정부 지정위원으로써 조직할 것.

6. 대한민국임시정부는 본 조약 제2항의 목적을 달성하여 정식정부를 수립한 날로부터 10년 이내에 자국군대에 사용한 무기 탄약의 상당대상(相當代償)을 노농정부에 상환하고 또 사례장(謝禮狀)을 보낼 것.[58]

이와 같은 조약이 체결된 이유를 소련 측에서 보면 조약문에도 나타나 있는 것과 같이 상해임시정부에 공산주의를 선전하려는 그 세계정책의 일환이며 아직 시베리아에 남아 있는 일본군과의 전투에 한국독립군을 투입하려는 데 있었고, 한편 임시정부 측에서 보면 당시의 강대

---

58) 같은 책 313면, 1920년 12월 17일 高警 第40046號 「不逞鮮人의 赤化」; 강덕상 편 『현대사자료』 28 조선4, 431면, 1920년 12월 6일, 秘間情 第81號 「上海臨時政府와 露國勞農政府와의 秘密條約」.

국 중에서 유일하게 적극적 관심을 보여준 소련의 원조로 독립군을 양성하는 데 있었다.

어떻든 이 조약의 결과 곧 중로연합선전부(中露聯合宣傳部)가 찌따시에 설치되었고 임정 측의 책임자로는 박용만(朴容萬)이 부임하였던 것 같다. 즉 1920년 12월 초순에 임정이 보낸 안정근(安定根)과 왕삼덕이 니꼴리스끄에서 찌따시에 있는 중로연합선전부 부장(副長) 박용만의 특사 두 명과 만나 협의하고 동녕현(東寧縣) 삼분구상촌(三岔口上村) 고려촌(高麗村)에 지부를, 그리고 왕청현(汪淸縣) 나자구(羅子溝) 및 돈화현(敦化縣) 수천자(水泉子)에 각각 분파소를 설치하였다. 역원으로서 선전지부장에 안정근, 선전지부위원장에 왕삼덕, 선전지부집행군사령관에 홍범도(洪範圖)가 임명되었고 기타 선전지부위원 30명을 선정하고 지부위원장 등의 간부는 고려촌에, 집행군무사령관(執行軍務司令官)은 돈화현(敦化縣) 양천자(凉泉子)에 있게 하였다.[59] 중로연합선전부는 찌따에 두고 간도에 그 지부와 분파소를 설치한 것이다.

한국 임시정부와 협정을 맺은 소련은 이후 계속 적극적인 자세를 취하여 이미 널리 알려진 것과 같이 사회주의세력을 중심으로 하는 한국 독립운동에 자금을 제공하기도 하였고, 1922년에는 극동인민대표대회를 열어 태평양회의의 결과에 실망한 독립운동전선이 비상한 관심을 가지게도 하였다. 이 대회에는 각국 대표 144명이 참석하였는데 한국 측 대표가 52명이나 되었으며 김규식(金奎植) 등 사회주의 계열이 아닌 인물들도 참석하였다.[60] 이와 같은 사실을 부정적인 측면에서만 보면 소련의 세계혁명 노선에 이용당한 것으로 이해할 수밖에 없지만, 또다른

---

59) 강덕상 편『현대사자료』27 조선3, 315면, 1921년 1월 8일, 高警 第95號「國外情報, 中露聯合宣傳部間島支部의 設置」.

60) 독립운동사편찬위원회 편『독립운동사』제4권 임시정부사, 374면.

측면에서는 일본의 식민지 지배에서 벗어나기 위하여 가능한 최선의 방법을 모색한 노력으로 이해될 수도 있다. 손문(孫文)을 중심으로 하는 중국혁명의 지도노선이 국민혁명을 달성하기 위하여 소련과의 관계를 밀접히 하고 국공합작을 통하여 연합전선을 폈던 사실, 그리고 그것이 소련 측의 작용에 못지않게 손문 노선의 주체성과 세계정세 변화에의 탄력성 있는 대응력을 바탕으로 하고 있었던 점을 상기할 수 있을 것이다.

상해임시정부가 독립운동 노선의 사상적인 대립을 그 지도체제 안에서의 대립으로 소화하면서 국제정세의 변화를 능동적으로 수용하는 데 실패하고 사상 대립 때문에 스스로 분열되고 해체되는 위기에 빠져버린 사실은 그것이 이미 이후의 독립운동 및 민족국가 수립운동을 주도할 능력을 상실하였음을 말하는 것이었다. 그리고 이와 같은 임시정부 지도노선의 한계성은 해방 후의 국제적 위치와 민족사적 역할을 스스로 제약한 원인이 되었던 것이라 할 수 있다.

3. 통일민족국가 수립과정

(1) 민족유일당운동의 성패

한국독립운동 및 민족운동의 역사에서 1925년경은 관점에 따라서는 하나의 큰 고비를 이루는 시기라 볼 수 있다. 독립운동의 방향을 공화제 국민국가 수립에 집중시킨 결과로 조직되었던 상해임시정부의 투쟁방식에 큰 반성이 일어나고 그 지도체제를 강화하여 독립운동 전체의 방향전환을 모색하려는 방법의 하나로 제기된 국민대표회의(國民代表會議)가 소위 개조파(改造派)와 창조파(創造派)의 대립으로 실패하고, 임시정부가 독립운동 전체를 대표하는 기능을 잃고 하나의 고립된 독립운동단체로 전락해가기 시작하던 때가 이 무렵부터이다.

한편 독립운동 노선에 새로이 나타난 사회주의 노선이 우여곡절 속에서도 꾸준히 성장하여 서울에 조선공산당이 조직된 것이 1925년이며, 국내에서는 3·1운동 직후부터 나타나기 시작한 친일세력에 의한 참정운동, 즉 민원식(閔元植) 등의 국민협회(國民協會), 선우호(鮮于鎬) 등의 대동동지회(大東同志會), 이재극(李載克) 등의 동민회(同民會) 이외에도 일부 우파 민족주의자들 사이에 소위 자치론이 나타나기 시작한 것이 이 무렵이다. 그리고 한편 "종래 오랫동안 국내외에 있어서 민족적 해방운동을 위하여 노력하였으나 제국주의의 조직적 탄압에 의하여 종래의 국부적이고도 배타적인 민족해방운동은 하나의 무조직운동에 불과하였다는 결함을 인식하기에 이르러서 민족의 총역량을 집중하여 각 계급층을 망라하는 대중운동에 의하여 강대한 일본제국주의, 자본주의에 대항하는 것이 절대적으로 필요함을 자각하고 과학적으로 혁명운동을 구체화하지 않을 수 없다 하여 사회·민족 양 운동자 등이 전민족적 단일당(單一黨)의 조직을 통감하고 그 이론의 실현을 노력하기에 이른"[61] 시기로 이해된 때이기도 하였다.

임시정부를 중심으로 하는 독립운동이 그 자체의 지도역량 부족과 좌우대립으로 약화해가고 일본의 무력탄압으로 무장독립운동이 큰 타격을 받는 한편 일본의 철저한 민족분열정책의 결과 민족운동 노선에 타협적인 세력이 성장하게 됨으로써 오히려 새로운 활로가 모색되었으니, 그것이 곧 1925년 이후에 국내외의 독립운동 전반에 걸쳐 일어난 민족유일당(民族唯一黨)운동이었다.

---

61) 梶村秀樹·姜德相 共編 『現代史資料』29 朝鮮5, 95면.

국외에서의 민족유일당운동은 임시정부가 이루지 못한 독립운동 노선의 통일전선을 각 독립운동단체 스스로가 연합운동을 통하여 달성하려는 데서 출발하였다. 비교적 출발이 빨랐던 한국독립유일당(韓國獨立唯一黨) 북경촉성회(北京促成會)는 1926년에 결성되어 다음과 같은 선언서를 발표하였다.

동일한 목적, 동일한 성공을 위하여 운동하고 투쟁하는 혁명자 등이 반드시 하나의 기치 아래 모이고 하나의 호령 아래 모여야만 비로소 상당한 효과를 거둘 수 있음은 더 말할 필요가 없다. 보라. 민족의 특권과 부자의 전권(專權)을 전복시키고 천자(賤者)와 빈자의 복리를 종용하는 노서아의 무산혁명자는 계급적으로 유일한 공산당의 기치 아래 모여 밖으로 침략열강의 세력을 구축하고 안으로는 봉건의 유습을 타파하여 4만(?)국민의 자유와 행복과를 향수코자 한다. 중국의 국민혁명자는 국민적으로 국민당의 기치 아래 모여 밖으로는 이족(異族)의 주구(誅求)와 안으로는 적의 응견(鷹犬)인 자치파와 공(共)히 혈투하고 있다. 애란(愛蘭)의 혁명자는 민족적으로 주의·정강에 기초한 유일한 신펜당에 모였다. 이것은 일계급 일국민 일민족의 행복과 자유를 생각하는 동아(東亞)의 혁명자 등이 각각 일정한 주의·강령과 훈련 규율 아래서 일당에 결합하였음을 명증하는 것이다.[62]

상해임시정부의 독립운동 지도력이 사상적 대립을 해소시키지 못함으로써 기능을 잃었지만 그것을 극복하고 통일된 독립운동 전선을 유지하려는 노력은 이후에도 오히려 더욱 확대되어가고 있었다. 유일당운동의 북경 촉성회가 성립된 후 그것에 자극을 받아 상해(上海) 촉성

---

62) 『高等警察要史』 110~11면.

회, 남경(南京) 촉성회, 광동(廣東) 촉성회가 잇따라 결성되었고 여기에는 공산계·비공산계를 막론하고 독립운동전선의 영향력 있는 인사들이 대부분 참여하여 "독립에 필요한 전민족적 일체의 혁명역량을 총집중하는 데 선구가 될 것을 기"하였다.

만주지방에서도 유일당운동의 일환으로 1928년에 정의부(正義府) 외 18개 단체의 대표가 모여 총연합을 시도하였으나 일단 실패하고 전민족유일당조직촉성회와 전민족유일당조직협의회로 양분되었지만, 이후에도 재만유일당책진회(在滿唯一黨策進會), 국민회 등을 통한 노력이 계속되었다. 만주에서의 유일당운동이 정의부(正義府)·신민부(新民府)·참의부(參議府) 등 우익 내지 좌파적 우익단체의 통합운동으로 출발하였지만 좌익단체도 여기에 적극적으로 동조하였다. 1927년에는 남만주청년총동맹(南滿洲靑年總同盟), 북만노력청년총동맹(北滿勞力靑年總同盟), 북만청년총동맹(北滿靑年總同盟), 대동청년총동맹(大同靑年總同盟) 등이 연합하여 만주청년총동맹을 결성하여 정의부 등의 유일당운동에 참가하였고 중국본부 한인청년동맹(中國本部韓人靑年同盟) 등 8개 단체가 연합하여 결성한 재중국한인청년동맹도 "우리는 민족유일협동전선당(民族唯一協同戰線黨)을 완성한다"는 행동강령을 세우고 역시 정의부 등의 유일당운동에 참가하였다.[63]

국내에서의 민족유일당운동은 우리가 잘 아는 신간회(新幹會) 운동으로 나타났다. 신간회가 설립된 내밀한 경위에 대하여 일본 측의 조사자료는 「비밀결사 신간당(新幹黨) 조직계획의 내용」이란 제목으로 다음과 같이 기록하였다.

---

63) 같은 책 135~37면.

1926년 말기에 와서 이때의 동아일보사장 김성수(金性洙), 주필 송진우(宋鎭禹) 급 천도교 최린(崔麟) 등은 총독부 요로자와 회견하여 자치문제에 대한 의견을 교환한 일이 있다. 이때 그들은 문화정치도 벽에 부딪친 금일의 조선에 자치제도를 시행하여 민족의 감정을 완화하는 것이 득책(得策)이 될 것이라는 인상을 깊이 가진 것 같다. 그후 이것을 최남선에게 말한 바 있었는데 당시 우연히 평안북도 정주 소재 오산학교 교사인 홍명희(洪命熹)가 동기휴가를 이용 출경(出京)하여 최남선을 방문하였다가 최남선으로부터 그들의 의중을 전문하고 함께 자치문제에 대하여 토의하며 철야한 일이 있다. 익일(翌日) 홍명희는 안재홍(安在鴻)을 방문하여 신석우(申錫雨)를 초치하고 대책 협의한 결과 급속히 진순(眞純)한 민족당(民族黨)을 조직할 것을 결정하고 권동진(權東鎭)·박내홍(朴來泓)·박동완(朴東完)·한용운(韓龍雲)·최익환(崔益煥) 등의 찬동을 얻어 홍명희가 재북경 신채호(申采浩)에 비격(飛檄)하여 그 찬동을 얻어 '신간출고목(新幹出枯木)'이란 말에서 취한 신간회란 명칭 아래 1927년 2월 15일에 창립을 보았다.[64]

신간회는 대체로 국내 일각에서 일어나고 있었던 자치주의적 노선에 반대하고 또 민족유일당을 형성함으로써 민족운동의 새로운 활로를 찾아야 한다는 독립운동노선 전체의 여망을 배경으로 하여 설립된 것이었다. 그리고 국내의 좌파적 우익세력과 좌익세력이 주동이 되어 이루어진 이 운동은 여러가지 불안정성을 가지고 있었다. 역시 일본 측의 기록에 의하면 발족 당초의 신간회 중요 간부들은,

첫째, 천도교 신파(新派), 수양단(修養團), 동아일보 일파의 자치파가 일단

---

64) 梶村秀樹·강덕상 공편 『현대사자료』 29, 95면.

이 되어 신간회 탈취를 책동할 것이다.

둘째, 공산당 일파는 이것을 조종할 수 있는 여러가지 책동을 할 것이다.

셋째, 신간회 성립조건의 대부분은 일본제국주의, 자본주의에 대항하기 위해서는 민족의 총역량을 집중하여 대항하지 않을 수 없다는 그 정신 아래 결합된 것으로서 그 성립요소는 각 계급 각종 인물의 혼합체이므로 본래 각각 그 주의주장을 달리함에 따라 장차 분열성을 띠고 있다.

는 염려를 가지고 있었다 한다.[65] 그러나 자치주의를 반대하고 절대 독립을 쟁취하기 위한 민족역량의 총집결을 목적으로 한 이 운동을 적어도 발족 당초에는 일제당국이 "하등 구체적 행동이 없을 뿐만 아니라 단체 자체도 공산주의를 받드는 것도 아니고 또 표면상 독립을 표방하지도 않는다. 요컨대 신간회 그것에 지나지 않으므로 검거할 필요 없다고 인정되며 당분간 감시하기로 한다"[66]고 결정함으로써 비교적 탄압을 덜 받았고, 따라서 빠른 시일 안에 전국적 운동으로 발전하여 1931년 해산될 무렵까지 전국에 141개소의 지회(支會)와 약 4만 명의 회원을 가지기에 이르렀다.

신간회운동이 이와 같이 발전할 수 있었던 원인은 이 시기에 민족 유일당의 형성을 열망하는 민족적 여망을 뒷받침으로 하여 타협적 정치운동의 배격, 소작쟁의 원조, 식민지 교육정책 반대, 노동운동 원조, 만주지방 독립운동 지원 등 민족운동노선의 올바른 방향을 포착 실천할 수 있었기 때문이었고, 발기 당초의 간부들이 염려하였던 자치운동파의 방해가 신간회적 민족운동의 대세에 눌려 좌절되고 오히려 합류하

---

65) 같은 책 96면.
66) 같은 책 97면.

는 일면이 있었기 때문이었다. 이와 같은 사정에 대해서는 일제당국의 다음과 같은 조사자료가 잘 증언해주고 있다.

김성수·송진우 등은 천도교 신파인 최린 일파, 최남선 등의 계몽구락부(啓蒙俱樂部) 및 흥사단 이광수(李光洙) 일파와 더불어 조용히 신간회 행동을 주시하면서 불원 동회(同會)가 파탄을 면치 못하리라는 생각으로 신중한 태도를 견지하여 왔지만, 동회는 추일(追日) 각지에의 지회 증설로 세력이 확대되어 갔으므로 이제는 공수방관할 수가 없어서 그 내부에 잠내세력(潛內勢力)을 부식할 필요가 있다 하여 제일 착수로서 동아일보 평양지국장 주요한(朱耀翰)으로 하여금 동지(同地)의 민족주의 중진 조만식(曹晚植)·김동원(金東元)·이승훈(李昇薰) 등의 양해와 후원을 구하여 동지 신간회지회 설립에 일대 장해로 되었던 신구(新舊) 노동연맹으로 하여금 완전한 악수를 성립시켜 신간회 평양지회 창립을 성취하고 동우회(同友會)를 수중에 장악하였다. 다음으로 남한지방은 송진우·김성수 등의 세력권 내에 있는 자가 다수이기 때문에 작동(昨冬) 이래 각 방면의 유력자 또는 공직자 등을 신간회에 입회시켜 그 세력부식책을 강구하였고 경성에서는 일반인사와 청년층의 신망이 가장 두터웠던 윤치호(尹致昊)의 양해를 얻고자 분주한 바 있다. 윤(尹)은 민족주의자가 제1선에 서고 사회운동자가 제2선에 서서 후원하게 되면 자기는 언제라도 신간회장이 될 수 있다는 내락을 주게 되었으므로 송진우는 1928년 1월 9일 정식으로 신간회 경성지회에 입회하였다.[67]

초기의 신간회 중요 간부들이 염려하였던 또 하나의 문제, 즉 "공산

---

67) 京畿道京察部『治安槪況』1928년 5월, 68~73면; 金俊燁·金昌順 共著『韓國共産主義運動史』3권, 고려대 아세아문제연구소 1973, 52~53면.

당 일파가 이것을 조종하도록 종종의 책동을 할 것이다"라는 염려도 적어도 1930년 이전까지는 역시 민족유일당운동의 대세 때문에 묻어졌고 좌익세력도 신간회운동에 적극 참여하였다. 이 무렵에 발표된 소위 「민족해방운동에 관한 테제」에서도 "1927년 2월 민족적 협동전선으로서 창립된 이래 급속히 발전한 신간회는 민족해방운동의 현단계의 필요 산물이라 할 것이다" 하고 "사회적 역사적 조건에 있어서 조선혁명은 부르조아 민주주의혁명에 있지 않고는 불가하다" 하였다. 또 민족해방운동에 있어서 당시의 조선공산주의자 사이에 유포되고 있는 좌우극단의 견해를 철저히 극복할 필요가 있다 하고, 일부 계급운동철거론(階級運動撤去論)이 프롤레타리아트의 정치적 독립성을 민족협동에 해소시켜버리는 청산주의적 견해라 비판하였다. 그러나 한편으로는 당면한 민족적 협동전선 조직에 반대하고 무산정당(無産政黨)의 별립(別立)을 주장하는 견해도 소위 좌익소아병적 견해라 하고 신간회는 어디까지나 대중적 조직이므로 그것을 프롤레타리아트의 정치적 조직과 혼동하고 또 그 기관을 기계적으로 점령해서는 안 된다고 하였다.[68]

신간회운동에 좌익세력이 적극 참여한 것은 당시 공산주의 운동의 하나의 과정 내지 방법이라고 볼 수 있다. 그러나 그 배경에는 임시정부의 독립운동 주도력 상실, 민족유일당운동의 고조, 타협적 민족운동의 대두 등 이 시기 민족운동노선의 절실한 현실이 작용하였다. 따라서 좌익세력도 1927년에 「조선전민족단일혁명정당조직선언서」를 발표하여 "실력양성도 개인폭력도 사회주의혁명도 모두 무용하다. 다만 이해가 동일한 각 계급이 민족에 단결하여 무장적으로 일본제국을 타도하는 이외에 다른 길이 없다"[69] 하고 비타협적 독립운동노선만을 강조하

---

68) 梶村秀樹·강덕상 공편, 앞의 책 122~24면.

고 있다. 이 선언이 지적한 실력양성과 개인폭력과 사회혁명은 이 시기 독립운동의 세 가지 다른 방법론이었지만 일제의 민족분열정책이 적극화하고 그에 따라서 타협주의가 대두하면서 모든 독립운동 방법론이 절대독립으로 통일되어야 할 절박한 상황이었으며, 그 결과 나타난 것이 민족유일당운동이었다. 이 선언서는 계속 다음과 같이 유일당운동의 절실성을 강조하고 있다.

오인(吾人)은 이에 있어서 더욱 세계대세와 일본의 내외관계를 관찰하여 일본제국주의를 도괴하고 민족해방을 획득할 일시가 멀지 않음을 지득(知得)함과 동시에 무엇보다도 총(總)민족혁명전선을 지도하고 통솔할 참모부인 전민족단일혁명당을 조직하지 않을 수 없음을 주장하기 때문에 오인은 하루라도 빨리 계급적 단체적 개인적 이해를 전부 포기하고 전민족적 이해선상(利害線上)에 서서 전민족해방선상에 있어서 단일정당 내에 집중할 것이다.[70]

조선공산당이 조직되었던 당초에는 우익적 독립운동노선에 철저히 반대하면서 민족해방운동보다 오히려 계급운동을 강조하였지만, 일본의 민족분열정책과 민족유일당운동 등이 배경이 되어 좌익운동 자체안에도 이 시기에는 하나의 전기가 마련되었던 것이다. 1928년에 화염사(火焰社)의 이름으로 발표된 6·10운동 2주년기념 격문에서는 이와 같은 민족운동노선의 성격 변화 경위를 밝히면서,

1925년 4월에 조선공산당주의자 등은 그들이 소유한 일체 역량을 집합하

---

69) 같은 책 512면.
70) 같은 곳.

며 철저한 혁명계급인 조선무산자와 반무산자(半無産者)의 전위대인 조선공
산당을 조직한 후 일본제국주의 압박하에서 조선을 완전히 해방하는 것을 당
면의 과업으로 삼는 동시에, 당시의 민족주의자와 사회주의자 간에 서로 반
목투시하게 되어 일방은 완미사상(頑迷思想)을 파괴하지 못하고 일방은 좌경
소아병에 걸려 모두 식민지해방운동의 정궤(正軌)를 밟을 수 없는 위기에 처
하였다. 이에 의연히 또 맹연(猛然)히 전민족의 혁명역량을 총집중하여 공동
의 적인 강도 일본제국주의에 대항하지 않을 수 없음을 선포하여 조선민족혁
명사상에 일대 광명과 일대 전기를 가져왔다.[71]

하고 6·10운동을 바로 이와 같은 민족운동노선의 전기가 가져온 민족적
유일전선의 기초작업으로 이해하였으며, 그것은 조직적 지도와 철저한
목적, 표어 및 투쟁방침을 세우고 민족운동자와 공산주의자가 같은 대
열에 서서 이루어놓은 민족운동사의 업적이라 하였다. 이 격문은 또,

　　6·10운동이 3·1운동의 경험에서 얻은 운동의 발전과 투쟁력의 증대를 증
　명하는 것이라면 6·10운동은 3·1운동의 조직적 사적(史的) 발전으로서 조선
　민족해방운동 성공의 전제인 민족적 유일전선 제작상 확고한 가치가 되는 것
　이며, 그리하여 6·10운동 이후 민족유일전선은 구체화하고 내외 공히 완성의
　역(域)에 있지만 이것은 확실히 해방투쟁이 일로 전진하고 또 운동이 신단계
　에 나아간 것이다.[72]

라고 하여 민족운동 역사에서 6·10운동의 위치와 성격을 명백히 하였

---

71) 같은 책 537면.
72) 같은 곳.

다. 즉 그것을 좌익운동도 우익운동도 아닌 유일전선이 이끈 민족운동으로 규정한 것이다.

1920년대 후반기에 일어난 민족유일당운동은 임시정부의 독립운동 지도력이 파탄에 빠지고 심각한 사상적 대립이 나타난 한편 타협적 노선이 대두함으로써 침체화된 독립운동노선에 사상과 방법론적 차이를 극복하고 새로운 활기를 불어넣을 수 있는 하나의 전기를 마련하기 위하여 일어난 운동이었다. 그러나 여기에는 또 많은 저해요인이 있었다. 그것을 이 격문은 다음과 같이 지적하고 있다.

아(我)조선민족 해방투쟁상 절대 필요한 민족적 유일전선을 조직함에 있어서 많은 장해가 있다면 오등(吾等)은 먼저 이를 극복하지 않을 수 없다. … 오등 자체 내에는 6·10운동을 부인하는 자, 유일전선 불가론자, 지방열을 조장하는 브르조아신사와 가면(假面)사회주의자, 전략과 전술을 구별하지 못하고 헛되이 헤게모니를 운운하여 각 단체 간부석 약취(掠取)에 급급한 자, 파벌주의 타도의 간판을 걸고 암영중(暗影中) 소파벌을 만들어 분열을 일삼는 자, 계급표지의 철거 운운하여 노동자와 농민의 계급적 사명을 무시하는 자, 적색(赤色)이다 반공이다 하여 민족유일전선을 방해하는 자가 아직 잔존해 있다. 이와 같은 모든 경향은 확실히 민족해방운동투쟁의 절대적 무기인 민족적 유일전선을 파괴하는 자로서 객관적으로 보면 일본제국주의자를 기쁘게 하는 자이다.[73]

사상적 방법론적 차이를 극복하고 독립운동의 바른 노선을 확립하려는 유일당운동자들의 노력에도 불구하고 1930년대에 들어오면서 유일

---

73) 같은 책 538면.

당운동은 파괴되었다. 유일당운동의 파괴과정을 신간회 해체과정에 초점을 맞추어 살펴보면 그 진상을 정확히 파악할 수 있다. 신간회가 해체된 근원적인 원인은 일제당국의 교묘하고 집요한 탄압에 있다. 그러나 그 직접적인 원인은 이 시기의 좌익운동이 유일당운동을 청산하고 독자적인 운동을 전개하려는 방향으로 전환한 데 있으며 이와 같은 방향전환에는 이 시기의 조선공산당운동 자체가 가지는 성격전환이 배경이 되었다.

1925년에 조직된 조선공산당은 일제의 가혹한 탄압과 조직 내부의 심한 파벌 때문에 많은 문제점을 안고 있었다. 이 때문에 코민테른의 불신을 받았고, 따라서 1928년의 소위 '12월 테제'에 의하여 종래 조직을 해체하고 재조직할 것이 결정되었다. 이에 따라서 국내의 공산당 조직은 1929년에 자동적으로 해체되고 만주총국(滿洲總局)도 1930년에 코민테른규약의 일국일당(一國一黨) 원칙을 내세워 "재만(在滿) 조선인 공산주의자는 조선운동으로부터 손을 떼라" "조선연장적(朝鮮延長的) 조직을 버리라" 하는 해체선언을 발표하였으며 일본총국(日本總局)도 1931년에 해체되었다. 조선공산당 조직이 일단 해체된 후 국내외의 재건운동이 계속되는 한편 만주의 조선공산주의세력은 일국일당 원칙에 따라 중국공산당 만주성위원회(滿洲省委員會)에 흡수되었다. 조선공산당 재건운동은 일제의 철저한 탄압 때문에 계속 본궤도에 오르지 못하고 이후 조선공산주의운동은 대체로 중국공산당의 산하에 들어가게 되었다.[74] 조선공산당이 해체되고 대부분의 조선공산주의운동자가 중국공산당의 만주성위원회 아래 포섭된 1930년대에 들어서면서 민족유일당운동은 파괴되어갔던 것이다.

---

74) 김준엽·김창순, 앞의 책 4권, 18장 참조.

코민테른의 12월테제에서도 이미 "조선공산주의운동의 중요 방침은 한편으로 혁명운동을 왕성하게 하여 소부르주아민족운동으로부터 분리하며 다른 한편으로는 계급의식을 강조하고 그리고 민족독립(즉 민주적 부르주아 운동)에서 분리된 민족혁명운동을 왕성하게 하여 민족독립운동의 우유부단성을 부단히 가차없이 폭로하는 데 있다"[75] 하여 민족유일당운동에 참여한 좌익운동을 비판하였지만, 1930년의 「조선공산당 조직문제에 대한 국제당 집행부 결정」은,

> 신간회는 대체 어떠한 것인가, 소위 전족(全族)의 단일당 또는 그 매개형태인가. 유일전선이란 간판을 걸고 아무것도 모르는 공산주의자들이 공산주의 제3인터내쇼널의 존재와 독립적 행동을 매장하여 민족단일당조직을 부르짖거나 또는 제역량을 민족단일이란 표어에 던져버리는 것은 두말할 것 없이 공산주의의 초보적 진리에 대한 반역행동이라고 하지 않을 수 없다.[76]

라 하였고, 「민족당문제(民族黨問題)의 결정」에서는, 첫째 민족유일당 조직동맹에서 당원은 물론 당의 영향 아래 있는 제군중을 탈퇴시킬 것, 둘째 민족유일당조직동맹에서 탈퇴할 준비로서 조직동맹집행위원 또는 그밖의 인원에게 민족유일당의 불필요성을 해석할 것, 셋째 정당한 시기가 되면 동맹임시대회 또는 집행위원회를 소집한 후 민족유일당의 불필요를 성명하고 탈퇴하되 일본제국주의의 만몽(滿蒙) 침략정책을 반대하는 전선을 협의회 형식으로 조직할 것을 상대이론으로 세울 것을 들고 있다.[77]

---

75) 같은 책 3권 부록, 384면.
76) 梶村秀樹·강덕상 공편, 앞의 책 184면.
77) 같은 책 194면.

코민테른의 이와 같은 결정이 있었던 한편 조선공산주의운동세력의 대부분이 중국공산당에 편입되었고 1930년 이후부터 중국공산당운동이 '이입삼(李立三) 노선'의 무장폭동과 소위 극좌모험주의에 의하여 지도됨으로써 조선공산주의운동도 자연히 그 영향을 받게 되었으며, 이 때문에 민족유일당운동은 급속히 해체의 길을 걷게 되었다. 중국공산당 및 조선공산당운동이 폭동주의·극좌주의를 채택하면서 1930년의 간도 5·30폭동을 일으켰는데 이 폭동을 기념하는 중국공산당 연변당부(延邊黨部)의 격문에서 만주지방 우익독립운동단체인 한족연합회(韓族聯合會), 정의부 등과 함께 신간회도 타도 대상으로 들고 있는 것을 볼 수 있으며,[78] 다음해에 좌익 측의 주장에 따라 신간회는 해체된 것이다. 좌익세력이 민족유일당운동을 파괴한 것은 좌파적 우익세력과의 연합관계를 청산하고 이미 상당한 수준에까지 성장하였다고 믿은 노동자·농민을 바탕으로 하는 대중운동을 일으킴으로써 공산당 재조직의 길을 열려 한 것이라 볼 수도 있지만, 한편으로는 국제공산당 및 중국공산당의 요구에 의하여 극좌주의·모험주의 노선을 채택하게 됨으로써 1926년 이후 약 5년간 적극 추진해온 민족유일당운동을 스스로 파괴하게 된 것이라 볼 수 있다. 다소 시각이 다르기는 하지만 공산주의운동에 있어서도 신간회 해체 문제에 대해서는 곧 비판이 있었다. 즉 1932년의 「국제공산청년동맹의 조선공산청년동맹에 대한 지침」에 의하면,

'좌경적(左傾的)' 사업방침의 결과 신간회 및 청총(靑總) 해체문제에 있어서 조선공산 제단체는 불리한 진(陣)을 점하고 또 중대한 정치적 오류를 범하였던 것이다. 민족개량주의자가 일본제국주의자의 지시에 의하여 솔선 개

---

78) 같은 책 588면.

시한 신간회 및 청총 해소 캄파니아의 진의를 이해하지 못한 데 공청원(共靑
員) 제군의 오류가 존재하는 것이다. 그 결과 신간회와 청총의 해소는 의심할
것 없이 일본제국주의와 민족개량주의적 주구배(走狗輩)에게 이익을 준 것
이었다.[79]

라고 하여 신간회 해체론을 일단 비판하였다. 이 지침이 지적한 것과 같
이 민족유일당운동의 해체는 일본제국주의에게 이익을 주는 한편 우리
가 지적한 통일민족국가 수립운동도 일단 좌절시켰다. 그 결과 이후의
독립운동, 특히 국내 독립운동은 크게 쇠퇴하여 해방될 때까지 조직적
인 대규모 운동은 거의 일어날 수 없었으며, 따라서 국내에서의 좌파적
민족주의세력이 독립운동전선에서 그 기반을 잃어버리는 결과를 가져
왔던 것이다.

(2) 민족연합전선의 형성과정

민족유일당운동이 일본제국주의의 탄압과 좌익운동의 극좌주의·모
험주의화 때문에 좌절됨으로써 독립운동 전선은 또 한번의 타격을 받
았고 통일민족국가 수립운동은 침체되었다. 1931년의 소위 만주사변
이후 대륙침략을 본격화한 일본제국주의의 가혹해진 탄압 때문이기도
하였지만 한편 민족유일당운동의 좌절로 타협주의적 노선에 반대하는
국내의 독립운동 진영, 특히 좌파적 우익세력은 그 운동기반을 잃어갔
으며 이후 국내에서는 독립운동이 쇠퇴하고 국외 독립운동전선과의 연
결성도 점점 잃어갔다.

---

79) 김정명 편 『조선독립운동』 5, 799면.

그러나 한편 국외 독립운동전선에서는 일본제국주의의 만주·중국 침략이 본격화함에 따라 독립운동전선의 분열에 대한 반성이 다시 일어나서 민족연합전선 형성에의 기운이 높아졌고 또 점차적으로 실천되어갔다. 우선 중국의 독립운동전선에서는 1932년에 김규식(金奎植) 등의 노력으로 한국독립당 대표 이유필(李裕弼)·차이석(車利錫), 한국혁명당 대표 윤기섭·성준영(成駿永), 조선혁명당 대표 최동오(崔東旿)·유동열(柳東悅), 한국동지회 대표 김규식, 의열단 대표 김원봉(金元鳳) 등이 상해에 모여 '한국대일전선통일동맹(韓國對日戰線統一同盟)'을 결성하고 다음과 같은 선언문을 발표하여 전선통일을 강조하였다.

본 동맹은 중령제혁명집단(中領諸革命集團)의 총집합체로서 그 결합의 중심은 종교적 지방적 또는 개인적 중심에 의한 것이 아니라 한국독립의 공동목표를 파지(把持)하는 것으로서 그 성질은 당면의 이해관계에 의한 일시적인 타협이 아니라 혁명의 전이익을 위함에 있으며 그 범위는 중령(中領)에 국한하는 것이 아니라 주로 국내 및 미주와 하와이, 노령(露領)까지 총괄하는 것이다. 그리하여 유력한 우군(友軍) 등과 각종의 상태에 있어서 필요한 연락을 취하고 … 특히 진실한 민중의 기초와 아울러 직접 군사적 행동을 전개하고자 하는 것이다.[80]

이 선언문은 재중국 각 관계단체, 미국·노령 및 국내 등에 널리 우송하였으나 김구(金九)와 같은 중국 측의 신용이 두터운 급진실행파가 가맹하지 않음으로써 그 성립 후의 활동은 볼 만한 것이 없었다. 그러나 김규식은 본 동맹 결성을 계기로 하여 1933년 2월경에 도미하여 각 지

---

80) 김정명 편 『조선독립운동』 2, 495면, 「1932년의 在上海朝鮮人의 不穩狀況」.

방을 유세하며 선전활동을 펴고 상당한 운동자금을 모집하고 중국으로 돌아왔다. 그후 중국 측도 이 동맹에 가입한 5개 단체와 중국 측 항일단체 대표자를 회동시켜 협의한 결과 '중한민중대일동맹(中韓民衆對日同盟)'을 조직하였다.[81]

한편 '한국대일전선통일동맹'은 가맹단체는 물론 기타의 각 혁명단체를 전부 해소하고 그 단체원을 통일동맹에 합류시켜 단일대동맹을 조직하며 이를 위하여 혁명단의 외곽에 있는 임시정부도 해체할 방침을 세웠다. 이 동맹의 중앙집행위원회 상무위원은 송병조(宋秉祚)·김두봉(金科奉)·김규식·최동오·윤기섭·윤세주(尹世胄) 등 6인이었고 기타의 간부로서 김원봉·이청천(李靑天)·이광제(李光濟)·김학규(金學奎) 등이 있었다.[82] 이와 같은 간부 구성으로 보면 이 동맹은 민족유일당운동 이후 좌우익세력이 다시 모여 이루는 민족연합전선의 하나의 시발점이라 할 수 있다.

일부 반대 및 이탈 세력이 있음에도 불구하고 대일전선통일동맹은 1935년에 그 제3회 대회를 재중국 각 혁명단체대표대회로 하여 '민족혁명당'[83]을 결성함으로써 민족연합전선을 한층 더 발전시켰다. 이 대회는 신당(新黨) 창립대표위원으로서 한국독립당 대표 박창세(朴昌世)·조소앙(趙素昻), 신한독립당(新韓獨立黨) 대표 윤기섭·홍만호(洪萬湖), 의열단 대표 김원봉·윤세주, 재미(在美) 대한독립당 위임 대표 김규식·신익희(申翼熙), 재(在)하와이 국민회위임 대표 차이석 등 9명을, 규칙제정

---

81) 같은 책 501면, 「1933년의 在上海朝鮮人 不穩狀況」.

82) 같은 책 513~15면, 「1934년의 상해를 중심으로 하는 조선인의 不穩策動狀況」.

83) 창당 결의에 의하면 고유의 당명(黨名)을 민족혁명당으로 하고 편의에 따라 그 위에 한국·조선·고려의 명칭을 붙이기로 하여 당명 자체에서 상당한 융통성을 두었다. 창당 당초에는 주로 한국을 붙였으나 李(池)靑天 등 일부 우익세력이 탈당한 후에는 대체로 조선을 붙였다.

위원으로서 김규식·김원봉·조소앙 등 3명을 각각 선출하였고 창당대회에서 본부와 지부를 합쳐 모두 12명의 간부진을 선출하였다.[84]

간부진의 구성에서 볼 수 있는 것과 같이 창립 당초의 민족혁명당은 당시 중국의 독립운동전선에서 활동하고 있던 좌우익 지도급 인물을 망라하다시피하여 명실공히 민족연합전선을 형성하였음을 알 수 있다. 임시정부의 핵심세력을 중심으로 하는 일부 이탈세력이 있었지만 민족혁명당의 성립은 인물 구성이나 규모 면에서 임시정부가 약화된 이후 중국의 독립운동전선에서 한때 임시정부를 대신할 만한 조직으로 발전하였던 것이라 볼 수 있다. 특히 민족혁명당을 발족시키면서 임시정부를 해체할 계획이 있었던 점으로 봐서 적어도 민족혁명당을 발족시킨 핵심세력은 민족혁명당이 전체 독립운동전선에 새로운 계기를 마련하는 것으로 생각하였던 것 같다.

상해임시정부의 해체를 주장한 민족연합전선운동은 1920년대의 민족유일당운동보다 더 분명한 정강·정책을 제시하고 있다. 우선 당의(黨義)에서,

본당(本黨)은 혁명적 수단으로써 구적(仇敵) 일본의 침탈세력을 박멸하여 5천년 동안 독립자주해온 국토와 주권을 회복하여 정치·경제·교육의 평등에 기초를 둔 진정한 민주공화국을 건설하여 국민 전체의 생활평등을 확보하고 나아가서 세계인류의 평등과 행복을 촉진한다.

---

84) 김정명 편 『조선독립운동』2, 540면, 「1935년의 상해를 중심으로 하는 조선인의 不穩策動狀況」.
　內務兼宣傳部長 金枓奉, 外務部長 金奎植, 財務部長 尹琦燮, 軍務部長 李青天, 監察部長 梁起鐸, 特務部長 朴昌世, 交通部長 李春岩, 上海支部長 金弘叙, 南京支部長 金枓奉, 杭州支部長 尹琦燮, 廣東支部長 文逸民, 四川支部長 崔錫淳, 滿洲支部長 金學奎.

하여 목표가 민주공화국 건설에 있음을 명백히 하고 다음과 같은 당강
(黨綱)을 정하였다.[85]

1. 구적 일본의 침탈세력을 박멸하여 우리 민족의 자주독립을 완성한다.

2. 봉건세력 및 일체 반혁명세력을 숙청하여 민주집권(民主集權)의 정권을
수립한다.

3. 소수인이 다수인을 박삭(剝削)하는 경제제도를 소멸하여 국민생활상 평
등제도를 확립한다.

4. 일부(部)를 단위로 하는 지방자치제를 실시한다.

5. 민중무장(民衆武裝)을 실시한다.

6. 국민은 일체의 선거 및 피선거권을 가진다.

7. 국민은 언론·집회·출판·결사의 자유를 가진다.

8. 여자는 남자의 권리와 일체 동등하다.

9. 토지는 국유로 하고 농민에게 분급(分給)한다.

10. 대규모의 생산기관 및 독점적 기업을 국영으로 한다.

11. 국민 일체의 경제적 활동은 국가의 계획하에 통제한다.

12. 노동운동의 자유를 보장한다.

13. 누진율의 세칙(稅則)을 실시한다.

14. 의무교육과 직업교육은 국정(國定)의 경비로써 실시한다.

15. 양로(養老)·육영(育嬰)·구제(救濟) 등 공공기관을 설립한다.

16. 국적(國賊)의 일체의 재산과 국내에 있는 적 일본의 공사유재산은 몰수
한다.

17. 자유·평등·호조(互助)의 원칙에 기초하여 전세계 피압박민족해방운동

---

85) 같은 책 540~41면.

과 연락 협조한다.

이 당강을 임시정부의 헌법과 비교해보면 특히 그 사회·경제 면의 조항에서 1927년에 개정된 임시헌법은 물론 1944년의 임시헌법보다 앞서고 있음을 알 수 있다. 또 특히 우리가 지적한 통일민족국가 수립과정의 한 단계로서 이 시기는 민족연합전선이 광복 후 구체적으로 어떤 체제의 국가를 건설하려 하였는가 하는 점도 이 당강을 통하여 어느정도 짐작할 수 있다. 그뿐만 아니라 당보(黨報) 등 선전물을 통하여 밝힌 혁명수단은 "첫째 과거에 있어서와 같이 국제연맹의 원조를 목표로 하는 독립운동, 둘째 일본의 지배하에서 하는 개량적 합법운동, 셋째 계급투쟁에 의한 세계혁명과의 횡단적(橫斷的) 결합운동 등과 대립하는 새로운 출발"[86]이라 하였고, "현재의 제국주의국가의 국제적 모순에 대응하기 위한 조선민족의 주체적 역할의 중요성"을 강조하여 연합전선의 성격을 분명히 하였다.

민족연합전선으로서 결성된 민족혁명당은 독립운동 방법으로서 국제연맹의 원조에 의뢰하는 외교노선과 합법운동을 표방하는 개량주의적 노선, 그리고 계급혁명에 의한 세계혁명과의 연결을 주장하는 공산주의 노선을 모두 반대하고 민족의 주체적 역할을 강조하였지만, 그 구체적인 방법은 일본제국주의에 대한 조직적인 무장저항운동을 전개하는 것이었고 그것을 3차에 걸친 특수공작으로 진행시켰다. 같은 당 핵심인물의 한 사람인 김원봉은 1932년부터 이미 중국 국민정부 군사위원회의 간부훈련반에 위탁하여 독립운동의 간부요원이 될 청년들을 훈련시키고 있었는데, 그것을 당의 1차공작으로 계속하였다. 그리고 1936년

---

86) 같은 책 575면, 「本黨의 基本的 綱領과 現段階의 中心任務」, 黨機關紙 「民族革命」 제3호.

전반기에는 2차공작으로서 군사부장 이청천으로 하여금 화북(華北)·만주를 중심으로 반만(反滿)·반일(反日)의 무장군사활동을 감행케 하는 한편 청년들을 군사훈련하고, 특무부장 이범석(李範奭)으로 하여금 화북·상해·광동·남경·남창(南昌)·낙양(洛陽)·만주·조선의 각 주요지에 당원을 배치하여 첩보활동을 펴고 각종 정보를 모으는 한편 반동분자와 일만요인(日滿要人)의 암살과 파괴공작을 감행하게 하였다. 또 당무부장(黨務部長) 김원봉으로 하여금 특무요원이 배치된 요지에 당원을 밀파하여 동지 획득과 민중에 대한 선전활동을 폄으로써 당세의 확장에 노력하게 하였다. 1936년 후반기에 실시된 제3차 공작은 국제관계의 긴박화와 소일전쟁(蘇日戰爭)을 전망하면서 2차공작에서 국내와 화북·만주지방에 침투하여 공작 중인 요원들로 하여금 일본과 괴뢰만주정부 요인을 암살하고 철도와 관공서를 파괴하게 하였다. 일본 측이 수집한 정보에서도 이 무렵 남경에 대기 중이던 공작요원 50명이 국내와 만주 화북지방에 후속부대로 파견되었다.[87]

그러나 민족유일당 이후의 민족연합전선으로 발족된 민족혁명당은 그 기반이 그대로 굳어지지 못하였다. 창당할 당초에 이미 김구(金九)를 비롯한 임시정부 고수파가 합류하지 않은데다 창당 직후 한국독립당의 일부 세력이 이탈하였고, 1937년에는 이청천·최동오 등 11명의 핵심당원을 제명시킴으로써 민족혁명당은 민족연합전선으로서의 성격을 잃고 김원봉이 주동이 된 구(舊) 의열단 중심의 좌파적 색채가 짙은 정당이 되었다. 그러나 1937년에는 당시 민족혁명당이 중심이 되고 그 영향 아래 있던 조선민족해방운동자동맹, 조선혁명자연맹, 조선청년전위동맹 등과 합쳐 조선민족전선연맹을 결성하고 다음과 같은 창립

---

87) 같은 책 571면, 「1936년의 在支不逞朝鮮人의 不穩策動狀況」.

선언을 발표하였다.

조선민족의 유일한 활로는 전민족의 단결력에 의하여 일본제국주의를 타도하고 조선민족의 독립자주를 완성하는 데 있다. 고로 조선혁명은 민족혁명이며 그 전선은 '계급전선'도 아니고 '인민전선'도 아니며 또 불국(佛國)·스페인 등의 소위 '국민전선'과도 엄격한 구별이 있다. 이와 같이 우리 민족전선 내부에는 대립분열 사실이 절대 무(無)함을 명언할 뿐만 아니라 과거에 있어서의 차종(此種)의 현상에 대해서는 극력 이것의 절멸에 노력하고 있다. 우리 민족전선도 이미 이론의 시대를 지나 실행의 단계에 들어가고 있다.[88]

민족혁명당 창립 당초와 같은 민족연합전선으로서의 성격은 잃었으나 당시 중국에 있어서의 독립운동노선의 좌파적 세력을 연합하여 일단 전선연맹을 이뤘던 것이다.

한편 민족혁명당에 합류하지 않았던 임시정부 지지세력은 민족혁명당에 대립하여 1935년에 김구를 이사장으로 하여 한국국민당을 결성하여 "전민적(全民的) 정치·경제·교육균등의 3대원칙" 즉 소위 삼균주의(三均主義) 원칙과 민주공화국 건설을 표방하였다. 기관지 『한민(韓民)』과 산하단체 청년단 기관지 『한청(韓靑)』을 통하여 우파적 민족주의를 내세우며 과거의 조선혁명운동이 부진한 최대의 원인이 민족주의에 입각하지 않은 데 있다 하고 공산주의적 색채가 있다고 믿은 민족혁명당과 무정부주의단체인 남화한인청년연맹(南華韓人靑年聯盟)에 대립하면서,

여하히 세계주의를 외쳐도 혁명의 제일대상은 자기가 부속하는 민족이다.

---

88) 같은 책 617면, 「朝鮮民族戰線聯盟 創立宣言」.

… 레닌혁명의 제일대상은 러시아였다. … 제제(帝制)를 타도한 공산당이 건설시기에 들어가서 과연 맑스 또는 레닌이 계획한 것이 그대로 실행되었는가. 신경제정책에서부터 스탈린의 제1 제2차 5개년계획에 이르기까지 모두가 그 당시의 러시아의 특수성을 인식하고 일보를 전진하기 위하여 2보 또는 3보를 후퇴한 일을 우리는 알지 않으면 안된다.[89]

하고 "진선(陣線)의 통일이 반드시 전투력의 강화라고는 볼 수 없다. 통일은 양(量)의 문제이며 강화는 질(質)의 문제이다"하면서도 "종적(縱的)으로는 각 단체 자체를 강화하여 전투력을 왕성히 하고, 횡적으로 전민족의 이해문제 및 적에 대한 전략에 관하여 각 단체가 협조함으로써 양을 확대시키는 것이 당면의 긴요한 일이다"[90] 하여 연합전선의 길을 모색하기도 하였다.

한국국민당의 연합전선계획은 1937년에 제1단계가 이루어졌다. 한국국민당을 중심으로 하여 조소앙이 이끄는 한국독립당과 민족혁명당에서 이탈한 이청천 등이 만든 조선혁명당, 그리고 김구의 한국애국단 및 미국과 하와이에 있는 국민회 등 5개 단체가 연합하여 한국광복운동단체연합회(韓國光復運動團體聯合會)를 결성한 것이다. 앞에서 말한 민족혁명당 중심의 민족전선연맹도 이 광복운동단체연합회의 결성에 자극되어 이루어진 것이지만, 이 두 연합전선의 성립으로 중국에서의 독립운동전선은 좌파적인 노선과 우파적인 노선으로 일단 분리된 것이다. 그러나 곧 이 두 연합전선이 다시 합동하여 중국의 독립운동전선은 명실공히 하나의 연합전선 아래 통일되었다.

---

89) 같은 책 566면, 「우리의 운동이 왜 進展되지 않는가」, 『韓靑』 제3호.
90) 같은 책 567면, 「如是我觀」, 『韓靑』 제4호.

한국광복운동단체연합회와 조선민족전선연맹은 1939년에 연합하여 전국연합진선협회(全國聯合陣線協會)를 결성하고 김구와 김원봉이 연명선언(連名宣言)을 발표하였다. 연합진선협회가 성립한 데는 중국에 있는 한국독립운동단체를 통합 원조하려는 중국 국민당정부의 작용도 있었지만, 한편 일본제국주의와의 최후의 결전을 앞두고 또 광복 후의 민족국가 건설문제를 전망하면서 독립운동전선의 주전장(主戰場)의 하나인 중국에서의 독립운동노선이 대동연합을 이룬 것이라 할 수 있다. 연합진선협회를 결성하면서 김구와 김원봉이 연명으로 발표한 「동지 동포에게 보내는 공개통신」은 광복 후의 민족국가 건설을 준비하는 기본적인 정치강령을 제시하였다.

"이 통일적 조직은 전민족의 의견과 요구에 의한 혁명적 강령 위에 건설되지 않으면 안된다. 고로 전민족적 통일적 조직문제와 정치적 강령문제는 당면한 최긴급한 문제이며 또 중심문제이다. … 여하한 방법에 의하여 민족적 통일기구를 구성하더라도 그 기구는 현단계의 전민족적 이익과 공동적 요구에 의한 정강 아래 여하한 주의, 여하한 당파도 그 산하에 포용하여 조직하지 않으면 안된다" 하고 연합진선협회 성립의 기본정신을 밝힌 다음 10개조의 정강을 들었다.[91]

1. 일본제국주의의 통치를 전복하여 조선민족의 자주독립국가를 건설한다.

2. 봉건세력 및 일체의 반혁명세력을 숙정(肅正)하여 민주공화제를 건설한다.

3. 국내에 있는 일본제국주의자의 공사재산 및 매국적 친일파의 일체 재산을 몰수한다.

4. 공업·운수·은행 및 기타 산업부문에 있어서 국가적 위기가 있을 경우는

---

91) 같은 책 639면.

각 기업을 국유로 한다.

　5. 토지는 농민에게 분배해주며 토지의 일체 매매를 금지한다.

　6. 노동시간을 감소하고 노동에 관한 각 종업원은 보험사업을 실시한다.

　7. 부녀의 정치·경제·사회상의 권리 및 지위를 남녀 같이 한다.

　8. 국민은 언론·출판·집회·결사·신앙의 자유를 향유한다.

　9. 국민의 의무교육과 직업교육을 국가의 경비로써 실시한다.

　10. 자유·평등·상호부조의 원칙에 기초하여 인류의 평화와 행복을 촉진한다.

이 강령은 1935년에 민족연합전선으로 이루어진 민족혁명당의 강령과 거의 같은 성격으로 되어 있다. 민족혁명당 발족에 참여하지 않았던, 임시정부 및 한국국민당 계통의 독립운동단체까지 연합하여 이루어진 단일전선의 강령이 앞서의 민족혁명당 중심 연합전선의 그것과 큰 차이가 없다는 사실은 이 시기 민족독립운동의 일반적인 노선이 어떤 것이었는가를 짐작하게 하며, 또 이와 같은 노선을 중심으로 한 독립운동전선의 본질적인 연합 가능성을 시사하는 것이라 볼 수 있다. 강령들 속에 나타난 토지와 주요 산업기관 국유화 문제를 예로 들어보면 민족혁명당 강령에서는 "토지는 국유로 하여 농민에게 분급(分給)한다" "대규모의 생산기관 및 독점적 기업을 국영으로 한다"라고 규정하였고, 연합진선협회의 강령에서는 공업·운수·은행 및 기타의 산업부문을 '국가적 위기가 있을 경우' 국유로 한다 하여 다소 완화된 것 같은 느낌을 주며, 토지의 경우는 "농민에게 분배하기로 하며 일체의 매매를 금지한다" 하고, 특히,

　조선농민의 대부분은 소작인으로서 일본제국주의자의 토지 및 친일적 대지주의 토지를 경작하고 있지만 이 토지는 국가가 몰수하여 그대로 농민에게

분배하고 매매를 금지한다. 이것은 가혹한 예속관계로부터 해방하는 농민이 다시 과거의 상태에 빠지는 것을 방지하기 위한 것이다.

라고 단서를 붙였다. 이 경우 토지국유화정책이 아니라 사유제를 인정하는 조건 아래서의 농민에의 분배로 이해할 수도 있겠다. 그러나 순수 우익정당이라 할 수 있는 한국국민당의 당의(黨義)에서도 "토지와 대생산기관을 국유로 하고 국민의 생활권을 평등으로 한다"[92]는 규정이 있고 1941년에 공포한 임시정부의 건국강령에도,

　　대생산기관의 공구(工具)와 수단은 국유로 하고 토지·어업·광산·농림·수리·소택(沼澤)과 수상·육상·공중이 운수사업과 은행·전신·교통 및 대규모의 농공상(農工商) 기업과 성시(城市) 공업구역의 주요한 공용방산(公用房産)은 국유로 함. 단 소규모 혹은 중등기업은 사영(私營)으로 함.[93]

이라는 조목이 있는 것으로 미루어보면 이 시기 독립운동전선 전체를 통하여 중요한 위치의 하나를 차지하는 중국전선(中國戰線)에는 광복 후 민족국가 건설에서 가장 중요한 경제정책에 통일된 방향이 있었다고 하여도 무방할 것이다. 그리고 이는 또한 민족연합전선의 본질적인 조건의 하나가 이루어진 것이라 간주할 수 있을 것이다.

　전국연합진선협회의 성립을 통하여 독립운동전선의 정치적 연합이 이루어진 한편 군사적인 연합도 이루어져갔음을 중요시하지 않을 수

---

92) 같은 책 645면.
　1939년에 한국국민당, 한국독립당, 조선혁명당이 합쳐 결성된 한국독립당의 당의(黨義)에도 이 조항은 그대로 채택되었다.
93) 독립운동사편찬위원회 편 『독립운동사』 제4권 임시정부사, 834면.

없다. 앞에서도 잠깐 논급하였지만, 중국에서의 독립운동전선이 국민 정부 군사위원회 간부훈련반에 독립군 간부의 위탁교육을 실시한 것은 1932년부터였고, 그것은 의열단의 김원봉이 세운 조선혁명간부학교(朝鮮革命幹部學校)였다. 그러나 1933년부터는 김구·이청천·김원봉·이범석 등이 합동으로 국민정부 군관학교 낙양분교(洛陽分校)와 남경중앙 군관학교 등에 위탁하여 독립군 간부를 양성하였고 그 졸업생을 특수 공작 등에 투입하였다.[94] 1938년에 조선민족전선연맹이 결성된 후 그 산하의 전체 군사력을 통합하여 조직한 조선의용대(朝鮮義勇隊)도 민족 연합전선의 군사력으로서의 성격을 띠어갔다. 그들은 다음과 같이 지난날의 민족유일당운동으로서의 신간회의 업적을 높이 평가하고 민족 연합전선으로서의 전국연합진선협회의 결성을 지지하였다.

1927년 2월, 3·1운동이 실패로 돌아가고 중국북벌이 개시된 당시 조선의 각 혁명정당, 애국지사도 역시 단결의 중요성을 통감하여 신간회란 통일전선 조직을 건설하였다. 동회(同會)는 전국 2,510(?)여의 분회를 설치하고 3천 명 이상의 회원을 가지고 있었다. 신간회의 지도하에 저 장렬한 광주학생운동이 발발하였다. 사변(중일전쟁) 발발 이후 조선민족혁명당, 민족해방동맹, 혁명 자동맹 등의 제단체가 1937년 11월에 조선민족전선동맹을 설립하였고 동시에 한국인민당, 한국독립당, 조선혁명당의 3단체도 김구씨의 지도하에 한국 광복운동단체연합회를 설립하였다. 1939년 민족전선의 영수 김약산(金若山)씨와 광복항일전선의 김구씨는 연명으로 공개서신을 발표하여 현단계에 있어서의 조선혁명의 정치주장 급 목전의 해외 조선혁명운동단결통일문제에 대한 공동의견을 석명(釋明)하였지만, 이에 의하여 조선민족해방운동은 신단

---

94) 김정명 편 『조선독립운동』 2, 554면, 「所謂 鮮人軍官學校一覽表」.

계에 들어갔다.[95]

1940년 임시정부가 광복군을 조직하였을 때 당초에는 조선의용대가
그 산하에 들어가지 않았으나 1942년에는 마침내 광복군의 제1지대로
편입되고 김원봉은 총사령 이청천 밑의 부사령으로 임명되어 중국에서
의 독립전선 군사력이 완전히 통합되었다.[96] 그리고 정치운동이 연합
진선협회의 성립으로 일단 연합된 후 1942년에는 임시정부에서도 광복
운동단체연합회 세력과 민족전선동맹 세력이 합류하여 김구가 주석으
로, 김규식이 부주석으로, 그리고 김원봉이 국무위원 겸 군무부장(軍務
部長)에 임명되었다.[97] 이와 같은 중국에서의 독립운동노선의 정치적
군사적 연합이 이루어진 배경에는 한국독립운동을 적극적으로 원조한
국민당정부의 작용이 있었음을 간과할 수 없다. 그러나 국민당정부의
작용에 앞서서 조선의용대선언(朝鮮義勇隊宣言)에서 보인 것과 같이, 민
족유일당운동으로서의 신간회운동과 민족연합전선으로서의 연합진선
협회 성립을 민족운동사 위의 일관된 맥락으로 인식할 수 있었던 조건
이 정치적 군사적 연합을 이루게 한 근본적인 원인이었다 할 수 있을 것
이다.

한편 북부중국지방에서는 화북조선청년연합회(華北朝鮮靑年聯合會)
를 기반으로 하여 1942년에 조선독립동맹(朝鮮獨立同盟)이 결성되었다.
1935년 이래 한국민족혁명당에 가담하였다가 화북지방에 간 김두봉이
주석이 된 조선독립동맹은 주로 공산주의자를 중심으로 결성되었으나
그 창립구호에서는 "각당각파를 망라하여 항일애국자는 총단결하라"

---

95) 같은 책 682~83면, 「朝鮮義勇隊宣傳物」.
96) 독립운동사편찬위원회 편, 앞의 책 928면.
97) 같은 책 1009면.

하였고,[98] 그 강령에서도 "본 동맹은 일본제국주의의 조선에 있어서의 지배를 전복하고 독립자유의 조선민주공화국을 건설할 것을 목적으로 하고 좌의 임무를 실현하기 위하여 싸울 것이다"[99] 하고 전국국민 보선(普選)에 의한 민주정권을 건립할 것, 일본제국주의자의 조선에서의 일체의 자산 및 토지를 몰수하고 일본제국주의와 밀접한 관계가 있는 대기업을 국영화하며 토지분배를 실시할 것 등을 들어 한국민족혁명당 및 전국연합진선협회의 강령과 거의 같은 노선을 표방하고 있다. 조선독립동맹 역시 민주공화국 건설, 대중투쟁을 통한 항일운동을 내용으로 하는 민족연합전선의 일익이었다 할 수 있을 것이다.

만주지방의 독립운동전선도 1930년대 후반기에는 민족연합전선적 성격이 나타나고 있었다. 1920년대 초엽의 청산리전투 등의 승리를 있게 한 만주의 무장독립운동은 1920년대 후반기 민족유일당운동기를 통하여 신민부(新民府)·정의부(正義府)·참의부(參議府) 등 3부의 통합운동이 진행되었으나 완전한 성공을 거두지 못하고 혁신의회(革新議會)와 국민부(國民府)의 두 단체로 나타났다. 이 가운데 혁신의회에서는 한족총연합회(韓族總聯合會)가 생긴 다음 한국독립당으로 발전하여 그 군사부의 독립군이 만주사변 이후 1933년경까지 중국군과 연합하여 동북만주에서 일만(日滿)연합군과 싸우다가 주력부대가 중국 본토로 옮겨갔다.[100] 한편 국민부는 주로 남만주 일대를 기반으로 하여 조선혁명당과 조선혁명군을 조직하여 역시 일만연합군과의 무장항쟁을 계속하였다. 양서봉(梁瑞鳳)·김호석(金浩石) 총사령을 거쳐 고이허(高而虛)에 이르러서는 조선혁명군정부를 수립하였고, 1935년에는 중국 반만(反滿)

---

98) 김준엽·김창순, 앞의 책 5권 121면.
99) 김정명 편 『조선독립운동』 5, 992면, 「華北朝鮮獨立同盟綱領」.
100) 김준엽·김창순, 앞의 책 4권 168~91면.

항일군의 왕봉각군(王鳳閣軍)과 연합하여 중한항일동맹회(中韓抗日同盟會)를 조직하는 한편 중국홍군(中國紅軍)과 연결되어갔다.[101]

1930년대 초기 민족유일당운동을 파괴하던 때와는 민족문제의 이해에 큰 차이를 보인다고 인정될 만한 점이 있다. 중국에서 이루어진 전국연합진선협회와 조선독립연맹, 그리고 만주에서의 조국광복회 등의 민족연합전선 사이에 서로 어느정도 연결성을 가지고 있었는가 하는 문제를 밝힐 만한 구체적인 자료를 찾을 수 없다. 그러나 1930년대 초엽의 민족유일당운동의 좌절을 반성하면서 1930년대 후반기 이후 전체 독립운동전선을 통하여, 특히 임시정부를 중심으로 다시 민족연합전선을 형성하려는 운동이 일어나고 있었던 사실과, 그것이 광복 후에 세워야 할 민족국가의 성격을 어느정도 통일되게 제시하고 있었다는 사실은 민족운동사와 독립운동사에서 새로운 하나의 전기를 마련해가고 있었음을 뜻하며, 특히 그것이 일본제국주의에 대한 결전적인 시기와 때를 같이하고 있은 점에 큰 의미가 있다 할 것이다.

4. 맺음말

우리의 근대독립운동사를 항일운동의 측면과 민족운동의 측면으로 일단 나누어 생각해보고 항일운동적 측면보다 민족운동적 측면에 더 비중을 두어 그 발전과정을 살펴봄으로써 독립운동의 성격을 좀더 분

---

101) 「滿洲에 있어서의 民族主義團體의 抗日鬪爭」, 김정명 편 『조선독립운동』2, 1087~101면.

명히 부각시켜보려 한 것이 이 글의 목적이다. 독립운동을 민족운동적 측면에 비중을 두어 생각해보면 그것은 우리 역사상 근대민족국가 수립과정의 일부분이다. 그리고 우리의 근대민족국가 수립운동이 언제부터 시작되었는가 하는 상한선을 분명히 제시하기는 어렵다 하여도, 이 글은 그것을 대체로 문호개방 이후부터 살피기로 하였고, 한편 앞으로 통일된 민족국가가 이루어졌을 때 비로소 근대민족국가의 성립이 일단 완성된다는 생각을 바탕으로 하여 쓰여졌다.

민족운동적 측면에서 생각해보면 상해임시정부가 성립되기까지의 독립운동은 군주주권국가를 무너뜨리고 국민주권국가를 이룩하는 과정이었다. 우리 역사상 군주전제권(君主專制權)에 제한을 가하려는 근대적 정치운동이 본격적으로 일어난 것은 갑신정변에서 시작되는 것이라 생각하여도 무방할 것 같다. 그리고 갑신정변에서 처음 기도되었던 군주권 제한운동은 이후 동학혁명, 독립협회운동, 애국계몽운동을 통하여 꾸준히 계속되었지만, 소위 한일합방이 될 때까지 이 운동은 군주권 제한운동의 범위를 넘어서지 못하였다. 즉 군주주권체제를 청산하고 국민주권국가를 수립하기 위한 정치적 개혁이 일어나지 못한 것이다. 식민지로 전락하는 마지막 순간까지 국민혁명이 일어나지 못한 것은 이 시기에 외세의 침략이 곁들여져서 민족운동이 반봉건운동보다 반식민지운동에 더 치우쳤기 때문이지만, 한편 반봉건운동, 즉 국민혁명운동이 일어나지 못한 것이 식민지로 전락하게 된 가장 중요한 이유이기도 한 것을 간과할 수 없다.

국민주권국가 수립운동이 성공하지 못했고, 또 그래서 식민지로 전락하였지만, 식민지 치하에서 국민국가 수립운동은 항일운동과 함께 진행되었고 일단 3·1운동으로 집결되었다. 3·1운동은 항일운동의 측면에서는 성공하지 못하였다 할 수 있을지 모르겠으나 국민국가 수립을 목표로 하는 민족운동적 측면에서는 일단 성공한 것이라 할 수 있다. 비록 임시정부라는 조건 아래서나마 우리 역사상 최초로 국민주권정부를 세우는 데는 성공하였기 때문이다. 문호개방 이래의 군주권 제한운동과 애국계몽운동 시기에 일부 나타났던 국민국가 수립운동의 결과로서 성립된 임시정부는 이후의 민족운동과 항일운동을 주도할 수 있는 영도력이 요청되었지만, 독립운동전선에서의 방법론적 대립과 민족운동전선에서의 사상적 대립을 극복하지 못한 채 대체로 1925년경 국민대표회의의 결렬을 계기로 하여 민족운동과 항일운동전선에서의 지도적 위치를 상실하고 스스로 하나의 독립운동단체로 전락하고 말았다.

임시정부가 그 영도력을 상실한 것뿐만 아니라 1925년 이후 민족운동과 항일운동전선에는 사회주의운동이 본격화하는 한편 국내의 일부 민족운동전선에서 타협주의적인 노선이 나타나기 시작하였다. 이와 같은 상황 아래서 독립운동전선에서 사상적 대립을 극복하고 타협주의노선에 반대하면서 새로운 활로를 개척하기 위한 운동이 일어났는데, 민족유일당운동이 그것이다. 이 시기의 독립운동은 항일운동의 측면에서 보면 임시정부 성립시기까지와 크게 다를 바 없지만, 민족운동의 측면에서 보면 군주주권체제를 청산하고 국민주권국가를 수립하는 것이 목적이었던 임시정부 수립과정까지와는 다르다. 이제 국민국가체제 내부에서 일어난 사상적 대립을 극복하고 통일된 민족국가를 수립하기 위한 두번째 단계로 접어든 것이라 할 수 있다. 그러나 이 운동은 외세의 작용으로 인한 사회주의 진영의 극좌주의적 노선 때문에 일단 실패하였다.

민족유일당운동이 일단 실패하였으나 통일민족국가 수립운동은 1935년대에 와서 다시 일어났다. 특히 이 시기 이후에는 독립운동의 본거지의 하나였던 중국 및 만주에서의 독립운동전선에 우익세력과 좌익세력이 연합하는 일종의 민족연합전선운동이 일어났던 것이다. 이와 같은 민족연합전선운동이 독립운동전선 전체에 확대되기 전에, 그리고 그 자체 내의 여러가지 제약성이 미처 해소되기 전에 해방을 맞이하게 되었고 여기에 연합군의 분할점령과 그것에 편승한 분단론이 대두하여 통일민족국가 수립운동은 또다시 큰 시련을 겪게 되었다.

1920년대 민족유일당운동에 참가하였던 정치세력과 1930년대 이후 민족연합전선운동에 참여하고 임시정부를 다시 소생시켰던 정치세력이 주로 분단론을 극복하고 통일민족국가 수립운동을 연장시켜나갔으나, 대체로 독립운동과정에서 독립전쟁론보다 외교독립론을 주장하였던 정치세력과 절대독립론에서 한걸음 물러서서 자치론적 입장에 섰던 정치세력이 분할점령의 현실에 편승하여 내어놓은 분단론이 정착하고 통일민족국가 수립운동은 좌절되었던 것이다. 그러나 20세기 전반기 독립운동과정에서 형성된 통일민족국가 수립운동으로서 민족연합전선운동은 20세기 후반기 분단시대에 민족통일운동으로 연결되어 진정한 민족주의 세력이 주체적으로 달성해야 할 최대의 역사적 과제로 남아 있다. 따라서 분단체제의 고정화가 심화되는 조건 속에서도 민족사의 바른 발전방향으로서 통일운동의 맥락은 이어지고 있으며, 그것이 바탕이 되어 7·4공동성명과 같은 계기가 마련되어가고 있는 것이다.

(『亞細亞硏究』통권 제59호, 1978. 1)

III
역사와
민중

한글 창제의 역사적 의미

1. 머리말

어떤 사실(史實)이 역사에서 차지하는 위치가 높으면 높을수록 그것이 가지는 역사적 의미는 시대에 따라 항상 새롭게 추구되어야 할 것이다. 시대의 변화에 따라 그 의미가 새롭게 추구될 수 없는 사실(史實)이라면 그것은 이미 역사적 위치를 잃어가고 있는 것이라 하여도 무방할 것이다. 우리 문화사상 가장 높은 사실로 지적되고 있는 한글 창제의 의미도 시대의 변천에 따라 계속 새롭게 추구되어왔다.

이조 중세사회에서는 그다지 중요한 위치를 차지하지 못하였던 한글 창제 사실이 개화시대에 들어오면서 점점 높은 의미를 가지기 시작한 것은 당연한 일이었다. 중세 양반사회에서는 양반글인 한문이 진서(眞書)였고 백성글로서의 한글은 언문(諺文)일 수밖에 없었지만, 개화시대에 들어오면서 백성이 나라의 참된 주인이란 생각이 자리를 잡아감으로써 이제 한글은 언문의 탈을 벗고 국문의 자리를 차지해갔던 것이다. 언문일 때의 한글 창제의 역사적 의미와 국문이 되었을 때의 그것이 달라졌음은 더 말할 나위가 없다.

개화시대를 통하여 국민국가 수립에 성공하지 못한 채 식민지로 전락하였고 이 때문에 한글은 다시 국문의 위치를 잃고 박해받지 않을 수 없었다. 이 시기를 통하여 한글을 지키고 연구하는 일이 독립운동의 일환으로 생각되었음은 당연한 일이지만, 나라의 주권이 위협받던 개화시대와 뒤이은 식민지시대를 통하여 민족적 염원이 국권회복에 집중되었던 시대적 요청이 작용함으로써 한글 창제의 역사적 의미가, 이 시기의 우리 역사인식 태도 일반이 그러하였던 것같이 다분히 영웅주의적 성격을 띠고 있었음을 생각하지 않을 수 없다.

개화시대와 일제시대를 통하여 우리가 흔히 '민족사학'이라 부르는 일련의 역사연구 및 서술방법이 두드러지게 영웅주의적 경향으로 흘렀던 것과 같이 한글 창제의 역사적 의미를 지나치게 세종대왕의 '어여삐 여김'에서 구하는 경향이 있었음을 간과할 수 없는 것이다. 개화시대와 식민지시대의 역사인식 일반이 그 시대적 성격 때문에 영웅주의적 경향으로 흘렀음을 인정한다 하여도, 그것이 해방 후의 시대에까지 연장되고 있다면 시대의 변화에 따라 탄력성 있게 달라져가야 할 한글 창제의 역사적 의미가 앞시대의 그것에 고정되고, 따라서 한글 창제가 차지하고 있는 우리 문화사상의 가장 높은 위치가 점차 떨어져갈 것이 아닌가 하는 두려움이 있다. 한글 창제의 한층 더 옳은 역사적 의미를 구하는 일은 오늘의 역사를 바르게 보기 위하여 더욱 절실한 바 있다.

2. 지금까지의 한글 창제 동기론

우리의 긴 역사시대를 통하여 왜 15세기, 즉 이씨조선 성립 초기에 와서야 한글이 창제되었는가 하고 묻는다면 그 대답은 대체로 언어학적인 측면과 역사학적인 측면에서 구해져야 할 것이다. 우선 언어학적인 면에서의 답을 들어보자. 강신항(姜信沆) 교수는 1967년에 출판된『한국문화사대계(韓國文化史大系)』언어·문학사편에서 한글 창제의 동기를 첫째 표기수단을 갖지 못한 백성들에게 표기수단을 주기 위하여, 둘째 문자 없는 국가적 체면을 생각해서, 셋째 이두(吏讀) 사용의 불편을 느껴, 넷째 세종의 백성을 사랑하는 마음에서, 다섯째 한자음(漢字音) 정리를 위한 언어정책적인 면 등을 들고 있다. 아마 이 다섯 가지는 국어학계가 생각하고 있는 한글 창제 동기를 종합한 것이 아닌가 한다.

다음 국사학계가 생각하고 있는 동기론을 들어보자 1964년에 개정된 이병도(李丙燾) 저『한국사대관(韓國史大觀)』에서는 세종이 "자아를 비판하고 반성하고 민족을 사랑하고 민중을 애닲이 여겨" 한글을 만들었다 하였고, 1976년에 개정된 이기백(李基白) 저『한국사신론(韓國史新論)』에서는 "일상 쓰는 말에 부합하는 민족의 문자가 있어야겠다는 민족의식과 누구나 쉽게 문자를 배워 쓰게 해야겠다는 민중애가 세종으로 하여금 한글을 만들게 한 것이다"라고 하였다.

한편 1970년에 출판된 한우근(韓佑劤) 저『한국통사(韓國通史)』에서는 한학(漢學)은 치자계층에만 독점되어 일반국민이 습득할 겨를이 없어서 치자와 피치자 사이에 직접적이고 공식적인 의사소통의 길이 없었기 때문에 한글이 만들어진 것이라 하였고, 국정 인문계 고등학교 국사교과서에서는 "우리나라는 중국의 한자를 빌어 써서 수준 높은 문자생활을 하였으면서도 외래문자와 토착언어가 일치되지 않아서 불편이 적지 않았다. 선초에 와서 민중이 배우기 쉬운 문자를 가져야겠다는 요구가 커지면서 세종과 집현전 학자들은 이러한 시대적 요구에 부응하여" 한글을 만든 것이라 하였다.

이상의 동기론을 역사적 의미와 관련하여 우리 나름대로 정리해보면 대체로 다음과 같은 세 가지 문제로 집약되는 것이 아닌가 생각된다. 첫째 고유의 문자를 가지지 못한 국가적 체면과 여기에서 나온 민족의식의 문제, 둘째 백성이 글을 알지 못하여 백성 스스로가 불편하거나 혹은 치자층과 백성들 사이의 의사소통이 잘 되지 않아서 불편하였던 점, 셋째 글을 모르는 백성들의 처지를 세종대왕이 어여쁘게 혹은 애닯게 여긴 점 등이 그것이다.

한편 이와 같은 종래의 일반적인 동기론 이외에 1976년에 이우성(李佑成) 교수가 『진단학보(震檀學報)』 42호에 쓴 「조선왕조의 훈민정책(訓民政策)과 정음(正音)의 기능(機能)」이란 글에서는 한글 창제를 조선왕조의 훈민정책의 일환으로 보고 이와 같은 훈민정책이 나온 배경을 민도(民度)의 향상에서 구하여 한글 창제 동기론에 새로운 이론을 제시하였다. 이교수의 논지가 우리가 생각했던 한글 창제의 역사적 의미와는 대단히 접근한 바가 있지만, 종래의 동기론에 대한 한층 더 적절한 분석과 한글이 가지는 역사적 기능에 대한 더 확실한 이해가 필요하다. 나아가서 한글이 창제된 시기 즉 15세기 우리 문화 일반에 대한 역사적 이해를 더욱 분명히 할 필요를 느낀다. 그리고 그것을 통하여 앞에서 말한 것과 같이 아직도 우리에게 남아 있는 전시대적인 역사인식 태도의 청산을 한층 더 철저히 해야 한다는 생각이 절실하다.

3. 한글 창제 동기론의 재음미

지금까지 일반적으로 통용되고 있던 한글 창제 동기론 가운데 우리가 첫째로 지적한 문제, 즉 고유한 문자를 가지지 못한 국가적 체면과 민족의식의 문제에 대해 생각해보자. 우선 15세기에 와서야 고유한 글을 가지지 못한 국가의 체면 문제를 생각하게 되었다는 점이 석연치 않다. 고대국가 성립시기에 정복전쟁의 영웅적 기록이 모두 한자로 이루어졌다는 사실은 그만두고라도 수(隨)나라·당(唐)나라와 같은 중국의 큰 나라들과 당당히 싸울 수 있었던 삼국시대와, 당나라의 야심을 물리치고 최초로 민족의 통일을 이루었다고 말해지는 통일신라시대, 그리고 후삼국을 통일하고 발해의 유민까지 포섭하여 삼국통일 때보다 한층 더 진전된 민족의 재통일을 달성하였다고 평가되는 고려시대를 통해서도 고유의 글이 없어서 국가의 체면이 서지 않는다는 생각은 절실하지 않았던 것 같은데, 흔히 사대주의가 본격화한다고 말하는 이조초기에 와서 왜 국가적 체면을 생각하고 우리글을 만들게 되었는가 하는 점에 의문이 있다.

중국을 제외한 주변의 민족들, 즉 일본은 물론 여진과 거란이 모두 이미 고유의 문자를 가진 데 자극이 되었다면 이들 어느 민족보다도 문화수준이 높다고 자부한 우리 민족이 그들보다 뒤져서 국가적 체면과 민족의식을 가지게 되었다고 말할 수밖에 없으며, 양반국가라고 말하는 이씨왕조가 국가적 체면 때문에 고유의 글을 만들었다면 양반글을 만들고 그것을 국문(國文)으로 삼았어야 하는데 백성글을 만들어 언문(諺文)으로 취급한 것은 납득할 수 없는 점이 있다. 그리고 섣불리 말하기 어려운 일이지만 이조초기의 지배층이 국가의 체면을 생각하였다 하여 그것을 민족의식과 결부시키는 데에도 많은 문제점이 있다. 민족의식이 바탕이 되어 백성글이 만들어졌다면 이미 백성이 민족의 주체로 인식되고 있었어야 할 것이다.

다음, 백성들이 글을 몰라서 불편하고 치자층과 백성들 사이에 의사소통이 잘 되지 않았기 때문에 한글을 창제하였다는 문제에 대하여 생각해보자. 역사시대로 접어든 후 최소한 천년 이상이 지난 15세기까지 극소수의 지배층을 제외하고는 거의 대부분의 백성들이 글을 모르고 살아왔지만, 치자층이 글 모르는 백성의 고통을 생각해주지는 않았었다. 그뿐만 아니라 백성들이 글을 모르고 치자층과 백성들 사이에 문자를 통한 의사소통이 없어도 삼국시대·고려시대를 통하여 지배층은 백성 다스리는 데 불편을 느끼지 않았고, 따라서 백성글을 만들지 않았다. 그런데 왜 15세기에 와서 갑자기 글 모르는 백성들의 처지를 치자층이 동정하게 되었으며, 또 왜 지금까지 없었던 백성들과의 의사소통 문제를 생각하지 않을 수 없었는가 하는 점에 의문이 남는다.

이와 같은 의문에 대하여 대체로 두 가지 대답을 생각할 수 있다. 첫째 이 시기에는 이미 치자층만이 문자생활을 누리고서는 더 지탱할 수 없는 새로운 역사적 조건이 백성세계 속에서 만들어지고 있었던 것이라 할 수 있고, 둘째는 15세기 이전의 전체 역사시대를 통하여 어느 군왕(君王)도 가질 수 없었던 백성에 대한 어여삐 여김을 세종대왕이 가졌기 때문에 글 모르는 백성의 불편함을 이때 처음 알게 되었고 백성과의 의사소통도 비로소 생각하게 된 것이라 말할 수 있다. 이 두 가지 대답 가운데 어느 것이 역사적 대답이 될 수 있는가를 가려내기 위하여 마지막으로 세종대왕의 백성에 대한 어여삐 여김이 한글 창제의 동기라고 여기는 생각을 좀더 음미해보자.

한글 창제와 같은 우리 문화사상 최대의 사실이 비록 전제권력을 가진 군주(君主)라 할지라도 한 사람의 자애심에 의하여 이루어졌다고 생각하는 것이 과연 역사적인 해석이 될 수 있겠는가 하는 의문이 있다. 이 문제는 역사발전에서 개인의 역할 문제와도 관련되지만, 이론적인 문제를 들지 않더라도 의문을 풀 수 있다.

세종의 백성에 대한 자애심이 한글 창제의 중요한 동기라면 그가 왕이 되지 않고 본래의 서열에 따라 그의 형이 왕이 되었다면 적어도 15세기에는 한글이 창제되기 어려웠을 것이고, 설사 세종이 왕이 되었다 하여도 혹 백성을 어여삐 여기는 마음이 없었다면 어여삐 여기는 다른 왕이 나올 때까지 한글 창제는 또 기다려야 했는가 하는 물음도 있을 수 있다.

하나의 역사적 사실에는 언제나 여러가지 원인이 복합되어 있고 한글 창제의 경우도 예외일 수 없다. 어느 개인의 능력이나 심리상태가 역사적 사실의 중요 원인으로 부각되면 역사가 우연의 소산물로 이해되거나 영웅주의적 역사관에 빠질 위험이 있음을 우리는 잘 알고 있다. 역사 속에서 개인의 역할을 생각할 때 우리는 흔히 어떤 착각 속에 빠지게 된다. 개인의 역량을 너무 앞세움으로써 그것을 지탱하고 있는 역사적 여러 조건이 가려지는 사실을 깨닫지 못하는 경우가 있는 것이다.

4. 한글 창제 동기의 새로운 이해

국가적 체면이나 왕의 백성에 대한 어여삐 여김이 중요한 원인이 되어 한글이 창제되었다고 생각하는 역사인식 태도는 역사를 왕이나 영웅의 업적 중심으로 혹은 소수 지배계층의 생활 중심으로 엮었던 지난 시대의 유물에 지나지 않는다. 한글 창제의 진정한 역사적 의미를 구하기 위해서는 두 가지 측면에서 다시 의문이 제기되어야 할 것이라 생각된다. 첫째는 한글을 만든 것은 분명히 세종과 집현전 학자들이었지만 그들로 하여금 한글을 만들지 않을 수 없게 한 것은 누구인가 하는 의문이며, 둘째는 한글이 정말 전적으로 어리석은 백성을 '위하여' 만들어진 것인가 하는 의문이다.

우선 첫째 의문의 답을 구해보자. 우리의 생각으로는 한글을 만들게 한 것은 백성세계의 변화이며, 그것은 또 15세기 우리의 역사조건이다. 15세기에도 양반 때문에는 전혀 새로운 문자를 만들 필요가 없었다. 우리 역사의 초기부터 지배층만이 한자를 배워 사용하였기 때문에 그들은 고등학교 국정교과서가 지적한 것과 같이 '수준 높은 문자생활'을 누릴 수 있었다. 따라서 15세기에도 특별히 그들을 위해서는 다른 글을 만들 필요가 없었고 그렇기 때문에 한글이 만들어진 뒤에도 양반들의 문자생활은 한문 중심으로 계속되었다.

15세기에 와서 한글이 만들어진 것은 이우성 교수가 지적한 것과 같이 이씨왕조의 훈민정책의 일환이었다. 훈민이란 말은 백성을 훈도(訓導)·훈육(訓育)한다는 뜻이다. 고려시대까지도 글을 가르쳐서까지 백성을 훈도하지 않아도 다스릴 수 있었는데, 이조초기에 와서는 글을 가르쳐서 다스리는 것이 더 효과적이라 생각되었거나 혹은 글을 가르치지 않고는 다스릴 수 없다고 생각될 만큼 백성의 세계에 변화가 왔던 것이다. 그리고 이 변화가 바로 한글, 훈민정음을 만들지 않을 수 없게 한 것이다.

한편 한글 창제 문제를 조금 다른 각도에서 생각해보면, 훈민정책의 차원을 넘어서서 백성들이 처음으로 문자생활권 안으로 들어오는 계기를 만드는 것이라 볼 수 있다. 그리고 그것은 또 그들이 이제 처음으로 문화생활권 안으로 들어옴을 뜻하는 것이라 할 수 있다. 지배층으로 하여금 글을 가르치지 않고는 다스릴 수 없게 만듦으로써 지금까지 문화생활권 안으로 들어갈 수 있는 길을 열어놓은 이와 같은 힘이 어디에서 나온 것인가 생각해보면 그것은 역시 백성세계의 자의식의 향상에서 찾지 않을 수 없다.

백성세계의 자의식이 급격히 높아진 계기는 멀리 고려중기의 무신란에까지 소급해서 찾아야 할 것이라 생각된다. 12세기 후반기에 일어난 무신들의 정변은 고려사회의 귀족적 지배질서를 하루아침에 무너뜨렸고 그것을 계기로 하여 소위 천민의 난(亂)이라 부르는 일련의 정치적·사회적 변화가 나타났다. 천민난의 지도층이 왕후장상(王侯將相)의 씨가 따로 있느냐고 외친 것과 같이 지금까지 거의 역사의 표면에 나타나지 못한 농민층과 천민층까지도 사회의식과 정치의식이 높아져갔던 것이다.

백성세계의 이와 같은 새로운 움직임은 무신정권의 독재와 탄압으로 일단 기세가 꺾였으나, 이후 몽고의 침입에 대항하고 또 그것에 굴복하는 과정을 통하여 오히려 자의식이 한층 더 높아져갔다. 몽고와의 전쟁과정에서 무신지배층의 강화도 피난정권은 시일이 지남에 따라 안일과 타락에 빠져갔고, 전국토를 휩쓴 몽고군의 횡포에는 본토에 남은 일부 하급 무장들과 농민군만이 감당하였다. 피난정권의 지배권력 내부에 분쟁이 일어나고 결국 몽고에 항복하였을 때 백성들에게 그것은 지배층의 배신행위로밖에 보이지 않았을 것이다.

몽고에 항복하고 난 이후 지배층의 치부는 한층 더 분명히 드러났다. 고려의 왕권은 한낱 허수아비가 되었고 왕족은 몽고인과 피를 섞고 그 풍속을 닮아갔다. 귀족층은 몽고세력과 결탁하여 고려왕권을 좀먹고 농장(農庄)을 차지하여 농민을 수탈하였다. 이 시기를 통하여 고려의 왕권은 더 지탱할 수 없는 상태에 빠졌고 마침내 이조왕권과 교체되었다. 고려왕조의 패망은 우리 역사상 중세적 지배체제가 크게 흔들린 것이었고 이 동요를 극복하고 중세적 지배체제를 다시 강화할 수 있는 것이 이씨왕조의 성립이었다.

성립 초기의 이조왕권이 안정을 얻고 중세적 지배질서를 유지해 나가기 위해서는 해결해야 할 여러가지 문제점이 있었지만, 그 가운데서도 가장 중요한 문제가 고려후기를 통하여 이미 정치적·사회적 의식수준이 한 단계 높아진 백성들을 효과적으로 다스리는 방법을 강구하는 일이었다. 중세체제의 흔들림을 극복하는 방법으로 농민을 더욱 토지에 얽어매고 상업발전을 억제하기 위하여 이씨왕조는 소위 농본주의와 상업억제정책, 쇄국정책을 채택하였다. 그러나 그것만으로 이미 자의식이 한 단계 높아진 백성들을 효과적으로 다스릴 수 없었고 그들에게 일정한 이익조건을 제시하지 않을 수 없었다.

새 왕조를 만든 주역들은 당초 농민들에게도 관료지배층과 같이 제 몫의 농토를 지급할 생각을 가졌었다. 그러나 그들 자신과 후손들, 그리고 관료층에게 우선적으로 농토를 지급한 결과 농민 몫으로 줄 땅이 남지 않았고 따라서 당초의 계획은 실시되지 못하였다. 농민에게 농토를 지급할 계획이 실패하게 되자 대신 농민들이 바치는 지대율(地代率)을 공정화(公定化)하고 그들의 소작권을 보호해주는 등 일정한 조처를 취하였다.

한글의 창제도 새 왕조의 지배권력이 백성들에게 제시한 이익조건 중의 하나라고 생각할 수 있다. 그것은 결코 치자층의 자애심이 바탕이 된 것이 아니라 백성세계가 스스로의 자의식을 높여감으로써 얻을 수 있었던 전리품(戰利品)과 같은 것이라 할 수 있을 것이다.

5. 한글의 역사적 기능

한글 창제의 진정한 역사적 의미를 구하기 위하여 앞에서 제시하였던 두 가지 의문 가운데 한글이 정말 백성을 '위하여' 만들어진 것인가 하는 두번째 의문에 대한 대답도 첫째 의문을 구하는 과정에서 이미 함께 드러났다. 그러나 그것을 한층 더 분명히 하기 위하여 한글이 만들어진 후 그것이 이조정부에 의하여 어떻게 사용되었는가 하는 문제를 추적해보자. 한글이 본래 이조정부의 지배목적의 일환으로 만들어졌음이 한층 더 분명해질 것이다.

15세기에 와서 지배목적의 일환으로 백성들을 문자생활권 안으로 넣어주지 않을 수 없었지만, 그렇다고 하여 백성들에게 한자를 배우게 내어줄 수는 없었다. 우리 역사의 초창기부터 지배층만이 한자를 배워 사용하였기 때문에 한문을 안다는 일 자체가 지배층과 피지배층을 구분하는 중요한 기준이 되었다. 한문이 어려워서 백성들이 배우기 곤란하다는 점도 있지만, 한편 백성들에게 한문을 배우게 하여 지배층과 백성과의 사이에 있는 벽을 무너뜨릴 수는 없는 일이었다. 따라서 백성들만이 쓸 훈민정음을 만들어서 지배목적에 부합하게 한 것이라 생각할 수 있다.

지배목적의 일환으로 만들어진 한글은 창제 당초부터 백성들을 대상으로 이조왕권의 정당성과 존엄성을 고취하는 데 사용되었다. 한글로써 무엇보다 먼저 「용비어천가(龍飛御天歌)」를 지었다는 사실이 그것을 말해주고 있다. 「용비어천가」는 이조의 왕권을 뿌리 깊은 나무와 샘 깊은 물에 비유한 일종의 왕실 찬양가로서, 한글로 지어 널리 읽혀지기를 목적한 것이었다. 이성계의 역성혁명(易姓革命)을 합리화하고 의식수준이 높아진 백성들의 마음이 이조왕실을 향하여 구심작용(求心作用)을 할 수 있게 하기 위하여 한글로 된 「용비어천가」는 필요하였던 것이다.

한편 15세기는 이조적인 지배질서를 확립하는 일이 급선무이던 때였다. 이 때문에 관료층은 물론 일반 백성들까지 고려시대까지의 불교적인 생활양식을 청산하게 하고 유교적 생활규범으로 철저히 파악할 필요가 있었으며, 그것을 위하여 백성들이 쉽게 배울 수 있는 글을 만들고 그것으로 각종 의례서(儀禮書)를 지어 퍼뜨릴 필요가 있었던 것이다. 한글이 만들어진 당초에『언문삼강행실도(諺文三綱行實圖)』『언문열녀도(諺文烈女圖)』『언문효경(諺文孝經)』등이 편찬 보급된 것은 이와 같은 목적에 의한 것이라 할 수 있다.

한글의 창제 보급은 또 정부의 정책을 관료들의 해설 없이 백성들에게 직접 전달할 수 있는 지름길을 마련하였다. 한글 창제 이전에는 정부의 교서(敎書)나 방문(榜文)이 모두 한문으로 작성되어 관리들의 해설 없이는 백성들에게 전달되기 어려웠다. 그러나 한글이 만들어진 이후에는 한문교서와 함께 소위 언문교서가 내려졌고 그것을 통해서 백성과 정부가 직결될 수 있었던 것이다. 특히 한글로 된 방문, 즉 언문방문(諺文榜文)은 그 효과가 대단히 높았던 것이라 생각된다.

임진왜란과 같은 큰 전란이 일어났을 때는 정부가 민심의 이반(離叛)을 막기 위하여 각 지방마다 언문방문을 붙여 소위 효유(曉諭)하였다. 임진왜란 때 왜군에게 부역(附逆)하여 겨우 목숨을 부지하고 있던 백성들에게 왜군의 진영에서 나와 아군을 도우면 부역죄를 용서할 것이라고 알린 왕이 내린 방문이 지금도 남아 있다. 사정에 의하여 원문을 소개하지 못하는 것이 유감이지만 그 내용은 한글로 되었기 때문에 더욱 간절하고 눈물겹기도 하다.

임진왜란 직후「용비어천가」의 약본(約本)이 다시 만들어져 보급된 사실이 최근 박병채(朴炳采) 교수에 의하여『민족문화연구(民族文化硏究)』10호에 발표되었다. 박교수의 해제에 의하면 약본「용비어천가」는 원본의 내용보다 간략하고 또 훨씬 더 서민층 대상의 성격으로 지어진 것이라 하였다. 오랜 전쟁으로 국토가 폐허화하고 따라서 민심이 흩어지고 왕실의 권위가 떨어진 때 간략하고 좀더 쉬운「용비어천가」를 만들어 백성들에게 읽힐 필요는 절실하였을 것이다.

한글이 만들어진 후 그것이 이조정부에 의하여 구체적으로 어떻게 사용되었는가를 추적해보면 이조의 지배층이 그것을 만든 본래의 동기가 어디에 있었는지 짐작할 수 있다. 우리가 이미 말한 것과 같이 자의식이 한 단계 높아진 백성을 효율적으로 다스리기 위한 방법의 하나로, 즉 이씨왕조의 지배수단의 하나로 만들어진 것이라 할 수 있다. 그러나 한글은 지배권력의 처지에서 보면 통치수단의 하나로 만들어진 것이지만, 그것을 만들지 않을 수 없게 한 백성의 처지에서 보면 값높은 전리품이었다. 그렇기 때문에 지배층의 창제동기와는 상관 없이 그것은 처음부터 진정한 백성의 것이 될 수 있었다. 지배권력이 통치수단으로 만든 한글을 백성세계가 곧 제것으로 만들 수 있었다는 사실이 그것을 만든 본래의 주인이 누구인가, 그리고 한글 창제의 진정한 역사적 의미가 무엇인가를 분명하게 말해주고 있는 것이다.

한글을 배운 백성들이 무엇보다도 먼저 그것을 정치적·사회적 의사표시의 수단으로 삼음으로써 스스로의 의식수준을 한층 더 높여간 것은 자연스러운 일이었다. 한글이 반포된 지 3년 후에 벌써 대신들을 비방하는 언문벽서(諺文壁書)가 나왔고, 우리가 이미 알다시피 연산군 시대에는 그의 폭정에 항거하는 언문투서(諺文投書)·언문괘서(諺文掛書)가 빈번하여 한글 사용 금지령이 내리고 한글책이 불태워졌다. 이때의 언문투서가 반드시 피지배층의 소행이란 증거를 찾기는 어렵지만, 그것에서 이미 한글이 가진 역사적 기능의 일단이 나타나고 있는 것이라봐도 무방할 것이다.

권력의 횡포 때문에 한글이 일시 탄압을 받기도 하였으나 임진왜란과 병자호란 등을 겪으면서 양반 지배층의 권위가 떨어지고 백성세계의 자의식과 사회적 위치가 더욱 높아진 조선후기에 와서는 한글은 백성글로서의 제자리를 더욱 굳혀갔다. 괘서나 문학작품 등을 통하여 백성세계의 정치적 사회적 요구와 주장을 펼치는 수단이 됨으로써 중세 양반사회를 무너뜨리고 근대 민중사회를 이루어나가는 과정에서 가장 중요한 무기의 구실을 다했던 것이다. 한문이 진서(眞書)의 자리를 잃어가고, 한글이 언문(諺文)의 위치를 탈피하면서 국문의 자리를 굳혀가는 과정은 바로 백성이 나라의 주인이 되어가는 과정이며 우리 역사가 근대화해가는 과정이었던 것이다.

6. 맺음말

한글 창제의 역사적 의미를 어떤 측면에서 구하는가 하는 문제는 넓게는 우리 역사 전체를 어떤 눈으로 볼 것인가 하는 문제의 출발점이 될 수 있으며 좁게는 15세기 즉 이씨왕조 성립시기의 우리 역사를 어떻게 이해할 것인가 하는 문제와 연관된다.

일제시대와 해방 후 한때 이조초기의 역사를 태조의 건국, 태종의 업적, 세종의 업적, 세조의 업적 등의 순서로 엮었던 적이 있다. 역사를 그야말로 왕의 업적 중심으로 이해한 것이다. 이후 국사학계의 연구업적이 쌓이고 역사인식 방법에 발전이 있음에 따라 왕의 업적 중심으로 역사를 엮던 단계에서는 일단 탈피하였다. 그러나 지금도 15세기 우리 역사 일반이 그 이전, 특히 고려말기의 그것보다 일단 안정되고 발전하였다는 사실의 의미가 우리 국사학에서 어느정도 정확하게 인식되고 있는지 다시 한번 생각해볼 만하다.

앞에서도 이미 언급한 바 있듯이, 고려말기의 혼란은 고려왕조 지배체제의 동요이기도 하였지만 더 넓게 보면 우리 역사상 중세체제 내에서 일어난 심각한 위기였다. 그리고 그것을 극복하고 또다른 중세적 지배체제를 세워 일단의 안정을 얻을 수 있었던 것이 이씨왕조의 성립이라 이해하였다. 이에 대해서는 고려말기 지배체제 동요의 근본적인 원인이 어디에 있었으며, 이씨왕조 지배체제의 성립과정에서 그 정책 일반이 왜 피지배대중에게 그 나름대로의 일정한 이익을 주는 방향으로 편성되지 않을 수 없었는가 하는 문제를 좀더 절실히 생각해봐야 할 필요가 있다.

이조초기에 있어서의 지배체제의 재편과 안정이 고려후기 이래 들뜨기 시작한 백성세계를 진정시키는 데 성공한 결과라면, 이 시기에 나타난 백성에 대한 어느정도의 긍정적인 정책과 그것이 바탕이 된 과학 및 문화 면의 발전은 지배권력이 베푼 소위 민본(民本)정책이나 어여삐 여김의 소산이라기보다 백성세계의 움직임이 역사의 표면에 반영된 결과라 이해하여야 할 것이다.

지금도 흔히 세계에서 가장 앞선 것이라 자랑하는 인쇄술·측우기 등 이 시기가 이루어놓은 빛나는 과학문화는 결코 특정 임금의 업적이 아니라 백성세계의 능력이, 그리고 그 의식수준이 향상된 결과이며 그것이 바탕이 된 역사조건의 산물이었던 것이다. 이 시기의 가장 뛰어난 발명가의 한 사람인 장영실(蔣英實)이 중세 계급사회에서 관노(官奴) 출신이었다는 사실도 이 시기 문화업적의 참된 주인이 누구였는가를 암시해주는 바가 될 것이다.

(『創作과批評』 44호·1977년 여름호)

16세기사의 변화

1. 머리말

우리 역사에서 16세기는 대체로 이씨왕조의 연산군과 중종 때부터 선조 때까지 걸치는 시기이다. 이 시기는 흔히 사화(士禍)와 당쟁과 전쟁의 시대로 말해지고, 그 때문에 15세기에 일단 확립되었던 조선적 지배체제가 동요하는 시대로 이해되고 있다. 또한 이 16세기적 역사현상을 대체로 부정적인 현상으로 봐온 것이 지금까지 국사학계의 일반적인 관점이 아니었던가 한다.

16세기의 역사현상을 하나의 역사적 변화현상으로 보지 않고 문란과 부패와 타락현상으로 보는 역사인식은 15세기를 통하여 수립된 이씨왕조적 지배체제를 긍정적인 눈으로 보고 소위 '황금시대'로 이해하는 역사인식을 바탕으로 하고 있기 때문이라고 할 수 있다. 그러나 역사를 보는 눈에 따라서는 16세기의 역사현상이 문란과 타락이 아니라 역사발전의 당연한 하나의 과정으로 이해될 수 있는 것이다.

이와 같은 16세기의 변화를 보는 눈의 차이는 먼저 15세기 우리 역사를 보는 눈의 차이에서 비롯된다. 15세기는 몽고세력과 결탁하여 한반도지역의 정치적 독립성을 약화시키고 있던 고려 귀족을 물리친 신진사대부세력이 14세기보다는 대륙으로부터 독립성이 강한 새로운 왕조를 수립한 시기이며, 이미 역사적 지도력을 상실한 불교이념 대신 새로운 성리학 이념을 바탕으로 하여 정치체제·사회체제를 정비한 시기임에는 틀림없다.

그러나 다른 한편 좀더 거시적인 눈으로 보면 15세기를 통하여 다시 정비된 체제는 이미 흔들리기 시작한 우리 역사의 중세체제를 다시 한번 재정비 강화한 체제라는 점을 강조하지 않을 수 없다. 이씨조선의 기본정책으로서의 소위 농본주의정책과 상업억제정책은 고려 무신란 이후 흔들리기 시작한 농민세계를 다시 한번 농토에 긴박시킴으로써 중세적 사회체제를 더 연장시키기 위한 것이었고, 소위 사대교린의 쇄국주의정책 역시 특히 민간인의 대외의식을 철저히 제한하여 봉쇄적 사회체제를 유지하기 위한 정책이었음을 간과할 수 없다.

따라서 15세기 이조사회는 14세기 사회보다 정치적 사회적인 면에서 일정한 안정이 이루어졌고 또 경제면에 있어서도 어느정도 생산력 향상을 가져왔지만, 그것은 어디까지나 중세적 체제를 오히려 강화하는 면에서 안정이고 향상이었다. 좀더 적극적으로 표현하면 우리 역사 전체의 흐름을 통하여 중세체제의 무너짐을 한때 중단시킨 안정이요 향상이었다고 볼 수 있다.

그러므로 15세기적 체제가 무너지는 일은 곧 한때 강화되었던 중세체제가 무너지는 일이며 16세기 이후의 변화가 바로 이와 같은 의미를 가진다. 16세기 이후에서의 15세기적 체제의 무너짐은 이씨왕조사 안에서만 보면 창업의 시대, 황금의 시대가 무너지는 문란과 타락으로 보일지 모르지만, 우리 역사 전체를 조망하는 눈으로 보면 15세기를 통하여 한때 둔화되었던 중세사회의 무너짐이 다시 제 방향과 속도를 찾아 이루어져가고 있는 것으로 보이는 것이다.

한편, 16세기의 변화는 역사발전의 필연적인 결과인 동시에 임진왜란과 같은 외부적인 자극 이전에 이미 우리 역사 속에서 15세기의 이조적 지배체제를 무너뜨리는 힘이 나타나고 있었음을 실증하는 일이기도 하다. 해방 후 국사학이 가장 정력적으로 이루어놓은 업적 중의 하나가 이조후기, 즉 17·18세기에 근대사회로 지향하는 새로운 역사현상이 발전하였음을 실증한 일이다. 그러나 이조후기의 이와 같은 역사현상이 나타난 계기를 구하는 경우는 흔히 임진왜란이나 병자호란과 같은 외부로부터 도발된 전쟁에서 찾는 일이 많다.

전에 없던 이 전쟁들이 이 시기의 우리 역사를 변화시키는 데 큰 원인이 되었음은 부정할 수 없다. 전쟁은 도발한 경우이건 도발당한 경우이건 역사변천의 큰 계기가 됨은 더 말할 나위가 없다. 그러나 조선시대사를, 특히 16세기 역사를 좀더 상세히 들여다보면 전쟁 이전에도 이미 우리 역사 내에서 15세기체제를 무너뜨리는 단서가 나타나고 있었음을 알 수 있으며, 전쟁은 그것을 더 확대 발전시킨 역할을 한 것이라 이해된다. 이 글은 이와 같은 생각을 바탕으로 하여 16세기의 변화를 조감한 것이다.

2. 정치 면의 변화

15세기에 수립된 이씨조선의 지배체제는 왕권과 사대부세력의 타협과 피지배농민층에 대한 일정한 시혜를 통한 통제 등을 바탕으로 하여 확립되었었다. 그러나 이 체제는 15세기가 미처 지나기 전에 왕권과 사대부세력과의 마찰 및 사대부세력 내부의 분열과 대립 때문에 변질되어갔다.

이씨왕조의 성립 당초부터 사대부세력은 흔히 훈구파(勳舊派)로 부르는 집권세력과 사림파로 부르는 재야세력으로 이미 나누어졌지만, 상당한 시기까지는 이해관계가 대체로 일치하여 왕권을 견제한 반면 왕권도 이들의 귀족화를 어느정도 누를 수 있었다. 그러나 왕조 초기에 거듭된 정란(政亂)을 통하여 집권 사대부층과 재야 사대부층의 정치적 경제적 간격은 넓어져갔다.

정란이 거듭됨에 따라 집권 사대부층의 왕권과의 결탁은 밀착되어갔고, 따라서 그들의 귀족화 현상도 높아져갔다. 이와 같은 현상은 대체로 세조시기를 통하여 하나의 정점을 이룬 것으로 이해되며, 이 때문에 다음의 성종 때에는 집권 사대부층의 세력이 오히려 왕권을 압박하였고, 따라서 성종의 왕권은 이를 견제하기 위하여 재야 사대부층을 기용하기에 이르렀다. 성종 때는 대체로 훈구세력과 사림세력이 중앙 정계에서 하나의 세력균형을 이루었다.

그러나 이 세력균형은 그다음 연산군 때에 가서 깨어졌다. 훈구세력이 연산군의 왕권과 결탁하여 사림세력에 대한 대규모의 정치적 숙청을 가하였고 그것이 흔히 말하는 무오사화(戊午史禍)로 나타났다. 이 숙청의 결과 사대부세력의 왕권 견제기능은 대폭 약화되었고 연산군의 왕권은 횡포하리만큼 강화되어갔다. 횡포화해간 왕권이 훈구세력의 견제기능마저 분쇄하는 정치적 숙청이 소위 갑자사화(甲子士禍)라 볼 수 있다.

중종반정(中宗反正)은 훈구세력이 횡포한 연산군의 왕권을 제거하고, 다시 정권을 쥐는 정변이었고, 이 정변에 성공한 훈구세력은 공신책정 등을 통하여 정치적 경제적 기반을 확고히 하려 하였다. 조광조(趙光祖)를 중심으로 하는 사림세력의 등장은 중종왕권의 훈구세력 견제책이라 할 수 있고, 따라서 정변으로 정권을 탈취한 훈구세력에게는 큰 위협이 아닐 수 없었다. 사림세력은 현량과(賢良科)·향약(鄕約) 등을 통하여 스스로의 정치적 기반을 확장해갔고 소위 위훈론(僞勳論)과 삭훈(削勳)문제를 통하여 훈구세력의 기반을 박탈하는 데 적극성을 띠었다.

사림세력의 이와 같은 적극적인 공세에 대하여 훈구세력이 또 한번의 정치적 숙청을 벌이는 것이 소위 기묘사화(己卯士禍)였다. 이 정치적 숙청의 결과 사림세력의 정치적 위치는 크게 위축되었고 한때 정계가 외척 중심으로 움직여졌으나, 이후 사림세력이 정계에 다시 진출하게 되었고 특히 선조 때에 접어들면서부터 대체로 그들이 정계를 지배하게 되었다.

15세기를 통하여 이루어졌던 왕권과 사대부세력의 상호견제작용은 16세기에 본격화한 정쟁을 통하여 깨졌고 특히 중종 이후 이씨왕조의 왕권은 약화되어갔다. 왕권이 약화되고 사림세력이 독점적으로 집권한 이후부터는 사림세력 내부에 당파적 분열을 일으켜 소위 당쟁을 유발하였다. 1570년대에 본격화한 이 당쟁은 임진왜란을 겪고 오히려 더욱 확대되어 17·18세기의 정계를 일종의 당쟁의 시대로 만들었다.

14세기를 통하여 몽고세력과 결탁되었던 고려의 구귀족세력을 제거하고 15세기에 이씨조선의 지배체제를 확립하였던 사대부세력은 16세기에 접어들어 훈구세력과 사림세력의 대립 항쟁시기를 낳았고, 17세기 이후에는 사림세력이 집권세력이 되면서 격심한 자기분열 시기를 가져왔던 것이다. 15세기를 이끌어온 중세적 정치세력으로서의 사대부세력이 16세기의 분열 항쟁시기를 통하여 철저한 반역사적 정치세력으로 전락하고 17·18세기는 새로운 정치세력에 의한 교체기로 발전할 만하였다고 볼 수도 있다.

임진왜란·병자호란과 같은 대규모 전쟁을 겪고도 이씨왕조가 멸망하지 않음으로써 중세적 정치세력으로서 사대부세력이 그 안에서 당쟁을 계속할 수 있었다는 사실은 우리 역사 전체의 발전을 위해서는 불행한 일이었다고 생각된다. 임진왜란 이후 나타난 새로운 사상가로서 실학자들이 경제적 사회적 개혁안은 어느정도 제시할 수 있었지만 권력구조상의 개혁안은 적극적으로 제시하지 못하였던 사실도 이 불행한 역사와 관련 있는 일이라 할 것이다.

왕권과 사대부세력이 상호 견제함으로써 중세체제 안에서 어느정도 안정된 지배체제를 이루었던 15세기적인 권력구조가 16세기에 와서 무너지기 시작하여 사화와 당쟁까지 낳고, 그것을 통하여 중세적 지배세력의 반역사성을 철저히 드러내었다. 그러나 19세기 문호개방에 이르기까지 어떤 의미에서는 한일합방까지 반역사적 중세적 지배권력을 제거하는 정치개혁을 낳지는 못하였다. 다만 18세기 후반기에 이르러서 실학사상가들의 정권에의 접근이 다소 가능해지면서 권력구조상의 변화가 일어날 가능성이 약간 있었으나, 그것도 19세기에 접어들면서 세도정치의 반동으로 철저히 탄압되었다.

특히 중세와 근대의 교체기 역사에서 권력구조상의 변화가 철저하지 못하였던 사실이 역사발전을 제약한 중요한 조건으로 인식되어야겠지만, 16세기에 나타난 정치적 변화가 17·18세기를 거치면서 왕조를 교체하거나 사대부층 이외의 정치세력을 등장하게까지 나아가지는 못하였던 사실이 조선후기 이후의 역사발전을 제약한 기본적인 원인으로 지적될 수 있을 것이다. 중세체제가 다시 강화 유지된 조건 속에서 사대부층의 일단의 긍정적인 정권 담당 능력도 실제로 16세기에서 이미 끝난 것이라 생각할 수 있으며, 왕조 후기까지 사대부정권의 유지는 이미 역사반동에 들어가고 있는 것이라 이해할 수도 있다.

16세기에 이미 시작된 사대부정권의 당쟁이 17세기에 들어 한층 더 격화되지만, 한편 왕조의 후기를 통하여 집권 사대부층의 일종의 합의

제 기관이며 이씨왕조정부의 최고 의결기관이라 할 수 있는 비변사(備邊司)가 16세기에 이미 설치되었다는 사실도 16세기의 정치적인 변화에서 간과할 수 없는 일이다. 설치 당초의 비변사는 단순한 국방문제의 의결기관이었으나, 임진왜란을 겪고 당쟁이 격화되는 17세기로 넘어가면서 그 기능이 확대되어 의정부(議政府)가 가진 국정 전반에 걸친 의결권을 대신하는 집권 사대부층의 권력기구로 변하게 된다.

왕조 후기, 당쟁 격화기에 사대부정권의 권력구조를 이해하는 데 비변사의 역할은 중요한 의미를 가지며, 이미 반역사적 성격으로 빠진 사대부정권이 그대로 유지되게 된 원인의 하나가 비변사의 기능 변화에도 있다고 생각되지만, 어떻든 이와 같은 비변사가 이미 16세기에 성립되고 있었다는 사실이 그야말로 16세기를 한층 더 주목할 만한 세기로 만들고 있다고 하겠다.

3. 경제적 변화

15세기에 사대부정권을 성립 유지한 경제적 뒷받침이 과전법(科田法)에 있었지만, 이 과전법도 사대부 지배체제가 타락하기 시작하는 16세기에 이미 무너졌다. 과전법은 성립 당초부터 이미 많은 모순점을 가지고 있었다. 그것은 무엇보다도 사대부층의 이익을 보장하는 데 주된 목적을 두었기 때문에 수조권자(收租權者)의 지주화(地主化) 요인과 토지의 세습화 요인이 높은 제도가 되었다. 과전법이 수조권을 가지는 사대부층의 이익을 보장하기 위하여 토지의 세습화 요인과 수조권자의 지주화 요인을 많이 안고 성립되었다는 사실은 이 제도가 무너질 요인도 함께 가지고 성립된 것이라 말할 수 있다.

과전법 성립의 중요한 목적의 하나가 14세기와 같은 대토지소유제의 확대현상을 막고 토지에 대한 정부의 통제력을 높이는 데 있었다. 그 때문에 경기도지방에 한한 과전의 지급을 결정하였지만, 그것은 이미 15세기 초에 일단 무너졌고, 15세기 중엽에는 직전법(職田法)이 실시되었다가 또 한때는 소위 관수관급제(官收官給制)를 실시하여 과전법 시행상의 문제점을 타개하려 하였으나 모두 실패하고, 16세기에 와서는 결국 과전법 자체가 폐지되고 말았던 것이다.

　과전법이 무너진 결과 사대부층에 의한 토지겸병은 크게 확대되어 갔고, 임진왜란과 병자호란 등의 전란을 겪으면서 대토지소유제가 본격적으로 다시 나타났다. 특히 17세기에 넘어가서 격화되는 당쟁은 어느 의미에서는 권력쟁탈전인 동시에 토지쟁탈전의 성격을 가지고 있으며, 그 결과 실학자들이 흔히 지적하는 것과 같이 부자의 땅은 들을 이었지만 가난한 자는 송곳을 꽂을 땅도 없게 되어갔던 것이다.

　결국 15세기에서의 과전법의 적용은 심화되어가는 중세적 경제체제의 모순을 일시나마 타개하려는 노력의 결과였으나, 그 노력도 1세기를 넘기지 못하고 다시 파탄에 빠졌고 이후 중세적 경제체제의 모순은 계속 심화되어갔다. 따라서 17세기 이후 토지소유제 모순이 심화되는 과정에서 실학자들이 내놓은 토지제도 개혁안이 여러가지 제약점이 있음에도 불구하고 일단은 대토지소유제를 부정하는 방향에서 잡혔던 것이지만, 그것이 집권사대부층에게는 전혀 용납될 수 없는 일이었으며, 또 사대부적 권력구조를 개혁하지 않고는 전혀 실현될 수 없는 일이기도 하였다.

　실학자들의 개혁안이 토지제도의 개혁안에 머물고 사대부적 권력구조의 개혁론에까지 적극적으로 나아가지 못한 점에 큰 한계성을 가지고 있지만, 어떻든 15세기의 과전법을 통하여 일단 나타났던 중세경제체제상의 모순을 어느정도 보완하려는 노력이 여지없이 무너지기 시작하는 16세기는 그만큼 중요한 역사적 의미를 가지는 세기라 할 수 있다.

16세기의 경제적 측면의 변화는 상공업 분야에서도 비교적 현저하게 나타나고 있었다. 15세기의 상공업정책은 한마디로 억압정책이었다고 하는데, 그 역시 중세적 경제체제를 강화하기 위한 것이었다. 모든 백성을 농토에 얽어매고 상공업으로의 진출을 막기 위하여 세워진 상공업 억제정책의 결과 도회지 상업은 거의 정부가 필요하여 만들어놓은 시전(市廛)상업에 한정되었고 지방상업의 경우도 극히 제한된 조건 아래 약간의 행상(行商) 활동이 용납될 뿐이었다.

그러나 16세기에 접어들면서부터 이와 같은 억압정책에 금이 가기 시작하면서 새로운 변화가 나타났다. 우선 도회지 상업계는 상업인구가 증가되어갔다. 과전법이 무너지고 대토지소유제가 다시 발달하면서 농촌인구의 이동이 일어났고, 이들이 도회지로 모여들면서 상업인구로 전환되어갔던 것이다. 도회지 상업계에 상업인구가 증가되었다는 사실은 종래의 시전상인 이외에 사상인층(私商人層)이 성장하게 됨을 뜻하는데, 시전상업계에 사상인층이 나타나는 것은 이에 위협을 받는 시전상인층이 정부와의 유착관계를 더욱 강화하여 금난전권(禁亂廛權)과 같은 특권을 가지는 특권상인의 성격을 강화하게 될 전제조건을 만드는 일이 된다.

16세기의 도회지 상업계에 당장 금난전권이 성립되는 것은 아니지만, 이때부터 나타나기 시작한 도시상업계의 사상인층의 증가현상은 임진왜란과 같은 대규모 전쟁을 겪고 농촌이 더욱 황폐해짐으로써 급격히 발달하였고, 그 결과 대체로 17세기 초엽에 금난전권이 성립되었던 것이다. 결국 15세기에 세워진 이씨왕조의 상공업 억제정책은 16세기에 이미 무너지기 시작하여 전쟁을 겪으면서 더욱 심화되고, 17세기 이후에는 사상인의 증가를 바탕으로 하는 도회지 상업계의 큰 변화를 초래하게 되었던 것이다.

한편 이 시기에는 농촌상업계에도 변화가 나타나고 있었다. 이미 15세기 후반기부터이지만 삼남지방, 특히 전라도 지방에서는 농촌사회의 정기시장인 장시(場市)에 장문(場門)으로 불린 일종의 상설상점들이 나타나기 시작하였다. 이와 같은 정기시장의 상설시장화 현상은 상업억제정책을 무너뜨리는 일이었고, 따라서 정부에 의하여 탄압되었다. 그러나 토지의 집중현상과 흉년 등으로 농토를 잃게 된 농민들이 그 활로를 상업부문에서 찾게 됨으로써 상설시장의 형성은 금압정책을 넘어서게 되었고, 이후 곧 임진왜란이 일어남으로써 상업인구가 급격히 증가하게 되었고 정기시장의 상설시장화도 계속 발달하였다.

17세기 이후 농촌상업계는 정기시장이 증가하여 정부의 금압정책이 무너지지만, 한편으로 정기시장의 상설시장화도 꾸준히 계속되었다. 그리고 이와 같은 현실적 변화가 바탕이 되어 유형원(柳馨遠)·유수원(柳壽垣)과 같은 실학자들도 정기장시체제를 지양하고 상설시장체제로 전환해가야 한다는 이론을 제시하게 된 것이다. 16세기 농촌상업계에서의 상설시장의 발달은 우리나라 농촌경제사에서 주목할 만한 문제이다.

16세기는 또한 15세기에 강화되었던 관청수공업(官廳手工業) 체제가 무너지기 시작하는 시기이기도 하다. 우리나라의 관청수공업은 농민층과 지배층의 생활수준의 차이가 너무 커서 농민생산품이 지배층의 생활품으로 직접 사용될 수 없었던 조건에서 지배층의 생활품과 전쟁 무기를 만들기 위한 필요성에 의하여 발달하였다. 따라서 관청수공업조직은 이미 삼국시대부터 발달하였고 고려시대에도 계속되었지만 특히 관료지배체제가 강화된 이조초기, 즉 15세기를 통하여 가장 높은 수준에 이르렀다.

그러나 16세기에 이르러서는 이미 지배체제의 이완과 재정적 곤란, 그리고 가장 큰 원인인 기술노동력의 부역동원 기피 때문에 무너지기 시작하였다. 관공수공업체제가 유지되기 위해서는 전국의 기술노동력 즉 장인(匠人)을 정부가 철저히 파악하여 부역동원할 수 있는 조직이 필요하였고, 이 때문에 정부는 장인의 등록제를 철저히 실시하였다. 관청수공업에 동원되는 장인은 전국의 가장 우수한 기술노동력이었고 이들이 모두 관청수공업에 흡수된 결과 도회지의 민간수공업과 농촌수공업은 발달할 수 없었다.

16세기에 들어가서 관청수공업체제가 무너지게 된 가장 중요한 원인은 장인들의 관청수공업에의 부역동원 기피와 이탈에 있었으니 일종의 피역저항(避役抵抗)이었다. 15세기에 정비 강화되었던 이씨왕조의 관청수공업 체제가 16세기에 들어서면서 장인들의 피역저항이 가장 큰 원인이 되어 무너지기 시작하였다는 사실은 여러가지 의미를 가진다. 우리 역사상 가장 강화되었던 관청수공업 체제가 1세기밖에 견디지 못하였던 것은 이 시기의 역사적 조건이 이미 그 체제를 용납하지 않을 단계에 이르렀기 때문이라 할 수 있다.

우선 이 시기의 기술노동력이 부역동원에 저항할 만한 의식 면의 성장이 이루어지고 있었다는 사실이 중요하며, 다른 한편 이들이 관청수공업장에서 지급하는 급료에 의존하지 않고 민간수요의 수공업품을 제조하여 시장을 상대로 판매하며 생계를 유지할 수 있는 경제적 조건이 이미 이루어져갔다는 사실도 중요한 문제이다.

16세기에 관청수공업을 무너뜨릴 만큼 성숙된 이와 같은 역사적 조건들은 17세기 이후에 들어 더욱 발전하여 장인등록제가 폐지되고 전쟁무기 제조분야 등 특수한 부분 외에는 관청수공업이 유지되지 못하게 되었다. 일부 그대로 유지된 관청수공업장에서도 장인을 부역동원하는 것이 아니라 실제로 임금으로 고용하게 하였던 것이다. 17세기 이후 대동법의 실시와 함께 대부분의 관청수요품들이 시장구입되고, 이 때문에 민간수공업이 크게 발달할 수 있었던 기초조건이 이미 16세기에서부터 이루어지고 있었음을 주목하지 않을 수 없는 것이다.

4. 사회적 변화

앞에서 관청수공업체제가 무너진 가장 큰 원인이 장인들의 피역저항에 있었다고 말하였지만, 그것은 또 이 시기의 군역(軍役)제도의 변화와 궤(軌)를 같이하는 것이고, 또한 16세기에 나타난 사회적인 면의 중요한 변화이기도 하다.

15세기에 이씨왕조가 성립되면서 소위 '이인위본(以人爲本)'을 바탕으로 하는 병농일치제적(兵農一致制的) 군역제도가 세워졌다. 비록 병농일치제적 군역제도라 하지만 토지제도와 철저히 일치되는 소위 '이지출역(以地出役)'의 제도가 되지 못한 이 제도는 당초부터 많은 문제점을 안고 있었다. 양정(良丁) 중심의 병역의무자들이 토지경제를 바탕으로 하여 편성되지 못하고 봉족(奉足), 즉 인적(人的) 보조만을 근거로 하여 편성된 결과 군사력이 유지될 기반이 확고하지 못하였던 것이다.

이 제도는 15세기의 시행 당초부터 이미 불합리성이 노출되었지만 그때마다 경제력 즉 토지소유를 바탕으로 하는 군역제로의 개편은 이루어지지 않고 계속 봉족제 범위 내의 대책만이 강구되었다. 따라서 책정된 군역의무자의 수만 점점 증가되었으며, 그만큼 농민층의 부담만 가중되고 군역을 대신 지게 하는 일과 기피하는 일이 많아지게 되었다. 여기에서도 피역현상이 나타난 것이다. 괴로운 군역을 피하기 위하여 남의 종이 되거나 중이 되는 경우가 허다하였고 일정한 거주지를 가지지 않은 채 유랑하는 농민들이 많아졌으니, 군역제도의 문란이 큰 원인이 되어 사회적 혼란이 일어나기 시작한 것이다.

한편 군역문제는 또 관리들의 부정의 온상이 되어갔다. 관리들이 농민의 현역복무를 오히려 막고 대신 그 댓가를 받아 착복하는 소위 '방군수포(放軍收布)'가 유행하게 되었는데 댓가액이 너무 높아서 정부가 공정가를 정하기에 이르렀고 결국 1541년(중종 36)에는 지방관이 관할내 군역의무자의 번상가(番上價), 즉 현역복무 대신 내는 댓가를 일괄적으로 포(布)로 징수하여 중앙정부에 보내면 병조(兵曹)에서 이것을 다시 각 지방의 군사력이 필요한 곳으로 나누어 보내어 그것으로 군인을 고용하게 하는 소위 군포제(軍布制)가 정식으로 실시되었다.

군포제가 실시된 후 군포수입이 모두 군사의 고용비에 쓰여지지 않았고 이 때문에 군비가 약화되어 임진왜란 초기 관군의 패전을 가져왔지만, 어떻든 16세기 군포제의 실시는 오위(五衛)제도를 근간으로 짜여진 이조초기의 개병제적(皆兵制的)인 현역복무제가 무너지고 오영(五營)제도를 중심으로 하는 이조후기의 용병제(傭兵制)와 의무병제의 혼합체 형태로 넘어가는 계기가 되었다. 15세기에 짜여진 개병제적인 현역복무제가 16세기에 와서 군포제의 실시로 무너진 사실은 이후의 군사제도가 완전한 용병제로 바뀌고 또한 절대군주권을 뒷받침하는 일종의 상비군(常備軍)으로 바뀔 가능성도 있었지만, 용병제의 군사비가 상공업이나 해외무역의 발달로 뒷받침되지 않고 그대로 농민층의 군역의무자가 바치는 군포에 의하여 유지될 수밖에 없는데다 군사비용에만 모두 투입되지 않은 이상 완전한 용병제로 가기는 어려웠다.

16세기에 실시된 군포제도가 17세기 이후의 군사제도에 완전한 용병제를 가져오게 하지는 못하였고 더구나 절대군주권을 뒷받침하는 상비

군적 군사제도를 가져오지는 못하였다 하여도 15세기에 성립된 이씨왕조 본래의 군사제도를 무너지게 하였을 뿐만 아니라 17세기 이후에는 군포제도가 이씨왕조 지배체제의 반역사성을 실제로 드러내는 중요한 증거가 되는 소위 삼정문란(三政紊亂)을 낳는 요인의 하나가 되었다. 농민층의 피역저항이 심하여 균역법(均役法)과 같은 임시변통적 조처가 있었음에도 불구하고 그 폐단은 계속 심화하였고, 결국에는 전국적 농민반란 내지 농민전쟁을 낳은 원인이 된 것이다.

한편 16세기에서의 군역제도의 변화, 즉 군포제도로의 전환과정을 통하여 그것이 미치는 사회적인 영향은 대단히 컸었다. 우선 군포제도는 이조사회에서 양반과 상민의 구분을 비교적 분명히 하는 기준이 되었다. 군포제의 실시를 통하여 개병제적인 군역제도는 무너지고 군역은 사실상 상민역, 즉 양역(良役)으로 확정되었고 양반층은 군역 부담에서 완전히 벗어나게 된 것이다.

군포제도의 실시를 통한 한층 더 강한 신분제의 고정화는 농민생활에 더 높은 부담을 주었고, 이 때문에 16세기에는 15세기를 통하여 어느정도 안정되었던 농민사회가 다시 동요하기 시작하였다. 16세기 중반기 이후 특히 황해도 지방을 중심으로 활약한 임꺽정(林巨正)의 반란은 그 대표적인 것이고, 이와 같은 현상은 임진왜란 중에도 계속되어 전쟁 중의 이몽학(李夢鶴)의 난 등으로 연결되었다.

5. 사상계의 변화

16세기는 문화·사상적인 면에 있어서도 하나의 변혁기를 이루었다. 불교를 대신하여 새 왕조의 통치원리가 된 성리학은 적어도 15세기를 통해서는 중세적 지배체제를 다시 강화하는 한계 안에서나마 일정한 실천적인 기능을 가졌었다. 고려시대까지의 불교적인 생활양식을 유교적인 것으로 바꾸어놓는 데 현실적인 역할을 다하였고 소위 의리정신(義理精神)을 내세워 집권 사대부층의 귀족화를 막는 데도 어느정도 효과를 나타냈다. 그뿐만 아니라 사창(社倉)제도 등 사회적 경제적 제도 개혁과도 직접적으로 연관되면서 왕조초기의 지배체제 확립에 일정한 현실적이고 긍정적인 역할을 다했던 것이다.

그러나 16세기에 접어들면서 사화가 연속되고 특히 조광조 등의 소위 유교적 지치주의(至治主義)의 이상이 좌절됨에 따라 성리학의 현실적 정치적 기능이 약화되고 반대로 형이상학적 관념론적 이기론(理氣論) 중심으로 변전하게 되었다. 16세기의 이와 같은 성리학 기능의 변화는 왕조 후기의 정치와 사상에 큰 영향을 주었다. 성리학의 지나친 관념론화와 그 결과로서 예학(禮學)의 발달은 소위 존화양이(尊華攘夷) 사상의 강화, 강상(綱常)의 계층윤리 극대화, 대의명분론 중심의 가치론 강조 등을 가져왔다. 또한 예학은 사림파세력이 중앙정계의 주도권을 쥐게 되는 16세기 후반기 이후에는 그들의 지배논리와 연결되어 당쟁을 일으키고 심화하는 구실을 하는 한편, 사회체제를 경화시키고 반역사적 정치체제 경제체제 및 사회체제를 억지로 유지하는 이론적 뒷받침이 되었다.

왕조초기에 사회적 경제적 정치적인 현실문제와 직결되고 상당한 실천성을 유지함으로써 중세적 지배체제의 재정비 강화에 이바지하였던 성리학은 16세기를 고비로 지배체제 자체의 모순성 노정의 결과로, 그리고 경제적 사회적 조건의 변화에 반발하면서 역사의 발전노정에서 이탈하여 이미 파탄에 빠져가는 사대부 정치권력을 억지로 유지하기 위한 이론체계를 세워나갔다. 이와 같은 성리학의 성격변화와 밀접한 관계가 있는 서원(書院)과 향약이 발달하는 것도 바로 16세기였다.

서원의 발생은 성리학 성격변화의 밑받침이 되었을 뿐만 아니라 그것과 상호 연관관계에 있는 당쟁의 후방기지적 역할을 다하였고, 향약은 재향지주층(在鄉地主層)의 이익과 연결되어 예학의 발달에 이바지하였다. 다만 서원의 경우는 지방에서 사대부세력의 근거지가 되고 또 당쟁의 후방기지적 역할을 하는 한편, 지방학문 내지 지방문화의 중심지로서의 기능을 겸해가는 일면도 생각할 수 있다. 조선초기까지도 현직관료 및 관료예비군 이외에는 식자층의 존재를 거의 가능하게 하지 않았으나, 서원의 발달은 관료 내지 관료 예비군 이외의 식자층의 존재를 가능하게 하는 일면도 있고, 그것이 어쩌면 왕조후기에 농민문제·농촌문제에 관심을 가지는 식자층이 탄생한 원인의 하나가 되었다고 생각할 수도 있다. 그리고 나아가서 실학을 형성할 수 있게 한 배경의 하나가 되었다는 가설도 가능할지 모른다.

이렇게 생각해보면 15세기에 확립된 중세적 지배논리로서의 성리학이 그 자체의 역사모순성을 본격적으로 드러내기 시작하는 것도 16세기이며, 성리학의 역사적 한계성을 간파하고 그것에 대체하거나 혹은 보완할 이론으로서의 실학이 나타나게 될 소지도 이미 16세기에 마련된 것이라 볼 수 있다. 다만 이와 같은 가설은 조선후기에 있어서의 서원의 긍정적인 기능이 충분히 인정된 후에라야 추구될 수 있는 문제가될 것이다.

다시 성리학 문제로 돌아가서 생각해보면 16세기 성리학의 성격변화 문제를 우리나라 성리학 역사 자체 안에서만 생각할 때는 15세기의 실천성이 강한 성리학에 비해서 오히려 학문적인 심화를 더해가는 과정으로 이해할 수 있을지 모른다. 하지만 우리 역사 전체의 발전과정을 바탕으로 이해해보면 분명히 중세적인 지배체제를 다시 정비하는 데 일

단 긍정적인 역할을 다했던 성리학이 이제 그 긍정성을 잃어가는 과정
이며, 더 나아가서 중세적 지배원리로서의 성리학이 그 역사적 모순성
을 한층 더 철저히 드러내가는 과정이라고 할 수 있다. 이런 점에서도
16세기가 우리 역사에서 차지하는 성격은 뚜렷하다 할 것이다.

6. 대외관계의 변화

16세기는 대외관계에서도 중요한 변화가 일어나는 시기이며 그 결과
가 임진왜란과 병자호란으로 나타났다. 14세기 후반기부터 시작된 왜
구(倭寇)문제는 고려왕조가 해결하지 못한 채 이씨조선에 넘어간 하나
의 숙제였다. 이씨왕조는 성립 당초부터 왜구에 대한 정책을 적극적으
로 펴서 회유책과 토벌책을 효과적으로 구사하였다. 계해약조(癸亥約
條)와 3포개항 등은 적극적인 회유책이었고 대마도정벌은 적극적인 토
벌책이었다.

이와 같은 왜구정책은 적어도 15세기 동안은 성공하여 큰 충돌이 없
었으나 16세기에 접어들면서 곧 파탄이 일어나기 시작하였으니, 1510
년에 일어난 소위 3포왜란이 그것이다. 왜란 이후 곧 조약이 맺어지고
국교가 다시 열렸으나, 이후부터 이씨왕조의 왜구에 대한 통제력은 약
화되어 왜변이 계속 일어났고 결국에는 임진왜란에까지 이르게 되었
다. 이와 같은 왜구정책의 파탄의 원인은 여러가지로 복합적이지만 결
국 16세기에서의 민중세계의 동요와 이조적 지배질서의 이완이 그 근
본적인 원인이었다.

한편 여진과의 관계에서도 15세기에는 왜구의 경우와 같이 회유책과
토벌책이 병행되어 내부(來附)와 귀화를 권장하는 한편 적극적인 토벌

정책을 벌여 6진과 4군을 개척하였다. 그러나 이와 같은 여진에 대한 견제정책도 조선과 명나라가 함께 임진왜란에 휩싸이게 됨으로써 파탄이 나타났다. 임진왜란 이전부터 이미 부족단위로 침입하기 시작한 여진족은 17세기에 접어들면서 곧 국가조직을 이루어 조선을 압박하였다.

광해군은 대륙에서의 명나라와 청나라의 대결을 관망하면서 일종의 중립정책을 취하여 청나라의 침입을 받지 않았다. 광해군의 청나라에 대한 정책은 우리 역사상 유례가 흔하지 않는 국외중립정책이며 명분보다 실리를 위주로 한 외교정책이었다. 그러나 소위 인조반정(仁祖反正)으로 서인세력이 집권하면서 모화사상과 대의명분론을 앞세워 중립정책을 폐기하고 친명정책을 강행함으로써 병자호란을 자초하였다.

임진왜란도 그러하였지만 특히 병자호란은 외교정책에 실패한 결과이며, 이미 경직화해간 사대부정권의 모화주의·명분주의의 결과였던 것이다. 16세기에 이미 타락하기 시작한 사대부정권이 임진왜란과 병자호란을 겪고도 정권의 본질적인 교체 내지 왕조의 교체를 겪지 않았다는 사실은 우리 역사 전체의 발전을 위해서는 불행한 일이었다.

더구나 임진왜란의 결과로 중국에서는 왕조가 교체되고 일본에서도 정권이 바뀌지만 바로 전쟁터였던 조선에서 전후에도 조선왕조의 사대부정권이 그대로 지속되어 민중세계가 전후의 복구작업에 열중하는 동안 당쟁의 소용돌이에 빠져들어간 사실은 사대부정권의 반역사성을 철저히 드러낸 것이라 할 것이다. 16세기에 시작된 대외관계의 파탄이 두 번의 큰 전쟁을 자초하였지만 사대부정권의 역사적 반동성만 드러내었을 뿐 끝내 청산하지 못하였던 사실은 우리 역사 전체의 발전을 위해서는 확실히 불행한 일이었다.

7. 맺음말

　종래의 이조사는 15세기의 완성기 내지 황금기와 17세기 이후의 변질 내지 발전기만이 부각되었고 16세기의 변화가 그다지 드러나지 못하였다. 그러나 이조사를 좀더 면밀히 들여다보면 16세기에 정치적 경제적 사회적 문화적인 일련의 변화가 일어나고 있음을 발견할 수 있으며, 15세기에 세워진 이씨왕조 본래적 지배질서의 와해와 임진왜란이란 외부적 충격 이전의 소위 내재적인 변화로 파악될 수 있고, 더 나아가서 15세기에 다시 한번 강화되었던 중세체제를 불과 1세기 만에 다시 무너뜨리는 변화로 이해할 수 있다.

　그리고 이와 같은 변화를 가져오게 한 진정한 원인이 어디에 있는가 하는 문제가 앞으로 더 면밀히 추구되어야겠지만, 무엇보다도 15세기의 이씨왕조 성립기를 통하여 일단 진정되었던 민중세계가 이씨왕조적 지배질서를 거부하기 시작한 데 그 근본적인 원인이 있으며, 그것은 결코 문란이나 혼란이 아니라 역사발전의 바른 노정임을 철저히 인식할 때 16세기의 변화를 정확히 이해할 수 있는 것이 아닌가 한다.

(고려대학교 교양지 5호, 1968, 改題)

이조후기 상업구조의 변화

1. 머리말

이씨조선시대가 약 5세기 동안 계속되었지만, 관점에 따라서는 그 최후의 약 반세기를 제외하고는 거의 역사적 변화 없이 지속된 것으로 이해되어왔다. 그러나 이씨조선사의 내면을 좀더 상세히 들여다보면 문호개방 이전의 이씨조선사회도 당연히 끊임없는 역사적 변화를 거듭해왔으며 특히 사회경제사적 측면에서의 변화가 두드러짐을 확인할 수 있다. 해방 후 상당한 기간까지도 흔히 이씨조선 초기에 설립된 어용적인 시전(市廛) 상업조직이 큰 변화 없이 왕조의 후기까지 지속되었다는 다소 막연한 이론이 통용되고 있었지만 그것은 이씨조선 상업사에 대한 구체적이고 전문적인 연구가 이루어지지 않았기 때문에 빚어진 결과였다.

현시점에서도 이조시대의 사회경제사 연구가 어느정도 만족할 만한 단계에 이르기에는 요원한 감이 있지만, 한편 지금까지 이루어진 연구업적이 전문가의 연구실을 떠나 일반 지식대중에게 옮겨지는 작업도 결코 만족할 만한 것이 못된다고 생각된다.

문호개방 이전의 이씨조선사회에 일어난 상업사적 변화는 크게 두 가지로 요약될 수 있다. 그것은 첫째 그 특권상업체제의 형성·발전 문제요, 둘째 그것에 반대하면서 일어나는 사상인층(私商人層)의 성장 문제와 그것으로 인한 특권상업체제의 붕괴 문제이다. 이 글은 이 두 가지 문제를 구체적 사례를 들어서 설명함으로써 문호개방 이전 이조사회의 변화발전상을 이해하는 데 도움을 주고자 하는 것이 목적이며, 특히 다음에서 말하는 두 가지 점에서 독자의 동의를 얻고자 하는 욕심이 있다.

첫째, 시전상인이 가졌던 금난전 특권(禁亂廛特權)의 성격 문제이다. 지금까지는 흔히 그것은 봉건사회의 어용상인이 가진 본래적 특권이라 생각하였지만, 우리는 그것을 봉건사회 말기 내지 근대사회 초기의 대외무역 및 국내상업의 발달, 사상인층의 성장과 상업자본의 집적(集積), 금속화폐의 전국적 유통 등 일련의 경제적 변화와 관련하여 빚어진, 충분한 역사성을 가진 특권으로 이해하고자 하는 것이다. 둘째, 이와 같은 시전상인의 특권을 무너뜨리는 데 주동적인 역할을 하였다고 생각되는 사상도고(私商都賈)의 역사적 위치 문제이다. 시전상인의 특권을 분쇄한 사상도고는 문호개방 전 조선사회의 토착상업자본으로 발전하면서 소생산자층을 지배하지만, 한편 문호개방 후 외래자본이 침입할 때는 그것에 대항하는 유일한 세력이기도 하였다. 문호개방 후의 우리 경제사는 토착자본의 도고적(都賈的) 성격의 지양 문제와 외래자본에 대항하는 토착자본의 위치가 어떤 것이었는가에 따라서 그 방향이 설정될 것이고, 도고자본의 역사적 위치 설정 문제 또한 그만큼 중요하다는 점이다.

2. 특권상업체제의 형성

(1) 서울 시전의 성립과 그 특권

이조시대의 대표적 특권상업기관으로 무엇보다도 시전(市廛)을 들지 않을 수 없다. 시전은 자연발생적으로 이루어진 상업기관이 아니라 서울·개성·평양·수원 등 주로 행정적 격이 높은 도시에 정부에 의하여 설치되었다. 서울 시전의 경우는, 1399년에 최초의 건축공사가 시작되어서 1414에 끝났는데 시전이 설치된 지역은 지금의 종로통과 광교통의 좌우였다. 시전 건물은 원칙적으로 정부가 건설하여 상인에게 대여하였으며, 여기 입주하여 상업에 종사하는 상인들은 자체 내의 특수한 조직을 가지고 있었고, 또 정부와의 관계도 대단히 밀접하였다.

우선 시전이 가진 스스로의 조직을 살펴보자. 조선후기의 경우이지만 가장 대표적 시전인 선전(縇廛)의 경우를 예로 들어보면, 그것은 7개의 전방(廛房)으로 이루어졌고, 각 방은 10개의 개별 상점으로 이루어져 있었다. 그러므로 선전은 결국 70개의 비단상점으로 이루어졌으며, 하나의 상점을 한 사람이 운영하였다 하더라도 결국 선전은 최소한 70명의 상점을 가진 비단장수가 모여 조직한 비단장수 조합이었다.

그리고 서울 선전의 경우는 종로통에 있었는데 하나의 상점이 가진 면적은 대개 1간(間)이었다 하므로 1방의 면적은 10간이고 전체 선전의 규모는 70간으로 이루어지고 있었던 셈이다. 이와 같은 시전의 규모는 시대에 따라 변화가 있었겠지만, 대체로 70간 정도의 비단상점이 종로통에 연달아 있었고, 이들 개별 비단상점을 경영하는 비단장수들은 선전이라는 조합을 형성하여 영업상의 특권을 유지하는 문제나 정부에 대한 교섭문제에 있어서 공동보조를 취하였다.

모든 시전은 스스로의 조직 규약을 가지고 있었다. 대행수(大行首), 도영위(都領位), 공원(公員) 등의 임원이 있고, 엄격한 회원의 자격 규정도 갖추었다. 그뿐만 아니라 몇 개의 조합 즉 시전이 모여서 한층 높은 단위의 조직을 형성하기도 하였는데, 예를 들면 육의전(六矣廛) 조직이 그것이다. 한 가지 구체적인 사례를 들면, 1769년에는 칠의전(七矣廛)에서 도봉(道峯)에 장터가 생기는 것을 반대하면서 제출한 문서가 남아 있는데, 이때 칠의전의 대행수는 면주전(綿紬廛)의 오(吳)모, 도영위는 백목전(白木廛)의 한(韓)모, 공원은 지전(紙廛)의 김태휘(金泰輝)를 비롯한 5명으로 되어 있다.

요컨대 조선시대의 시전 상업조직은 우선 같은 상품을 취급하는 몇 사람이 모여서 동업조합의 최고단위인 전(廛)을 이루었으며, 이와 같은 몇 개의 동업조합이 모여서 육의전과 같은 특권상업조직의 정점을 이루고 있었던 것이다.

다음, 이와 같이 누층적 조직을 갖춘 시전의 영업상의 특권 문제를 살펴보자. 지금까지는 흔히 조선시대 시전상업의 특권성을 일률적으로 이해해왔다. 다시 말하면 성립 당시 시전이 가진 특권의 성격과 17·18세기 이후 사상인층의 강력한 저항에 대처하며 이루어진 특권의 성격을 동일하게 다루어온 것이다. 그러나 우리는 시전의 특권을 두 단계로 나누어서 이해하고자 한다. 즉 금난전권(禁亂廛權)의 성립을 계기로 시전이 가지는 특권의 성격이 매우 달라지는 것으로 이해할 수 있다. 금난전권 성립으로 인한 시전 특권의 변질 문제는 다음 절에서 다루기로 하고 우선 금난전권 성립 이전의 시전의 특권성을 살펴보자.

시전은 설치 초기부터 정부에 일정한 세금을 바쳤고 그대신 조합원 외의 상인들이 같은 상품을 판매하는 다른 시전을 개설하지 못하게 하는 보장을 받았던 것 같다. 이와 같은 사실은 곧 시전상인이 당초부터 특권상인으로 존재하였음을 뜻한다. 그러나 이와 같은 시전의 특권은 적어도 15·16세기까지는 그다지 큰 의미를 가지지 못했다. 이 시기에는 아직 같은 상품을 판매하는 다른 시전, 즉 또 다른 시전상인조합이 생겨 날 만한 경제적 여건이 이루어지지 않았기 때문이다. 다시 말하면 15·16세기 동안은 왕조초기에 설치한 시전만으로도 대략 서울시내의 관부(官府)와 민간의 수요를 충족할 만했고, 그 이상의 시전이 증가할 여지가 없었던 것이다. 그러므로 금난전권이 성립되기 이전 시전의 특권은 관수품(官需品)의 조달과 국고 잉여품의 처분 등 주로 정부와의 관계에서 나타나고 있다.

조선정부가 시전을 설치한 이유는 소위 전조후시(前朝後市)라는 전통적 왕도(王都) 건설의 원칙에 의한 것이었고, 이 경우 시(市)는 일반 시민의 생활품 판매와 관부의 수요품 조달을 위하여 설치된 것이었다. 관설수공업장(官設手工業場)과 공물(貢物)제도의 실시를 감안하더라도 전체 조선시대를 통하여 정부는 역시 최대 상품 수요자였고, 이와 같은 정부의 수요품을 독점적으로 조달하는 시전의 특권은 그만큼 비중이 높았다. 더구나 조선정부가 중국에 정기적으로 보내는 방물(方物)의 조달을 독점적으로 담당한 것도 시전이었으니, 특권상인으로서의 그들의 위치는 그만큼 뚜렷하였다.

한편 조선정부는 농민에게서 거둔 공물과 조세 중의 잉여분을 주로 시전을 통하여 도회지에 방출하였고, 또한 중국 사신이 가져온 물품과 일본의 각 지방 영주들이 바친 물품 중 정부가 처분할 수 있는 분량 이상의 것도 시전을 통하여 일반 도시민에게 방출하였다. 이 점에 있어서도 시전의 기능은 중요한 것이었다.

그러나 관수품의 조달상인 및 국고 잉여품의 처분상인으로서의 시전상인의 특권은 그들의 경제적 욕구에 의하여 얻어진 것이 아니라 이씨 왕조 정부의 제도적 조처에 의하여 주어진 것이었다. 시전제도 자체가 상인의 자발적 의욕에서 이루어졌다기보다 오히려 정부 측의 필요에 의하여 설치되었다. 정부 측의 필요에 의하여 설치한 시전제도 안에서 상인들이 동업조합적 조직을 갖추어 정부의 설치 목적에 부응하는 고식적인 상업활동을 유지하는 한편 정부로부터 일정한 특권을 인정받고 있던 것이 15·16세기 시전상업계의 실정이었다. 그러나 16세기 후반기 경에 이르러서 시전상업계에 새로운 변화가 일어나기 시작하여 17세기 이후에는 상업계 전체가 심한 격동을 겪게 되는데, 시전상업계의 특권성 강화와 이에 대항하는 사상도고(私商都賈)의 발달이 그것이다.

(2) 시전의 특권강화 과정

15세기에 고식적이고 제한된 한계에 머물렀던 시전 상업계에 16세기에 접어들면서 약간의 변화가 나타나기 시작하였다. 우선 도시 상업계에 종래의 시전상인 이외에 사상인층의 성장이 시작되었던 것이다. 이 시기는 15세기에 한때 제한되었던 대토지 소유제가 다시 발달하기 시작하던 때여서 토지에서 이탈된 사람들이 도회지로 모여들었고, 도회지의 상업인구가 증가하고 그 상권(商圈)이 확대되어갔던 것이다.

한편 지방 상업에 있어서도 이 시기부터 장시(場市)가 상설시장적인 성격으로 발달하기 시작하는데, 그것은 정부 측의 단속에도 불구하고 농촌사회의 절실한 요청에 의하여 삼남지방을 중심으로 이루어져갔다.

16세기에 시작된 이와 같은 조선 상업계의 변화는 16세기 말엽부터 두 번의 큰 전쟁을 겪으면서 두드러지게 나타났다. 17세기 전반기는 두 차례의 외란(外亂) 때문에 왕조의 통치 기능이 거의 마비된 상태였지만 그 후반기에는 관개시설(漑灌施設)의 복구, 영농기술의 향상, 상업적 농업에 대한 관심, 경작면적의 복구 확대 등 농업의 복구 발전이 본궤도에 오르고, 대동법(大同法) 실시와 관청수공업(官廳手工業) 쇠퇴 등으로 민간수공업이 발전하였고, 소위 설점수세법(設店收稅法) 실시로 광업 분야에도 새로운 계기가 마련되었다.

그러나 17세기 조선왕조 경제계의 가장 뚜렷한 변화는 역시 상업분야에서 나타나며, 이와 같은 상업계의 변화로 특권상업체제의 강화현상과 사상도고의 발전이 이뤄졌다.

17세기 후반기 상업계의 변화상은 대략 세 가지로 요약될 수 있다. 첫째 밀무역(密貿易) 중심이기는 하지만 청나라, 일본 등 외국과의 무역이 발달한 일이며, 둘째 금속화폐가 전국적으로 유통되었고, 셋째 상업인구가 현저하게 증가한 일 등이다.

17세기 대외무역에서 크게 진전을 보인 것은 역시 청국과의 무역이었고, 그 요점은 종래의 개시무역(開市貿易) 중심에서 후시무역(後市貿易) 중심으로 바뀐 데 있다. 한 가지 예로 임진왜란 다음 해에 국내의 식량난을 해결하기 위하여 처음으로 열린 중강개시(中江開市)는 명나라와 청나라의 교체가 이루어진 뒤에 조선과 청국과의 공식 교역의 장이 되었지만 실질적으로 정부 사이의 교역보다는 민간상인들의 무역의 장으로 바뀌어 중강후시(中江後市) 중심이 되었고, 1700년에는 중강개시가 폐지되고, 사절의 내왕과 관련해서는 소위 책문후시(柵門後市)가 발달하여, 이후 조선과 청국 사이의 무역의 중심지가 되었다.[1]

청나라와의 무역이 개시무역에서 후시무역으로 바뀐 사실은, 첫째 후시무역이 두 나라의 공식 무역의 장으로 인정되었고, 둘째 청국과의

---

1) 『萬機要覽』財用篇 5 柵門後市條.

무역을 이제 민간상인이 주도하였으며, 셋째 민간상인이 청국과의 무역을 주도하면서 현저히 발전해갔음을 말해주는 것이다. 그뿐만 아니라 개시무역과 같은 관권의 간섭과 통제가 없어진 후시무역의 발달로 국내시장이 외국시장과 직접 연결되게 되어서 상인들의 자본집적을 가능하게 하였다.

한편 17세기 이후에는 일본과의 무역에도 많은 변화가 있었다. 종래 일본과의 왜관무역(倭館貿易)이 차차 사무역(私貿易)·밀무역 중심으로 바뀌어가고, 또 민간상인에 의한 대규모의 대일본무역도 이루어졌다. 1664년에 있었던 일을 한 가지 예로 들어보면, 서울에 사는 어느 부상(富商)이 일본으로부터 화약을 만드는 원료로 유황(硫黄) 4만근을 밀수하게 하였는데, 당시 일본의 유황값은 100근당 5, 6냥이었지만 조선에서는 10냥으로 판매되었다 한다.[2]

이 밖에도 당시 일본으로부터의 관수품·군수품 수입을 민간상인의 무역에 의존하였던 기록이 많으며, 또 개성상인·동래상인 등에 의한 인삼 등 국내산품의 일본 수출도 활발히 이루어지고 있었다.

이처럼 이 시기 민간상인에 의한 외국무역의 발달은 자연히 상인들의 자본 집적을 가능하게 하였고, 그 결과 개별 상업자본 사이의 치열한 경쟁은 자연히 시전상인과 같은 특권상인으로 하여금 다른 상업자본과의 경쟁에서 이기기 위한 특수한 법률적 권한을 가지게 하였으니, 곧 금난전권의 획득이 그것이었다.

개별 상업자본 사이의 경쟁을 불러일으키면서 시전상인들로 하여금 특권을 강화하게 한 또 하나의 동기는 17세기 이후 금속화폐의 전국적 유통에 있다. 조선왕조 정부는 초기부터 금속화폐를 전국적으로 유통

---

2) 『顯宗實錄』 卷8, 顯宗 5年 2月 壬戌條.

시키기 위하여 정책적 노력을 거듭해왔으나, 16세기경까지는 큰 진전을 보지 못하였고 쌀과 포목이 대신 사용되었다. 그러나 17세기 중엽부터 다시 금속화폐의 유통을 위한 적극적 정책을 세워 마침내 1678년에 그 전국적 유통을 법적으로 결정하였으며, 이어서 지방관아에 주조권(鑄造權)을 주어서 금속화폐의 유통을 원활히 하였다.

조선후기의 토지매매문서를 분석한 연구에 따르면, 1681년 이후부터는 종래 포목으로 매매되던 전답이 점차 동전으로 매매되고 있었다.[3]

이와 같은 사실은 이 시기 농촌사회에서 금속화폐의 보급이 일반화해가고 있었음을 시사해주는 것이라 할 수 있다.

17세기 후반기부터 금속화폐의 유통이 일반화되어간 결과 조선왕조 사회, 특히 농촌사회에는 여러가지 새로운 현상이 야기되었다. 1765년의 한 관변측 기록은 금속화폐 유통의 결과로 빚어진 폐단 세 가지를 들고 있는데 그것은, 첫째 상업이 발달하여 사람들이 절재(節財)를 소홀히 하게 된 점이며, 둘째 농민이 상인으로 많이 전환하였고, 셋째 지방의 토호들이 고리대금을 통하여 모리행위를 하여서 가난한 사람들이 지탱할 수 없게 된 점이라 하겠다.[4]

다시 말하면, 금속화폐의 유통범위가 확대되면서 상업과 고리대금업이 발달함으로써 재부(財富)의 편중 현상이 현저해졌으며, 이와 같은 현상이 계속되면서 상업자본과 고리대자본의 집적이 이루어졌고, 이로 인하여 특권상업의 자강책이 유발되고, 또 사상도고 발달의 소지가 마련되었던 것이다.

시전상인으로 하여금 특권을 강화하게 한 동기가 된 17세기 이후 상

---

3) 周藤吉之「朝鮮後期의 田畓文書에 관한 硏究」,『歷史學硏究』7-7. 8. 9, 1937.

4)『肅宗實錄』卷29, 肅宗 21年 12月 戊戌條.

업계의 또 하나의 중요한 변화는 도회지 상업계에서의 상업인구의 증가였다. 앞에서 말한 바와 같이 16세기에 이미 도회지 상업계는 상업인구의 증가현상이 일어나고 있었다. 왜란과 호란 등 두 번의 큰 전쟁을 겪으면서 황폐화한 농토를 떠나는 농민의 수가 급격히 불어났고 이들 중 많은 사람이 도회지로 몰려 상업인구로 전환되었으며, 이 때문에 도회지 상업계, 곧 시전상업계서 시전계상인과 비시전계에 상인 사이의 경쟁은 점차 그 열도를 더해가게 되었던 것이다.

17세기의 도회지 상업인구 증가를 부채질한 또 하나의 요인은 임진 왜란 중에 설치한 훈련도감(訓練都監) 군인의 상업 종사에 있다. 이씨왕조는 건국초기에 소위 농병일치제(農兵一致制)를 수립하여 적령기 평민 남자 전원에게 현역병 복무의 의무를 지웠었다. 그러나 16세기에 이르러서 이와 같은 일종의 개병제 원칙은 무너지고, 현역 복무 대신 군포라는 일종의 병역세를 바치게 함으로써 현역병의 수는 급격히 줄어들었고, 마침 임진왜란을 당하여 큰 곤경을 당하였다.

왜란이 일어나자 그다음 해에 훈련도감이란 일종의 용병제 군대를 만들었다. 그러나 용병제 군대를 유지할 수 있는 재정적 뒷받침이 되어 있지 않았으므로 정부는 그들 중 서울에 거주하는 사람에게는 상공업에 종사할 수 있게 하였다.

훈련도감 군인에 대하여 상업을 영위할 수 있게 한 조처는 정부로서는 부득이한 일이었지만, 기성 시전상인에게는 큰 타격이 되었으니, 그만큼 상업계의 경쟁이 심화되었기 때문이다. 훈련도감 군인 수는 시기에 따라 차이가 있지만, 1682년에는 5707명으로 되어 있는데[5] 이들은 대부분 서울에 거주하였으므로 이들이 상업에 종사하는 경우 20만 명

---

5) 『增補文獻備考』兵考.

미만이었던 당시의 서울 인구와 비교해보면 이들로 인한 상업인구 증가율은 대단히 높은 것이었다.

17세기에 일어난 시전상업계의 이와 같은 세 가지 변화, 즉 외국무역의 발달, 금속화폐의 전국적 유통, 도회지 상업인구의 증가 등은 곧 중세사회의 와해기에 일어나는 경제적 변화의 일단이었고, 그 결과 새로운 양상의 특권상업이 발전하게 되니 곧 금난전권의 성립이었다.

일반적으로 봉건적 생산양식에서 자본제 생산양식으로 옮겨가는 과정에서 상업계는 심한 진통을 겪지 않을 수 없게 된다. 다시 말하면, 봉건사회체제 안에서 주어진 일정한 특권을 바탕으로 한정되고 고식적인 상업활동을 벌이던 특권상인들은 봉건사회 말기에 이르러서 대외무역과 국내상업의 발달 등 새로운 국면이 전개됨에 따라 심한 타격을 받지 않을 수 없었다. 그들은 대외무역에 종사하거나 농촌의 소생산자 사이를 연결하면서 성장하는 신흥상인층에 의하여 특권을 침해받고, 그들과의 사이에 심한 경쟁이 유발되며, 따라서 그 존립 기반이 무너지는 것이었다.

봉건사회 말기의 상업발전상은 곧 개별 상업자본 사이의 심한 경쟁을 불러일으키고, 이 때문에 공동 파멸의 위기로 몰아넣는 결과를 가져오게 되지만, 이런 경우 일부 상인은 곧 정권과 깊이 결탁함으로써 독점적 매점상업의 특권을 얻어 신흥 상인과의 경쟁에서 벗어나려 하는데, 17세기 이후 조선의 시전상업계에 나타난 금난전 특권은 이와 같은 여건 아래서 이루어졌다.

앞에서도 말한 바와 같이 16세기까지의 시전상업계는 거의 사상인층의 도전을 받지 않고 평온한 속에서 유지되어왔다. 이 시기의 시전이 어용상업기관·특권상업기관으로서의 성격을 가지지 않은 것은 아니었지만, 아직 신흥 사상인층의 도전을 받거나 그들과의 경쟁을 배제하기 위하여 정부로부터 특별한 권한을 받은 것은 아니었다.

그러나 17세기 이후 상업계의 발전으로 시전상인이 신흥 사상인층으로부터 강력한 도전을 받게 되자 정부와 결탁하여 금난전 특권을 가지게 되는데, 그것은 시전상인 측의 일방적 요구에 의한 것이 아니라 정부가 재정적 곤란을 해소하기 위한 방안으로 취한 조처였다. 이조정부는 왕조초기부터 시전에 대하여 상업세를 징수하였다. 『경국대전(經國大典)』에 따르면 점포 1간마다 일년에 저화(楮貨) 40장을 받는 것으로 되어 있다.

시전에 대한 이와 같은 징세규정은 임진왜란 이전까지 계속되었으리라 생각되지만, 전쟁으로 인한 재정적 곤란이 극심하였던 17세기경에는 육의전(六矣廛)과 같은 일부 대규모 시전으로부터 국역(國役)이란 명목으로 일종의 특별세를 징수하였다. 이후 병자호란의 결과 청국에 정기적으로 보내는 공물을 조달하기 위하여 국역 징수의 범위가 넓어졌고, 시전에 종래의 상업세보다 훨씬 부담이 큰 국역을 부과하는 대신 독점상업특권으로서의 금난전권을 허가하였다.

요컨대 이조후기에 이르러서 금난전권이 생기고, 그로 인해 시전의 특권이 강화된 것은 시전과 정부의 이해관계가 일치함으로써 가능했다. 이는 또한 사상인층의 성장에 위협을 받아 성립된 것으로, 봉건사회의 해체과정에서 일어난 현상의 하나였다.

이제 시전상인의 금난전권 행사의 실질적인 문제를 살펴보자. 일정한 수의 상인들이 상점건물을 갖추고 또 동업조합 조직을 이루어 평시서(平市署)라는 시전을 관할하는 관청에 시전 설립을 출원하여 허가를 얻게 되면 자연히 소위 전안물종(廛案物種)이라는 전매상품을 지정받게 된다. 예를 들어 1883년에 평시서에 의하여 허가된 도자전(刀子廛)의 전안물종은 남녀용 은장도(銀粧刀)와 주석장도, 은항(銀項) 및 석항

(錫項)의 남녀용 장도, 남녀용 도병(刀柄), 피도갑(皮刀匣), 각종 첨자(尖子), 대모(玳瑁) 제품 및 밀화(蜜花), 산호(珊瑚), 금패(金貝), 호박(琥珀), 진옥(眞玉) 제품 등이다.

도자전은 이들 상품에 대한 전매특권을 가지고 있어서 이 도자전 조합에 가입하지 않은 다른 상인은 시전 설치지역 안에서는 그것을 매매하지 못하며, 만약 그것을 매매하는 자가 있어서 도자전 조합원들에게 발각되면 난전 행위라 하여 상품을 압수당하고 구속되어 형벌을 받았다.

금난전은 비시전계 상인이 시전의 '전안물종'을 매매하였을 때만 적용되는 것이 아니라, 시전상인이라도 자기 '전안물종' 이외에 다른 시전의 '전안물종'을 매매하였을 때도 난전행위로 간주하였다. 이는 시전상인의 전매특권이 엄격히 보장되어 있었음을 뜻하는 것이다.

한편 상품이 가공품인 경우, 그것을 만드는 수공업자가 시전을 개설하고 판매권을 얻으면 제조와 판매를 겸하게 되겠지만, 수공업자가 아닌 상인이 판매권을 얻는 경우 수공업자는 상품을 제조하여 전매특권을 가진 시전상인에게 판매할 뿐, 일반 소비자에게 직접 판매할 수는 없는바 금난전권의 적용이 그만큼 철저하였다.

시전상인의 전매특권을 철저히 보장하는 금난전권은 처음에는 육의전과 같은 대규모 시전에게만 주어졌고, 따라서 그 피해가 그렇게 크지 않았다. 그러나 정부 측의 세수입 증대 방안, 도회지 상업인구의 증가, 상품 종류의 증가 등과 관련하여 금난전권을 가지는 시전의 수가 점점 많아졌고, 마침내 18세기 후반경에는 도회지인의 일상생활품을 모두 전매하는 시전이 있어서 소상인에 의한 자유로운 매매가 금지되었으며, 이 때문에 특권상업의 폐단은 절정에 다다르게 되었다.

금난전권이 일상생활품을 매매하는 시전에까지 주어지게 된 결과 지방의 중소도회지와 농촌에서 생산되어 대도시로 유입되는 모든 상품은 시전에 의하여 매점되었고, 이 때문에 농민과 수공업자의 소상품은 시장으로부터 차단되었으며, 그 중간에 독점적으로 개입한 시전상인들이 물가를 마음대로 조종함으로써 막대한 이득을 취하게 되었다.

그러나 이와 같은 시전상인의 특권상업체제는 어디까지나 비시전계 상인 즉 사상인층의 성장에 자극받고 또 그것으로 인한 파멸에서 벗어나려는 일종의 몸부림에서 비롯된 것으로, 장기적으로 유지될 수는 없는 것이었다.

다시 말하면 와해의 위기에 빠진 중세적 상업체제가 일시적으로나마 전통적인 생산구조 및 유통구조를 유지하기 위한 방편으로 취한 것이었지만, 특권상업체제의 발악적인 억압에도 불구하고 간단없이 성장하는 사상인층과의 대결에서 특권상업체제는 폐퇴할 수밖에 없었다. 이와 같은 사상인층의 줄기찬 활동상은 사상도고의 성장을 통하여 파악할 수 있다.

3. 사상도고의 발달

지금까지 우리는 금난전권을 통한 조선후기 특권상업체제가 17세기 이후 상업계의 발전과 그로 인한 사상인층의 성장에 자극되어 이루어진 것이며, 그것은 또 중세사회의 해체기에 일어난 특권상인의 종말적 몸부림이라고 이해하였다. 금난전 특권은 사상인층의 성장에 대처하기 위한 방편으로 성립된 것이었지만, 그것은 또 사상인층의 꾸준한 도전 앞에서 무너지기도 한 것이다. 금난전 특권을 무너뜨리는 사상인층이 성장한 배경 또한 17세기 이후 국내 상업계의 발전에 있었다.

시전상인의 금난전 특권에 도전한 상인층은 그것이 나타난 시기에 따라 몇 가지 성격으로 나눌 수 있다. 우선 시전상인의 금난전 특권에 도전한 최초의 상인층은 조선정부 및 그 권력층의 비호를 받을 수 있는 신분의 출신이었다. 앞에서 말한 바와 같이 임진왜란 이후의 훈련도감 군인이 시전의 특권을 위협한 최초의 세력이었음을 상기할 필요가 있거니와 정부와의 결탁하에 이루어진 시전상인의 견고한 특권의 벽을 처음으로 금가게 할 수 있는 비시전계 상인은 역시 정책적으로 충분한 비호를 받을 수 있는 계층이었다.

훈련도감 군인이 조선정부의 정책적 비호를 받는 상인이었다면, 권력층의 비호를 받으면서 처음으로 시전상인의 특권을 침해한 상인은 사료상(史料上)에 제상사하인(諸上司下人) 권세가노(權勢家奴) 등으로 나타나는 사람들이다. 사료에 의하면 간혹 양반 신분의 인물이 직접 상행위를 하는 경우도 있지만 대부분의 경우 하인·노비 등을 내세워 상업을 영위함으로써 시전상인의 특권을 침해하고 있다.

군인 출신의 상인과 권력층의 하인 및 노비 출신의 상인 역시 여러가지 방법으로 상업상의 특권을 얻고 있으며, 또 대부분의 경우 곧 시전상인화하여 기성 시전상인과 같은 금난전권의 비호를 받는 특권상인으로 바뀌게 된다. 그러나 이들의 출현이 일단 시전상인의 특권에 금이 가게 한 것은 사실이다.

군인출신과 권세가의 하인 다음으로 기성시전의 특권을 침해한 상인으로서는 대개 18세기 초엽에 많이 나타나는 신흥 시전을 들 수 있다. 이 시기에는 종래의 일물일전원칙(一物一廛原則)이 무너지고 각종 시전의 분화작용이 심하게 일어났다. 예를 들면, 미전(米廛)이 상하전으로 나누어지고 어물전이 내외전으로 나누어지는데, 이 경우 하미전과 외어물전은 기성 시전상인이 아니라 일반 사상인들이 새로 조직을 갖추고 허가를 얻어 시전상인화한 것이다.

또 이 시기에도 종래 상품화되지 않았던 물품이 새로 상품화됨으로써 그것을 매매하는 새로운 시전이 많이 생기며, 이 경우도 새 시전을 만드는 상인은 모두 지금까지의 사상인들이었다. 예를 들면 종래의 엽초전(葉草廛) 이외에 담배를 썰어서 파는 절초전(切草廛)이 생긴 것은 1742년이고, 장담그는 메주가 처음으로 상품화되고, 그것을 파는 시전이 처음으로 생긴 것은 1747년이었다. 절초전과 메주전을 만든 상인은 모두 난전인(亂廛人) 무뢰배(無賴輩) 등으로 불리는 사상인이었다.

이들 역시 사상인으로서는 조직이나 자본 면에서 우세한 상인들이었지만, 허가를 얻고 시전상인이 됨으로써 일단 특권상인화한 상인들이다. 그러나 이와 같은 현상은 상미전이나 내어물전·엽초전 등 기성 시전의 특권을 크게 침해하는 것이었으며, 그뿐만 아니라 시전의 특권 자체를 약화시키고 시전의 특권에 대한 인식을 변화시켰다.

그러나 또한 이 두 계통의 상인, 즉 기성 시전인 이외의 군인 내지 권세가의 하인 출신 상인이나 시전상인화한 사상 출신의 상인들이 시전의 특권상업체제를 근본적으로 무너뜨릴 수 있는 힘이 되지는 못하였고, 그와 같은 역할을 담당한 것은 순수한 민간상인들이었다. 대개 18세기 후반기 이후에 급격히 성장하여 시전의 특권상업체제를 근본적으로 무너뜨리는 것은 이 사상도고들이었다.

우리는 이와 같은 사상도고의 발전상과 역할을 효과적으로 파악하기 위하여 그것이 성립된 원인을 세 가지 종류로 나누어 추적해볼 필요가 있다.

첫째 시전이 설치되어 있는 대도시가 곧 사상도고가 발달하는 원인이 되었다. 시전 설치 지역은 금난전권이 직접 적용되는 곳이어서 비시전계의 사상인층이 뿌리를 박기에는 여건이 나쁜 곳이었다. 그러나 그곳은 또 대개 관아도시(官衙都市)인 동시에 당시 가장 큰 상업도시였으므로 사상인층이 반드시 침투하여 설 땅을 얻어야 할 곳이기도 하였다.

시전이 설치되어 금난전권이 적용되는 지역에서의 사상인층의 존재 형태는 대개 두 가지가 있었다고 생각된다. 그것은 첫째 대단히 소규모 적이고 분산적인 소상인들이 금난전 규제를 피하여 유동적인 상행위를 영위하는 형태로서 흔히 난전으로 불리는 상인이 그 중심이 되었다. 둘째는 기성 시전의 방해로 정식 시전으로 허가받지는 못하였지만, 조직과 자본력이 기성 시전에 뒤지지 않고, 그 조직력과 자본력으로 기성 시전과 겨루면서 대규모 상업을 영위하던 상인들이 있었으니, 곧 사상도고들이었다.

1793년 외어물전의 고발에 의하면 이 무렵 마포에 사는 사상인 7명이 주동하여 소위 삼강무뢰배(三江無賴輩) 70여 명을 규합하여 한강변에 어물전을 만들고 각 지방에서 오는 상품을 매점하니 그것이 곧 도고라고 하였다.[6] 또한 이들은 행수(行首) 등을 두어서 스스로의 조직을 가지고 있었다고 하니 금난전 특권을 가지지 못하였을 뿐, 시전과 다름없는 규모로 발전하고 있었으며, 그 때문에 기성 어물전에게 주는 타격도 컸던 것이다.

한편 이러한 대도시의 사상도고가 자본 면에서는 오히려 시전을 능가하는 경우가 많았음을 시사해주는 자료가 많다. 자본력이 우세하였기 때문에 금난전권 적용지역 안에서도 상행위를 지속할 수 있었겠지만, 자본력만 우세하면 사상인이라도 특권상인인 시전상인에 대해서 우세한 위치에 설 수 있었던 이 시기 상업계의 풍토를 주목할 만하다.

1786년의 한 기록에 의하면 사상도고로 인한 경제적 폐단을 지적하면서 물가의 등귀, 시전의 피해, 부의 편중 현상 등을 들고 "부민들이 곡

---

6)『各廛記事』地卷, 癸丑 2月 日條.

식을 사서 쌓아두고 값을 조종하며 또 시전의 매매도 마음대로 지휘한다"하였다.[7] 시전자본이 정부의 비호를 받고 또 그로 인해 제약도 받았던 데 반하여 사상고도의 자본은 오히려 자유로운 성장과 자율적인 집적이 가능하였다. 일단 그 자본력이 특권상업의 제재 범위를 벗어나면 가속도적인 성장을 이루었고, 나아가서 특권상인을 오히려 경제적 능력으로 지배할 수 있었던 것이다.

서울의 경우 사상도고의 가장 확실한 근거지는 역시 칠패(七牌)와 이현(梨峴)이었다. 칠패와 이현이 언제부터 사상활동의 중심지로 발달하였는지는 분명하지 않지만, 18세기 전반기에는 이미 서울시내의 가장 큰 상업 중심지로 발전하였다. 1746년의 한 기록에 의하면 소위 무뢰지도(無賴之徒)가 칠패에 난전을 차려놓고 동쪽으로 누원(樓院)과 남쪽으로 동작진(銅雀津)에 사람을 보내어 남북에서 서울로 들어오는 어물(魚物)을 몇백 몇천 바리를 막론하고 모두 매점해서 칠패에 쌓아두고 중개인을 놓아 서울 시내 각처에 판매하였다. 이 때문에 수각교(水閣橋)·회현동(會賢洞)·죽전동(竹箭洞)·주자동(鑄字洞)·어청동(於淸洞)·어의동(於義洞)·이현·병문(屛門) 등지에는 각종 어물이 산과 같이 쌓였으며, 이것이 모두 칠패의 난전에서 흘러나온 것이라 하였다.[8]

「한양가(漢陽歌)」에서 "칠패의 생선전에 각색 생선 다 있구나"라고 한 바와 같이 칠패의 중요 상품은 어물이었으며, 이곳의 사상도고는 지방에서 서울로 들어오는 어물을 길목에서 매점하였다가 서울시내의 중요한 어물상인에게 도매하였다. 사실상 이곳은 어물의 도매시장화하고 있었으며, 이 때문에 육의전 중의 어물전이 심한 타격을 받고 정부에 대

---

7) 『備邊司謄錄』卷168, 正祖 10年 1月 23日條.
8) 『各廛記事』地卷, 乾隆 11年 11月 日條.

하여 호소하고 있는 것이다.

일반적으로 서울 시전이 판매하는 상품은 지방의 생산자가 직접 서울로 가져와서 시전에 팔거나 혹은 행상인이 중간에 들어 지방의 생산자와 서울의 시전을 연결하였다. 이 경우 생산자와 행상인은 서울로 상품을 가져온 이상 시전 이외의 다른 상인에게 팔거나 그들 자신이 직접 소비자에게 팔 수 없었는데, 그것은 시전이 가진 금난전 특권 때문이었다. 더구나 금난전 특권을 빙자한 시전상인들이 생산자나 행상인이 가져온 상품을 억지로 싼값으로 사려 하였다가 듣지 않는 경우 난전 행위로 몰아 물건을 압수하는 횡포가 많았다.

그러나 서울의 사상도고들은 그들 스스로가 서울 교외의 상품 집산지에까지 혹은 그 생산지에까지 진출하여 상품을 구입할 뿐만 아니라 거래에서도 자유가격·최고가격이 적용되었으므로 항상 그 우선권을 가질 수 있었다. 따라서 육의전 속의 어물전은 상품을 구하지 못하는 데 반하여 사상도고는 상품의 매점이 가능하였던 것이다.

이와 같은 사상도고와 시전 사이의 상반된 이해관계에 대해서는 1816년 어물시전인의 호소가 잘 말해주고 있다. 그들의 호소에 의하면, 서울에서 소비되는 어물은 주로 원산에서 수입되는데 왕조의 초기부터 소위 북상(北商)들이 그것을 서울로 가져와서 어물전에 파는 것이 통례였지만, 이 무렵에는 칠패와 이현에 사는 사상인들이 해마다 가을과 겨울철이 되면 원산까지 가거나 상품 수송로의 중간을 지켰다가 서울로 오는 어물을 매점해두고 가격을 조종하여 판매하므로 정작 어물시전들은 상품을 구하지 못하여 폐업할 상태에 빠진다는 것이었다.[9]

이와 같이 도회지 사상도고의 상행위가 금난전 특권을 가진 시전상

---

9) 같은 책, 人卷, 嘉慶 21년 9月 日條.

인의 그것보다 우위에 설 수 있었던 이유는 전자가 후자보다 오히려 정부와의 유착관계에서 벗어나 독자적인 상행위를 할 수 있었던 때문이기도 하였지만 무엇보다도 자본 면에서 우세하였기 때문이라 생각된다. 물론 같은 종류의 상품을 매매한 어느 시전과 사상도고의 자본액을 정확하게 비교할 만한 자료를 발견하지 못하지만, 사상도고로 인한 피해를 호소하는 시전상인들은 대체로 그 자본력이 우세함을 말하고 있는 경우가 많다.

한 가지 예를 들면, 1806년에는 뚝섬·와서(瓦署)·왕십리 등지에 사는 사상인 등이 부상(富商)과 결탁하여 막대한 자금으로 원산까지 가서 상품을 매점해 쌓아둠으로써 서울 시내에는 상품이 고갈되었는데 시전상인들이 이들 사상도고인의 환전거래장부(換錢去來帳簿)를 조사해본 결과 한 달의 판매고가 4, 500냥이라 하였다.[10] 시전상인의 이와 같은 호소는 이들 사상고도가 자본 면에서 우세함을 지적하는 데 역점을 두고 있는 것이라 쉽게 추측할 수 있다.

도시에서 시전상업과 맞서고 그것과 겨루면서 발전한 사상도고는 그곳이 금난전권의 적용권 내였으므로 많은 제재를 받았지만, 자본과 조직 면에서 시전상인보다 우세하였기 때문에 성장할 수 있었던 것이다.

사상도고가 발달한 두번째 근거지는 서울과 같은 대도시 주변에 발달한 상업중심지였으며, 서울 주변의 경우 송파(松坡)·누원점(樓院店)·송우점(松隅店) 등을 들 수 있다. 이와 같은 대도시 주변에서 사상도고가 발달한 원인은, 첫째 이곳이 지방 생산품이 서울로 운반되는 길목이 된 점과, 둘째 이곳은 시전의 금난전권 적용 밖이면서도 비교적 서울과 가까워서 서울시내 사상도고와의 연결이 쉽고, 또 시내의 사상도고가 직

10) 같은 책, 嘉慶 11年 9月 日條.

접 이곳에 나와서 상품을 매점할 수 있었기 때문이다.

시전의 금난전 특권은 원래 행정제도상의 서울 일원에서만 적용되는 것이었다. 그리고 그 적용 범위는 또 서울 상권(商圈)의 넓이와 같은 것이었다. 그러나 서울의 인구가 증가하고 그 도시적 양상이 갖추어져감에 따라 상권이 확장되어서 행정제도상의 경계를 넘어 송파·누원점·송우점까지도 그 범위 안에 들어갔지만, 미처 금난전권의 적용 범위는 그곳까지 미치지 않았으므로 이 틈을 이용하여 이곳에 사상도고가 발달한 것이다.

송파는 서울 중심부와의 거리가 대단히 가까운 곳일 뿐만 아니라 삼전도(三田渡)를 통하여 삼남지방의 산물이 서울로 운반되는 길목이 되어서 18세기 중반에는 이미 사상도고에 의한 상설시장이 성립되고 있었다. 1754년의 기록에 의하면 서울시내의 사상인들이 송파시장의 상인들과 결탁하여 삼남지방과 동북지방에서 서울로 운반되는 상품을 매점해놓고 마음대로 판매하고 있으며, 겉으로는 정기시장의 규칙에 따라 한 달에 여섯 번 장이 서지만 실제로는 매일 장이 서고 있어서 이 때문에 서울시내의 시전들이 큰 타격을 받았다. 그러나 이곳은 금난전권의 적용 지역이 아니므로 이를 금하지 못하고 있었던 것이다.[11]

이 무렵에는 지금까지 정기시장이 서던 송파에 상설시장이 유지될 수 있을 만큼 상품거래가 활발하였으나, 그곳에는 금난전권이 적용되지 않으므로 서울시내의 사상인이 이곳을 근거로 하여 도고상업을 벌이고 있었던 것이다. 이와 같은 대도시 주변에 발달하는 사상도고도 대도시 안에서 발달하는 사상도고에 못지 않게 시전상인에게 타격을 주었음은 더 말할 나위가 없다.

---

11) 『備邊司謄錄』 127冊, 英祖 30年 11月 28日條.

시전상인들은 송파의 시장을 폐지하고 그곳에까지 금난전권 적용범위를 확대함으로써 스스로의 상권을 넓히려 하였으나 결국 송파시장은 폐쇄되지 않았고[12] 계속 사상도고의 근거지가 되었다. 시전상인에게 큰 타격을 준 송파시장에서의 사상도고가 폐지되지 않고 계속 상설시장으로 발전할 수 있었던 것은 이 무렵 이미 시전의 금난전 특권이 금가고 있었던 하나의 증거이기도 하다.

송파를 근거지로 한 사상도고의 활동에 대한 실제의 예를 하나 들어보자. 1804년에는 삼전도에 사는 손도강(孫道康)이란 상인이 양주와 광주 일대의 부자들에게서 수만 냥의 자금을 조달하여 직접 원산에 가서 어물을 선박째로 매점해두고 가격을 조종하여 판매하였다. 이 때문에 해를 입은 시전상인들이 그의 어물 30바리가 운반되어 오는 것을 발견하고 이를 제지하였으나 오히려 그의 일당들에게 심한 구타를 당하였는데, 손도강은 본래 서울의 부자라 하였다.[13]

다음해의 기록에도 손도강의 일당 20여 명이 북어, 대구 등 50여 바리를 싣고 오는 것을 발견한 시전상인들이 그 상품을 시전에 팔 것을 요구하였다가 오히려 욕을 당하였다는 내용이 있다.[14]

이와 같은 사실로 미루어보면 서울의 부자였던 손도강이 금난전권이 적용되지 않는 삼전도를 근거지로 하여 충분한 자본으로 생산지인 원산에 직접 가서 어물을 매점해두고 마음대로 팔았으므로, 시전은 상품을 입수하지 못하여 큰 타격을 받고 이를 저지하려 하였지만 충분한 자금으로 많은 사람을 고용하고 있는 그의 실력 앞에 모두 무위로 돌아갔던 것이다. 수십 명의 인부를 거느리고 어물선 전체를 매점할 수 있었으

---

12) 같은 책, 134冊, 英祖 34년 4월 18日條.

13) 『各廛記事』 人卷, 嘉慶 9년 2월 日條.

14) 같은 책, 天卷, 乙丑 8月 日條.

며, 한번 운반되는 상품이 30바리 혹은 50바리에 다다랐고 금난전 특권을 가지고 있는 시전의 저지도 이겨낼 수 있는 사상도고 손도강은 분명히 시전상인을 압도하고 있었던 것이다.

다음 누원점은 지금의 도봉(道峯) 근처였는데, 이곳은 동북방의 상품이 서울로 들어오는 길목이어서 그 지리적 이점을 이용하여 18세기 초엽부터 지방민에 의하여 장시(場市)를 설치하기 위한 노력이 일어나고 있었으나 서울시내 시전상인들의 반대 때문에 성공하지 못하고 있던 곳이었다. 시전상인들의 반대 때문에 이곳에 장시의 설치가 허가되지는 않았으나 계속 사상도고의 근거지가 되고 있었다.

시전상인들이 이곳의 장시 설치를 반대한 이유는 그곳이 서울과 너무 가까워서 장시가 개설되면 시전의 영업에 지장이 있으리라 생각되기도 하였지만, 한편 이곳의 사상도고가 바로 서울시내의 사상도고, 즉 앞에서 말한 칠패·이현 등지의 사상도고와 연결되어 있기 때문이기도 하였다. 18세기 후반기의 한 기록에 의하면 누원에 사는 거간꾼들이 동북지방에서 오는 어물을 매점해두었다가 남대문 밖의 칠패와 이현 근처의 난전인들에게 조달해주므로 어물전은 실업상태에 빠진다고 하였다.[15]

누원이 서울 중심부와 가장 가까운 사상도고의 근거지였고 그곳 상인들이 서울시내의 사상도고와 직결되어 있어서 시전상인에게 주는 타격이 컸으므로 시전상인들은 그곳에 장시가 설치되는 것을 반대하였고 그곳까지를 금난전권의 범위 안에 넣기 위하여 금난전권의 적용 범위를 서울 일원에서 소위 '근기백리내(近畿百里內)'까지 확대하려고 노력하였다. 이것은 다시 말하면 특권상인의 독점적 매점권 확대를 위한 획책이었던 것이다.

---

15) 같은 책, 人卷, 乾隆 46년 1月 日條.

그러나 이와 같은 특권상업권(特權商業圈)의 확대를 위한 노력은 결국 무위에 돌아가지 않을 수 없었으며 특권상업권으로서의 서울을 둘러싼 사상도고의 거점은 이중 삼중으로 이루어지고 있었다.

송우점(松隅店)은 지금의 경기도 포천군 송우리인데 누원점이 서울의 금난전권 밖에 이루어진 사상도고의 제1선적 거점이라고 하면 송우점은 제2선적 거점이라 할 수 있다. 누원점이 서울 근교에 있어서 시전상인의 직접적인 탄압을 받았던 데 반하여 송우점은 서울과의 거리 때문에 탄압을 피할 수 있으면서도 동북지방에서 서울로 운반되는 포목·어물 등 상품을 매점하는 데는 누원점과 다름없이 유리하였다.

그리고 누원점의 사상도고가 서울시내의 칠패·이현의 사상도고와 연결되어 있었던 데 반하여 송우점의 사상도고는 상품의 생산지 내지 지방 집산지와 연결되어 있었다. 1788년에 서울시내 포전(布廛)과 어물전 상인들이 조사 고발한 송우점 사상도고는 원산 상인, 송우점 상인, 통천(通川) 상인 등 세 가지 계통으로 이루어졌는데 이들에 의하여 송우점에서 거래되는 상품은 매일 60내지 70바리[馱]라 하였다.[16]

생각컨대, 함경도 내륙지방에서 생산되던 포목과 동해안에서 잡은 어물은 송우점의 사상도고와 연결되어 있는 원산·통천 등지의 상인에 의하여 일단 송우점으로 집결되었다가 누원점으로 옮겨지고 그곳에서 다시 서울시내 칠패·이현 등지의 사상도고에 넘겨져서 판매되었으며, 이와 같은 사상도고의 유기적인 조직 때문에 지금까지 지방행상이 서울로 운반해 오는 상품을 금난전 특권에 의지하여 독점적으로 구입 판매하던 시전상인은 큰 타격을 받게 되었다. 더구나 사상도고의 이와 같은 생산지와 소비시장을 연결하는 긴밀한 조직이 바로 시전상인의 금

---

16) 같은 책, 天卷, 戊申 4月 日條.

난전 특권의 제재를 피하기 위하여 이루어진 것이었으므로 시전상인의 피해는 더욱 절실하였다.

사상도고의 또 하나의 활동무대는 도시와 도시 주변의 집산지 이외의 상품생산지 및 그 주변 집산지였다. 생산지 내지 지방 집산지에서의 사상도고의 매점은 앞에서 든 바와 같이, 도시 혹은 도시 주변의 사상도고와 연결된 경우도 있었지만, 그것과 관계없이 금난전 특권이 적용되지 않는 시전상인이 없는 지방 중소도시의 소비를 대상으로 하거나 혹은 외국무역 등을 목적으로 발달하였다.

이와 같은 도고상업의 가장 핵심적인 상인집단으로서 우리는 개성상인을 들 수 있다. 개성상인은 왕조의 초기부터 서울 시전상인에 못지 않은 전업적이고 조직적인 상인집단으로 발전하였고, 특히 이들은 서울 시전상인보다 더 넓은 범위의 국내 상업망을 이루었으며, 대외무역에 있어서도 적극적인 활동을 벌이고 있었다.

그러나 개성상인이 본격적인 도고상업을 벌이고 그것을 통하여 상업자본의 집적에 성공하는 것은 역시 18세기 이후라고 할 수 있다. 일찍부터 그들이 가지고 있던 국내의 상업망과 투철한 상혼을 바탕으로 전국시장을 파악하는 조직적이고 독점적 상인으로 발전하면서 공인(貢人)과 서울 시전상인 등 특권상인의 권익을 침식하기에 이르렀으니, 특히 생산지에서의 매점상업이 그러하였다.

1786년 구피계공인(狗皮契貢人)의 호소에 의하면 동해안에서만 생산되는 수달피는 종래 공인들이 생산지에서 구입하여 정부에 조달하였지만, 이 무렵에는 개성상인이 엽부(獵夫)들에게 값을 지불하고 매점하여 중국에 수출하여서 공인이 상품을 구하지 못한다 하였다.[17]

---

17) 『備邊司謄錄』 168冊, 正祖 10年 1月 5日條.

공인이 독점적으로 구입하던 수달피를 이제 개성상인이 선대적(先貸的)으로 매점하여 중국에 수출하던 실정을 말해주고 있는데, 이와 같은 현상은 지류(紙類)의 경우도 마찬가지였다. 종래 중국에 보내는 종이는 대체로 조지서(造紙署)나 절간에서 제조한 것을 공인이 구입하여 정부에 조달하였는데, 이 무렵에는 개성상인이 전국의 제지사찰(製紙寺刹)을 경제적으로 파악하고 그 제품을 매점하여 중국에 수출하고 있었던 것이다.[18]

개성상인의 도고상업은 수출품목에만 한하지 않고 국내의 주요 상품에도 미쳤으니 갓[凉臺]과 포목 등 생활 필수품을 생산지에서 매점하여 큰 이익을 얻고 있었다. 갓은 목장으로 유명한 제주도에서 많이 생산되어 강진(康津)·해남(海南) 등지로 수출되고, 그곳의 중간상인에 의하여 서울의 양대전(凉臺廛)으로 옮겨졌다. 그러나 19세기 초엽에는 개성상인이 해남·강진 등지에 가서 제주도에서 건너오는 갓을 매점하여 전국의 각 중소 도회지에 팔았으므로 서울의 양대전은 상품을 구하지 못하는 실정이었다 하며,[19] 이후 개성상인의 갓도고가 안성(安城)에서도 이루어지고 있었던 것으로 미루어 보면[20] 그들의 도고상업이 계통화하고 있었음을 알 수 있다. 생산지 내지 그 주변 집산지에서의 도고상업과 소비도시 내지 교통중심지에서의 도고상업이 연결되어 있었던 것이다.

요컨대, 조선후기의 사상인에 의한 도고상업은 주로 도시와 그 주변의 집산지 등에서 발달하였는데, 도시의 사상도고가 시전상인보다 자본 면에서 오히려 우세하였을 뿐만 아니라, 도시 주변에서 발달한 사상도고와 긴밀히 연결되어 있었다. 이렇게 시상도고는 시전상인보다 상품

---

18) 같은 책, 172冊, 正祖 12年 1月 8日條.
19) 같은 책, 200冊, 純祖 10年 1月 10日條.
20) 같은 책, 215冊, 純祖 27年 1月 13日條.

확보에 한층 유리한 조건을 갖추고 있었으며, 이 때문에 시전상인이 가진 금난전 특권의 제재를 받으면서도 오히려 그들을 압도할 수 있었다.

한편 도시 주변에 발달한 사상도고는 상품생산지 및 도시의 사상도고들과 긴밀히 연결되어 있었고 또 그곳이 금난전 특권의 적용 범위를 벗어나 있어서 비교적 자유롭게 발달할 수 있었다. 또한 도시로 들어가면 금난전 특권에 의하여 시전상인에게만 판매될 상품을 금난전권 적용 범위 밖에서 미리 매점하여 도시 내의 사상도고에게 넘겨줌으로써 시전상인에게 이중의 타격을 주고 있었던 것이다. 시전상인은 이들에 의한 피해에서 벗어나기 위하여 금난전 특권의 적용 범위를 확대하려 노력하였지만, 다음 절에서 보여지듯이 특권 자체가 무너져가고 있던 시기였던만큼 수포로 돌아갔다. 특히 도시 주변 사상도고의 근거지는 주로 도시 주변의 장시(場市)가 중심이 되었는데 이 경우 사상도고와 시전상인의 대립은 곧 장시와 시전의 대립으로 이해되어서 흥미롭다.

상품 생산지에서의 사상도고는 시전상인에게서 볼 수 없는 선대적 매점으로 발달하였고, 시전상인의 상품 확보를 원칙적으로 봉쇄하는 결과를 가져왔다. 시전상업의 존립기반은 소비도시로 유입되는 상품을 금난전 특권으로 매점하는 데 있었지만, 이제 상품이 생산지에서부터 개성상인과 같은 광범위한 상업망을 가진 사상인에 의하여 매점되고 특히 그들의 매점상업이 외국무역과 연결되어 있었던 점은 결국 시전상업의 기반을 근본적으로 흔드는 결과를 가져왔다.

4. 특권상업체제의 해체과정

앞에서 우리는 시전상업에 있어서의 특권성의 강화현상, 즉 금난전 특권 성립이 17세기 이후 사상인층의 성장에 자극된 것이라 이해하였다. 그리고 금난전 특권을 앞세운 시전상인의 사상인에 대한 탄압이 치열하였음에도 불구하고 사상인층의 성장 발전은 저지되지 않았을 뿐 아니라 오히려 도고를 형성하여 도처에서 상품을 매점 판매함으로써 시전상인의 존립기반 자체를 뒤흔들고 있었음을 엿볼 수 있었다.

시전상업과 사상의 도고상업을 비교하면 전자는 경제외적 특권을 바탕으로 한 특권상업이었던 데 반하여 후자는 경제적 능력을 바탕으로 한 매점상업이었고, 전자는 자유로운 상품 유통을 저해하였던 데 반하여 후자는 상품의 자유로운 유통을 전제로 하여 발달하였으며, 전자가 몇몇 도시 시장권에 한정된 고식적인 것이었던 데 반하여 후자는 전국의 상품생산지와 그 집산지를 연결하는 개방적이고 진취적인 것이었다고 할 수 있다. 그러므로 전자에 비하여 후자의 발전이 지속적으로 나타나는 것은 하나의 경제적 필연성이었다.

사상도고의 발전 때문에 시전의 특권행사는 발악적으로 나타났고, 또 이 때문에 도시상업계의 유통질서가 극도의 혼란상태에 빠지게 되었다. 정부 측이 세수입 문제와 관련하여 많은 새로운 시전의 설립을 허가함에 따라 특권시전 조직의 수가 급증하여 도시의 일상 생활품이 모두 이들의 전매품으로 되었고, 이를 기화로 시전상인의 가격 조종이 또한 심하여 도시 서민층의 생활이 크게 위협을 받게 되었다. 사상인층의 금난전권에 대한 저항과 도시 서민층의 금난전 특권으로 인한 피해가 심해짐에 따라 시전의 금난전권 행사를 제한하려는 노력이 정부 주변에서도 일어났고, 또 이와 같은 노력이 실제 정책에 반영되기도 하였다.

시전상인의 금난전권 행사는 두 가지 측면에서 이루어졌는데, 어느 사상인이 특정 시전의 소위 '전안물종(廛案物種)'을 불법으로 판매하는 경우, 우선 해당 시전이 그것을 단속할 수 있고, 또 한성부의 관리가 이를 처벌할 수 있었다. 처벌 방법은 사상인의 상품을 '속공(屬公)'이라 하여 관부에서 몰수하고, 또 난전 행위를 한 상인에게 형벌을 가하는 것이었다.

금난전권에 대한 완화조처는 대개 18세기 초엽부터 논의되기 시작하여 우선 '속공'을 철폐하자는 의견으로 나타나지만 현실화되지는 못하였으며, 그 대신 18세기 중엽 무렵부터 시전상인이 직접 사상인의 난전행위를 취체하는 규정은 폐지되었다. 1741년에는 다시 한성부 좌윤(漢城府左尹)으로 있던 이보혁(李普赫)의 발의에 의하여 금난전 규정이 대폭 완화되었다. 그는 당시 시전상업계의 실정을 들어서

　　최근 5, 6년 사이에 서울시내의 놀고먹던 무리들이 정부에 출원하여 새로운 시전을 개설한 자가 대단히 많아졌는데, 이들은 상품을 매매하는 일보다 오히려 난전을 잡는 일에만 전념하며, 심지어 채소와 기름·젓갈 등까지도 그것을 독점 판매하는 시전이 있어서 마음대로 사고팔 수 없게 되었으니, 지방에서 들어오는 사소한 물품을 매매하여 생활하는 서울시내의 영세상인이 금난전권의 해를 입어서 장차 이들의 생활로가 끊어질 형편이다. 벼슬아치들 가운데는 사상인층의 난전행위가 너무 난잡하게 번창하고 있음을 염려하기도 하지만, 그것은 시전상인의 금난전 행위로 영세상인들이 해를 입는 실정을 잘 모르고 하는 말이다. 나의 생각으로는 정부가 시전의 등록부를 조사하고 10년 이내에 새로 설립된 소소한 시전을 모두 폐쇄시키는 것이 영세상인을 구제하는 길이 될 것이다.[21]

라고 하였다.

---

21) 같은 책, 108冊, 英祖 17年 6月 10日條.

이보혁의 이와 같은 건의는 지금까지 사상인의 상행위를 금지하는 원칙만을 일관해오던 정부의 상업정책을 변화시킬 것을 요구한 것이었다. 금난전 특권을 전체 시전에게 일괄적으로 줄 것이 아니라, 설립연대가 오래된 비교적 규모가 큰 시전에게만 주고 나머지 시전은 금난전 특권을 폐지하여 그 시전이 전매권을 가졌던 상품에 대해서는 비시전계 사상인도 자유롭게 판매할 수 있게 하자는 것이었다.

이보혁은 이와 같은 그의 생각을 현실화하기 위하여 곧 구체적인 개선책을 제시하였다. 첫째 한성부가 시전을 다시 조사하여 시전의 규모가 크고 판매하는 상품이 일상생활에 요긴한 것인 경우는 난전을 엄격히 금지하고, 반대로 시전의 규모가 작고 상품이 요긴한 것이 아닌 경우는 난전을 금하지 못하게 할 것, 둘째 시전인이 직접 난전을 금하지는 못하게 할 것, 셋째 비록 금난전 특권에 저촉되는 물건이라도 서울 일원 외에서는 자유롭게 판매할 수 있게 할 것 등이었다.[22]

이 규정은 왕의 동의를 얻어 그대로 실시하기로 결정되었는데, 이로 인하여 비록 "취급하는 상품이 일상생활에 긴요하지 않은 시전"뿐이기는 하지만 금난전 특권의 일부가 무너졌고, 또 금난전 특권을 계속 누리는 시전이라도 그 적용 범위를 서울 일원에만 엄격히 한정하였으므로, 앞에서 말한 바와 같이, 송파·송우점·누원점 등을 근거지로 하여 발달하였던 사상도고의 자유로운 상업활동은 보장되었다. 한편 시전상인이 직접 난전을 금압하지 못하게 한 조항도 사상인층에는 크게 이익이 되는 조처였다.

이보혁이 "난전을 금하면 일반 영세상인의 생활로가 끊어지고 난전을 금하지 않으면 시전이 실업하게 된다"라고 지적한 바와 같이 이 시

---

22) 같은 책, 109冊, 英祖 17年 9日 19日條.

기의 도시 사상인층 문제는 정부로서도 특권적 시전상인의 이익 보장을 앞세워 금압정책으로 일관할 수 없을 만큼 이들 사상인층이 이미 큰 세력으로 성장하고 있었다고 생각된다.

어떻든, 이보혁의 발의에 의하여 대폭 완화된 금난전 조처는 이후 심한 반대에 부딪치기도 하였지만, 계속 완화되는 방향으로 발전하였다. 금난전 특권이 완화되어간 실제적인 방법을 몇 가지로 나누어볼 수 있다. 첫째 상품의 거래량을 두고 일정한 기준 이상의 거래에만 금난전권을 적용할 수 있게 하고 그 이하의 경우는 자유로운 거래를 허용하는 것이었으며, 둘째 금난전 특권을 인정하는 시전의 수를 극히 제한하는 것이었다. 이보혁의 건의에서는 "판매하는 상품이 일상생활에 긴요한 시전"에만 금난전권을 인정하자 하였으나 1768년경에는 이미 육의전에 한해서만 그것을 인정하는 조처가 취해지고 있었던 것 같다. 이 해에 숟가락을 파는 시전에 금난전권을 인정하는 것은 육의전에만 그것을 주는 원칙에 어긋난다는 의견이 나오고 있다.[23]

이와 같은 금난전권 완화조처가 반드시 순조롭게 진행된 것은 아니고, 특히 "육의전에만 금난전권을 인정하는 조처"는 철저히 시행되지 않아서, 다음에서 논급하는 바와 같이 1791년에 다시 그것을 시행하는 규정이 세워지지만, 완만하게나마 금난전 특권의 완화가 이루어짐으로써 일반 사상인층에 주는 효과는 뚜렷하였다. 1764년에는 왕이 종로를 지나다가 시전상인 중 연로한 사람들을 불러서 금난전 특권 완화에 대한 타당성 여부를 물었던바 그들은 사상인은 실질적으로 혜택을 입지만 시전은 독점이익을 누리지 못하게 되었다고 대답하였다. 왕은 이에 대하여 웃으면서 "이들은 모두 나의 백성이다. 그것[商利]은 음식과 같

---

23) 같은 책, 151冊, 英祖 44年 5月 26日條.

아서 고루 배부르게 하는 것이 좋을 것이라"고 대답하였다.[24]

　종래 시전상인만을 상인으로 인정하여 그들에게서 세금을 받는 대신 그들의 독점매매권을 강력히 보호하고 대신 사상인의 상행위를 가혹하게 탄압하던 정부의 입장과 비교해보면 이와 같은 왕의 말은 정부 측 태도에 많은 변화가 일어나고 있었음을 충분히 느끼게 한다. 즉 지금까지의 특권상업체제를 지양하고 자유상업체제로 전환할 것을 시사하고 있으며, 나아가서 조선왕조의 기본적 상업정책이었던 억압 제한정책에서 자유 장려정책으로 전환하는 것이라 할 수 있을 것이다. 그리고 이와 같이 조선정부의 상업정책을 변화시킨 요인은 역시 광범위하게 성장해가던 사상인층의 저항과 압력이라 할 수 있다.

　그러나 이와 같은 상업정책의 변화가 결코 순조롭게 이루어진 것은 아니며, 또 급진적으로 진전되지도 않았다. 육의전 이외의 시전에게서 금난전 특권을 일체 박탈하는 '신해통공(辛亥通共)'은 앞에서 든 왕과의 대화가 있은 지 27년 후에 실시되었다.

　육의전 외의 모든 시전으로부터 금난전 특권을 박탈하는 조처를 '통공(通共)'이라 하고 실시한 해가 신해(辛亥)년이었기 때문에 '신해통공'이라 부르는데, 이해는 1791년이었다. 그리고 전체 조선왕조시대의 상업사를 통하여 가장 획기적인 것이라 할 수 있는 이 개혁의 주창자는 정조의 특별한 신임을 받고 10년간 재상 자리에 있었던, 그리고 이 시기 실학자의 후원자라 할 수 있는 채제공(蔡濟恭)이었다. 당시 좌의정으로 있었던 그가 통공정책의 실시를 주창한 내용은 대체로 다음과 같다.

　지금 서울시내의 민폐를 말하자면 시전의 독점매매행위가 으뜸이며 백성

---

24) 『英祖實錄』 卷104, 英祖 40年 11月 壬子條.

들에게 혜택을 주고자 하면 이와 같은 시전의 독점매매를 폐지하는 것이 급선무이다. 우리나라의 금난전법은 국역 부담을 지는 육의전으로 하여금 이익을 독점케 하기 위하여 설치한 것이다. 그러나 근래에는 무뢰배들이 삼삼오오로 시전을 만들어 일상생활품을 독점매매하지 않는 것이 없고, 크게는 말이나 배로 운반하는 물품에서부터 작게는 머리에 이고 손에 든 물품에 이르기까지 길목에 잠복하였다가 싼값으로 억지로 사려 하고 물건 주인이 응하지 않으면 곧 금난전법에 해당된다 하여 이들을 묶어 형조나 한성부에 넘기므로 물건 주인은 밑지더라도 부득이 팔지 않을 수 없으며, 이에 시전인들은 억지로 싸게 산 물건을 비싼 값으로 팔아 이익을 얻고 있다. 시전인들이 비싼 값을 불러도 일반 구매자들은 그 시전이 아니면 다른 곳에서 그 상품을 살 수 없으므로 부득이 사게 되고 이 때문에 물가가 날로 오르기만 한다. 내가 어릴 때와 비교하면 물가가 3배 내지 5배로 올랐을 뿐만 아니라, 심지어는 채소와 옹기 등까지도 그것의 전매권을 가진 시전이 있어서 사사로운 매매를 할 수 없다. 백성들의 식생활에 소금이 없고 가난한 선비는 제수(祭需)를 구할 수 없어서 제사를 차리지 못하는 일도 있으니, 이는 오로지 시전의 독점매매권을 폐지하지 않기 때문에 일어난 폐단이며, 그것을 폐지하면 이런 폐단은 없어질 것이다. 30년 이내에 새로 설립된 적은 시전은 그 독점매매권을 폐지하고 육의전 이외의 시전에게는 금난전 특권을 주지 않을 뿐만 아니라 그것을 어기는 자는 법으로 다스려야 할 것이다.[25]

이와 같은 채제공의 건의는 많은 논의가 있은 후에 그대로 실시하기로 결정되었다. 앞에서 말한 바와 같이, 17세기 이후의 상업발전 및 사상인층의 성장에 자극된 일부 시전상인과 재정적 어려움을 해소하기

25) 『正祖實錄』 卷22, 正祖 15年 1月 庚子條.

위하여 이들 시전상인과 결탁하지 않을 수 없었던 정부와의 관계에서
빚어진 금난전 특권의 적용은 일단 육의전의 상품에 한정되고 기타 시
전의 상품은 자유판매가 이루어지게 되었다.

이와 같은 통공정책은 시전상인의 많은 반발을 샀고, 특히 19세기에
접어들어 18세기의 진보적 정책에 대한 일종의 반동적 양상이 전개되
면서 후퇴하여 일부 시전은 육의전이 아니면서도 금난전 특권을 다시
인정받는 사례도 없지 않았다. 그러나 그것은 불법적이거나 특례적인
경우에 지나지 않았고, 이후 조선왕조 상업정책의 기본방향은 역시 '통
공'으로 일관되었다.

한편, 통공정책이 실시된 후의 시전상업계는 심한 타격을 받아서 이
를 호소하는 시전의 제소가 이 시기의 관변기록 중 상업문제를 다룬 대
부분을 차지하고 있다. 통공정책 실시로 시전상인이 큰 타격을 받은 반
면 도시의 일반 소비자층이 일시나마 혜택을 입게 되었다. '신해통공'이
실시된 9년 후인 1800년 정부 측의 한 보고에 의하면 서울시민의 7할
내지 8할이 통공조처가 실시된 것을 옳게 생각하고 있다고 하는 것을
봐도 짐작할 수 있다.[26]

그러나 시전의 금난전 특권이 무너짐으로써 가장 큰 이익을 본 것
은 바로 사상도고였다. 시전의 독점매매권을 분쇄하는 데 가장 큰 역할
을 한 것이 이들이었던 점과 관련하여 통공책의 결과로 가장 큰 이익을
얻은 것이 이들이라는 논리가 성립하는 것은 자연스러운 일이겠다. 금
난전 특권이 무너져가면서 조선왕조 상업계의 가장 실력있는 상인으
로 등장한 것이 이들이었고, 따라서 이들의 독점적 매점상업은 번창일
로에 있었던 것이다. '신해통공'이 실시된 바로 다음해에 시전상인들이

---

26) 『備邊司謄錄』190冊, 正祖 24年 1月 7日條.

"난전을 금하지 않게 된 후에도 물가는 별로 떨어지지 않고 다만 시전만이 그 생업을 부상대고(富商大賈)에게 빼앗겼을 뿐이다"[27]라고 호소하고 있는데, 이 또한 상당한 근거가 있는 말이라 생각된다. 금난전권이 폐기됨으로써 시전의 특권상업체제는 무너졌지만 사상도고의 경제적 실력을 바탕으로 한 매점상업이 번창해가고 이들에 의하여 소생산자층이 지배되고 소비대중이 피해를 입는 이런 현상이 19세기 이후 한국상업사의 새로운 문제점으로 등장하는 것이다.

5. 맺음말

조선시대 상업사를 통하여 15세기는 우리가 흔히 말하는 어용상업기관 내지 특권상업체제로서의 시전이 이루어지는 시기였다. 그러나 이 시기의 시전상인의 특권은 그다지 큰 의의를 가지지 못한다. 특권상업은 상대적으로 비특권 상업과의 경쟁 조건 밑에서 비로소 참모습을 나타낼 수 있는데, 15세기 동안은 아직 비특권상업의 성장이 두드러지지 못하였기 때문이다.

16세기에 접어들면서 조선왕조의 상업계는 다소의 변화가 일어난다. 도시상업에서의 비시전계 사상인층의 성장, 농촌상업에서의 장시(場市)의 발달 등이 그것이다. 그러나 이와 같은 변화가 미처 본궤도에 오르기 전인 16세기 말에 유사 이래 큰 전란인 임진왜란이 일어나서 전국토를 황폐화했고, 17세기에 들어 다시 병자호란이 일어남으로써 조선왕조사회의 피해는 극에 달하였다.

---

27)『日省錄』, 正祖 16年 11月 20日條.

17세기 전반기는 두 차례 전쟁 때문에 조선왕조사회가 심한 혼란에 빠진 시기이기도 하였지만, 또 전쟁 상처를 극복하려는 피나는 노력이 경주된 시기이기도 하였다. 이와 같은 노력의 결과로 17세기 후반기 무렵부터는 전쟁 후 부흥이 시작되고 16세기에 일어나고 있었던 조선왕조 사회 본래의 변화가 본궤도에 오르기도 하였다.

17세기 후반기에는 사상인층에 의한 대외무역의 발달, 금속화폐의 전국 유통, 국내 상업인구의 증가 등으로 전체 상업계가 크게 활기를 띠어갔다. 이 때문에 종래 적극적인 경쟁대상을 가지지 못하였던 시전상업계가 사상인과의 심한 경쟁에 휘말리게 되었고 마침 전쟁 후 재정적 위기에 빠졌던 조선왕조 정부와 결탁하여 그 특권을 강화해갔으니, 금난전권의 성립이 그것이다.

그러나 한편 사상인층도 대외무역과 국내상업을 통하여 자본집적에 성공해갔고, 마침내 매점상업을 벌이는 사상도고가 형성되었다. 주로 18세기에 이르러서 개성상인·경강상인·북도상인·의주상인 등을 중심으로 이루어진 사상도고는 집요하게 시전상인의 기반을 침식해갔고, 이들은 자본과 조직 및 경영 면에서 오히려 시전상인을 능가하였다.

사상인층의 끊임없는 공세와 일부 진보적인 관료층의 주장이 주효하여 18세기 후반기에는 시전상인의 특권을 제한하려는 일련의 움직임이 정책에 반영되었고 마침내 1791년에는 육의전을 제외한 모든 시전의 금난전 특권을 철폐하기에 이르렀으니, '신해통공'의 실시가 그것이다. 비록 '육의전을 제외한다'는 제약이 있기는 하지만, 통공정책의 현실화는 억압책과 특권체제가 기본이 되어온 조선왕조 상업정책 본래의 성격을 바꾸어놓았다.

통공정책이 실시된 후 상업계는 시전상인의 위치가 차차 낮아지고 그 대신 사상도고가 그 전면에 나서는 현상으로 바뀌어갔다. 사상도고는 시전상인의 특권을 분쇄하는 데 주동적 힘이 되었지만, 그 스스로도 상업자본 특유의 반동성을 가지며 소생산자층을 지배·압박하면서 문호개방을 당하게 되는 것이었다.

19세기 후반의 문호개방 이전에 이미 사상도고의 이와 같은 반동성을 배척하는 반도고운동(反都賈運動)이 여러가지 측면에서 일어나기 시작하였다고 이해하지만, 문호개방 이전까지는 역시 이와 같은 사상도고의 매점상업과 소생산자 압박이 지배적이었다고 생각된다.

문호개방 이후 상업사는 이와 같은 도고상업을 배제하려는 방향으로 전개되어갔으며, 이는 특히 개화주의자들에 의하여 주장되었다. 그러나 문호개방 이후 침입하는 외래자본 앞에서 그래도 저항력을 보인 것은 도고자본이었던바 외래자본은 토착 도고자본이 근대적 자본으로 대체될 여유를 주지 않고 철저한 해체작업을 벌였다. 문호개방 이후 도고자본의 역사적 위치와 성격을 추적하는 작업은 이 시기 경제사 연구의 중요한 초점이 될 것이다.

(『創作과批評』 24호·1972년 여름호)

실학론의 현재와 전망

千寬宇 著『韓國史의 再發見』을 읽고

1. 머리말

우리 근대사학사(近代史學史)가 아직 정리되지 않아서 미리 말하기
어렵지만 대체로 1945년이 그 시기구분의 커다란 분수령이 되리라 짐
작할 수 있으며 1945년 이후의 사학사가 어디에서 또 시기구분의 근거
를 구할 수 있을지 의문이지만 앞으로 통일된 민족국가를 수립하는 때
가 바로 1945년 이후 사학사 시기구분의 또 하나의 분수령이 되리라 쉽
게 이해할 수 있다. 이와 같은 생각을 바탕으로 하여 1945년 이후부터
민족통일이 이루어질 앞으로 어느 시기까지를 사학사적 입장에서 이름
붙인다면 '분단시대 사학'이라 할 수 있을 것이다.

우리가 이름붙인 분단시대라는 말이 앞으로 일반사적 시대구분에서
도 그대로 적용될 수 있을 것인지는 장담할 수 없지만, 우리 근대사학사
내적 조건에 있어서도 1945년 이후부터 통일이 이루어질 시기까지의
국사학은 분단시대 사학으로서 그 나름의 독특한 의미를 가지며, 이 시
기의 국사학이 분단시대 사학으로서 특징있는 성격을 드러내는 분야가

많겠지만 특히 실학문제에 대한 의미 규정과 거기에서 자연히 파생되는 근대화 문제와 민족주의 문제에 대한 성격규명도 중요한 초점이 될 것이 틀림없다.

　1945년 이전의 우리 역사학계가 실학이나 근대화 및 민족주의 문제를 연구대상으로 삼지 않은 것은 아니며 분단시대 이후의 역사학계에서도 이들 문제가 가지는 새로운 역사적 의미가 계속 추구되겠지만, 분단시대 사학이 이루어놓은 이들 문제에 대한 연구업적은 그것만으로서 독자적 위치를 차지함은 더 말할 나위가 없다.

　분단시대 사학에서 실학과 그것을 통한 근대화 및 민족문제에 관한 연구업적은 바로 이 시기에 배출된 사학자들에 의하여 급격히 쌓여갔으며 이번에『한국사의 재발견』을 내놓은 천관우씨 역시 그 대표적인 연구자 중 한 사람이다. 따라서 이 책은 장차 우리 분단시대 사학사를 정리하는 데 가장 중요한 자료의 하나가 될 것이 틀림없다.

　『한국사의 재발견』은 저자가 쓴 사론적(史論的)인 글들을 모아서 엮은 책으로서 '한국사학(韓國史學)' '한국사(韓國史)와 인물(人物)' '실학(實學)' '근대화(近代化)' '민족(民族)·민중(民衆)' 등 다섯 편으로 이루어져 있지만 그 핵심적 논설은 실학문제와 그것과 연관된 근대화와 민족주의의 문제에 있다. 분단시대의 우리 국사학계가 사론적인 측면에서나 실증적인 측면에서나 가장 정열을 기울였던 이들 문제에 관하여 저자는 항상 연구의 선도적 위치에 있었으며 이와 같은 그의 학문적 입장이 잘 집약된 것이『한국사의 재발견』이라 할 수 있다.

　저자는 자신의 학문적 성격을 '비(非)아카데미사학'이라 표현하였지만, 그 옳고 그름을 차치해두고, 한 가지 분명한 것은 연구활동에 임해서는 '실증위주(實證爲主)의 사풍(史風)'과 '사론위주(史論爲主)의 사풍(史風)'을 모두 체득하고 '미시적(微視的) 고증(考證)과 거시적(巨視

的) 통찰(洞察)'을 함께 갖추려 노력하였다는 점에 그 학문적 특징이 있는 것이라 생각되는 점이다. 그리고 이와 같은 특징이 바탕이 되어 역사학의 현장에 임해서는 "오늘날의 한국사학만은 사회의 간절한 물음에 무엇인가 대답하지 않으면 안될 처지에 놓여 있다"고 생각하는 것이며 '죽은 역사와 산 역사'를 구별하려 하는 것이라 하겠다.

해방 후에 배출된 국사학자들 중에는 스스로 일제시대 이래의 민족사학적 계열에 속하거나 적어도 그 학풍을 계승하였다고 생각하는 사람이 많은 것 같지만 그들 민족사학자 시대의 민족적 성격과 오늘날의 민족의 성격을 혼동하고 사론을 잘못 이끌어가는 경우는 있을지언정 일제시대의 민족사학자들이 역사의 현장에서 보여준 실천성 같은 것을 물려받은 사람은 찾기 어려운 것 같다. 역사의 현장에 임하는 저자의 자세 역시 분단시대에서의 사학사적 위치를 가늠하는 데 중요한 기준이 될 것이다.

2.「조선후기 실학의 개념」론

천관우 실학론은 대체로『한국사의 재발견』에 실린「조선후기 실학의 개념」과「조선후기 실학의 개념 재론」의 두 단계로 발전하고 있으며 전자는 사실상 분단시대 실학론의 문을 연 논문이다. 일제시대에도 주로 민족사학 계열에 속하는 학자들이 실학의 개념 정립 문제에 관심을 가지고 그것을 민족주의를 바탕으로 하는 조선학(朝鮮學)으로 이해하는 한편 그것이 가지는 근대적 성격문제에 관해서도 어느정도의 이해를 가졌었다. 그리고 대체로 일제시대의 연구업적이 토대가 되어 출간된 해방 직후의 국사개설류, 예를 들면 최남선의『신판조선역사(新版朝

鮮歷史)』나 이병도의『국사대관』, 서울대학 국사연구실의『국사개설(國史概說)』등에서는 실학을 '문화진흥(文化振興)' '학풍변천(學風變遷)'으로밖에 이해하지 못하였으나, 한편 그것을 '자아(自我)의 각성(覺醒)'이란 점에 초점을 맞추어 서술하였다.

그러나 대체로 일제시대에 활약한 국사학자들에게 실학은 역시 조선학 내지 조선후기의 학풍 변천 이상의 역사적 의미가 드러나지 못하였고, 사실 또 실학자 개개인에 대한 구체적 연구가 쌓이지도 않았었다. 실학에 대한 본격적인 연구가 열리기 시작한 것은 역시 해방 이후부터라 할 수 있으며 그 선구적 역할을 담당한 논문이 1949년에 탈고, 1952년에 발표된 천관우의「반계 유형원 연구(磻溪柳馨遠研究)」였다.

이 논문은 그 결론 부분에서 실학에 대한 새로운 개념 정립을 시도하였다. 이것이 우리가 이름붙인 분단시대 사학에서의 실학연구의 문을 연 글이라 할 수 있으며, 사실상 실학연구 수준을 한 단계 높인 업적이라 할 수 있다. 이 글을『한국사의 재발견』에「조선후기 실학의 개념」으로 이름을 바꾸어 실으면서 저자는 군이 수록할 필요가 없는 글이라 하였지만, 이 글에서부터 1970년에 발표한「조선후기 실학의 개념 재론」에까지 이르는 과정은 곧 분단시대 사학에서의 실학연구 발달과정을 그대로 나타내고 있는 것이라 할 수 있으며, 따라서「조선후기 실학의 개념」은 그만큼의 사학사적 위치를 가지는 글이다. 저자가 군이 버리지 못한 이유도 여기에 있다고 생각된다.

「조선후기 실학의 개념」에서 세워진 실학의 성격은 대체로 다음의 몇 가지로 요약될 수 있다. 실학은 두 가지 역사적 조건이 배경이 되어 성립되었는데 그것은 또 첫째 "주자학에 대한 조선사회의 내재적 비판"과 "봉건사회의 경화에 대응하여 작게는 구폐(救弊)의 현실적 연구가 크게는 체계적인 사회정책이 나타난 것"이며 둘째 "연경(燕京)을 통한 서양문물의 유입에 영향받고 중국문화의 유입과 그에 따르는 고증학적 방법의 발전에 자극되어 발달한 것"이었다. 첫째 조건은 내재적인 것이고 둘째 조건은 외부로부터의 자극에 의한 것이다.

다음에는 실학이 새로운 사조일 수 있다고 생각하는 성격 세 가지를 지적하면서 "그 하나는 분방한 지식욕을 구사하여 비판하며 독창하며 권위를 부정하는 자유성이요 또 하나는 경험적이며 실증적이며 귀납적인 태도 곧 과학성이며 다른 하나는 실제와 유리된 모든 공소한 관념의 유희를 경멸하고 현실생활에서 우러나오는 불만과 정열을 토대로 하는 현실성"이라 하여 저자의 특징있는 실학관으로서 자유성·과학성·현실성을 추출해내고 있다. 그러나 이 새로운 사조가 가지고 있는 한계성도 지적하면서 "실학의 세 가지 성격의 맹아도 정체적인 순환적인 후진적인 그리고 너무나 오랜 전통을 가진 동양적 세계에 사로잡혔고 그것을 근본적으로 비판할 별개의 세계를 자기원리로서 가지지 못하였고, 따라서 그것의 기반을 완전히 탈각하기는 어려웠던 것"이라 하였다.

여기에서 이미 당시의 저자가 가지고 있던 실학관이 대체로 드러났지만 이를 한층 더 명백히 하고 있는 것은 "그러면 실학은 과연 근대정신이라 부를 수 있는 것이냐" 하는 저자 자신의 물음에 대한 대답이다. 그것에 의하면 실학은 "현재와 동일한 생활형태, 동일한 시대형을 가진 시대를 근대라고 부른다 할진대 결코 근대의 의식도 근대의 정신도 아닌 것"이었고 "봉건사회의 제현상에 대한 회의와 반항이기는 하였지만 역시 유교를 근저로 하는 집권봉건사회의 규범 안에서 분비된 산물이었으며 또 사실상 보수적 행동으로 그에 인종한 것"이었지만 한편 "정체된 봉건사회를 극복하고 근대를 가져오는 거대한 별개의 역사적 세계와의 접촉을 준비하는 하나의 시련을 겪고 있었다는 의미에서 근대정신의 내재적인 배태(胚胎)의 역할을 담당한 것"으로 인식되는 사상이

기도 하였다.

대체로 여기에서의 실학사상은 아직 적극적인 근대지향성이나 민족주의적 차원의 성격을 선명히 나타내지 못하였고 중세사회 내부에서 몇 사람의 진보적 사상가들에 의하여 한때 분출되었다가 그대로 주저 앉고 만, 그러면서도 장차 근대정신을 싹트게 하기 위한 씨앗을 떨어뜨린 사상으로 이해되었던 것이라 생각된다.

이 글이 쓰여진 때는 아직 실학사상이 분출될 만한 조선후기 사회의 경제적·사회적 변화발전상이 전혀 연구되지 않은 때여서 실학 발달의 역사적 배경문제가 충분히 고려되지 못하였다. 그러나 다시 생각해보면 실학은 몇 사람의 천재적인 학자들의 머릿속에서만 짜내어진 한때의 사상이라기보다 조선후기 사회의 문화적·경제적·사회적 환경을 배경으로 하여 이루어진 시대적 소산물이며 이와 같은 역사적 환경을 배경으로 하여 나타난 수많은 진보적 식자층(識者層)의 생각이 몇 사람의 실학자에 의하여 집약된 것이라 생각할 수 있다.

더구나 실학이 분출된 조선후기 사회의 역사환경이란 중세적 지배체제 전반에 걸쳐 나타난 역사적 모순성과 이를 이미 간파한 양심적인 식자층과 민중세계의 활동을 말하며 그것은 필연적인 역사발전의 바른 노정이었던 것이다. 이러한 역사환경 속에서 표면에 드러난 몇 사상가가 가지는 한계성과 제약성이 역사적 당위성을 구질서 속에 인종시킬 수만은 없은 것이 아닌가 한다.

3. 「조선후기 실학의 개념 재론」론

본격적인 실학연구의 문을 연 저자가 그 책임을 완수하기 위한 정진을 멈추지 않고 있었음을 입증한 것이 1970년에 발표된「한국실학사상사(韓國實學思想史)」였고 『한국사의 재발견』에는「조선후기 실학의 개념 재론」(이하「재론」)으로 이름을 바꾸어 실었다. 이 글은 당분간 천관우 실학론을 총정리한 것이 될 것이며 또 분단시대 사학이 쌓아놓은 실학연구의 하나의 정점이 될 것이다. 우리는「재론」에 나타난 실학의 성격을「조선후기 실학의 개념」(이하「개념」)에서의 그것과 비교하여 살펴봄으로써 실학연구 발달과정의 일면을 이해할 수 있을 것이다.

「재론」에서의 실학론의 첫째 특징은「개념」에서의 그것보다 근대지향성과 민족주의적 성격을 한층 더 선명히 하고 있는 점에서 두드러진다. 실학이 가진 이와 같은 두 가지 성격에 대해서는 해방 전의 일부 사학자들도 부분적으로 혹은 간접적으로 지적한 바 있고「개념」에서도 어느정도 파악되었지만「재론」에서는 실학의 성격을 이 두 가지 특징으로 간결하고 명료하게 부각시킬 수 있을 만큼 정리하였다. 근대지향성이나 민족주의적 성격을 부각시키는 데 있어서 근대주의가 가지는 문제점이나 민족주의가 가지는 역사적 역기능 문제는 전혀 고려되지 않은 점은 차치해두고.

사실 이 때까지 실학에 관한 많은 연구업적이 나왔지만 대체로 실학자 개개인의 사상을 실증적으로 분석하는 데 그친 감이 있어서 그것을 거시적으로 종합하여 지식대중 일반에게 실학의 뜻을 명료하게 전달할 수 있도록 정리한 글은 거의 없었다 하여도 과언이 아니다.

「재론」에서 보이는 둘째 특징은 이조후기 유학에서 실학의 위치를 의리학(義理學)·고증학(考證學)·사장학(詞章學)·경세학(經世學)의 네 부분으로 나누어 분석함으로써 실학의 성격을 한층 더 분명히 하려 한 점이다. 우선 의리학의 측면에서는 크게 세 가지 특징을 구하고 있는데 첫째 실학자들도 정면으로 이기설(理氣說)을 펴고 있는 일이 많지만 그

말류(末流)의 비생산적인 논쟁에 대해서는 회의와 혐오를 표시하는 경우가 많으며, 둘째 실학자들은 주리론(主理論)이나 주기론(主氣論)을 막론하고 형이하학적인 것, 기적(器的)인 것에 대한 관심이 일반적으로 현저하고, 셋째 실학자들은 비판의 자유가 극도로 봉쇄된 사상계의 경화에 대한 비판적 태도를 보이고 있다는 것이다.

성리학의 본령이라 할 수 있는 의리학적 측면에서 성리학자 일반과 실학자들의 관심의 차이점을 비교적 세밀히 분석하였지만 이와 같은 실학자들의 의리학관이 본질적으로 반(反)성리학의 단계에까지 나아가지 못하고 그것이 또한 실학이 가지는 분명한 한계점이라는 점을 좀 더 분명히 지적할 필요가 있는 것이 아닌가 한다.

다음 고증학과의 관계에 있어서는 "실학자들의 저술이나 제작 등은 그것이 비단 고증적 내지 실증적이라는 점에서만 실학이라 하는 것이 아니라 조선 중심의 연구라는 점에 실학으로서의 비중이 크다" 하였고 나아가서 "고증학은 근대지향의식이나 민족의식에서 볼 때 이것을 실학의 중요한 부분이라고는 보기 어려운 것이었고 단지 문헌학상에 발휘된 연구의 정신과 방법이 근대적이었다는 점에서만 실학으로서의 요소를 인정할 만한 것"이라 하였다.

「개념」에서 실학 발달의 역사적 배경 중에 "중국문화의 유입과 그것에 따르는 고증학적 방법의 발전"을 들었던 것과는 달리, "흔히 조선후기 실학을 청대(淸代) 고증학의 깊은 영향 하에 성장한 것인 양 말하기도 하고, 또 청대 학술이라 하면 고증학으로 대표되는 것인 양 말하기도 한다. 그러나 청대 고증학이 그처럼 조선후기 실학에 심대한 영향을 미쳤던지에 대해서 의문이 있다"고 하여 실학 발달에의 중국 고증학의 영향에 대하여 회의를 나타내고 있다. 이 점은 다음에서 논급하는 것과 같이 실학 발달에의 외부의 영향력을 부인 내지 경시하는 새로운 입장에서 나온 것이라 할 수 있다.

사장학 부분에서는 그 표현수단이나 작자의 신분상 구별이 문제되는
것이 아니라 "테에마 상 혹은 사상상의 기준이 척도가 되어야 할 것으
로 안다. 다시 말하여 작품이 얼마나 근대적인 인간상, 근대적인 사회상
을 추구하고 민족의식을 추구하고 있는가에 있다고 보고 싶다" 하였고
허균(許筠) 계통의 작품과 박지원(朴趾源) 계통의 작품이 실학문학의
주류를 이루었다고 보는 설을 채택하고 있다.

한편 이조후기 실학자들의 근대지향의식이나 민족의식은 특히 경세
학 부문에서 광채를 보이고 있는 것이라 하고 주자학에서 경세학은 일
면 덕교(德教) 일면 정치사상으로서 도덕 내지 철학과 정치를 일체의
것으로 파악하는 데 기본적인 특징을 가진 것이지만, 실학자들의 경세
학은 정치·경제·군사·교육 등의 제도와 그 운용 등에 관한 구체적인 정
책론으로 그 포부를 피력하였고 한편으로는 그러한 정책론의 기저가
되는 민본주의(民本主義)·균산주의(均産主義) 등에서 매우 진보적인 정
치사상·사회사상을 드러내고 있음을 지적하였다.

실학자들의 경세학이 성리학의 경세학과 다른 점으로는 정치·군사·
경제·교육 등의 제도와 운용 등에 관한 구체적인 개혁안을 내놓았다는
점과 그것이 또 민본주의와 균산주의를 기저로 하고 있다는 점을 들고
있지만 여기에는 여러가지 문제점이 있다. 우선 흔히 국정 전반에 걸친
개혁안이라 하지만, 경제·사회·교육·군사 등에 관한 개혁안은 비교적
세밀히 내놓았으나 좀더 근본적인 문제인 권력구조의 개혁안은 거의
제시하지 못하였다.

권력구조상의 개혁론을 내놓지 못하는 한 본질적으로 역사변혁을 가
져올 만한 개혁론은 되지 못하는 것이 아닌가 하며, 전제군주체제 아래
서 권력구조의 개혁안을 정면으로 내놓기 어려웠다는 점도 고려될 수

있지만, 그보다도 그들이 가진 사상적인 한계성이 권력구조 개혁론을 내놓지 못한 더 중요한 원인이 아닌가 하며 이 점이 실학자의 경세학이 가지는 중요한 제약성으로 지적되어야 하지 않을까 한다.

한편 민본주의의 문제도 반드시 실학자가 아니라도 제시되었고 이 때문에 이조후기 실학자들의 경세학이 이조전기 성리학자, 예를 들면 정도전(鄭道傳) 등의 경세학 내지 민본주의의 부활이라고 보는 견해도 있다. 물론 천관우 실학론은 근대지향적인 경세학, 민족주의적인 경세학만이 실학적 경세학이라 분명히 지적하고 있다. 그러나 실학사상을 민본주의로 해석하는 경우 성리학의 민본주의, 즉 어디까지나 사대부가 역사의 주체이며 백성은 그 객체일 뿐인 성격으로서의 민본주의와 혼동될 우려가 있다고 생각된다. 다음에서 좀더 상세히 말해지겠지만 성리학의 경세학이 사대부 지배체제를 유지하기 위한 데 근본적인 목적이 있는 데 반하여 실학자의 경세학은 그것에서 탈피하여 본질적으로 백성의 이익을 추구하는 경세학으로 봐야 하며 이 점에서 두 경세학의 분명한 차이점을 찾아야 하지 않을까 한다.

「재론」에서 보이는 세번째 특징은 「개념」과는 달리 실학 발생의 역사적 배경 중에서 서학, 즉 천주교와 서구 근대문화의 영향을 거의 배제하려 하고 있는 점이다. 실학이 가지는 근대지향성은 종래 흔히 천주교와 서양 근대문명의 영향에 힘입은 것이라 이해하고 심지어는 서학이 전래함으로써 실학이 대두하였고 서학이 발달함으로써 실학이 전성기에 들었으며 서학이 탄압을 받음으로써 실학도 쇠퇴한 것같이 입론하는 경우도 있었다. 반면에 「재론」에서는 "실학은 본래 유학 속에서 성장한 것, 그리고 기본적으로 유학체계를 벗어나지 않은 것이었고 그 실학이 천주교의 토양 때문에 비로소 배태될 수 있었던 것이 아니라" 하고 실학이 가지는 근대지향성은 서양 근대사상보다 오히려 중국 고전에서 그 논리를 찾아 현실문제에 적응시킨 흔적이 농후한 점을 간과할 수 없다고 하였다.

구체적으로 중농주의(重農主義)는 상앙(商鞅)에서, 중상주의(重商主義)는 사마천(司馬遷) 같은 데서, 자연법 사상이나 사회계약 사상은 순자(荀子)나 묵자(墨子) 같은 데서, 공리주의(功利主義)는 묵자나 관자(管子) 같은 데서 각각 그 맹아를 찾아볼 수 있으며 민본사상이나 경제중시사상은 『서경(書經)』에까지 거슬러올라갈 수 있는 것이어서 유가(儒家)나 그 외의 제자(諸子)사상의 이와 같은 맹아적인 요소를 발전시키는 데서 실학파의 근대지향적인 노력이 결실한 경우가 많다고 보았다.

실학 발전의 배경으로서 청나라 고증학과 천주교 및 서양 근대사상의 영향력이 「재론」에서 거의 제외되다시피한 것은 「개념」이 발표된 후 약 20년간에 걸쳐 우리 국사학계가 추구해온 역사발전에서의 소위 주체성론의 영향이 아닌가 한다. 실학사상이 우러나오게 된 본질적인 소지는 역시 우리 역사 안에 있었다. 이씨왕조적인 지배체제가 가지는 모순성은 곧 중세체제의 말기적 모순이고 이 시기에 살면서 누구보다도 이와 같은 역사적 모순을 정확히 파악한 실학자들은 중세적 모순을 타개하는 사상적 소재를 그들이 알고 있는 역사시대 가운데 이미 타락해버린 중세 이외에 또 하나 남은 고대에서 구할 수 있었다.

그들이 중세적 역사모순을 타개하기 위한 사상적 소재를 고대에서 구하였다 하여도 역사의식과 현실감각이 투철한 이상 그들의 사상은 복고주의가 아닌 근대지향적인 방향으로 나아갔던 것이다. 그러나 비록 주된 배경은 아니라 해도 실학발달에 있어서 서학의 영향을 전혀 배제할 수는 없는 것이 아닌가 한다.

「재론」에서 네번째 특징은 실학사상이 우리 근대사상에 미친 영향을 한층 더 강조하고 있는 점이다. 「개념」에서도 "아직 봉건문화의 영역을 벗어나지 못한"실학과 문호개방 이후 우리 문화를 근대적으로 변모시킨 원동력이 되었던 민족적 각성이나 개화운동과는 거의 직접적인 관계가 없는 것으로 파악하였다.

그러면서도 한편으로는 고종연간에 들어와서 쇄국주의 타파를 주장한 오경석(吳慶錫)과 갑신정변 세력의 정신적 지도자였던 유대치(劉大致) 같은 사람은 넓은 의미에서 실학의 원류를 좇는 사람들이라 할 수 있다고 생각하였고 "실학 내부에 배태된 근대의식은 비록 그 자체의 탈피는 불가능하였으나 갑신정변·독립협회운동 등 조선의 근대화운동에 있어 잠재적이나마 전통적인 일대 원동력을 이루었던 것"으로 이해하여 실학사상의 문호개방 이후 영향도 어느정도 간파하였었다.

그러나 「재론」에서는 실학사상과 개화사상의 연결은 물론, 이후 소위 자강운동과 독립협회운동, 광무연간의 개혁운동과의 연결을 분명히 하고 나아가서 일제시대 학술사 및 사상사의 대상으로서 국고연구(國故硏究) 운동으로 번져가는 과정을 밝혀 우리 근대역사에서의 실학사상의 맥락을 찾고 있는 것이다.

앞에서도 이미 지적한 것과 같이 실학사상이 경제개혁론·사회개혁론은 제시하면서 권력구조의 개혁론은 적극적으로 제시하지 않았고 이 때문에 근대 이후에도 경제적·사회적·문화적 개혁운동 쪽으로만 연결되어 구한말의 애국계몽운동이나 일제시대의 문화운동의 사상적 뒷받침은 되었을지언정 적극적인 정치개혁운동, 즉 동학농민혁명이나 일제시대의 절대독립운동과 연결된 면을 찾을 수 없다면 실학사상이 가진 이와 같은 한계성도 충분히 지적되어야 할 것이 아닌가 한다.

4. 실학론의 전망

　실학은 본래 이조후기 사회에서 이미 반역사적 지배원리로 타락해버린 주자학적 지도원리의 벽을 무너뜨리고 역사발전의 새로운 방향을 모색하려 한 사상가들의 시대적 의욕을 바탕으로 하여 성립된 사상으로 이해될 때 그 역사적 의미를 가질 수 있는 것이었다.

　역사적 의미를 가질 수 있는 사상은 시대사정이 변하여도 다시 새로운 의미를 가지게 마련이지만 실학도 문호개방 이후 진보적 사회세력에게는 외세의 침략에 대응하여 개화자강을 이룩하려는 의욕을 충족시켜줄 수 있는 사상으로 변화계승되었고, 이후 광무연간의 일부 관료층이나 독립협회운동을 주도한 지식인들에게는 문호개방 이래 다소 무분별하게 감행된 근대적 개혁을 반성하고 소위 전통문화와의 연결 아래서 그 이점을 살리면서 근대적 개혁을 추진하는 데 필요한 방법론으로 채택되었으며, 일제시대 민족주의 사학자들에게는 외민족의 지배 아래서 변질되거나 말살되어가는 민족문화를 보전하려는 국고연구 운동의 자료와 일종의 사상적 지주로서 구실을 다하였다.

　그리고 해방 후 분단시대 국사학에서는 일제 관학자들이 만들어놓은 소위 식민사학의 독소로서 정체성론·타율성론을 극복하고 우리 역사의 자율적 발전론을 수립하려는 학문적 의욕을 충족시켜주는 역할을 다하였고, 따라서 실학이 근대지향적 성격과 민족주의적 성격을 가진 사상으로 받아들여졌던 것이다. 해방 후 국사학이 식민사학론을 청산하는 길은 정체론에서 발전론으로, 타율성에서 자율성으로 나아가는 것이었지만, 이 시기 실학연구가 추구한 근대지향성은 정체성론을 극복하는 발전론으로, 그리고 민족주의적 성격은 타율성론에서 벗어나

자율성론으로 가는 길과 연결되면서 이루어졌다.

어떤 사실을 막론하고 그것이 진정한 역사적 의미를 가진다면 우리의 역사환경이 바뀜에 따라 그 절실한 시대적 요청에 부응하여 새롭게 의미지어진다. 분단시대 사학에서는 실학의 의미가 근대지향성과 민족주의적 성격의 두 가지 측면에서 추구되었지만, 분단시대 이후 사학이나 그것을 지향하는 역사학에서는 근대주의의 부정적 성격과 민족주체성론의 역사적 역기능이 분명한 만큼 실학이 가지는 또다른 의미가 추구될 것이라 생각할 수 있다.

이조후기 실학자들, 특히 그 주류를 이룬 학자들은 어떤 의미에서는 권력이나 관직에서 떠나서 민중의 편에 선 최초의 지식인들이라 할 수 있다. 대체로 이조시대 사대부들이 학업을 닦는 목적은 관리가 되기 위해서거나 아니면 양반으로서 사회적 위치를 유지하기 위해서였다. 그러나 실학자들의 경우는 그들의 지식을 궁극적으로 민중, 즉 피지배대중의 생활조건을 개선하기 위하여 활용하는 데 목적을 두었다고 이해된다.

실학자들의 경세학이 주자학자의 그것처럼 치인(治人)의 목적을 뒷받침하는 덕교(德敎) 중심의 것이 아니라 민중을 주체로 하는 민본주의에 접근하여 본질적으로 민중의 이익을 옹호하고 그 생활조건을 개선하는 데 목적이 있었으며, 그 길이 곧 나라를 부강하게 하고 사회를 안정시키는 길이라 인식한 데서 나온 이론이라 할 수 있다. 따라서 성리학자의 경세학이 민중을 지배하는 논리를 바탕으로 한 것이라면 실학자의 경세학은 비록 권력구조 자체를 변혁시키기 위한 적극적인 이론을 제시하지 못한 한계성은 있지만 민중의 편에 서서 그 권익을 옹호하는 논리를 바탕으로 한 것이며, 따라서 성리학자의 경세학이 부활하여 실학자의 경세학이 될 수 없음이 명백한 것이다.

구체적인 예를 들면, 성리학의 경세학이 제정한 과전법(科田法)이 농민들을 토지 지급 대상에서 제도적으로 제외한 데 반하여 초기 실학자 유형원의 경세학은 농민층에게도 제도적으로 토지를 지급하기를 요구하였고 후기 실학자 정약용(丁若鏞)의 경세학은 농민만이 토지를 가질 수 있게 해야 한다는 이론에까지 나아갔다. 유형원의 경세학과 정약용의 경세학 사이에도 상당한 차이가 있지만, 그것은 같은 차원 안에서의 차이에 불과하며, 이들과 성리학의 경세학 사이에는 분명한 차원적인 차이가 있음을 발견할 수 있다.

　우리가 이름붙인 분단시대 사학에서 실학자는 근대지향적 성격을 가진 사상가이었을 뿐이지만 분단시대 이후 사학이나 그것을 지향하는 역사학에서 실학자는 지배받는 자의 편에 서서 그 권익을 옹호한 진보적이고 양심적이며 역사의 바른 노정 위에 선 사상가, 민중에게서 진정한 민족의 주체를 구하면서 민족 내부의 모순을 타개하기 위한 이론정립에 앞장선 사상가로 부각될 수 있을 것이다.

(『創作과批評』 34호·1974년 겨울호)

실학의 민중생활 개선론

1. 머리말

　해방 후의 국사학계가 이루어놓은 가장 두드러진 업적 중의 하나가 실학연구라 할 수 있다. 실학자 개개인에 관한 연구가 본격적으로 이루어졌을 뿐만 아니라 실학의 의미를 추출하는 연구도 심화하였다. 그것이 가진 근대지향성과 민족주의적 성격을 찾아내었는가 하면 실학이 봉건적 이데올로기를 대변하는 시기와 시민계층을 대변하는 시기로 구분하기도 하였고 중농적(重農的)인 실학파와 중상적(重商的)인 실학파로 나누기도 하였다. 실학이 가진 또다른 의미를 추구하는 작업은 앞으로도 부단히 계속되어 가겠지만, 지금까지의 업적만을 바탕으로 하고도 우리의 생각으로는 다음과 같은 몇 가지 점에서 실학의 의미가 한층 더 명확하게 부각되어야 할 것이라 여겨진다.

　실학이 어떤 사회계층의 이익을 대변한다는 문제와도 관련이 있겠지만, 그것이 당시의 광범위한 재야식자층(在野識者層)이라 할 수 있는 사람들의 생각을 집약한 사상이지 결코 몇 사람의 천재적인 학자만의 사상이 아니라는 점을 실증하는 작업이 더 진행되어야 하겠다. 그리고 이들 식자층은 그 생활환경이 지배계층에게보다 피지배대중에게 더 가까우며, 그러므로 그들의 생각은 당시의 지배체제를 유지 지탱하려는 데 있기보다 피지배대중의 생활환경을 개선하려는 데 그 본래의 목적이 있으며, 이와 같은 식자층의 생각이 집약된 것이 실학사상이라는 점을 한층 더 분명히 하는 연구가 요청된다 할 것이다.

실학사상이 민중세계와 생활환경이 가까운 식자층의 생각을 집약하여 이루어진 것이라 생각하면 그것은 자연히 지배계층의 사상이 아니라 피지배대중의 편에 선 식자층의 사상이 될 것이며, 따라서 지배계층의 이익과는 본질적으로 배치되는 사상이 될 것이다. 민중의 편에 선 식자층의 사상으로서 민중의 이익을 대변하고 민중의 생활환경을 개선하는 데 목적을 둔 사상이었기 때문에 실학자들의 개혁론은 집권층에게 용납될 수 없는 것이었다. 이 점과 관련하여 실학자들이 요구한 국정개혁론(國政改革論)이 실질적으로 얼마나 정책에 반영되었는가 하는 점, 그리고 어떤 문제가 전혀 용납될 수 없었고, 반면 어떤 문제가 민중 측의 요구에 의하여 어떻게 수용되었는가를 구체적으로 밝혀내는 작업이 요청되는 것이다.

이와 같은 작업의 일환으로서 이 글에서는 민중생활과 가장 관계가 깊은 토지제도 개혁론, 군역제도(軍役制度) 개혁론, 노비제도(奴婢制度) 개혁론 등이 실학자들에 의하여 어떻게 제기되었으며, 그것들이 집권층에 의하여 어떻게 용납되었고 또 왜 거부되었는가를 밝혀봄으로써 실학이 가지는 의미의 또다른 한 면을 생각해보고자 하였다.

2. 전혀 거부된 토지제도 개혁론

이조시대의 토지제도는 두말할 것 없이 과전법(科田法)에 기초를 두고 있다. 과전법은 극도로 팽창된 토지의 사유(私有)를 억제하여 국가의 재정을 강화하고 고려말 신진관료층의 경제적 기반을 확보해주려는 데 목적이 있었으며, 이와 같은 목적을 충실히 달성하기 위해서는 토지의 공유화원칙이 강화되어야 하는 것이었다. 그러나 사전개혁(私田改革)의 결과 성립된 과전법에도 관료층의 토지세습화 요인은 강하게 남아 있었고 관료층에의 토지재분배에 급급한 나머지 농민층은 제도적으로 토지를 분배받을 수 없었다. 따라서 그들의 대부분은 본질적으로 소작인의 상태에 남아 있을 수밖에 없었다.[1]

과전법에서 이미 토지분배 대상에서 제외된 농민들은 15세기 이후 관료층에의 토지집중현상이 다시 나타나고, 민전(民田, 公田)이 다시 사전화(私田化)함에 따라 점점 대토지소유층의 소작인화가 진행되었으며 이와 같은 현상은 임진왜란과 같은 큰 전쟁을 겪으면서 더욱 심화되어갔다. 이리하여 17세기에는 이미 대부분의 토지를 소수의 집권관료층이 독점하여 이익(李瀷)이 말한 바와 같이 "부자의 토지는 들을 이었지만 가난한 자는 송곳을 꽂을 땅도 없으며 부익부(富益富)하고 빈익빈(貧益貧)하는"[2] 세상이 되었고 박지원(朴趾源)으로 하여금 "천고지사(千古志士)의 한(恨)은 미상불 무엇보다 부호들의 토지겸병(土地兼倂)에 있다"[3]

---

1) 이미 많이 지적된 바와 같이 "方外侍衛軍·騎船軍 未受一畝之田"(『太宗實錄』卷11, 太宗 6년 5월 壬辰條)이라 하여 양인 출신의 군역의무자인 시위군(侍衛軍)과 기선군(騎船軍)에게는 토지가 분배되지 않았다.

2) 『星湖集』雜著 均田論.

하고 탄식하게 하였던 것이다.

전국의 토지가 소수의 집권관료층에게 집중되어가는 현상은 벌써 15세기 후반기부터 나타나고 있었다. 과전(科田)과 같은 사전(私田)이 불법적으로 세습화하고 민전(民田)이 사유지화하여 공전(公田)이 부족하게 되자 정부는 과전법을 직전법(職田法)으로 바꾸었다. 이 사실은 관료층의 이익을 침해하는 결과가 되었으므로 자연히 그들의 반발을 사게 되었다. 그 예를 15세기 중엽의 경세가의 한 사람인 양성지(梁誠之)의 경우에서 볼 수 있다. 그는 직전법 실시에 반대하면서,

  과전은 사대부를 양성하기 위한 것이다. 내가 듣건대 장차 직전법을 실시할 것이라 하는데, 그렇게 되면 조정에 있는 사대부는 녹봉도 받고 또 직전도 받게 되지만, 관직에서 떠난 사대부와 공경대부들의 자손은 1결의 땅도 가지지 못하게 되니 이는 세록(世祿)의 뜻에 어긋나게 된다. 우리나라는 토지가 척박하고 백성이 가난하여 사대부와 농민이 서로 다른데, 만약 사대부가 녹봉도 받지 못하고 또 소작료도 받지 못하면 일반 농민과 다를 것이 없다. 사대부가 농민과 다를 것이 없으면 나라에 세신(世臣)이 없게 되는 것이니 염려하지 않을 수 없는 것이다.[4]

라고 하여 사대부계층으로서의 입장을 명백히 내세우고 있다. 분명히 과전법은 사대부층과 그 자손들의 경제적 기반을 보장하는 데 그 본질적인 목적이 있었고, 그러므로 이미 상당한 농장을 확보한 후에도 계속 자신과 후손들의 생활을 보장받기 위하여 퇴직한 후에는 과전을 유지

─────────────

3) 『燕岩集』別集 限民名田議.
4) 『訥齋集』卷3, 軍國便宜十事 議停職田條.

하지 못하는 직전법의 실시를 반대하고 본래의 과전법을 유지할 것을 요구하고 있다. 더구나 퇴직한 후에도 과전을 보유할 수 있어야만 땅이 메마르고 백성이 가난한 이 땅에서 사대부와 농민층과의 차이를 유지할 수 있는 길이라 생각하고 있다. 이 생각은 다음에 보는 실학자의 그것과는 일종의 차원적인 차이가 있음을 볼 수 있다.

15세기 후반기 이후 토지소유제의 문란이 농민생활을 영락(零落)하게 하는 가장 큰 요인임을 철저히 인식하고 그 구체적 개혁안을 제일 먼저 제시한 실학자가 유형원(柳馨遠)이었으며 그 이론은 공전론(公田論)이다. 유형원의 공전론은 모든 토지를 실질적으로 국가의 소유로 하고 이를 정부의 각 기관과 왕족 및 사대부들에게 일정한 양을 분배한다는 점에서는 대체로 과전법과 같은 성격의 것이다. 그러나 분배한 토지의 세습화 요인을 철저히 배제한 점과 일반 농민은 물론 노비와 상공업자에게까지도 토지를 분배하도록 입안한 점 등에서 과전법과 차이를 보이고 있다.

그러나 사대부에게 지급되는 토지가 최고 12경(頃)에서 6경까지이며 아직 관직에 오르지 못하고 수학하는 과정에 있는 양반 즉 교생(校生)들에게도 최하 2경까지 지급하도록 규정하였는 데 반하여 농경(農耕)에 종사하는 양인(良人)과 노비에게는 1경을, 그리고 상공업자에게는 반경(半頃)을 지급하도록 입안하여 양반과 상민의 토지분배량에 큰 차이를 두고 있는 점도[5] 간과할 수 없다.

유형원의 전제(田制) 개혁론에서 보이는 양반층과 농민층 사이의 차이는 뒷날의 정약용(丁若鏞)의 경우와 비교해보면 17세기 중엽의 실학사상가로서의 그의 시대적 제약성이 드러나고 있음을 부인할 수 없다.

---

5)『磻溪隨錄』田制上, 分田定稅節目.

그러나 농민층에게도 제도적으로 토지를 지급해야 한다고 주장한 점에서는 정도전(鄭道傳)이나 양성지(梁誠之)와 같은 15세기 경세가들보다 그만큼 전진하고 있는 것이라 지적할 수 있을 것이다. 정도전의 경우 농민층에게 제도적 토지지급을 고려하였던 것 같기도 하지만, 토지개혁의 가장 중요한 목적이 자신을 포함한 신진관료층의 경제기반 확립에 있고 그것을 충족시킨 결과 농민층에의 제도적 토지지급은 불가능하게 되었던 것이라 하겠다. 그리고 토지지급 여부 자체가 곧 사대부와 농민의 차이점을 나타내는 기준이라 생각하였던 양성지(梁誠之)의 경우는 더 말할 나위가 없다.

집권양반의 대토지소유제를 반대하고 농민층의 토지보유를 제도적으로 보장해야 한다는 유형원의 토지개혁정신은 이후의 실학자들에게도 계승되어 이익에게서는 균전론(均田論)으로, 그리고 박지원에게서는 한전론(限田論)으로 각각 나타났다. 이익의 균전론은 하나의 가호(家戶)가 보유하여야 할 최소한의 토지, 즉 영업전(永業田)을 정부가 정하여 그 이상의 토지를 가진 경우에 한하여 판매를 허가하고 그 이하의 토지를 가진 가호에게는 판매를 엄금함으로써 점진적인 토지소유 균등화를 이루려는 이론이었다.[6] 다시 말하면 전체 국민의 가호당(家戶當) 토지소유량의 하한선을 정하고 그 판매를 법으로 엄금함으로써 영세농민층으로 하여금 최저농토를 보전하게 하려는 것이었다. 농민층의 토지보유책은 유형원의 공전론보다 미온적인 점이 있지만, 18세기 전반기 상품화폐경제의 급속한 발달기를 배경으로 하여 자작농민층의 농토방매를 억제하고 토지상품화의 촉진으로 인한 대지주층 농토의 분산화를 목표로 하여 세워진 이론이라 할 수 있으며 농민층의 농토보유를 근본

---

6)『星湖文集』雜著 均田論.

취지로 하고 있는 점은 유형원의 이론과 같다.

박지원의 한전론은 전국의 경작면적과 호구수(戶口數)를 조사하여 한 가호당 평균 경작면적을 정하고 누구든지 그 이상의 토지소유를 법률로써 제한하는 것이다.[7] 한전론은 결국 토지소유의 평균치를 정하고 그 이상의 소유를 금함으로써 전체 국민의 토지소유량을 균등하게 하려는 이론으로서 역시 점진적인 토지제도 개혁론이라 할 것이다.

한전론은 박지원의 면천군수(沔川郡守)를 지낸 경험이 뒷받침이 된 것이지만 유형원의 공전론과 이익의 균전론은 실무적인 경험 없이 창출된 것이므로 반드시 현실적인 타당성과 합리성을 바탕으로 한 것이라 말하기 어려운 점도 있다. 그러나 그것이 모두 대토지소유제를 청산 내지 억제하고 농민들에게 절대량의 농토를 보유하게 함으로써 그들로 하여금 소작전호(小作佃戶)의 위치에서 자작농민으로 전환하게 하려는 데 목적이 있음은 명백하다. 따라서 그것은 당시 집권층의 이익과는 정면으로 대립되는 이론이었고 그들의 특권적인 경제기반을 침해하는 이론이었으므로 전혀 용납될 수 없는 것이었다.

실학자들의 토지제도 개혁론이 모두 집권층의 이익에 대치되는 이론이어서 그들에 의하여 용납될 가능성이 없는 것이었지만, 토지소유제도상의 모순을 해결하지 않고는 농민층의 생활개선은 기대하기 어려웠으므로 이 문제에 대한 실학자들의 열정은 계속되어서 마침내 정약용에 의하여 집대성되었다. 공전론, 균전론, 한전론 등 선배 학자의 토지제도 개혁론이 집권층에 의하여 전혀 받아들여지지 않았을 뿐만 아니라 설사 받아들여졌다 하여도 그것으로 당시의 토지소유 형태가 가지고 있는 모순성을 근본적으로 해결하기 어렵다고 생각한 정약용은 스

---

7) 『燕岩集』 別集 限民名田議.

스로 몇 가지 토지개혁론을 구상하다가 마침내 여전제(閭田制)를 창안하기에 이르렀던 것이다.

여전제는 토지에는 국가와 농민의 두 주인밖에 없다는 생각, 즉 지주제(地主制)를 부인하는 생각과[8] "농사짓는 자가 토지를 소유하고 농사짓지 않는 자는 그것을 소유할 수 없다. 농사짓는 자가 곡식을 소유하고 농사짓지 않는 자는 그것을 소유할 수 없다(農者得田 不爲農者 不得之 農者得穀 不爲農者 不得之)"[9]는 원칙 아래 창안된, 당시로서는 혁명적인 전제(田制)개혁론이었다. 일정한 넓이의 공동농장을 30호(戶)를 기준으로 하는 농민들이 공동작업으로 경작하고 그 수확을 공동경작에 참여한 농민들의 노동 일수(日數)에 따라 분배하게 한 이 개혁안은 모든 토지가 국유화되고 일체의 사적(私的) 소유와 경영이 허락되지 않는 것이다.

과전법(科田法)은 토지를 사대부층 중심으로 분배하여 농민층에게는 지급하지 않았고 토지지급 여부로써 지배층과 피지배층을 구분하는 것이었으니, 그것은 양성지의 토지론에서 확인된 바와 같다. 과전법보다 270여 년 후에 완성된 유형원의 공전론에서는 처음으로 사대부와 함께 농민에게도 제도적으로 토지를 지급할 것을 제의하였다. 그러나 이 개혁론은 양반층과 농민층의 토지지급 비율을 최대 12대 1로 정하였다.

공전론보다 130여 년 후에 창안된[10] 여전론(閭田論)에서는 양반, 관료층에의 토지지급과 지주제가 일절 부인되고 농민층에게만 농토를 지급하려는 이론으로까지 발전하였다. 과전법에서 공전론까지는 공전론

---

8) 『與猶堂全集』擬嚴禁湖南諸邑佃夫輪租之俗箚子에서 그는 "臣嘗謂田有二主 其一王者也 其二佃夫也 … 二者之外 又誰敢主者哉 今也富强之民 兼並唯意 王稅之外 私輸其租 於是田有三主矣"라 하여 지주제를 부인하였다.

9) 같은 책 田論五.

10) 『磻溪隨錄』은 1670년에 완성되었고, 정약용의 여전론은 1799년에 쓰여진 것이라 한다.(金容燮「정약용과 徐有榘의 農業改革論」,『創作과批評』29호, 1973)

에서 여전론까지보다 시간적으로 140여 년의 간격이 더 있다. 그러나 농민층에의 제도적 토지지급을 보장한 사실을 두고 생각해보면 과전법과 공전론의 차이는 공전론과 여전론의 차이에 비하여 1세기여의 시간적 조건으로 메꿀 수 없는 차원적인 차이가 있다. 그것은 바로 민중을 지배하는 이론과 민중의 편에 서서 그 권익을 옹호하고 생활환경을 개선하려는 이론과의 차이이며, 그것은 또 성리학적 경세학(經世學)과 실학적 경세학의 차이라 할 수 있을 것이다.

공전론, 균전론, 한전론과 같은 점진적이고 개량주의적인 토지제도 개혁론이 지배계층에 의하여 전혀 용납되지 않은 것은 그것이 본질적으로 그들의 경제적 기반을 침해하기 때문이었다. 그리고 이와 같은 개량적 개혁론이 용납되지 않는 조건 아래서 혁명적 개혁론이 받아들여질 리 없었으며, 결국 실학사상은 토지제도 개혁론의 측면에서는 집권층에 의하여 완전히 거부된 것이다. 그뿐만 아니라 실학자들의 토지개혁론은 개항 후 개화사상가들에게도 그다지 관심의 대상이 되지 못하였고 다만 동학 농민혁명군의 지휘부에 의해서만 다시 요구되었을 뿐이었다. 따라서 개화사상가, 특히 갑신정변의 핵심세력이나 갑오내정개혁의 추진 세력, 독립협회 활동의 지도층이 가지는 사상적 한계성 같은 것도 이 토지개혁론의 측면에서 비추어보면 명백해지는 것이라 하겠다.

3. 변칙적으로 수용된 군역 개혁론

토지문제 다음으로 농민생활에 깊은 영향을 미친 것이 수취(收取)문제와 연관된 군역제도였다. 조선의 군역(軍役)은 위로는 유음자제(有蔭子弟) 등 특권층부터 아래로는 천인에 이르기까지 적용되었으나 양반의 군역은 대체로 생계보장책으로서 의미를 가졌고, 농민이 대부분인 양인만이 군역의무를 지게 되어 있었다. 그리고 양인의 군역의무는 토지소유를 바탕으로 한 것이 아니라 봉족제(奉足制)를 근거로 이루어진 것이어서 처음부터 많은 불합리성을 내포하고 있었다. 따라서 15세기 후반기에 이미 피역(避役)과 대립(代立) 등 일련의 폐단이 나타났고 16세기 중엽에 마침내 군적수포법(軍籍收布法)이 실시되었다. 이후부터는 대체로 군포 2필을 바칠 수 없는 가난한 사람들만 현역군으로 복무하였고, 또 정부가 될 수 있으면 현역복무보다 군포 바치는 것을 권장하였으므로 군사력은 실질적으로 유명무실하게 되었다. 군포제도를 실시하는 대신 그 군포수입으로 용병제(傭兵制)를 실시하여 군비를 갖추어야 하였지만 정부는 그것을 대부분 일반경비로 소비하였으며, 이와 같은 시기에 임진왜란을 당하였던 것이다.

　이씨왕조 본래의 군역제도가 무너져가는 과정에서도 왕조초기 경세학자들의 군역 개혁론은 일종의 미봉책에 머무를 뿐이었다. 예를 들면 군적수포법이 실시되기 이전의 양성지의 군역 개혁론은 '이정위일보(二丁爲一保)'를 '삼정위일보(三丁爲一保)'로 개정하자는 정도였고[11] 군적수포법 실시 이후 이지함(李芝菡) 같은 사람의 군역론도 군호수(軍戶數)의 감축과 족침(族侵)의 금지를 주장하는 정도였다.[12] 그뿐만 아니라 실학자들에게 사상적 영향을 주었다고 생각되고 있는 이이(李珥)의 경우도 역시 '일족절린지폐(一族切隣之弊)'의 시정을 주장한 것과[13] 소위 '십만양병설(十萬養兵說)'을 주장한 사실이 알려졌지만 십만양병설의 경우 그 구체적인 방법은 제시되지 않았다.

---

11) 『訥齋集』 卷3, 軍國便宜十事 참조.

12) 『土亭集』 莅牙山時陳弊上疏.

13) 『栗谷全集』 東湖問答.

군적수포법 실시의 대안을 갖추지 못한 채 임진왜란을 당한 이조정부는 전쟁 중에 용병제 군영이라 할 수 있는 훈련도감을 설치하였고 이후 계속해서 군비를 확충함으로써 오군영(五軍營)의 성립을 보게 되었다. 군비를 강화하고 현역복무군의 수를 늘린다는 사실은 그만큼 군사비용의 증가를 초래하였지만 이조정부의 재정구조상 이 비용은 모두 납포군(納布軍)에게 의존할 수밖에 없었으며 이 때문에 납포군의 부담이 증가하여 양역의 폐단이 심화되었다. 그 결과 파산하는 농민이 속출하였고 일부 부유한 농민층이 경제력을 이용하여 양반 신분을 얻는 일이 많았으므로 양역부담은 결국 잔약한 양정(良丁)만이 이중 삼중으로 지게 되어 농민사회를 파멸의 위기에까지 몰아넣었던 것이다.

양역의 폐단을 해결하는 문제는 이조후기에 가장 절실한 정치적·경제적·사회적 문제로 등장하였고 따라서 실학자들의 관심도 토지문제에 못지 않게 여기에 집중되었다. 양역의 폐단이 본격화하던 17세기 중엽에 산 유형원은 이 문제에 관한 근본적인 개혁론을 제시하였다. 그의 군역 개혁론은 대체로 군포 납부제도의 폐지와 농민에게의 제도적인 토지지급을 전제로 한 군역제도라 요약할 수 있다. 그가 제시한 공전제 아래서의 군역은 선비와 관료·서리·왕족 등은 면제되고 양인과 노비층만이 부담하게 되었다. 양인의 경우 토지 1경을 지급받는 4명의 농부 중에서 1명이 정병(正兵)이 되면 나머지 3명은 그 보인(保人)이 되어 포 2필이나 미 12두를 내어 정병의 비용에 사용케 하였다. 노비계급의 경우 토지 1경을 지급받는 2명 중에서 1명이 정병이 되어 속오군(束伍軍)을 편성하되 모두 지방군에 편입되게 하였다.[14]

유형원의 공전제 아래서의 군역제도가 과전제 아래서의 그것과 근본

---

14) 『磻溪隨錄』 田制上, 分田定稅節目 참조.

적으로 다른 점은 군역의무자인 농민들에게의 제도적인 토지지급을 전제로 하고 있다는 점이다. 그것은 과전제 아래서의 군역제도가 가진 가장 큰 결점이었던 급보(給保)의 비경제성을 시정하기 위한 방법으로 제시된 것이었지만, 그 밑바닥에는 농민층에게 토지를 지급하여 그 경제적 기반을 확립하고 그것을 근거로 하여 강병책(强兵策)을 세우려는 실학자적 위민사상(爲民思想)이 깔려 있다. 그리고 그 점이 사대부층의 이익을 앞세워 토지지급 없는 군역을 강요한 성리학자적 통치사상과의 차이라 할 것이다. 그러나 농민층에의 토지지급을 전제로 한 공전론이 집권세력에 의하여 채택되지 않는 이상 그의 군역 개혁론도 실시될 수 없었다.

한편 공전제와 같은 토지개혁을 단행하지 않고 양역의 폐단을 시정하는 방안으로서 일부 진보적인 관료층에 의하여 이미 호포법(戶布法) 같은 것이 제의되었다. 예를 들면 김육(金堉) 같은 사람이 사대부와 사서(士庶)의 자제 등 직역(職役)이 없는 20세 이상의 양반층에게서 1년에 포(布) 1필씩을 거둘 것을 제의한 일 등이다.[15] 그러나 유형원도 양반층이 군역의 의무를 져야 한다는 생각에는 미치지 못하였고 군역의 대상을 양민과 노비계층에 한정하고 있다.

양역의 폐단이 절정에 이르렀던 18세기 전반기 학자 이익(李瀷)도 군역문제에 깊은 관심을 가져서 역시 군포제를 폐지하고 병역의인자의 번상(番上)에 의한 군사제도의 개편원칙을 세우고 양인과 천무의 구분 없이 입번(立番)시키되 천인의 경우 입번기간은 신공(身貢)을 면제받게 할 것을 제의하였다.[16] 그러나 그도 역시 "이제 양반자제를 함께 행오에 편입시키는 것은 옳지 않은 것 같다(今若鄕士子弟 而並編于行伍 恐不

---

15) 『孝宗實錄』 卷12, 孝宗 5年 正月 癸卯條 참조.

16) 『星湖集』 雜著 論兵制.

妥當)"[17] 하여 양반의 군역부담은 반대하고 있다.

실학자들의 군역 개혁론이 대부분 토지제도의 개혁을 통한 농민층에의 토지지급을 전제로 하였으므로 이를 용납할 수 없었고 또 양반층의 군역부담에도 응할 수 없었던 집권세력이 고안한 군역변통은 결국 균역법의 실시로 나타났다. 양역의 폐단 때문에 파멸의 위기에 빠진 농민층을 일괄 구제하기 위하여 왕실이 어염세(漁鹽稅)를 내놓고 결세(結稅) 수입을 확대하여 지주층이 일부 양보함으로써 성립된 균역법(均役法)은 타협적이며 변칙적인 군역 개혁이었다.

양역 폐단의 시정을 요구하는 실학자들의 주장과 양역 부담 농민들의 저항 앞에 왕권과 집권 관료세력이 일보씩 양보하여 균역법이란 변칙적이고 미봉적인 군역법을 실시하였으나 실학자들이 주장한 농민층에의 토지 지급을 전제로 한 개혁이나 양반층의 군역 부담을 원칙으로 한 개혁이 아니고서는 양역폐단에 대한 근본적인 해결책은 있을 수 없었다. 그러므로 균역법 실시 이후에도 양역의 폐단은 계속되었고, 그에 따라 실학자들의 개혁 요구도 계속되어 균역법 실시 이후 실학자인 정약용의 이론에서 종합되었다고 할 수 있다.

양역의 폐단을 해결하는 기본적인 방법은 양반층에게도 군역을 부담하게 하는 호포법을 실시하든가 혹은 농민에의 토지지급을 전제로 하여 군역제도를 개편하는 길밖에 없는 것이라 지적하였지만 정약용의 군역 개혁론도 이 두 가지 방법을 모두 제시하고 있다.

정약용이 제시한 군역 개혁의 첫째 방법은 호포법의 실시이다. 이 개혁론의 요지는 군포를 양정 개인에게 부과하는 신포제도를 지양하고 제1단계로 그것을 하나의 마을 단위로 부과하는 이포제도(里布制度)로

---

17) 같은 곳.

바꾸었다가 제2단계로 호포제도로 개혁할 것을 내용으로 하고 있다. 그는 다음과 같이 말하였다.

> 지금부터 양역은 그 고을에 일임하고 서울의 각 군영에 소속되지 않게 하여야 한다. … 다만 양역을 지는 사람의 기본수만을 밝힌 다음 각 고을로 하여금 그 수에 따라 훈련도감과 금어영에 포를 바치게 하며 군정을 파악하는 일과 이들을 군오(軍伍)에 편성하는 일은 중앙관청이나 지방의 병영(兵營)에서는 일체 간섭하지 못하게 하고 모두 그 고을에 맡겨야 한다. 이와 같이 제도를 바꾸면 10년이 못가서 신포(身布)는 모두 이포(里布)가 될 것이며, 이포제가 되고 나면 그것을 호포제로 만드는 것은 손쉬운 일이다. 이렇게 되면 국가의 비용에는 조금도 손실이 없고 백성들의 괴로움은 없어질 것이다.[18]

지금까지 농민층만이 부담하던 군포를 제1차적인 개혁단계로 하나의 고을 전체가 공동으로 부담하게 함으로써 양반층의 반대를 무마하고 농민층의 부담을 덜어주어야 한다고 생각한 것이다. 이와 같은 개혁안은 균역법 성립 당시 왕권과 일부 진보적인 관리에 의하여 제기되었지만 소위 '양반불역론(兩班不役論)'을 내세운 집권 관료층에 의하여 거부되었던 것이다. 균역법이 실시된 지 약 50년 후에 정약용에 의하여 1차적으로 고안된 군역 개혁론도 호포법이었으나 그것이 현실적으로 채택될 여건은 되지 않았고 다시 여전법에 의한 군역 개혁론이 창안되었다. 그러나 호포법은 정약용보다 70여 년 후에 대원군에 의하여 실시되었다. 대원군정권은 삼정문란(三政紊亂)의 주원인이 되어 전국적으로 일어난 농민반란을 진압하는 역사적 조건을 바탕으로 하여 성립되었

---

18) 『與猶堂全集』 應旨論農政疏.

다. 따라서 호포법의 실시와 같은 일련의 긍정적인 정책이 실시된 것은 결국 민란(民亂)의 전리품적(戰利品的)인 것이라 할 것이다.

정약용이 제시한 군역 개혁의 둘째 방법은 여전제도의 실시를 전제로 한 것이다. 여전론에 의하면 하나의 여(閭) 안에서는 여장(閭長)의 통솔 아래 농업경영이 이루어지지만, 그는 바로 이 여조직을 군사 조직의 최하위 단위로 삼음으로써 군역제도도 아울러 개혁하려 하였다. 즉,

여에는 여장을 두었으니 그가 초관(哨官)이 되게 하고, 이(里)에는 이장이 있으니 그로 하여금 파총(把摠)이 되게 하며, 방(坊)에는 방장이 있으니 그로 하여금 천총(千摠)이 되게 하며, 읍에는 현령(縣令)을 두어서 절제(節制)할 수 있도록 하였다. 토지제도와 군사제도가 함께 실시되는 것이다. 지금까지는 영농이 사유제도에 의하여 이루어졌기 때문에 기강이 서지 않고 명령이 이행되지 않았다. 여전제도 아래서는 모든 가족의 목숨이 여장에게 달려 있으므로 1년 내내 열심히 일하며 여장의 명령에 따르게 된다. 그리고 이 때문에 여안에서의 장정들은 군사훈련에 있어서도 규율이 서게 된다. 대개 여 안의 백성을 3분하여 그 1분은 군정을 내어서 행오(行伍)를 편성하는 데 응하게 하고 2분은 호포를 내어 군수(軍需)에 응하게 한다. 병역의 의무가 있는 장정의 많고 적음에 따라 호포를 가감하면 병역 동원의 폐단이 없어질 것이다.[19]

라고 하여 그 구체적인 방법을 제시하고 있다. 여전법 아래서의 군사제도는 군포제에 의한 용병제도(傭兵制度)가 아니고 호포법과 번상제도를 겸용한 의무병제였다 할 것이다.

정약용의 군역 개혁론에서 양반의 군역 부담문제는 어느 실학자의

---

19) 『與猶堂全集』 田論 七.

이론보다 적극성을 띠고 있다. 무엇보다 그는,

> 나라 안의 모든 사람을 양반으로 만들면 나라 안에 양반이 없어지는 것이
> 다.[20]

라고 말한 것과 같이 양반제도 자체를 없애야 한다고 생각하였고 또

> 대체 선비란 무엇 하는 것인가, 어찌하여 그들은 손발을 놀리면서 남의 땅
> 을 삼키고 남의 힘으로만 먹고 사는가. 선비가 놀고 먹는 까닭에 농업생산력
> 이 높아지지 않는다. 놀고서는 곡식을 얻을 수 없음을 알게 되면 그들이 농사
> 꾼으로 변할 것이다. 선비가 농사꾼으로 변하면 농업생산력이 높아지고 풍속
> 이 후해지고 민란이 일어나지 않을 것이다.[21]

라고 하여 관직에 나가지 않은 양반계층이 농사에 종사할 것을 촉구하
였다. 그러므로 그의 주장대로 여전제도가 실시되는 경우 여민(閭民)
속에는 관직에 있지 않은 양반층도 포함될 것이며 이들도 결국 번상병
이나 호포납부병 속에 포함되는 것이다. 정약용의 군역 개혁론은 호포
법의 경우나 여전군사제도(閭田軍事制度)의 경우를 막론하고 모두 양반
계층의 군역 부담을 원칙으로 하고 있는 것이다.

요컨대, 이조전기 경세학자들의 군역 개혁론은 과전법 원칙 아래서
개량적인 것이었으나 실학자들의 군역 개혁론은 균역법 실시 이전의
경우 농민층에의 제도적인 토지지급을 전제로 한 의무병제의 실시로

---

20) 같은 책, 跋顧亭林生員論.
21) 같은 책, 田論 五.

요약될 수 있다. 그러나 그것은 전면적인 토지개혁을 요구하는 것이었으므로 집권세력에 의하여 용납되지 않았다. 양역의 폐단이 절정에 이르렀고 역부담을 거부하는 농민들의 저항이 적극적이었으므로 그것을 개혁하지 않을 수 없어서 결국 균역법과 같은 변칙적인 방법으로 수습되었던 것이다. 변칙적인 방법으로 수습되었기 때문에 균역법 이후에도 양역의 폐단은 계속되었고 이에 균역법 이후의 실학자들의 군역 개혁론은 호포법의 실시와 농민층에의 토지지급을 바탕으로 한 의무병제 등으로 나타났으나 역시 후자의 경우는 집권층에 의하여 용납되지 않았고, 19세기 전반기의 대규모적이고 전국적인 농민반란을 겪고 난 다음 그것을 진압하는 과정에서 성립된 대원군정권에 의하여 호포법이 실시된 것이다.

4. 부분적으로 수용된 노비제도 개혁론

우리나라의 노비제도는 고조선사회에서부터 벌써 나타나고 있지만 부족국가를 거쳐 삼국시대에 이르면서 특히 빈번하였던 정복전쟁의 결과 더욱 확대 발전하였다. 삼국시대에는 세 나라 사이의 빈번한 정복전쟁으로 노비의 공급이 원활하였으므로 그 신분을 세습시키지 않아도 노비 노동력을 확보하기에 어렵지 않았으나, 대략 통일신라시기부터 고려초기에 걸치는 시기에 1세 노비의 공급원이 막히게 되자 재생산의 방법으로 그 신분세습법이 생기게 된 것이라 생각되고 있다. 기록에 의하면 1039년(高麗 靖宗 5년)에 소위 천자수모법(賤者隨母法)이 실시되어 노비는 모계(母系)의 신분을 따르는 원칙을 세웠다 하였지만 실제로는 수부모법(隨父母法)이 적용되었다. 이미 노비노동이 불가결하게 된 지배계층이 노비수를 늘리기 위하여 취한 조처이다.

노비들의 생활은 전혀 비인간적인 것이어서 가축과 같이 매매됨은 물론 그 가격도 노(奴)보다 생식능력이 있는 비(婢)가 높았다. 10세기 후반기경의 가격을 예로 들면 15세 이상 60세 이하의 노 한 사람의 값이 포(布) 100필인 데 비하여 생식능력이 있는 15세 이상 50세 미만의 비 한 사람의 값은 120필이었다.[22] 이조시대에 들어와서도 향(鄕)·소(所)·부곡(部曲)이 소멸되고 양반과 비 사이에 난 사람은 보충군(補充軍)에 편입시켜 신분해방이 가능하게 하였으나 일반 노비들은 역시 비인간적인 처우를 받았다. 이조초기에도 말 1필 값이 포 400~500필이었던 데 비하여 노비 값은 150필에 지나지 않았다.[23]

이조전기의 성리학자들은 노비의 대량 소유자들로서 농장(農莊)과 함께 더 많은 노비노동력이 필요하였을 뿐만 아니라 토지와 더불어 재부(財富)의 일부로 취급되었으므로 더 많은 노비를 소유할 것을 원하였고 따라서 자신들의 노비 소유를 늘릴 수 있는 방향으로 법을 유도하였다. 노비의 해방로를 봉쇄하고 수부모법을 강화하고 압량(壓良) 등의 방법으로 그 수를 늘리기에 여념이 없었던 것이다. 관료층의 사노비 소유가 증대되는 경우 반대로 정부의 인두세원(人頭稅源)으로서의 양민의 수가 감소되는 결과를 가져왔으므로 15세기 초엽에도 사노비의 수를 제한하려는 움직임이 있었다. 한 가구가 소유할 수 있는 사노비의 수를 150명으로 제한하자는 논의가 있었을 때 변계량(卞季良) 같은 사람은 150명이 적다 하고 200명으로 정할 것을 주장하였고 자신도 200명의 노비를 소유하고 있음을 밝히고 있다.[24]

---

22) 『高麗史』刑志 奴婢條.
23) 『太祖實錄』卷14, 太祖 7年 6月 戊戌條.
24) 『太宗實錄』卷34, 太宗 17年 9月 己酉條.

이조전기의 일부 진보적인 학자들도 아직 노비계층의 비인간적인 처우에 눈을 돌려 그들의 신분해방을 촉구하는 이론을 펴지는 않은 것 같다. 대체로 농민대중의 편에 서서 그 생활의 영락화(零落化)에 동정을 금치 못하고 걸인청(乞人廳) 같은 것을 만들어 구제에 앞장섰던 이지함 같은 사람도 노비문제에 관해서는 업적을 남기지 못했고, 이이의 경우도 선상노(選上奴)의 신공(身貢)이 가중함을 지적하고 이를 노공(奴貢) 2필과 비공(婢貢) 1필반으로 제한할 것을 주장하는 정도에 그쳤으며[25] 노비의 종모법(從母法) 실시를 주장하였으나 "종모법을 양녀에게 적용하지 않으면 양민이 다 사노비가 되고 만다(從母之法 不用於良女 而良民 盡變爲私賤)"[26]고 한 바와 같이 양녀(良女) 소생 노비의 신분해방 문제보다 오히려 사노비의 수적 증대를 방지하고 정부의 인두세원으로서의 양민수의 감소를 방지하려는 행정적인 목적이 앞선 것이라 생각되기도 한다. 그러나 이이의 이와 같은 생각이 실학자들에게 영향을 끼쳤음은 의심할 여지가 없는 것이라 하겠다.

노비계급에 대하여 깊은 인간적인 동정을 처음으로 나타낸 사상가들이 실학자들이라 할 수 있으며, 이런 점에서도 성리학자와 실학자들의 시대적 사상적인 차이점이 있다고 생각된다. 유형원은 그 자녀들이 노비에게 불손한 행동을 하면 정색하며 "사람은 모두 같은 것인데 어찌 감히 거만한 짓을 하는가" 하고 엄하게 꾸짖었다 한다.[27] 이익도 죽은 노에 대하여 무한한 연민을 표시하고 제노문(祭奴文)을 지어 그 영혼을 달래었고 노비의 매매를 금지할 것을 주장하였다.[28] 노비계급에 대한

---

25) 『栗谷全集』 萬言封事 참조.

26) 『栗谷全集』 東湖問答 論安之術.

27) 鄭求福 「磻溪 柳馨遠의 社會改革思想」, 『歷史學報』 45輯, 1970, 주77 梁誼撰 「磻溪柳先生 行狀」.

이와 같은 이해와 동정이 바탕이 되어 그들은 노비의 신분해방로를 확대할 수 있는 방법을 연구하게 되었고 더 나아가서 노비제도 자체의 폐지를 주장하게 되었던 것이다. 실학자들의 이와 같은 사상도 지배받는 민중의 권익을 옹호하고 그 생활환경의 개선에 학문연구의 목적이 있다고 생각하는 기본정신이 바탕이 된 것이라 하겠다.

　실학자들의 노비제도 개혁론은 대개 네 가지 구체적 방법으로 구분할 수 있으며 또 그것이 곧 네 단계를 이루고 있다고 할 수 있다. 노비제도 개혁론의 궁극적인 목적은 노비제도의 폐지에 있었다. 그러나 그것을 단계적으로 실천하기 위하여 그들은 노비신분 세습제의 폐지와 종모법의 실시 그리고 노비신공의 감액 등을 주장하였다.

　유형원이 "모든 제도가 바로 잡히고 폐단이 없어지려면 노비제도가 반드시 폐지되어야 할 것이다(正百度而洗倫陋 則奴婢之法 在所必罷較然矣)"[29]라고 한 바와 같이 그의 노비제도 개혁론의 목적은 궁극적으로 그것을 폐지하는 데 있었으며, 노비제도가 폐지되는 경우 사대부들의 농토경영은 임금노동제인 고공(雇工)노동으로 대체하여야 한다는 생각이었다. 그러나 당시의 사회경제적 여건으로 노비제도를 즉시 폐지할 수 없으며 따라서 집권세력에 의하여 받아들여지지도 않을 것이기 때문에 우선 그 전단계로서 노비신분의 세습제를 철폐하여야 한다는 이론을 전개하였다. 즉 그는,

　　중국의 옛법에는 비록 죄를 지어 노비가 된 사람이라도 일면(一免)과 재면(再免)의 한계가 있고 삼면(三免)이 되면 양민이 되며 비록 종신토록 노비 신

---

28) 『星湖僿說』人事門 奴婢條.
29) 『磻溪隨錄』卷26, 續篇下 奴隸條.

분으로 있는 사람이 있어도 그것이 그 자손에게까지 미치는 법은 없다. 즉 벌이 자손에까지 미칠 수는 없다는 뜻에서 나온 것이다. 우리나라의 노비제도는 유죄무죄를 불문하고 그 세계(世系)만을 따져서 백대까지 노비가 된다.[30]

하여 중국에도 없는 노비신분의 세습제도가 우리나라에 실시되고 있음을 비판하였다. 이 점에 관해서는 이익도 "우리나라 노비의 법은 천하 고금에 없는 것이다. 한번 노비가 되면 백대까지도 고통을 받는다(我國 奴婢之法 天下古今之所無有也 一爲藏獲 百世受苦)"[31]라 하여 역시 신분세습법을 반대하였다.

그러나 1세 노비의 공급원이 거의 두절되었던 이조시대에 있어서 노비신분의 세습제를 폐지한다는 사실은 결국 1세대가 지나면 자연히 노비제도가 폐지되는 결과를 가져오게 되는 것이며, 이 때문에 세습제의 폐지 역시 집권세력에 의하여 용납될 여지가 없는 것이었다. 이에 실학자들의 노비제도 개혁론은 차선의 방법으로 종모법 실시와 신공 감액 문제로 집약된 것이라 생각된다.

종모법은 앞에서도 논급한 바와 같이 이이에 의하여 양인수의 확보를 주안으로 논의된 바 있고, 유형원을 비롯한 후대의 실학자들이 여기에서 영향을 받은 것이 확실하지만, 그들의 종모법 주장은 노비계층의 신분해방 문제라는 측면에서 더 강하게 논의되었다고 생각할 수 있다. 그리고 당시의 여건으로 봐서 양민과 비가 결혼하는 경우가 양녀와 노가 결혼하는 경우보다 많아서 노비종모법의 효과가 그다지 크지는 않다고 할 수 있지만 종모종부법(從母從父法)이 실시되고 노비계층의 경

---

30) 같은 곳.
31) 『星湖僿說』 人事門 奴婢條.

제적 사회적 위치가 점차 향상되고 있어서 노로서 양녀와 결혼할 수 있는 경우가 증가하였으리라는 점 등을 생각해보면 종모법의 효과도 그만큼 높았다고 할 것이다.

유형원은 『반계수록(磻溪隨錄)』의 노비론(奴婢論)의 첫머리에서 "대저 노비종모법은 일관성 있게 고루 적용해야 한다(凡奴婢從母之法 畫一均用)"라 하고,

> 현재의 법으로는 공사의 노비는 모역(母役)을 따르도록 되어 있으나 노가 양녀를 취하였을 경우의 그 자녀는 부역(父役)을 따르게 하니 이는 법이 획일적으로 적용되지 않고 다만 어느 경우이건 오직 천인이 되게 하는 것이다. 마땅히 이 법을 획일화하여 노가 양녀를 취하였을 경우에도 그 자녀는 어미의 신분을 따르게 해야 할 것이다.

라고 하여 종모법의 실시를 주장하였다.

실학자들의 국정 개혁론 중에서도 노비제도 개혁론은 집권세력에 의하여 어느정도 채택되었으니 종모법의 경우가 그 하나의 예가 된다. 『속대전(續大典)』에 의하면 공사천인으로서 양처(良妻)를 취하여 낳은 자녀를 어미의 신분에 따라 해방시키는 법이 처음 제정된 것은 1669년(顯宗 10)이었다. 그러나 이 법은 1675년(肅宗 1)에 폐지되었고, 1681년(肅宗 7)에 다시 실시되었다가 1689년(肅宗 15)에 또 폐지되었으며 1731년(英祖 7) 이후 계속 실시되었다.[32]

양녀와 노 사이에서 출생한 자녀에 대한 신분해방문제가 이렇게 진퇴를 거듭하였고 처음 법이 제정된 지 60년 후에야 영구적인 법으로 확

---

32) 『續大典』 刑典 公賤條.

정된 것은 그만큼 노비 소유자층의 반대가 심하였기 때문이다. 그러나 반대로 이와 같은 그들의 심한 반대에도 불구하고 종모법이 기어이 확정되었다는 사실은 노비계층의 신분해방을 위한 의욕과 저항이 그만큼 강렬하였기 때문이라 하겠으며, 한편 실학자들이 종모법을 주장한 것은 그만큼 피지배대중의 편에 서서 그들의 권익이 옹호되고 생활환경을 개선할 수 있는 시책을 적절히 구상하고 또 제의하였기 때문이라 할 수 있을 것이다.

그다음, 노비의 신공 감면문제도 역시 실학자들에 의하여 주장되었고 또 현실적으로 실시된 문제의 하나이다. 신공의 감면문제는 주로 비공(婢貢)의 경우가 논의의 대상이 되었다. 유형원은 이 문제에 관하여,

> 천하의 상리(常理)가 남자가 관부(官府)에 신역을 지고 여자는 남자를 따르면 된다. 지금 여자를 스스로 관부에 신역 지게 하는 것은 상리에 어긋남이 심한 일이다. … 관비(官婢)는 신역을 지지 않고 집에 있으면서 사섬시에 신공을 바치게 해야 한다.[33]

하여 비의 신역제 폐지를 주장하였다.

그러나 이익의 경우는 비공을 완전히 폐지할 것을 요청하여 "국가에서는 남자에게만 부역을 시키는데 노주(奴主)는 노와 비를 모두 신역을 지게 하여 노비 가정의 경우 각각 두 주인에게서 침해를 받는다"[34]고 하여 비공수취(婢貢收取)의 불합리성을 지적하고 있다. 양민 가정의 경우 균역법 실시 이후에는 양역 부담으로서 군포 1필만을 바쳤지만 노비

---

33) 『磻溪隨錄』 卷15, 職官之制上.
34) 『星湖集』 雜著 論奴婢.

가정의 경우 노공 2필과 비공 1필 반을 바쳤던 것이다. 이익의 비공 감면 주장은 그가 죽은 10년 후인 1774년(英祖 50)에 정책적으로 확정되어서 역비공(驛婢貢)·시비공(寺婢貢)·무녀포(巫女布) 등의 탕감조치가 이루어졌다.[35)]

결국 실학자들의 노비제도 개혁론은 노비제도 자체의 폐지를 궁극적인 목적으로 하면서도 현실적인 여건과 관련하여 종모법 실시와 신공 감액 등을 주장하였고, 정부에 의하여 그것이 받아들여졌다. 토지 개혁론은 일절 거부되었고 군역 개혁론은 차선적인 방법으로 수용되었는데 반하여 노비제도 개혁론이 비교적 순조롭게 받아들여진 것은 노비계층이 신분해방을 하는 경우 정부의 인두세원(人頭稅源)이 되는 또다른 수취관계가 상존(尙存)하였기 때문이라고도 할 수 있다. 그러나 그것이 수용된 가장 큰 원인은 대원군 집권 때의 호포법 실시가 민란의 전리품적 성격이 있는 것과 같이 노비계급의 신분해방을 위한 스스로의 노력이 강력히 뒷받침된 것이며, 따라서 그만큼 사회적 여건이 성장하였기 때문이었다. 종모법이 확정된 지 70년 후인 1801년에 관노비(官奴婢)에 대한 전면적인 신분해방이 이루어진 것도 이와 같은 역사적 조건의 연장이었던 것이다.

5. 맺음말

지금까지 조선시대 집권층의 이해와 민중세계의 이해문제를 통하여 그 상관관계가 가장 깊은 토지와 군역, 그리고 노비문제를 두고 실학자

---

35)『英祖實錄』卷122, 英祖 50년 3월 丙寅條.

의 요구와 집권세력의 대응책을 살펴보았고, 또 이들 문제에 대한 실학자의 관점과 이조전기 성리학자의 관점의 차이점 같은 것도 아울러 생각해보았다. 그것을 통하여 우리는 이조전기와 후기를 통하여 집권세력의 생각이 본질적으로 같은 논리 위에 서 있으며, 반면에 실학자들의 사상이 근본적으로 그것들과 대립되는 이론으로 발전하고 있는 것이라 말할 수 있다.

그 근원적인 이유는 이조전기 성리학자와 이조후기 집권세력의 논리가 치자의 논리이며 실학자들의 그것은 피치자의 편에 선 식자층의 논리라는 점에 있을 것이다. 그리고 토지 개혁론과 같은 집권세력의 경제 기반을 송두리째 뒤흔드는 문제는 전혀 용납되지 않았지만 군역 개혁론이나 노비제도 개혁론 등은 집권층의 이익과 배치되면서도 변칙적으로나마, 혹은 부분적으로나마 용납되지 않을 수 없었던 조건이 바로 이조후기 역사의 진실이고 그것을 가능하게 한 실학자의 이론과 민중세계의 역량이 이 시기의 역사를 한걸음씩 전진시킨 원동력이라 할 것이다.

(『文學과知性』 14호·1973년, 改題)

시대 성격을 규정한 한 권의 책

조광 국사편찬위원회 위원장

1. 이 책이 간행된 시기

역사란 과거의 사건에 대한 인과적 인식이다. 역사학자는 지나간 사건의 원인을 규명하여 오늘에 직면한 결과를 분석해낸다. 그 사건의 원인을 분석하는 시점은 언제나 오늘일 수밖에 없다. 역사가는 이 분석을 통해서 오늘의 고민에 대한 답을 찾고, 오늘의 고난을 극복할 미래에의 방향을 전망하게 된다. 역사학을 비롯한 모든 학문은 사회적 책임을 가지고 있으며, 역사학이 수행해야 할 사회적 책임은 과거의 분석을 통해서 오늘의 우리가 나아갈 미래의 방향을 올바로 제시하는 데 있다.

모든 역사연구는 과거의 사건과 그 사건에 대한 해석의 결합이다. 그리고 해석의 과정에서 역사학자들은 자신들이 살고 있는 시대적 조건에 영향을 받게 된다. 역사학자는 현재의 입장에서 과거를 볼 수밖에 없기 때문이다. 여기에서 모든 역사학은 그 해석에 있어서 특별한 경향성을 가지게 된다. 이 경향성은 역사학이 가지는 속성이다. 역사학자는 누구도 그 숙명으로부터 자유로울 수 없다.

역사학자는 과거의 사건에 대한 해석을 통해서 현재를 이해하고 미래를 전망하는 데 기여한다. 따라서 역사학은 죽은 과거에 대한 기억뿐만 아니라 살아 있는 현재와 살아갈 미래에 대한 설계를 말한다. 역사학은 현실에 대한 문제제기이며, 미래에 대한 의지이며 다짐이다. 역사학은 그 때문에 과거와 현재에 대한 도전이며, 그 도전 속에서 미래의 희망이 싹튼다. 여기에서 역사학은 자신의 존재이유를 확인하며 사회적 책임을 다하게 된다.

현대역사학은 역사학자에게 이상과 같은 원칙을 요구해왔다. 그러나 1970년대 한국사학계에서는 이러한 원칙이 거의 관철되지 못했다. 물론 1960년대 이래 식민사학의 극복을 위한 시도가 진행되었고, 1970년대에 이르러 이에 충실하고자 하는 연구업적들이 나타나기 시작했다. 그러나 1970년대에 이르기까지 한국역사학은 한국문학이나 사회과학 분야와는 달리 이론적 답보상태를 면치 못하고 있었다.

이때 한국 역사학계와 지성계에 역사학의 현재성을 말하며 근대역사학의 방법론과 시각을 함께 제공하는 책이 발간되었다. 1978년에 나온 강만길 사론집 『분단시대(分斷時代)의 역사인식(歷史認識)』이 그것이다. 간행된 직후부터 한국지성계에 큰 바람을 일으켰고, 역사학도들에게는 한국역사학이 나아가야 할 방향을 제시해주었다. 창작과비평사의 창비신서 중 하나로 간행되어 지금까지 13쇄에, 대략 2만 부 정도 판매되었는데, 초판만 3천 부가 발행되는 등 출간 당시부터 선풍적인 주목을 받았다. 당시 역사연구서들이 대략 500부, 많아야 1000부가 발행되던 상황에 견주어볼 때 놀라운 발행부수였다.

2. 분단시대 역사학의 인식

『분단시대의 역사인식』이 나온 때는 유신독재가 한창 진행되던 시기였다. 역사학자 강만길은 자신이 처한 유신독재하의 엄혹한 현실에서 도피하기를 거부하고, 그 현재적 불행의 원인을 찾고자 했다. 그리고 기존의 역사학계가 존중하던 역사인식 방법에 대한 문제의식을 강하게 표출했다. 그는 유신독재라는 현실적 모순의 원인이 남북분단 상황이 지속되는 데 있음을 인식하고, 역사학 연구를 통해서 이에 대한 해결책의 실마리를 찾고자 했다.

그는 자신이 살고 있는 현재 상황을 분단시대로 규정했다. 이는 책제목을 통해 강력히 제시되었고, 당시 시대를 규정하는 용어로 많은 이의 동의를 얻었다. 그는 우선 이 책의 첫째 장에서 '분단시대 사학의 반성'을 시도했다. 여기서 그는 분단시대라는 특성으로 인해 역사학에 강요된 현실유리(現實遊離)의 상황을 주목하고, 역사학이 현실을 떠나서 과거만을 서술하는 데 머물고 있음을 반성하였다. 또한 민족사회의 현실적 요구가 투영된 역사학, 민족적 현실을 반영한 한국사학의 연구를 위한 방법론의 개발을 제창하였다. 동시에 그는 역사학이 직면한 현실의 제약성을 극복하는 데에도 노력을 기울여야 함을 일깨워주었다. 그리고 통일민족국가 수립을 위한 민족주의에 대한 관심을 촉구하였다.

그는 광복 이후 30년간에 걸친 국사학계의 업적에 대한 비판을 시도하면서 국사학이 나아갈 반향을 전망하고 있다. 「민족사학론의 반성」은 1975년에 전국역사학대회가 '해방 이후 역사학연구의 반성과 전망'이라는 주제로 열렸을 때, 국사학 분야의 연구에 대한 반성의 글로 쓰였다. 여기서 그는 민족이나 국민을 가탁(假託)한 특수계층의 전유물로서 국가주의적 내셔널리즘이나 국민주의적 내셔널리즘을 배격하면서 역사담당 주체의 확대를 통한 민족주의적 내셔널리즘의 중요성을 강조하였다. 이러한 논지는 이 책 전체를 관통하는 이론이고, 그의 평생에 걸친 연구의 지향점이기도 했다.

여기서 이 책이 그의 생애에서 가지는 중요성이 확인된다. 한편 이 주장은 역사에 대한 주체적 인식의 중요성을 강조하는 데로 전개되었다. 그리고 국가가 주도하는 관제(官制) 역사학 내지 역사교육에 대한 통렬한 비판으로 이어졌다. 「국정 국사교과서의 문제점」은 당시 유신정권이 시도한 교과서의 국정화 작업에 대한 비판의 글이었다. 이는 30여 년 후인 2016년에 국가주의적 정권에 의해서 다시금 시도될 중고등학교 국사교과서의 국정화에 대한 비판을 일찍이 앞서 전개해준 글이기도 하다.

모두 3개의 장으로 구성된 이 책의 두번째 장은 '역사와 현실'에 관한 문제로서, 1876년 개항 이후 20세기 후반인 1970년대까지 100여 년간 전개된 역사과정을 성찰하고자 했다. 우리 학계가 그동안 실패한 역사를 정직하게 알려야 하고, 민족 내부의 두 정치집단이 평화적이고 합리적인 방법으로 재결합하는 데 역사학이 기여해야 할 책임이 있음을 확인하고자 한 것이다.

그는 미래를 전망하면서 그리 오래되지 않은 과거에 제시되었던 '유길준의 한반도 중립론'을 주목했다. 그리고 대한제국이 가지고 있는 역사적 한계를 선명히 제시하여, 당시 막 시작된 대한제국을 미화하려는 주장이 가진 문제점을 제시했다. 또한 독립운동의 성격을 통해서는 민족유일당의 성립을 비롯하여 좌우합작을 위한 노력에 주목했다. 그는 여기서 독립운동의 정통 주맥(主脈)이 좌우합작을 통한 식민 상황의 극복을 위한 투쟁에 있음을 확인했다. 이 이론은 새로운 통일민족국가가 지향해야 할 방향을 미리 제시해보고자 한 의도였다고 해석된다. 그리고 이와 같은 그의 기본 이론은 1980년대 이후 수행한 후속작업을 통해서 실증적으로 논증되었다.

이 책의 마지막 장은 '역사와 민중'으로 되어 있다. 여기서는 역사의 참다운 주역으로서 민중이 역사를 관통하여 가지고 있는 의미와 그 역할을 밝히고자 했다. 우선 전근대 15세기 사회에서 일어난 한글창제라는 사건의 배후에 작용한 민중의 힘을 주목했다. 또한 16세기 한국사에서 성장해가던 민중의 힘을 밝히고자 했다. 그리고 당시 민중의 노력에 의한 상업의 발달과정을 제시함과 동시에 조선후기 실학(實學)이 가진 민중 중심의 현재성을 주목했다. 또한 민중생활의 개선방향에 대해 실학자들이 주목한 내용을 정리해서 제시했다.

이러한 내용을 가진 그의 책은 역사학도들에게 역사학 연구가 지향해야 할 방향을 일깨워주었으며, 또한 지식대중의 역사의식을 높이는 데 이바지했다. 그는 역사학이 실천해야 할 이러한 사회적 책임을 방기해서는 안 됨을 계속해서 깨우치고자 했으며, 역사학이 희망의 현실화 과정임을 설파하면서 역사의 진실됨을 일깨워주고자 했다. 이로써 이 책은 1980년대 이후 역사학의 책임을 묻고 역사학에서 실천의 의지를 다지려는 사람들에게 길잡이가 될 수 있었다.

3. 역사학의 책임과 미래

강만길의 『분단시대의 역사인식』은 이상에서 대략 검토한 바와 같이 모두 14편에 이르는 사론적 글들로 엮어진 책이다. 이 14편의 글은 1968년에 집필된 1편의 사론을 제외하면 모두가 1972년부터 책이 간행된 1978년 사이에 발표된 글이다. 이처럼 이 책의 글들은 일정한 목적을 가지고 단번에 작성한 글이 아니다. 그럼에도 불구하고 이 책에는 뚜렷한 사관이 일관되게 흐르고 있다. 특히 그의 집필 의지는 1972년에 단행된 유신독재 이후 불붙기 시작했다. 이는 분명 유신독재에 대한 한 역사학자의 저항의지를 반영한다. 이에 '유신'을 거부하려던 많은 이들이 그의 글에 동조하게 되었다.

한편 역사학계에서는 새롭게 제시된 그의 역사해석 방법을 열심히 따르고자 하는 적지 않은 연구자들이 나타났다. 이와 더불어 일부 기성 학계에서는 그 이론에 대해서 반발하기도 했다. 반발의 요점은 역사연구에 목적성이 강하면 실용적 해석에 그치고 만다는 것이었다. 그러나 그런 주장은 역사가 사료와 해석의 결합이라고 하는 현대역사학의 대원칙을 간과한 비판이었다. 그리고 이러한 비판은 극복되어야 할 식민사관의 주장을 답습하는 내용이라는 역비판을 받기도 했다.

한국사학사를 살펴보면, 우리는 근대역사학의 시작과 함께 식민지시대를 겪게 되었다. 이 때문에 식민지시대에 이른바 주류학계를 지배하는 이들은 '실증사학'을 자랑스럽게 표방하기도 했다. 그 실증사학은 과거 사건의 의미 추구를 보류하거나 기권한 채, 그 사건의 존재만을 다루는 경향성을 드러냈다. 이른바 '실증사학'에서는 과거 사건에 대한 실증만이 역사의 전부인 듯 주장했다.

그런데 과거 사건에 대한 해석을 보류해야 한다는 주장은 식민지 탄압과정에서 자기보신책으로 작동하고 있었다. 실증사학이라 하더라도 원래는 사건과 해석의 연결을 피할 수 없는 바였다. 그러나 식민적 연구자들은 마치 자신은 과거의 사건에만 치중하고 그 해석과 무관한 듯 주장하여, 스스로를 학문지상주의의 함정에 빠뜨렸다.

그러나 당시 식민지배하에서도 민족주의 사학자들은 자신의 목숨을 걸고 역사의 의미를 찾고자 노력해왔다. 그들은 '학문'이라는 울타리 안

364

에서 과거 사건의 실증에 치중하기보다는 치열한 역사현장에서 역사학의 사회적 책임을 일깨우고자 했다. 강만길은 이러한 민족주의 사학자들의 자세를 본받고자 했다.

민족주의 사학자들이 실존하던 식민지시대는 사상의 자유나 학문연구의 자유가 극도로 제한되어 있었다. 이는 자유의 세례를 받은 인간의 근현대 역사에서 결코 용납되기 어려운 현상이었다. 그래서 민족주의 역사학자들은 식민지배에 저항하여 역사연구를 통해 민족에게 새로운 미래를 제시하고자 했다. 그들은 역사연구를 통해서 민족의 미래를 보장받을 수 있다고까지 보았다. 그들은 "역사를 잃은 민족에게는 미래가 없다"고 말했다. 식민지시대 민족사학자 또는 사회경제사학 분야의 연구자들은 이러한 경향을 가지고 있었다.

서양사회에서는 "History will judge"라는 격언이 있다. 흔히 이 문장은 '역사가 판단해주리라'고 해석된다. 그러나 이는 현실에 대한 굴복을 거부하는 사람들의 말임과 동시에, 현실에 대한 해석을 요구하는 말이기도 하다. 즉 이 격언은 "역사란 판단하는 것이다"라고도 번역되어야 한다. 여기에서 사용되는 'will'은 '미래'를 나타냄과 동시에 '현재적 의지'를 나타내는 조동사가 되기 때문이다.

한편 한국현대사에서 1970년대는 유신독재의 횡포가 극에 달한 시기였다. 이제 해방 이후 30여 년 한 세대를 지나온 연구자 중에 당시 학계가 가지고 있던 타성화된 환관적 중립을 거부하고 자신이 처한 현실 상황에 대한 해석을 시도하는 강만길이라는 연구자가 나타나게 되었다. 이 연구자의 출현은 우리 역사학계의 발전을 보여주는 것이었다. 그리고 그를 포용할 수 있을 만큼 우리 사회가 성숙했음을 나타낸다.

이러한 시점에서 강만길의 『분단시대의 역사인식』은 지적 영향력을 여실히 드러내게 되었다. 그는 식민지시대 이래 진행되어오던 실증사학의 문헌비판적 방법을 수용하면서도, 민족사학의 현실인식을 잃지 않았으며, 사회경제사학이 추구하던 과학성을 존중했다. 그리하여 그가 저술한 이 책은 한국사학사에서 중요한 저서로 남게 되리라 판단된다. 한편 이 책은 1970년대 이후 현대 한국사회의 변혁에 일정하게 기여하였다. 따라서 이 책은 이 시대의 지적·문화적 분위기를 연구하고자 하는 사람들에게 직접 사료로 사용될 수도 있을 것이다. 이러한 측면에서 이 책은 우리말로 저술된 20세기의 명저 가운데 하나임이 틀림없다고 생각한다. 그는 이 한 권의 책으로 한 시대의 성격을 규정했으며, 역사학의 사회적 책임과 그 미래를 제시해주었기 때문이다.

강만길 저작집 간행위원
조광 윤경로 지수걸 신용옥

강만길 저작집 02
분단시대의 역사인식

초판 1쇄 발행 / 2018년 12월 5일
초판 2쇄 발행 / 2019년 5월 14일

지은이 / 강만길
펴낸이 / 강일우
책임편집 / 부수영 신채용
조판 / 정운정
펴낸곳 / (주)창비
등록 / 1986년 8월 5일 제85호
주소 / 10881 경기도 파주시 회동길 184
전화 / 031-955-3333
팩시밀리 / 영업 031-955-3399 편집 031-955-3400
홈페이지 / www.changbi.com
전자우편 / human@changbi.com